INTRODUÇÃO À ANÁLISE DO DIREITO

INTRODUÇÃO À ANÁLISE DO DIREITO

Carlos Santiago Nino

Tradução
ELZA MARIA GASPAROTTO

Revisão da tradução
DENISE MATOS MARINO

Esta obra foi publicada originalmente em espanhol (Argentina) com o título
INTRODUCCIÓN AL ANÁLISIS DEL DERECHO
por EDITORIAL ARIEL, S.A. Barcelona
Copyright © 2010 Herdeiros de Ezequiel Nino
Copyright © 2010, Editora WMF Martins Fontes Ltda.,
São Paulo, para a presente edição.

1ª edição *2010*
4ª tiragem *2023*

Tradução
ELZA MARIA GASPAROTTO

Revisão da tradução
Denise Matos Marino
Acompanhamento editorial
Luzia Aparecida dos Santos
Revisões
Sandra Garcia Cortes
Maria Regina Ribeiro Machado
Edição de arte
Adriana Maria Porto Translatti
Produção gráfica
Geraldo Alves
Paginação
Studio 3 Desenvolvimento Editorial
Capa
Katia Harumi Terasaka Aniya

Dados Internacionais de Catalogação na Publicação (CIP)
(Câmara Brasileira do Livro, SP, Brasil)

Nino, Carlos Santiago
 Introdução à análise do direito / Carlos Santiago Nino ; tradução Elza Maria Gasparotto ; revisão da tradução Denise Matos Marino. – São Paulo : Editora WMF Martins Fontes, 2010. – (Biblioteca jurídica WMF)

 Título original: Introducción al análise del derecho
 ISBN 978-85-7827-303-3

 1. Direito – Filosofia I. Marino, Denise Matos. II. Título. III. Série.

10-06030   CDU-340.12

Índices para catálogo sistemático:
1. Análise do direito   340.12
2. Direito : Filosofia   340.12

Todos os direitos desta edição reservados à
Editora WMF Martins Fontes Ltda.
Rua Prof. Laerte Ramos de Carvalho, 133 01325.030 São Paulo SP Brasil
Tel. (11) 3293.8150 e-mail: info@wmfmartinsfontes.com.br
http://www.wmfmartinsfontes.com.br

*À
memória
de meu pai,
doutor Sadoc Nino*

SUMÁRIO

Apresentação à edição brasileira........................... XIII
Introdução. O contexto do direito........................... 1

CAPÍTULO PRIMEIRO **A definição de direito**............. 11
1. *A pergunta "o que é o direito?"*........................ 11
2. *O jusnaturalismo e o positivismo jurídico*............. 17
   a) O ceticismo ético..................................... 35
   b) O positivismo ideológico.............................. 36
   c) O formalismo jurídico................................. 41
   d) O positivismo metodológico ou conceitual... 42
3. *A proposta do realismo jurídico*........................ 50
   a) O ceticismo perante as normas........................ 50
   b) Análise crítica do realismo. O papel das normas jurídicas.. 53
Perguntas e exercícios – I................................ 59

CAPÍTULO II **O conceito de norma jurídica**............. 73
1. *A linguagem prescritiva*................................ 73
2. *As normas na teoria de Von Wright*..................... 77
   a) Caracterização geral.................................. 77
      1) As regras definitórias ou determinativas......... 78
      2) As diretivas ou regras técnicas................... 78
      3) Prescrições....................................... 79
      1) Normas ideais..................................... 80
      2) Costumes.. 80
      3) Normas morais..................................... 80

b) As normas prescritivas e seus elementos....... 81
    1) Caráter................. 83
    2) Conteúdo 84
    3) A condição de aplicação................. 88
    4) Autoridade................. 88
    5) Sujeito normativo................. 89
    6) A ocasião................. 89
    7) A promulgação 90
    8) A sanção 90
  3. A teoria de Kelsen quanto às normas jurídicas...... 90
    a) As normas jurídicas como juízos de "dever ser"................. 91
    b) A estrutura das normas jurídicas................. 93
    c) Tipos de normas jurídicas................. 95
    d) O caso das normas que não estabelecem sanções................. 99
    e) Norma jurídica e proposição normativa........ 100
  4. Críticas à concepção de Kelsen sobre a estrutura das normas jurídicas................. 101
    1) Regras primárias................. 105
    2) Regras secundárias................. 105
      a) Regras de reconhecimento................. 106
      b) Regras de mudança................. 106
      c) Regras de adjudicação................. 106
  5. Sobre a existência das normas jurídicas................. 107
  Perguntas e exercícios – II................. 111

CAPÍTULO III **O sistema jurídico**................. 117
  1. *Os traços distintivos dos sistemas jurídicos*............ 117
    a) Os sistemas jurídicos como sistemas normativos................. 118
    b) Os sistemas jurídicos como sistemas coativos................. 119
    c) Os sistemas jurídicos como sistemas institucionalizados................. 122
    d) Os órgãos primários dos sistemas jurídicos .. 126
    e) A obrigação dos órgãos primários de aplicar normas e a regra de reconhecimento de Hart. 128

2. Critérios de pertinência e de individualização....... 131
   a) A pertinência ao sistema das normas derivadas... 132
   b) A pertinência ao sistema das normas não derivadas. Diferentes critérios de individualização... 137
      1) *O critério territorial*.. 138
      2) *O critério da origem em certo legislador*.......... 139
      3) *O critério da norma fundamental*..................... 140
      4) *O critério baseado na regra de reconhecimento*.. 143
      5) *O critério baseado no reconhecimento dos órgãos primários*... 148
3. A validade e a existência do direito....................... 154
   a) Diferentes sentidos de "validade"................... 154
   b) Os conceitos normativo e descritivo de validade... 157
   c) O conceito de validade de Kelsen.................... 158
   d) A existência das normas como conceito descritivo... 163
4. A relação de um sistema jurídico com o direito internacional... 166
5. A mudança regular da base de um sistema jurídico.. 169
6. A estrutura dos sistemas jurídicos e os procedimentos de criação de normas.................................... 172
   a) As fontes do direito.. 172
   b) A ordem hierárquica das normas que integram um sistema jurídico................................. 178
Perguntas e exercícios – III... 183

CAPÍTULO IV **Os conceitos básicos do direito**.......... 195
1. *Introdução. A teoria dos conceitos jurídicos básicos* .. 195
2. O conceito de sanção... 198
   a) A coerção é distintiva da atividade de sancionar... 199
   b) A sanção tem por objeto privar outro de algum bem... 200
   c) A sanção é exercida por uma autoridade competente... 201

d) A sanção é consequência de uma conduta 202
3. O conceito de ato antijurídico (delito) 204
   a) A definição de Kelsen 204
   b) A definição de "delito" na dogmática penal. 209
   c) Comparação entre a definição de "delito" formulada pela dogmática e a de Kelsen 215
4. O conceito de responsabilidade 218
   a) Diferentes sentidos de "responsabilidade" ... 218
   b) Tipos de responsabilidade 221
5. O conceito de dever jurídico 224
6. O conceito de direito subjetivo 229
   a) Os direitos subjetivos em geral 229
      1) "Direito" como equivalente a "não proibido".. 233
      2) "Direito" como equivalente à autorização 237
      3) "Direito" como correlato de uma obrigação ativa 238
      4) "Direito" como correlato de uma obrigação passiva 240
      5) "Direito" como ação processual 241
      6) Direito político 243
   b) O direito de propriedade em particular 246
7. Capacidade jurídica e competência 255
   a) Capacidade 255
   b) Competência 261
8. O conceito de pessoa jurídica 264
   1) Teorias "negativas" 267
   2) Teorias "realistas" 267
   3) A teoria "da ficção" 268
   4) A teoria de Kelsen 268
   5) O enfoque mais plausível: a pessoa jurídica como uma construção lógica 271
Perguntas e exercícios – IV 279

CAPÍTULO V **A interpretação das normas jurídicas**. 289
1. Introdução 289
2. Alguns aspectos da linguagem que falamos 292
   a) As palavras e sua relação com a realidade 292
   b) O significado das palavras 297
   c) As orações e as proposições 302

3. Os problemas de interpretação da linguagem jurídica 305
   a) Ambiguidades 307
   b) Imprecisões 312
   c) A carga afetiva da linguagem 317
   d) A força das orações 319
   e) Dificuldades na promulgação das normas 320
4. As falhas lógicas dos sistemas jurídicos 321
   a) As contradições entre normas jurídicas 322
   b) A redundância normativa 330
   c) As lacunas do direito 332
   d) A inoperância de certas normas jurídicas 342
5. A interpretação do direito jurisprudencial 346
6. A interpretação das normas jurídicas e a administração de justiça 349
7. Direito, administração de justiça e mudanças sociais 354
Perguntas e exercícios – V 361

CAPÍTULO VI **A ciência do direito** 371
1. *Alguns modelos possíveis de ciência do direito* 371
2. *A dogmática jurídica* 377
   a) A adesão dogmática ao direito positivo 379
   b) O modelo dogmático do legislador racional . 386
   c) Outras técnicas dogmáticas para justificar soluções originais 392
3. *Rumo a uma nova "ciência" do direito?* 398
Perguntas e exercícios – VI 409

CAPÍTULO VII **A valoração moral do direito** 415
1. *Introdução* 415
2. *Teorias sobre o significado dos conceitos e juízos morais (metaética)* 417
   a) As teorias descritivistas 418
      1) O naturalismo 418
      2) O não naturalismo 422
   b) As teorias não descritivistas 426
      1) O emotivismo 427

  2) O prescritivismo 431
 c) Outras posturas 436
  1) A teoria do "ponto de vista moral" 436
  2) A teoria do "objeto da moralidade" 439
 d) Uma breve nota sobre o relativismo e o ceticismo ético 443
3. **Algumas teorias de justiça e moralidade social (ética normativa)** 450
 a) Teorias teleológicas 451
  1) Santo Tomás e a perfeição do homem 451
  2) O utilitarismo e a felicidade geral 460
 b) Teorias deontológicas 473
  1) Kant e o reino dos fins 473
  2) Rawls e a posição originária 481
4. **A valoração moral de algumas instituições e soluções jurídicas em particular** 490
 a) A fundamentação liberal dos direitos individuais básicos 491
 b) O direito como instrumento para tornar efetiva a moralidade 498
 c) A justificação da pena 503
 d) O papel dos juízes em uma sociedade democrática 509
Perguntas e exercícios – VII 515

Bibliografia 529
Índice sinóptico 541
Índice alfabético de autores e temas 557

APRESENTAÇÃO À EDIÇÃO BRASILEIRA

Carlos Nino nasceu em 1943, em Buenos Aires, e morreu em 1993, antes de completar cinquenta anos. Nessa curta vida, Nino conseguiu produzir uma impressionante obra jurídica, formar uma nova geração de notáveis juristas, não apenas na Argentina, mas em toda a América Latina, engajar-se no debate jurídico-filosófico internacional, que renovou as bases do pensamento jurídico nas décadas de 70 e 80, e, como se tudo isso não bastasse, Carlos Nino deu uma contribuição inestimável ao processo de transição para a democracia na Argentina. Pretendo neste curto ensaio, mais do que resumir este brilhante livro que o leitor tem em mãos, fazer uma breve apresentação das ideias e da pessoa de Carlos Santiago Nino.

Para Carlos Santiago Nino interessa, sobretudo, argumentar com clareza e rigor. Esse o seu ponto de partida para ensinar Direito. Desde a primeira página de sua *Introdução à análise do Direito*, o leitor tem a forte impressão de que foi convidado a participar de um rigoroso diálogo sobre as principais questões que envolvem a compreensão do fenômeno jurídico. Diferentemente de grande parte dos juristas de sua geração, especialmente na América Latina, Carlos Nino não se coloca jamais na posição de um erudito repositário de conhecimento que, aos poucos e de forma professoral, distribui máximas e fórmulas aos seus alunos. Sua estratégia é outra. Carlos Nino mapeia os principais problemas, de forma direta e precisa; estabelece as premissas do debate; apresenta e discute os argumentos dos principais contendores. Aliás, não são muitos os autores convidados a participar deste diálogo, no mais das vezes socrático, arquitetado por Nino. O que o preocupa não é a autoridade de quem elabora o argumento, mas a qualidade intrínseca deste. Sem jamais subestimar o leitor, fornece informações essenciais sobre as estruturas e sobre os conceitos básicos ao Direito. Mais do que isso, fornece as bases lógicas e teóricas para que seu leitor possa formular seus próprios argumentos de forma robusta e participar ativamente desse interminável processo de compreensão do fenômeno jurídico. No final de cada capítulo o leitor tem a oportunidade de ampliar essa discussão por intermédio de uma instigante bateria de questões. Essa é a estratégia de Carlos Nino para que o leitor possa conformar um pensamento autônomo sobre o Direito.

Carlos Nino inicia *Introdução à análise do Direito* convidando o leitor a refletir sobre qual o papel do Direito em nossas vidas. Nino partilha da premissa hobbesiana de que somos dotados de uma racionalidade imperfeita, ou seja, somos capazes de formular juízos sobre o que é certo e o que é errado, porém a circunstância de que vivemos num mundo com recursos escassos gera constantes conflitos e disputas de interesses. Para sobreviver, precisamos construir condições favoráveis de cooperação. O Direito, por suas diversas características intrínsecas, pode contribuir para que os indivíduos, apesar de seus interesses contraditórios, possam resolver seus conflitos e articular suas ações de forma cooperativa e pacífica. A formulação de regras e o estabelecimento de uma autoridade são indispensáveis para superar essa dificuldade que temos de cooperar voluntariamente. O problema da autoridade exige, por sua vez, que se reflita sobre as razões que nos levam a obedecer ou desobedecer ao Direito. Este talvez seja um dos fios condutores de todo o livro.

Feita esta introdução de natureza mais geral sobre o papel do Direito, Nino nos propõe um percurso para que possamos melhor compreender o funcionamento do Direito,

APRESENTAÇÃO À EDIÇÃO BRASILEIRA XV

com destaque para os seus principais dilemas. Esse percurso é instigante desde seu primeiro momento. Como numa novela, a compreensão do capítulo precedente depende da leitura do seguinte, o que nos impulsiona a devorar este livro com enorme avidez. Martin Bohmer, aluno e colaborador de Nino, chama a atenção para a opção do autor de iniciar o livro propondo um problema jurídico difícil, ilustrado pelo julgamento de Nuremberg. Com a colocação desse problema deixa claro, desde o início, que o papel do jurista é, sobretudo, tomar decisões a partir de normas. Essas normas, no entanto, precisam se demonstrar válidas. A dificuldade da discussão sobre a validade do direito é investigada a partir do debate clássico entre positivismo e jusnaturalismo. As normas jurídicas, objeto de seu segundo capítulo, são apresentadas, nas suas mais diversas formas, como esses parâmetros que servem como balizas fundamentais à atividade do jurista. Afinal, juristas são aqueles que se propõem resolver conflitos a partir de normas. Nino, porém, argumenta que para que essas normas possam servir como razões prevalentes na determinação de condutas humanas elas precisam ser válidas. E essa é uma discussão que só faz sentido quando pensamos as normas no contexto de um sistema jurídico, pois afinal as normas não existem no vácuo, mas apenas como parte de sistemas complexos, que Nino nos auxilia a compreender, em seu terceiro capítulo. A compreensão das normas jurídicas e dos sistemas normativos depende, no entanto, de certa pré-compreensão de conceitos jurídicos básicos, como direitos subjetivos, sanção, responsabilidade, capacidade, sem o que não conseguimos nos aproximar do ordenamento jurídico. Se o Direito é feito de normas, essas normas são, por sua vez, constituídas por palavras. Algumas dessas palavras têm um significado muito especial e servem como elementos basilares do sistema jurídico. Esses elementos linguísticos são ferramentas indispensáveis à adequada compreensão e operacionalização do Direito. Esse o objeto do capítulo quarto da *Introdução à análise do Direito*. Como expressões simbólicas, conceitos básicos e normas, exigem interpretação, ou seja, é necessário que saibamos como extrair sentido normativo de enunciados linguísticos. O quinto capítulo nos guia de forma segura neste que constitui um dos principias campos do debate filosófico contemporâneo. E, se o Direito exige interpretação, necessário que alguma espécie de ciência confira aos seus operadores bases minimamente racionais para que essa atividade não seja absolutamente discricionária. Os dilemas de se buscar construir uma ciência do Direito são apresentados no capítulo sexto. A conclusão de que o estudo do Direito, por sua natureza, não pode se limitar a uma empreitada empírica leva o autor, no seu último capítulo, a propor uma teoria normativa do Direito, retomando a necessidade de articular direito e moralidade, enunciada logo no primeiro capítulo. Como livro didático, *Introdução à análise do Direito* é simplesmente primoroso. Tudo o que lemos neste livro parece indispensável para que possamos compreender o Direito e resolver os problemas que a prática jurídica nos impõe. O rigor analítico, a colocação do Direito como uma invenção humana voltada à resolução de problemas práticos, associada à proposição de que o Direito não se confunde com a mera força, exigindo legitimidade para que possa ser válido, fazem de *Introdução à análise do Direito* uma obra completa e imprescindível.

Este, porém, não é um livro apenas didático. Nele estão presentes todos os elementos da teoria do Direito formulada por Nino em seus livros posteriores. Há uma forte defesa de uma concepção do Direito que não dispensa o recurso à moralidade e à democracia, como fundamentos últimos para a obediência. Também aqui o autor se distancia em muito da geração que o precede em nosso continente. Para compreender essa proposta de pensar o Direito não apenas da perspectiva analítica, que nos é feita por Nino, é imprescindível que algumas coisas sejam ditas sobre este autor e seu contexto.

Carlos Nino iniciou seus estudos de Direito na tradicional Faculdade de Direito da Universidade de Buenos Aires, no início dos anos 60. Isso significou ter tido o privilégio de, ainda jovem, participar como "ajudande-aluno" de um notável círculo de filosofia do direito, orquestrado por Ambrosio L. Gioja e composto por pensadores jurídicos como Genaro Carrió, Carlos Alchourrón, Eugenio Bulygin e Ernesto Garzón Valdés. Além do forte viés analítico, que notabilizou esse grupo, partilhavam muitos desses autores de valores liberais e democráticos, que sem dúvida alguma contribuíram para a formação de Carlos Nino. É desse período de Buenos Aires a publicação de uma série de pequenos volumes preparatórios de uma Introdução ao Direito, destinados a tratar de temas conceituais, que somente em 1980 iriam ser consolidados na segunda edição desta *Introdução à análise do Direito*, publicado em Buenos Aires e Barcelona.

Esta segunda edição já agrega parte dos debates com os quais iria se defrontar Carlos Nino por ocasião de seus estudos de doutoramente na Universidade de Oxford. Lá escreve sobre os limites da responsabilidade penal, obra que certamente iria influenciar o sistema de responsabilização dos envolvidos em crimes contra a humanidade, por ele originalmente arquitetado, a pedido do presidente Raúl Alfonsín. Durante sua estada em Harvard nos anos 80, Carlos Nino escreve sobre Dworkin, principal crítico de Hart, autor fundamental para Nino, especialmente no que se refere a sua concepção de sistema jurídico. A interlocução entre essas duas pontas do debate jurídico irá permitir a Carlos Nino formular um dos mais estimulantes livros de filosofia do direito contemporâneo, que é *Ética y Derechos Humanos*. Essa preocupação em transcender os limites da teoria analítica do direito, sem abandonar seu rigor teórico, mas assumindo os desafios de pensar o Direito em sua dimensão moral, também está presente em diversos momentos desta *Introdução à análise do Direito*, que o leitor agora tem em mãos, em especial no capítulo final. Nino não se limitou, porém, a pensar e escrever sobre teoria do Direito, em sentido estrito. Entre as suas diversas obras, vale a pena destacar sua incursão no campo da sociologia do Direito com seu saboroso *Un país al margen de la ley*, livro que se propõe refletir sobre a cultura do não cumprimento do Direito na Argentina, mas que também pode servir como espelho das dificuldades sociais e institucionais para a consolidação do Estado de Direito em todo o nosso continente. Também cumpre chamar a atenção do leitor para a sofisticada incursão de Carlos Nino no campo da teoria constitucional. Com *Constitution of Deliberative Democracy*, publicado após sua morte, pela Yale University Press, Nino busca superar a constante tensão existente entre democracia, como regra da maioria, e constitucionalismo, como instrumento liberal voltado a conter os arroubos da maioria, formulando uma teoria da democracia deliberativa. Confronta assim uma leitura meramente realista, nos moldes schumpeterianos, da democracia, que para Nino poderia ser institucionalmente articulada como uma esfera de produção de razão pública. Poucos foram os juristas que ousaram desafiar os cânones de nossa arquitetura constitucional, herdados do século XVIII, e acriticamente tomados como única fórmula de conceber nossas instituições. Na expressão de Robert Alexy, trata-se de um livro "magnífico".

Carlos Santiago Nino foi, porém, mais do que "apenas" um grande teórico do Direito; mais do que escritor original que participou, como protagonista, da renovação do pensamento jurídico no final do século passado, obtendo o respeito e a admiração de interlocutores como Ronald Dworkin, Thomas Nagel ou Bernard Williams. Carlos Nino foi, sobretudo, um grande professor. Quando aceitei o honroso convite para elaborar esta apresentação, que me foi feito por Luis Rivera, a partir da sugestão de Ezequiel Nino, filho do autor, minha primeira reação foi entrar em contato com alguns queridos amigos que foram seus alunos e colaboradores. Queria compreender melhor o papel de Nino como catalisador de uma geração de jovens juristas argentinos, capazes de conciliar um alto rigor acadêmico com uma forte intervenção no debate público, sempre em favor da democracia, dos direitos humanos e do constitucionalismo, valores fundamentais que inspiraram toda a obra de Nino. Sou particularmente grato a Martin Bohmer e Roberto Gargarella por terem generosamente partilhado comigo inúmeros textos, muitos ainda não publicados, em que diversos dos chamados "Nino Boys" dão seus depoimentos sobre o privilégio de terem convivido com este eminente mestre. Como relembra Roberto Gargarella, as aulas de Nino eram riquíssimas, complexas e intermináveis. Sua capacidade de transformar uma má pergunta em um grande problema reforçava nos alunos a importância de dialogar. Estabelecida uma polêmica, Nino argumentava impiedosamente até que seu interlocutor se desse por vencido, por persuasão ou esgotamento. Não hierarquizava seus interlocutores, tomando com a mesma seriedade jovens estudantes ou seus professores. Seu famoso "seminario de viernes", que se realizava de portas abertas no Instituto Gioja da Faculdade de Direito da Universidade de Buenos Aires, alcançou status mitológico para toda uma geração de juristas. Nino em alguma medida abria aos seus alunos uma nova perspectiva existencial, ao ter abdicado das inúmeras oportunidades de exercer a profissão de advogado, para se dedicar integralmente à academia e à intervenção pública. Esta não era e ainda não é uma trajetória comum na região. Esse teórico e professor, que encantava seus alunos, ainda deu outra contribuição inestimável à sociedade argentina. Dotado de uma enorme coragem cívica, aceitou o convite do recém-eleito presidente Raúl Alfonsín para assessorá-lo em inúmeras questões relativas aos direitos humanos e à consolidação da democracia e do Estado de Direito.

Em 30 de outubro de 1983, a cidadania argentina elegeu Raúl Alfonsín como presidente, após uma das mais sangrentas ditaduras militares que assolaram o continente, em meados do século XX. Foram mais de trinta mil mortos e desaparecidos em menos de uma década. O fiasco da guerra das Malvinas e a crise econômica abrem espaço para a redemocratização do país. Como aponta Cristina Bassombrio, Alfonsín dava indicações claras de que era necessário demarcar a ruptura com o passado, punir os violadores e abrir caminho para a democracia. Esse projeto era extremamente sedutor para Nino e seus alunos do seminário de fi-

losofia, que desde sempre compreenderam que a função
fundamental da filosofia era oferecer respostas a problemas
concretos apresentados pela vida, pela política ou pela moralidade, e não uma disciplina meramente especulativa.
Nino, ainda segundo Bassombrio, vislumbrava quatro tendências recorrentes na história política argentina: polarização das forças políticas ideológicas, o corporativismo, a anomia e a concentração de poder. Formular as estratégias jurídicas para responsabilizar aqueles que haviam cometido
crimes contra a humanidade e atacar essas tendências dilacerantes da democracia, por intermédio de um amplo processo de reforma institucional, passaram a constituir a tarefa
central de Carlos Nino e seus jovens colaboradores, a partir de 1983. O primeiro passo foi enfrentar o obstáculo da
"lei da autoanistia", editada pelo último ditador meses antes do término do regime. Para os membros do grupo, seguindo a formulação central que encontramos em diversas
obras de Nino, o conceito de validez está intimamente ligado ao de legitimidade. Dessa forma, afastou-se a doutrina
da validade fática. Não se pode aceitar regras que tenham
sido produzidas em total desconformidade com pressupostos éticos básicos de um regime democrático e em contradição com um princípio como o da dignidade humana. Essas formulações deram sustentação jurídica à decisão de derrogar a referida lei de anistia, ainda em dezembro de 1983.
Mais do que isso o grupo de Nino foi responsável pela elaboração de uma série de leis que viabilizaram, num primeiro
momento, os *"juicios"* dos militares. Como sabemos, esse
processo teve idas e vindas, mas terminou com o sentenciamento de inúmeros presidentes e comandantes militares, inspirando muitos países latino-americanos e a própria
Corte Interamericana de Direitos Humanos a responsabilizar violadores de direitos humanos nas últimas décadas.
Infelizmente nossos homens de Estado, assim como Ministros do Supremo Tribunal Federal, com a exceção dos ministros Carlos Ayres Brito e Ricardo Lewandowski, não foram
capazes de dar respostas à mesma altura às vítimas brasileiras. Nino fez muita falta ao Brasil.

APRESENTAÇÃO À EDIÇÃO BRASILEIRA XXI

Cumprida essa primeira etapa, Nino e seus colaboradores voltam-se para o futuro. Em dezembro de 1985, Alfonsín cria o Conselho de Consolidação Democrática com o objetivo de "propor reformas estruturais para retificar algumas das tendências endêmicas..." que solapavam a possibilidade de construção de uma sociedade democrática na Argentina. Nino pôde então buscar colocar em prática sua percepção de que a reforma institucional era uma forma de impactar hábitos e práticas social e politicamente arraigadas. As reformas propostas se iniciavam com um projeto de uma ampla reforma constitucional. Outros projetos também foram gestados pelo grupo de Nino para reformar o código penal, a lei de radiodifusão, a lei de organização universitária, bem como estabelecer um novo mandato para o banco central. Algumas dessas reformas triunfaram, como a constitucional, outras pereceram na medida em que a conjuntura política abateu a autoridade de Alfonsín.

Finda a grande aventura do governo Alfonsín, Nino e muitos de seus colaboradores criam o Instituto de Estudos Institucionais, presidido por seu professor Genaro Carrió, com o objetivo de seguir interferindo no debate público e no desenvolvimento das instituições democráticas. Em 1993 Nino esteve no Brasil, num seminário sobre "as novas imagens do constitucionalismo", organizado pelo Centro de Estudos da Procuradoria-Geral do Estado e pelo Núcleo de Estudos da Violência da USP. Inquieto e de uma inteligência contagiante, queria mais aprender do que ensinar. Não parou de fazer perguntas sobre nosso sistema político e sobre a desigualdade. Ouvia com certa incredulidade sobre o nosso abismo social. Também me pareceu que lhe causava certa indignação o doce tratamento dado aos nossos torturadores. Poucos meses depois morreria de um ataque cardíaco fulminante ao desembarcar em La Paz, onde assessorava a assembleia constituinte boliviana.

Nino nos legou mais do que sua obra e seu exemplo; formou o mais articulado e sofisticado grupo de juristas públicos de minha geração. Seu amigo Owen Fiss, professor da Universidade de Yale, tomou a iniciativa de criar um seminário anual em sua homenagem. Foi no SELA que muitos acadêmicos brasileiros tomaram contato com o legado de Carlos Nino. Em alguma medida todos lamentamos não termos tido o privilégio de sermos seus alunos. A feliz iniciativa da Editora WMF Martins Fontes busca, na medida do possível, suprir essa lacuna. Nino foi o mais completo jurista de sua geração. Pensou o Direito com o rigor analítico de seus professores de Buenos Aires e Oxford; foi capaz de buscar na teoria moral e política elementos para superar as principais insuficiências do positivismo jurídico, ao lado de juristas como Dworkin e Alexy; colocou sua concepção ética do direito em prática na transição para a democracia na argentina. Ao ler o brilhante ensaio de Ronaldo Porto Macedo Jr., sobre a filosofia do Direito no Brasil do século XX, a ser publicado em um tratado geral de filosofia de Direito, editado por Enrico Pattaro e Corrado Roversi, pela Editora Springer, tenho a impressão de que algo nos faltou.

Ao mencionar a meu colega Mario Shapiro, da Direito GV, que estava preparando esta apresentação da *Introdução à análise do Direito*, de Carlos Nino, ele me disse que havia conhecido seu filho Ezequiel, há algum tempo, em Buenos Aires, por ocasião de uma pesquisa acadêmica. A reunião com Ezequiel e seus colegas foi interrompida por um telefonema. Ele se levantou, pediu desculpas, mas teria que correr para cumprir uma decisão do tribunal, que garantia serviços públicos para moradores de baixa renda da periferia de Buenos Aires. Como salientam Martin Bohmer e Roberto Gargarella, este último também publicado pela Editora WMF Martins Fontes, aprender Direito com Carlos Santiago Nino foi abrir-se à necessidade de enfrentar questões relacionadas à ética prática, a pensar a igualdade, a defender as liberdades básicas, a fazer a justiça. Foi o que aprendeu Ezequiel.

OSCAR VILHENA VIEIRA
Professor de Direito Constitucional da Direito GV,
onde coordena o Programa de Mestrado em Direito
e Desenvolvimento. É também diretor jurídico
da organização Conectas Direitos Humanos.

INTRODUÇÃO
O contexto do direito

O direito, como o ar, está em todos os lugares. Por exemplo, é possível que hoje você tenha evitado exercitar sua agradável voz durante o banho, lembrando que vizinhos com pouca sensibilidade artística poderiam fazer valer certas regras contra os ruídos incômodos; sem dúvida, você se vestiu ao sair de casa, porque, entre outros motivos, bem sabe que há regras jurídicas que desestimulam uma excessiva superficialidade no trajar; provavelmente você estabeleceu um acordo tácito de transporte ao tomar um ônibus ou, se dirigiu seu carro, seguiu – ou aparentou seguir – alguns regulamentos e fez uso da faculdade jurídica de transitar pela via pública; é quase certo que hoje mesmo você celebrou vários contratos verbais de compra e venda (por exemplo, ao adquirir o jornal ou cigarros) e de prestação de serviço (por exemplo, ao levar os sapatos para consertar); embora você não tenha um físico impressionante, tem alguma confiança de que provavelmente não será agredido, ofendido, humilhado ou roubado graças ao "escudo" normativo que o direito lhe proporciona; a organização em que você trabalha ou estuda (considerando que você não seja membro de uma associação ilícita) certamente está estruturada de acordo com uma série de disposições legais; e se você tem que efetuar um negócio, talvez não perceba que cada um de seus intrincados passos é prescrito por normas jurídicas. Todos esses contatos com o direito acontecerão com você em um dia normal; imagine, então, o envolvimento que haverá se você se tornar sujeito de um evento importante, como o casamento ou um processo judicial.

Essa onipresença do direito e a circunstância de que ele se manifesta como parte ou aspecto de fenômenos complexos faz com que seja muito difícil isolá-lo conceitualmente para explicar sua estrutura e funcionamento.

É tentador buscar esse isolamento conceitual pelo aspecto da *finalidade*, perguntando qual é o objeto característico desse vasto e complicado mecanismo social que chamamos "direito". Mas não é fácil encontrar uma resposta para essa pergunta se nos recusamos a ser conduzidos pela fantasia e a aceitar as fórmulas vazias (como, por exemplo, "o objeto do direito é regular o comportamento humano"). É claro que cada um dos atos que põem esse mecanismo em movimento tem uma intenção definida, de caráter muito diverso (ou seja, os diferentes propósitos que levam os legisladores a criar leis, as pessoas a firmar contratos ou a se casar etc.), porém é muito menos óbvio que o conjunto da ordem jurídica satisfaça algum propósito definido por alguém.

Em contrapartida, parece mais plausível afirmar que, embora não seja o produto da busca de certa finalidade única e geral, mas de diversos propósitos de alcance parcial, que não são especialmente distintivos, o direito, no entanto, cumpre certas funções características, ainda que ninguém tenha o propósito particular de satisfazê-las.

O direito, como muitas outras instituições sociais, contribui para superar dificuldades relacionadas a certas circunstâncias básicas da vida humana. Essas circunstâncias, que foram intensamente destacadas por autores como Hobbes e, em época recente, por H. L. A. Hart, incluem a escassez de recursos – que faz com que não seja possível satisfazer as necessidades e desejos de todos –, a vulnerabilidade dos seres humanos perante as agressões de outros, a relativa semelhança física e intelectual entre os homens – que impede que alguém possa, separadamente, dominar os outros –, a relativa falta de simpatia dos homens pelas necessidades

INTRODUÇÃO

e interesses dos que estão fora de seu círculo de relações, a limitada racionalidade dos indivíduos na busca de seus próprios interesses, o insuficiente conhecimento dos fatos etc.

Essas circunstâncias levam os homens a entrar em conflito uns com os outros e, ao mesmo tempo, a procurar a cooperação. As mesmas circunstâncias que geram conflitos entre os indivíduos são as que os levam a colaborar mutuamente para eliminar ou reduzir os fatores que determinam o enfrentamento, limitando, assim, algumas de suas consequências mais desastrosas.

O direito cumpre a função de evitar ou resolver alguns conflitos entre os indivíduos e de fornecer certos meios que possibilitem a cooperação social. Isso não significa que essas funções estejam sempre na mente de todos os atores do processo jurídico – muitas vezes os propósitos que os conduzem estão muito distantes delas –, nem significa que todo o sistema jurídico cumpre essas funções de forma adequada ou que alguns aspectos de um sistema jurídico não possam provocar novos conflitos e obstar a cooperação social ou, ainda, que não haja outras exigências que uma ordem jurídica deva satisfazer para ser avaliada positivamente.

Porém, dizer que o direito contribui para superar alguns conflitos e para obter certo grau de cooperação social não é dizer muito, uma vez que, como se verá, também se alega que a moral cumpre a função de neutralizar as circunstâncias que levam os homens ao enfrentamento e a não colaboração mútua no grau necessário. O importante é determinar *de que modo* o direito satisfaz essa função.

Há, à primeira vista, dois elementos que parecem ser característicos do modo como o direito consegue persuadir os homens a adotar comportamentos não conflituosos e cooperativos, gerando um sistema de possibilidades que facilitem esses comportamentos: a *autoridade* e a *coação*.

Em primeiro lugar, o direito estabelece órgãos ou instituições encarregados de indicar quais são as condutas genéricas desejáveis e de resolver, em casos particulares, conflitos que tenham sido gerados por falta, desconhecimento ou desvio daquelas instruções gerais. As regras estabelecidas pelos órgãos jurídicos destinam-se tanto a dissuadir os homens de certos comportamentos (como o de lesar outros) quanto a promover determinadas expectativas a partir da execução de certos atos (como a expectativa de receber uma quantia em dinheiro, mediante uma promessa feita nesse sentido, configurando um compromisso de pagamento). A autoridade dessas regras gerais e das decisões que encerram conflitos particulares, ao contrário das regras e decisões de caráter moral, não depende totalmente de sua qualidade intrínseca, mas sim, em grande parte (embora não exclusivamente), da *legitimidade* dos órgãos em que se originam.

É evidente que o grau de concordância com as instruções e decisões jurídicas, tendo como base a legitimidade dos órgãos que as determinaram, dependerá do limite em que as concepções morais das pessoas permitem considerar legítimos tais órgãos, e em que medida a população está disposta a cumprir o prescrito pelas autoridades consideradas legítimas. Para os cidadãos e servidores da justiça assim dispostos, as razões operacionais que os levam a agir segundo o prescrito são razões *morais*, e o fato de certos órgãos terem ordenado ou decidido alguma coisa e não outra é apenas uma circunstância que incide na particularização daquelas razões morais. Para esses cidadãos e servidores, o direito aparece como uma extensão de seu sistema moral; as normas jurídicas gozam da mesma validade que as regras morais, uma vez que essa validade deriva, na realidade, de certos princípios valorativos que conferem legitimidade aos órgãos jurídicos em questão.

O fato de boa parte dos cidadãos e servidores possuírem essa disposição é condição necessária para a manutenção e estabilidade da ordem jurídica; daí a preocupação, até mesmo por parte dos governantes mais cínicos, de apelar para o senso de justiça da comunidade em apoio a sua autoridade e ao programa de seus mandados. Mas dificilmente uma ordem jurídica se mantém apenas com base em crenças e atitudes relacionadas à legitimidade moral de suas disposições. Sem dúvida, em toda comunidade há um grau menor ou maior de divergência moral e ideológica que determina que muitos não tenham razões morais para obedecer às prescrições jurídicas; por outro lado, é óbvio que, enquanto os homens não mudarem, sempre haverá pessoas inclinadas a agir, não segundo as razões morais, mas segundo outro tipo de razões, como as relacionadas ao interesse próprio.

Diante disso, torna-se necessário fazer com que a obediência às prescrições jurídicas seja de *interesse* dos que as cumprem. Para que isso ocorra, mesmo nos casos em que o comportamento prescrito é, em si mesmo, contrário ao interesse próprio do agente, deve-se prometer ou uma recompensa para o caso de obediência ou um castigo para a desobediência (certamente a promessa deve ser cumprida para ser confiável), que compense o interesse em se abster da ação indicada. Por razões práticas, na maioria dos casos, embora não em todos, na busca de aceitação das diretrizes jurídicas, costuma-se preferir mais a técnica de motivação pelo castigo do que a por premiação. Isso implica recorrer à coação.

O Estado, que detém um quase monopólio da força disponível em uma sociedade, emprega essa força, por um lado, para persuadir as pessoas a agirem de modo que satisfaça os fins e os objetivos estabelecidos pelos órgãos competentes, e, por outro lado, coloca essa força à disposição dos indivíduos para que façam valer os esquemas de cooperação estabelecidos voluntariamente, na busca de seus objetivos particulares. Há, então, diretrizes jurídicas cujo desvio é ameaçado com o emprego da coação estatal, e há outras que devem ser satisfeitas quando se deseja contar com a coação estatal para efetivar um acordo privado. Em todo caso, a necessidade de evitar ou de contar com o respaldo da coação cria razões *prudenciais* que podem ser eficazes quando as razões de caráter moral não o são. Para os que só têm razões prudenciais para cumprir o prescrito pelo direito, este se lhes apresenta como uma série de reações prováveis de certos servidores da justiça, que, conforme o caso, é preciso evitar ou promover.

Desse modo, o direito vigente deve ser considerado, em virtude de razões morais ou prudenciais, no raciocínio prático – ou seja, no raciocínio dirigido à escolha de um rumo de ação – daqueles a quem se destinam as suas diretrizes. Entre esses destinatários há um grupo de servidores da justiça – os juízes – que ocupam, por vários motivos, um lugar central na compreensão do fenômeno jurídico. Os juízes devem decidir, conforme estabelecem certas normas do sistema jurídico, se determinadas regras são aplicáveis aos casos particulares, que lhes são propostos para resolução, e devem deliberar, em alguns casos, a execução das consequências que essas regras estabelecem. As decisões dos casos propostos podem ser justificadas, em geral – embora nem sempre, por razões que logo veremos –, pelas regras do sistema jurídico. Porém, a decisão de aplicar tais regras não pode ser justificada com base nelas próprias, uma vez que as regras jurídicas não fornecem razões para sua aplicação. A decisão de aplicar o direito pode ser *motivada* por razões prudenciais, mas é óbvio que os juízes não podem *justificar* decisões que afetam a terceiros com meras considerações de interesse próprio. Os juízes, como todas as demais pessoas moralmente responsáveis, não podem eximir-se de justificar suas decisões, para si mesmos e para os outros, com base em razões morais. Em geral, haverá fortes razões morais que indicam a aplicação das normas do sistema jurídico vigente; mas haverá casos excepcionais em que essas razões serão contrabalançadas por razões morais que pressionam em outra direção. Essa situação inevitável para os juízes faz com que eles tendam, mais que as outras pessoas, a ver o direito como uma extensão de concepções morais que consideram válidas e as normas jurídicas como aquelas que eles estão moralmente legitimados a reconhecer e aplicar.

O ponto de vista dos cidadãos e dos juízes perante o direito contrasta de maneira notável com o ponto de vista

INTRODUÇÃO

dos que desempenham o papel, não de destinatários de normas jurídicas, mas de seus elaboradores. Nessa perspectiva, o direito aparece como um *instrumento*, não de todo flexível, para obter os efeitos sociais considerados desejáveis. Como já vimos, esse instrumento funciona sobretudo, embora não exclusivamente, como uma técnica de motivação – assim como, por exemplo, a propaganda – que apela tanto para a consciência das pessoas quanto para seus interesses. O direito também pode interpor obstáculos físicos a certos comportamentos, graças à intervenção de servidores da justiça, que, por sua vez, são motivados pelo direito a agir de determinado modo. Como um instrumento de mudanças sociais de natureza variada, o direito é o reflexo de ideologias e de esquemas valorativos dominantes e enfrenta a resistência de diferentes grupos de pressão e de diversas circunstâncias sociais e econômicas. Os efeitos sociais almejados por meio do direito às vezes são diretos – quando a mera conformidade com suas normas constitui o efeito pretendido – e outras vezes são indiretos – quando os efeitos são produzidos pelos hábitos gerados pelo direito ou pelos meios que ele fornece ou, ainda, pelas instituições que ele cria.

A interligação entre o direito e as cosmovisões dominantes, concepções éticas vigentes, circunstâncias sociais e econômicas, pressões de diferentes grupos sociais ou as relações entre os que controlam os diferentes fatores de produção econômica etc., faz com que o direito não possa ser ignorado pelos estudiosos da realidade social – como antropólogos, sociólogos, cientistas políticos – e constitua muitas vezes um espelho no qual se refletem os dados básicos da sociedade que estão interessados em analisar. Sob esse ponto de vista, o direito só interessa enquanto se traduz em regularidades de comportamento efetivo e em atitudes e expectativas generalizadas que permitem explicar diferentes fenômenos sociais. Assim, não interessa o que prescrevem as normas jurídicas, nem quais são as justificativas, nem que reações dos órgãos jurídicos é possível prognosticar, mas sim quais são os fatores que condicionam a determinação de tais normas e as reações em questão, como elas são percebidas pela comunidade e quais são as transformações sociais e econômicas que o "direito em ação" (segundo a expressão de Alf Ross) gera.

O ponto de vista dos advogados é radicalmente diferente do anterior. Os advogados, como dizem Henry Hart e Sachs, são "arquitetos de estruturas sociais". Eles desenham diferentes combinações de condutas possíveis no âmbito da ordem jurídica. Isso se percebe claramente no papel do advogado de redigir contratos, estatutos sociais, testamentos, regulamentos etc.; nesse momento, o advogado deve prever as circunstâncias que podem sobrevir e as possíveis condutas de diferentes atores, e planejar, com base na substância da ordem jurídica geral, um esquema para encaminhar os efeitos de tais circunstâncias e ações. Também se percebe essa função de arquiteto de estruturas de comportamento no papel do advogado de aconselhar seus clientes sobre as possibilidades de ação de acordo com o direito vigente, quer o cliente tenha a preocupação de averiguar os "obstáculos" jurídicos aos diferentes rumos de ação por motivos prudenciais ou por razões morais. Mas essa função dos advogados também se evidencia em sua tarefa de litigar perante os tribunais, tarefa que consiste, fundamentalmente, em apresentar perante os juízes o "mundo possível" mais favorável a seu representado, que seja compatível com as normas jurídicas vigentes e com as provas documentadas; nesse caso, o traçado do advogado não se projeta para o futuro mas sim para o passado. Em todos esses papéis, o direito aparece para os advogados como um quadro relativamente fixo, como um dado que é necessário considerar para calcular as possibilidades de ação. As normas jurídicas representam para o advogado algo parecido ao que representam as leis da perspectiva para o pintor ou as leis da resistência dos materiais para o engenheiro ou para o arquiteto: constituem um limite aos projetos alternativos que podem ser viabilizados e uma base com que se pode contar para obtenção de certos resultados desejados.

INTRODUÇÃO

A perspectiva do direito que cabe aos juristas teóricos tem sido matéria de discussão e questiona-se se eles contam com um ponto de vista próprio ou se recebem, de segunda mão, a visão do direito que têm os juízes, os legisladores, os advogados ou os sociólogos ou, ainda, o "homem mau" movido apenas por razões prudenciais. Há aspectos do direito que ganham destaque a partir de cada uma dessas perspectivas e que parecem ser de interesse para o jurista acadêmico. Por exemplo, ele não pode deixar de identificar qual é o direito em uso em determinada comunidade, que fatores sociais incidiram em sua configuração, qual é sua eficácia como instrumento para obtenção dos resultados almejados, qual é a justificativa moral de suas disposições e que alternativas seriam mais satisfatórias do ponto de vista valorativo, que estruturas de relações jurídicas e de decisões judiciais o direito vigente possibilita para as diversas circunstâncias etc.

É óbvio que a adoção de cada um desses diferentes pontos de vista do direito incide no alcance do conceito de direito empregado, no significado e na função da linguagem utilizada para formular os enunciados característicos do ponto de vista em questão, na percepção das dificuldades e possibilidades oferecidas pela manipulação do direito, na determinação da forma que assume o conhecimento do direito e assim por diante.

No estudo a seguir tentaremos manter, na medida do possível, certa distância em relação aos diferentes pontos de vista mencionados, propondo uma série de perguntas que são fundamentais para a compreensão e para a prática da realidade jurídica em qualquer uma dessas perspectivas: Como se emprega e como é conveniente que se empregue a expressão "direito"? A que tipo de fenômenos se refere? Como são as "unidades" elementares que constituem um sistema jurídico? Como se identifica o sistema jurídico existente, distinguindo-o de sistemas normativos não jurídicos, de outros sistemas jurídicos e de sistemas jurídicos não existentes? Qual é o alcance dos conceitos fundamentais com que se faz referência à realidade jurídica? Que dificuldades aparecem na aplicação de normas jurídicas gerais a casos particulares? Há uma "ciência" específica para conhecer e controlar os fenômenos jurídicos? Qual é a relação entre os princípios morais que consideramos válidos e a ordem jurídica? Como se determina que princípios morais são válidos? Quais são esses princípios? Quais são suas implicações para diferentes instituições jurídicas?

A tarefa de responder a todas essas perguntas, e muitas outras relacionadas a elas, não é fácil; mas a tentativa de realizá-la não pode deixar de ser proveitosa, porque a compreensão, ainda que inicial, da estrutura, do funcionamento e das possibilidades de aperfeiçoamento do mecanismo jurídico é um modo de começar a vislumbrar a complexa trama do tecido social que envolve a vida humana.

Capítulo Primeiro
A definição de direito

1. A pergunta "o que é o direito?"

Essa pergunta é, talvez, a que causa maior inquietação e desorientação entre os juristas.

Não deixam de ser surpreendentes as dificuldades e discordâncias que parecem surgir entre os estudiosos do direito quando se entregam à tarefa de identificar e classificar os fenômenos a cujo estudo dedicaram toda sua vida e que, por outro lado, não parecem ser nada misteriosos nem requerer técnicas especiais de observação.

Sem dúvida, nem os físicos, nem os químicos, nem os historiadores, entre outros, teriam tantas dificuldades para definir o objeto de seu estudo como têm os juristas; na maior parte dos casos, bastaria que indicassem alguns objetos ou fenômenos ou fornecessem uma breve explicação para transmitir uma ideia mais ou menos precisa do que eles estudam.

Se os juristas não conseguem resolver a questão de modo tão simples, isso não decorre, quase com certeza, de uma incapacidade profissional ou do fato de o direito ser tão extraordinariamente complexo, elusivo e variável que escapa do âmbito de qualquer definição.

Arrisco-me a antecipar a hipótese de que as dificuldades que alguns juristas e as pessoas em geral encontram para definir o "direito" têm origem na adesão a uma certa concepção sobre a relação entre a linguagem e a realidade, que impede que se tenha uma ideia clara sobre os pressupostos, as técnicas e as consequências que devem ser consideradas quando se define uma expressão linguística, nesse caso o "direito".

No pensamento teórico, e no jurídico mais que em qualquer outro, ainda tem certa vigência a concepção platônica quanto à relação entre a linguagem e a realidade.

Acredita-se que os conceitos refletem uma pretensa essência das coisas e que as palavras são veículos dos conceitos. Isso supõe que a relação entre o significado das expressões linguísticas e a realidade consiste em uma conexão necessária que os homens não podem criar ou alterar, mas apenas reconhecer, detectando os aspectos essenciais da realidade que devem, inevitavelmente, estar armazenados em nossos conceitos.

Essa concepção afirma que há uma única definição válida para uma palavra, que essa definição é obtida mediante intuição intelectual da natureza intrínseca dos fenômenos denotados pela expressão, e que a tarefa de definir um termo é, por isso, descritiva de certos fatos.

Hermann Kantorowicz refere-se deste modo à concepção que estamos comentando, a qual denomina "realismo verbal":

> "Muitos sistemas [filosóficos] – o platonismo antigo, o realismo escolástico, o fenomenalismo moderno – basearam-se na crença de que cabe encontrar conceitos com caráter de verdade essencial ou de 'necessariedade', por um procedimento de intuição intelectual ou mística, já que são eles os únicos conceitos do que possa constituir a essência imutável das coisas. Se isso fosse assim, se, por exemplo, existisse algo semelhante à 'essência' do direito, deveria, então, admitir-se que, entre as muitas acepções do termo 'direito', o único significado e a única definição verdadeiros seriam o significado que tal essência indicasse e a definição que encerrasse esse significado. Por isso, quase toda a jurisprudência medieval e oriental, e inclusive a moderna, acreditou que entre o nome de uma 'coisa' (isto é, qualquer objeto do pensamento) e a coisa nomeada existe um nexo metafísico que seria perigoso e

sacrílego desconhecer. Isso mostra que a jurisprudência não se livrou ainda da crença antiga ou, melhor, pré-histórica na magia verbal..." (em *La definición del derecho*, p. 33 e 34)

Opõe-se a esse enfoque uma concepção "convencionalista" sobre a relação entre a linguagem e a realidade, que é defendida pela chamada "filosofia analítica". Os filósofos analíticos supõem que a relação entre a linguagem — que é um sistema de símbolos — e a realidade foi estabelecida arbitrariamente pelos homens e, embora haja um acordo consuetudinário em denominar certas coisas com determinados símbolos, ninguém é obrigado, nem por razões lógicas, nem por fatores empíricos, a seguir os usos vigentes, podendo escolher qualquer símbolo para se referir a qualquer tipo de coisas e podendo criar as categorias de coisas que lhe forem convenientes.

Para a análise filosófica, as coisas só têm propriedades *essenciais* na medida em que os homens as tornem condições necessárias para o uso de uma palavra; decisão que, naturalmente, pode variar.

Segundo essa corrente de pensamento, quando nos defrontamos com uma palavra como "direito", por exemplo, temos que lhe atribuir algum significado, caso pretendamos descrever os fenômenos denotados por ela, pois não é possível descrever, por exemplo, o direito argentino, sem saber o que "direito" significa.

Por outro lado, a despeito do fato de que podemos estipular um significado original ou mais preciso para a palavra que temos em vista, é conveniente verificar seu significado na linguagem comum como um meio de descobrir distinções conceituais importantes, que pressupomos sem ter consciência delas e cujo descaso pode provocar pseudoquestões filosóficas.

Desse modo, a caracterização do conceito de direito se deslocará da obscura e inútil busca da natureza ou essência do direito para a verificação dos critérios vigentes no uso comum para o emprego da palavra "direito"; e se, prescindindo dessa análise, ou por meio dela, chegarmos à conclusão de que nosso sistema teórico requer a estipulação de um significado mais preciso que o ordinário para "direito", esta não será orientada por um teste de verdade em relação à captação de essências místicas, mas por critérios de utilidade teórica e de conveniência para a comunicação.

Embora essa concepção tenha cada vez maior vigência no pensamento filosófico, sua adoção pelos juristas não é comum, o que provoca, em grande parte, as dificuldades e disputas para definir "direito".

Há escritores que cogitam que só pode haver um único e verdadeiro conceito de direito e se enredam em graves meditações sobre a sua essência, sem prestar atenção ao uso ordinário da expressão e desprezando o estabelecimento de um significado teoricamente fecundo para a palavra.

Há juristas que não percebem que uma coisa é definir uma palavra e outra é descrever a realidade, e nos falam do conceito de direito como se tivessem descoberto os aspectos mais profundos da realidade.

Tudo isso, sem dúvida, é prejudicial para a identificação dos fenômenos jurídicos e provoca disputas inúteis e dificuldades artificiais.

Porém, o fato de substituir a busca da "verdadeira essência do direito" por uma investigação sobre o uso da palavra "direito" na linguagem corrente e na linguagem dos juristas não garante uma caracterização do conceito de direito com traços claros e definidos, que satisfaça certas exigências de operatividade teórica. Isso ocorre porque o uso comum do termo "direito", como o de muitas outras palavras, apresenta certos inconvenientes que costumam gerar uma série de equívocos nas discussões dos juristas.

A palavra "direito" é *ambígua* e, como se não bastasse, possui a pior espécie de ambiguidade, que não é a mera sinonímia acidental (como a de "banco"), mas aquela constituída pelo fato de ter vários significados profundamente relacionados entre si.

Vejamos estas três frases:

"O *direito* argentino prevê a pena capital."
"Tenho *direito* de me vestir como quiser."
"O *direito* é uma das disciplinas teóricas mais antigas."

Na primeira frase, "direito" designa o que, com mais exatidão, é chamado "direito objetivo", ou seja, um ordenamento ou sistema de normas (por exemplo, um conjunto de leis, decretos, costumes, sentenças etc.).

Na segunda, "direito" é usado como "direito subjetivo", como faculdade, atribuição, permissão, possibilidade etc.

Na terceira frase, a palavra "direito" refere-se à investigação, ao estudo da realidade jurídica que tem como objeto o direito nos dois sentidos anteriores (é lamentável que a mesma palavra se refira tanto ao objeto de estudo quanto ao estudo do objeto!).

Em geral, para evitar confusões, há um consenso de que o "direito", dito isoladamente, denote o ordenamento jurídico e que os demais sentidos sejam mencionados com as expressões: "direito subjetivo" e "ciência do direito". No entanto, muitos juristas são vítimas da confusão entre esses três sentidos.

Além disso, o termo "direito" é *vago*. Considerando o uso ordinário, não é possível enunciar as propriedades que devem estar presentes em todos os casos em que a palavra é empregada.

Como veremos no capítulo III, cogitou-se indicar a coatividade como propriedade exigida em todos os casos do uso de "direito" na linguagem corrente. Entretanto, há segmentos inteiros da realidade jurídica que não apresentam essa característica de forma relevante (por exemplo, a maior parte do Código Civil).

Outros propuseram como atributo necessário do conceito de direito o tratar de diretrizes promulgadas por uma autoridade, mas, para isso, tiveram que deixar de lado os costumes jurídicos, que evidentemente não apresentam essa propriedade.

Há os que escolheram a propriedade de consistir em regras gerais como necessária para o uso de "direito" em todos os casos, mas rapidamente depararam com as sentenças judiciais que constituem normas particulares.

Não é nem um pouco estranho que uma palavra apresente esse tipo de indeterminação no uso corrente. No entanto, para muitos juristas, imbuídos do espírito essencialista, isso se torna um osso duro de roer; eles acreditam que deve haver necessariamente algo oculto e misterioso que relaciona todos os fenômenos jurídicos entre si, e fazem esforços desesperados para encontrá-lo, formulando conjecturas impressionantes para simular a sua descoberta.

O fato de reconhecermos a imprecisão da palavra direito na linguagem comum não significa que estejamos atrelados a ela e não possamos incorporar o termo "direito" a um sistema teórico sem esse caráter vago. É óbvio que em certos contextos precisamos atribuir à palavra "direito" um significado o menos vago possível; mas isso, sem dúvida, nos obriga a estipular um conjunto de propriedades como necessárias, embora não o sejam estritamente no uso comum, levando-nos a excluir da denotação de "direito" alguns fenômenos que em geral são denominados com essa palavra.

O último inconveniente que "direito" apresenta na linguagem corrente é sua *carga afetiva*.

As palavras não servem apenas para se referir a coisas ou fatos e para designar propriedades, mas às vezes também são usadas para expressar ou provocar emoções. Há palavras que têm somente esta última função (como "ai!" e "viva!"); outras possuem tanto o significado descritivo quanto o afetivo (por exemplo, "democracia" e "bastardo"); e outras, ainda, só têm significado cognoscitivo (como "triângulo" e "lapiseira").

"Direito" é uma palavra com significado afetivo favorável. Denominar com essa palavra uma organização social implica condecorá-la com um título honorífico e estimular as atitudes de adesão em torno dela.

A carga afetiva que uma palavra tem prejudica seu significado cognoscitivo. Porque as pessoas estendem ou restringem o uso do termo, abrangendo ou deixando fora de sua denotação os fenômenos que apreciam ou rejeitam, conforme o significado afetivo favorável ou desfavorável. Isso provoca uma grande imprecisão no campo de referência da expressão, e no caso de "direito" explica muitas das diferenças entre as definições defendidas pelos juristas. Veremos essa questão agora com mais detalhes, uma vez que ela se relaciona com a velha polêmica entre jusnaturalistas e positivistas sobre o conceito de direito.

2. O jusnaturalismo e o positivismo jurídico

Parece óbvio que as conotações afetivas da palavra "direito" decorrem da profunda relação dos fenômenos jurídicos com valores morais, em especial o de justiça (as pessoas tendem a assumir atitudes emocionais sempre que há questões morais em jogo). Sendo assim, uma ampla corrente de pensamento tem presumido ou defendido que a relação entre o direito e a moral deve necessariamente refletir-se no conceito de direito.

No entanto, a ideia de que há uma relação essencial entre o direito e a moral pode ter muitas variantes e nem todas elas são relevantes para a caracterização do conceito de direito. Convém mencionar algumas das teses mais comuns que sustentam a existência de uma conexão ou associação importante entre o direito e a moral:

1) As normas de todo sistema jurídico refletem de fato os valores e aspirações morais da comunidade em que vigoram ou dos grupos de poder que participam, direta ou indiretamente, da determinação de tais normas.

2) As normas de um sistema jurídico devem adequar-se a certos princípios morais e de justiça válidos em termos universais, independentemente de serem aceitos ou não pela sociedade em que tais normas se aplicam.

3) As normas de um sistema jurídico devem reconhecer e tornar efetivos os padrões morais vigentes na sociedade, seja qual for a validade de tais padrões do ponto de vista de uma moral crítica ou ideal.

4) Não é possível formular uma distinção conceitual taxativa entre as normas jurídicas e as normas morais vigentes em uma sociedade.

5) Os juízes aplicam de fato em suas decisões não somente normas jurídicas, como também normas e princípios morais.

6) Os juízes devem recorrer a normas e princípios morais para solucionar questões que não estão claramente resolvidas pelas normas jurídicas.

7) Os juízes devem se negar a aplicar normas jurídicas que contradizem radicalmente princípios morais ou de justiça fundamentais.

8) Se uma regra constitui uma norma de um sistema jurídico, ela tem força moral obrigatória, seja qual for sua origem e conteúdo, e deve ser aplicada pelos juízes e obedecida pelas pessoas.

9) A ciência jurídica deve encarar a tarefa de formular princípios de justiça aplicáveis a diferentes situações juridicamente relevantes e avaliar até que ponto as normas jurídicas vigentes satisfazem tais princípios e podem ser interpretadas de modo que se ajustem a suas exigências.

10) Para reconhecer um sistema normativo como uma ordem jurídica ou uma regra como uma norma jurídica, não basta constatar que o sistema ou a regra em questão satisfazem certas condições fácticas, mas deve-se determinar também sua adequação aos princípios morais e de justiça; um sistema ou uma regra que não se ajustem a tais princípios não podem ser classificados como jurídicos.

Essas diversas teses que defendem a existência de uma relação relevante entre direito e moral são, na maioria dos casos, independentes entre si e nem sempre mutuamente compatíveis. Por outro lado, nem todas elas têm o mesmo caráter lógico. Algumas são de natureza fáctica e pretendem descrever o que ocorre na realidade; outras são de tipo valorativo ou normativo e destinam-se a estabelecer o que deve ou não ser feito; por fim, outras dessas teses são de índole conceitual e versam sobre a caracterização ou defini-

A DEFINIÇÃO DE DIREITO   19

ção de certas noções, como a de sistema jurídico ou norma jurídica.

A velha polêmica entre o *jusnaturalismo* e o *positivismo jurídico* gira em torno da relação entre direito e moral. Uma descrição simplista do conteúdo dessa polêmica diria que, enquanto o jusnaturalismo afirma que há uma conexão intrínseca entre direito e moral, o positivismo jurídico nega tal conexão. Porém, acabamos de ver que há muitas maneiras diferentes de defender a existência de um vínculo importante entre direito e moral. Não é possível supor que o jusnaturalismo ratifique as dez teses citadas e o positivismo se oponha a todas elas. Qual é, então, a tese sobre a relação entre direito e moral que o jusnaturalismo defende e que o positivismo ataca?

Para tentar responder a essa pergunta, proponho acompanharmos uma dramatização idealizada de uma sentença judicial, inspirada nos processos judiciais organizados pelos Aliados – as nações vencedoras da Segunda Guerra Mundial – contra os comandantes nazistas que participaram de diferentes ações durante o regime de Hitler (tais como o extermínio de grandes grupos humanos, torturas, privação da liberdade de pessoas inocentes, deportações, experimentações médicas com seres humanos vivos, agressão injusta contra outras nações etc.). Esses processos apresentaram a particularidade de reacender o debate entre o positivismo e o jusnaturalismo e de chamar a atenção para o fato de que a posição adotada nesse debate poderia ter consequências práticas muito significativas. Para simplificar o relato, o que se expõe a seguir será apenas uma reconstituição fictícia de uma sentença judicial que poderia ter sido proferida em um desses processos; não se pretende respeitar a verdade histórica sobre os argumentos realmente apresentados pelos juízes em algum dos processos em particular; qualquer semelhança com a realidade será, portanto, quase uma coincidência.

"Na cidade de Nuremberg, aos 25 dias de novembro de 1945, reúne-se o Supremo Tribunal das Forças Aliadas para proferir sentença no processo movido contra os detidos aqui presentes, pela suposta prática de crimes contra a humanidade e crimes de guerra. Tendo ouvido os argumentos da acusação e da defesa dos processados e tendo recebido a prova de acusação e de defesa oferecidas, os senhores juízes do tribunal pronunciam-se nos seguintes termos:

"O senhor juiz Semprônio declarou: 'Ilustres colegas: Estamos aqui reunidos para julgar um grupo de homens que participaram ativamente da produção do que foi, sem dúvida alguma, o fenômeno social e político mais aberrante da história da humanidade. Temos testemunhas de outros fatos históricos, remotos e não tão remotos (como os "expurgos" em um dos regimes representados neste tribunal), em que certos homens lançaram destruição, morte e sofrimento sobre extensos agrupamentos humanos. Mas dificilmente se poderá citar um antecedente comparável aos fatos que estes homens sentados hoje no banco dos réus contribuíram para desencadear. Dezenas de milhares de seres humanos foram afetados direta ou indiretamente pelos atos criminosos destes indivíduos. Inspirados em um messianismo delirante, movidos por uma crença fanática na superioridade de uma certa raça e no destino de dominação mundial de um determinado povo e de seu líder, estes indivíduos infligiram em seus congêneres danos e sofrimentos que nem sequer foram imaginados pelos escritores que exerceram sua fantasia para construir uma vívida descrição do 'castigo eterno'. Estes homens criaram um verdadeiro inferno na extensa região do mundo em que suas armas se impuseram. Basta lembrar um dos vários fatos que foram comprovados neste longo processo: o pedido feito por um laboratório de 'pesquisa científica' de um número de cadáveres de lactentes para realização de um experimento que contribuiria para o progresso da 'nova ciência ariana', e o conseguinte atendimento do pedido por parte de alguns dos acusados, exterminando filhos de mães judias que estavam confinadas em um dos campos de concentração. Esses são os fatos que temos que julgar hoje, decidindo se cabe ou não, tal como pede a acusação, a aplicação de uma pena aos acusados pelos crimes que foram provados perante este tribunal. A defesa de alguns dos acusados não nega os fatos aos quais se refere a acusação, mas impugna a qualificação jurídica que os tornaria puníveis. Em síntese, a defesa propõe a tese de que estes indivíduos cometeram atos que, independentemente do valor ou desvalor moral, foram perfeitamente legítimos de acordo com a ordem jurídica do tempo e do local em que foram realizados. Os acusados, segundo essa tese, eram funcionários públicos estatais que agiram em plena conformidade com as normas jurídicas vigentes, determinadas por órgãos legítimos do Estado nacional--socialista. Não só estavam autorizados a fazer o que fizeram, como também, em alguns casos, eram legalmente obrigados a fazê-lo. A defesa nos relembra um princípio elementar de justiça, que a civilização que nós representamos aceitou há muito tempo e que o próprio regime nazista ignorou: esse princípio, usualmente enunciado com a expressão latina *nullun crimen, nulla poena sine lege praevia*, proíbe impor uma pena por um ato que não era proibido pelo direito vigente no momento de seu cometimento. A defesa sustenta que se punirmos os acusados, estaremos infringindo esse princípio liberal, visto que os atos que julgamos não eram puníveis segundo o direito que vigorava no tempo e local de sua execução. Nobres colegas: creio que um dos serviços mais importantes que este tribunal pode prestar à humanidade consiste em contribuir para varrer de uma vez por todas a absurda e atroz concepção do direito que encerra a tese da defesa. Essa concepção sustenta que temos um sistema jurídico toda vez que, em determinada sociedade, um grupo humano consegue impor certo conjunto de normas, contando com a força para fazê-las cumprir, seja qual for o valor moral de tais normas. Isso gerou o obsceno lema "A lei é a lei", que serviu para justificar as opressões mais aberrantes. Desde tempos antigos, pensadores extremamente lúcidos demonstraram a falsidade dessa ideia com argumentos contundentes. Acima das normas determinadas pelos homens, há um conjunto de princípios morais universalmente válidos e imutáveis que estabelecem critérios de justiça e direitos fundamentais inerentes à verdadeira natureza humana. Nele se incluem o direito à vida e à integridade física e o direito de expressar opiniões políticas, de praticar cultos religiosos, de não ser discriminado por razões de raça etc. e de não ser coagido sem um devido processo legal. Esse conjunto de princípios configura o que se convencionou chamar 'direito natural'. As normas positivas determinadas pelos homens são direito somente na medida em que se ajustam ao direito natural e não o contradizem.

Diante de um sistema de normas em tão flagrante oposição aos princípios do direito natural quanto a doutrina nazista, classificá-lo de 'direito' implicaria desnaturalizar de modo grotesco esse sagrado conceito. Que diferença há entre as normas desse ordenamento e as de uma organização delituosa como a máfia, senão a de que as primeiras ignoraram, de modo ainda mais radical que as últimas, os princípios de justiça e moralidade fundamentais? A posição da defesa implicaria que os juízes que julgam os membros de uma organização delituosa teriam que fazê-lo de acordo com as regras internas dessa organização e não de acordo com princípios jurídicos válidos. Se aceitássemos a tese que a defesa propõe, teríamos a situação ridícula de, depois de ter vencido o monstruoso regime nazista com 'sangue, suor e lágrimas', utilizarmos as normas determinadas por esse mesmo regime para absolver alguns de seus principais comandantes; os vencedores se submeteriam às normas dos vencidos. Os regulamentos do regime nazista, não sendo verdadeiras normas jurídicas, são inoperantes para legitimar os atos executados em concordância com eles mesmos. Ao contrário, tais atos constituem violações grosseiras das normas mais elementares do direito natural, que existia no tempo em que esses atos foram executados, existe agora e existirá eternamente. Assim sendo, é absurda a pretensão da defesa de que condenar os imputados implicaria violar o princípio 'não há pena sem lei prévia que proíba o ato'; há uma lei eterna que proíbe tais atos e essa é a lei que aplicaremos se submetermos os acusados a seu justo castigo. Portanto, voto a favor de que se condenem os processados'.

"O senhor juiz Caio declarou: 'Compartilho das valorações morais que o digníssimo juiz preopinante fez dos atos submetidos à consideração deste supremo tribunal. Eu também considero que tais atos constituem formas extremamente aberrantes de comportamento humano, sem precedentes de igual magnitude no decurso prévio da história. Ao formular este parecer, não estou opinando como juiz, mas sim como ser humano e como cidadão de uma nação civilizada que contribuiu para erradicar o regime que tornou possíveis essas atrocidades. A questão é se, em nossa condição de juízes, temos permissão para fazer valer esses juízos morais na elaboração de uma decisão neste processo. Os juízos morais, inclusive os que acabo de formular, são relativos e subjetivos. Os historiadores, sociólogos e antropólogos demonstraram como os padrões morais variaram e variam em diferentes sociedades e períodos históricos. O que um povo, em certa época, considera moralmente abominável, outro povo, em épocas ou lugares diferentes, julga perfeitamente razoável e legítimo. Podemos negar que o nazismo gerou uma verdadeira concepção moral na qual acreditavam sinceramente grandes massas da população deste país? Não há um procedimento objetivo para demonstrar a validade de certos juízos morais e a invalidade de outros. A ideia de que existe um direito natural imutável, universal e acessível à razão humana é uma vã, embora nobre, ilusão. É o que demonstra o conteúdo divergente que os pensadores jusnaturalistas atribuíram a esse suposto direito natural, no momento de explicitar suas normas. Para alguns, o direito natural consagra a monarquia absoluta; para outros, a democracia popular. Segundo alguns autores, a propriedade privada é uma instituição de direito natural; outros acham que o direito natural legitima somente a propriedade coletiva dos recursos econômicos. Uma das conquistas mais honrosas da humanidade foi a adoção da ideia de que os conflitos sociais devem ser resolvidos, não de acordo com os caprichos das apreciações morais dos que estão encarregados de julgá-los, mas com base nas normas jurídicas estabelecidas; é o que foi denominado 'o estado de direito'. Isso torna possível a ordem, a segurança e a certeza nas relações sociais. O direito de uma comunidade é um sistema cuja abrangência pode ser verificada de modo empírico, de forma objetiva e conclusiva, independentemente de nossas valorações subjetivas. Toda vez que encontramos um conjunto de normas que estabelecem instituições específicas, como tribunais de justiça, e que são determinadas e efetivadas por um grupo de homens que têm o monopólio da força em um território definido, estamos diante de um sistema jurídico, que pode ser de fato identificado como tal, sejam quais forem nossos juízos morais sobre o valor de suas disposições. O direito distingue-se do ordenamento normativo de uma organização delituosa, como a da máfia, não pela justiça do conteúdo de suas normas, mas pelo fato de estar respaldado por um aparato coativo que é exercido sobre uma população definida e em um território delimitado, sem entrar em competição, no mesmo âmbito, com um aparato que conte com um poder superior ou equivalente. Se a máfia conseguisse assumir o controle efetivo e estável sobre uma parte definida de território e população, as normas por ela determinadas constituiriam um ordenamento jurídico. Sendo assim, considero que, pelas mesmas razões, o sistema normativo vigente na Alemanha nazista e nos países ocupados por suas tropas era um sistema jurídico, por mais que julguemos repugnante o conteúdo de suas disposições. Quero destacar que esse sistema foi reconhecido internacionalmente, até mesmo por alguns de nossos países, antes de decidirem declarar guerra ao Eixo (contudo, muitas das normas às quais nos opomos estavam vigentes e se efetivavam – ocasionando algumas das atrocidades que hoje julgamos – no tempo em que o sistema era quase universalmente reconhecido). Por certo há uma relação entre direito e moral; ninguém duvida de que um sistema jurídico costuma refletir de fato os padrões e aspirações morais da comunidade ou de seus grupos dominantes (o sistema nazista não foi uma exceção, pois refletiu a concepção moral predominante na sociedade alemã); e também não há dúvida de que assim deve ser, para que o sistema jurídico alcance certa estabilidade e perdure. Porém, o que questiono é se, para classificar um sistema de jurídico, é conceitualmente necessária a sua concordância com os princípios morais e de justiça que consideramos válidos. Nós somos juízes, não somos políticos ou moralistas, e como tais devemos julgar de acordo com normas jurídicas. São as normas jurídicas, e não as nossas convicções morais, que definem para nós a fronteira entre o legítimo e o ilegítimo, entre o permissível e o punível. A existência de normas jurídicas implica a obrigatoriedade da conduta que elas prescrevem e a legitimidade dos atos praticados em conformidade com elas. É verdade que não somos juízes do sistema jurídico nazista – graças a Deus, derrogado para sempre – e, por conseguinte, não estamos submetidos às suas normas. Mas seja qual for a posição que adotemos sobre a origem de nossa competência e das normas que somos obrigados a aplicar, reconheceremos a validade das nefastas normas do regime nazista no tempo e lugar em que tiveram vigência. Se fosse dito que constituímos um tribunal internacional submetido às normas do direito da comunidade de nações, deveríamos concluir que esse direito inclui o chamado 'princípio de efetividade', que outorga validade a todo sistema normativo determinado por um poder soberano que exerce de forma estável o monopólio da força em certo território. Se, por outro lado, fosse dito que somos juízes das nações vencedoras que aplicam as normas de seu próprio sistema jurídico, estendido de modo transitório a esse território, deveríamos concluir que nossos respectivos ordenamentos jurídicos incluem entre seus princípios fundamentais o de *nullum crimen nulla poena sine lege praevia*, que nos obriga a julgar os atos de acordo com as normas que vigoravam no tempo e lugar em que foram praticados, e não de acordo com normas estabelecidas posteriormente ou para um âmbito territorial diferente. Por qualquer caminho, na condição de juízes de direito, chegamos ao reconhecimento da validade das normas do direito nazista no momento e no âmbito territorial em que os atos em questão foram praticados. Isso não implica submetermo-nos às normas dos vencidos, é apenas a conclusão natural da aplicação das *nossas próprias* normas jurídicas. Devemos, então, aceitar a tese da defesa de que esses atos moralmente horrendos foram legítimos no aspecto jurídico e não podem ser apenados. Estes indivíduos sentados no banco dos réus já foram julgados de forma categórica pela opinião moral da humanidade civilizada. Não desnaturalizemos nossos princípios jurídicos acrescentando a essa condenação moral uma pena supérflua e perniciosa (devemos nos precaver de estabelecer um precedente suscetível de ser usado no futuro com finalidades diferentes das que buscamos). À barbárie do nazismo e a seu descaso pelo estado de direito, oponhamos nosso profundo respeito pelas instituições jurídicas. Voto, então, a favor de que se absolvam os acusados'.

'O senhor juiz Tício declarou: 'As opiniões de meus ilustres colegas mergulharam-me em um estado de profunda perplexidade. Tenho consciência de nossa responsabilidade histórica de estabelecer princípios claros e conclusivos que expressem a resposta que o mundo civilizado deve dar a fatos de tamanha barbárie como os que são julgados neste processo. No entanto, não encontrei nos votos dos juízes que me antecederam elementos de juízo que permitam formular tais princípios. Embora haja, nessas opiniões que escutamos, muitos aspectos com os quais estou plenamente de acordo, há também uma série de confusões conceituais e alguns pressupostos valorativos dificilmente justificáveis. Permitam-me começar por um ponto que, apesar de não ser diretamente relevante para o problema que temos que resolver, desempenhou um papel decisivo nas opiniões de meus colegas. O juiz Semprônio asseverou que há certos princípios morais e de justiça que são universais e eternos, acessíveis à razão e que derivam da 'verdadeira natureza humana'. Em contrapartida, o juiz Caio negou a existência de um direito natural e afirmou que os juízos valorativos são necessariamente subjetivos e relativos, sem que existam procedimentos racionais e objetivos para determinar sua validade ou invalidade. Ambas as posturas parecem-me insatisfatórias. A primeira não nos diz como se demonstra a existência dos princípios do direito natural, como são selecionadas as qualidades dos seres humanos que constituem sua verdadeira essência ou natureza ou como ocorre a inferência de princípios normativos a partir de certos pressupostos sobre a condição humana; não estou convencido de que seja possível extrair conclusões sobre o que deve ser ou se deve fazer de premissas que não são em si mesmas normativas, mas que constituem juízos sobre a configuração da realidade (não é fácil invalidar a ideia, sugerida por Hume, de que não é possível derivar o 'dever ser' do 'ser'). Por outro lado, a segunda postura, que defende que os juízos valorativos são subjetivos e relativos, também gera dúvidas difíceis de erradicar. Será verdade que quando dizemos que algo é bom ou justo limitamos-nos a soltar as rédeas de nossas emoções ou queremos dizer, simplesmente, que nós ou nossa sociedade pensamos que é bom ou justo ou, ainda, que aprovamos o estado de coisas a que estamos nos referindo? Do fato de as sociedades apresentarem diferentes juízos valorativos infere-se que todos eles são, da mesma maneira, razoáveis e válidos? Tem sentido afirmar que não devemos julgar os homens nem as sociedades de acordo com os princípios morais que nós defendemos, mas, sim, de acordo com os que *eles* defendem? Isso não implica a impossibilidade de nenhum juízo moral quanto à conduta alheia (se o agente acreditar que está agindo moralmente)? É possível formular juízos morais e, ao mesmo tempo, afirmar que juízos morais opostos são igualmente válidos?

Confesso que minhas dúvidas quanto às duas posturas colocam-me em uma situação incômoda; embora os métodos até agora propostos pelos filósofos morais para justificar princípios valorativos últimos não me pareçam convincentes, não considero satisfatório o ceticismo ético baseado em uma concepção subjetivista ou relativista dos valores. Mas penso que podemos deixar essa questão para os filósofos – de quem espero um progressivo esclarecimento dos problemas conceituais e epistemológicos que ela envolve –, visto que, no fundo, ela não é relevante para enfrentar a discussão aqui proposta. Ainda que adotemos uma concepção cética em matéria ética, não podemos evitar a formulação de juízos morais; e se formularmos juízos valorativos – como faz o juiz Caio –, adotamos uma postura moral e ficamos comprometidos a agir em consonância com ela. O problema filosófico no qual incursionei estaria posto apenas se alguém nos desafiasse a justificar os princípios morais últimos nos quais tais juízos se baseiam; mas, por sorte, esse problema não está posto aqui, uma vez que todos nós, membros do tribunal, concordamos em nossas convicções morais fundamentais. A questão apresentada neste processo, em contrapartida, é se, como juízes, podemos empregar tais convicções morais para decidir este caso ou se devemos nos ater exclusivamente à aplicação de princípios e normas jurídicas. Para o juiz Semprônio, não existe a disjuntiva que acabo de sugerir. Para ele, o reconhecimento das regras jurídicas implica tê-las passado pela peneira de nossas convicções morais. Um conjunto de regulamentos que contradiz princípios morais e de justiça considerados válidos não constitui um sistema jurídico. Não estou de acordo com essa postura, e nisso concordo com a opinião do juiz Caio. Se não nos deixarmos seduzir pela pretensão de determinar a verdadeira essência do direito e nos preocuparmos, por outro lado, em definir como a expressão 'direito' é usada na linguagem corrente de leigos e juristas, veremos, sem dúvida, que, em muitos contextos, ela é aplicada para denominar sistemas normativos que não satisfazem as mínimas exigências de justiça. Nem todos que falam do '*direito* nazista' são adeptos da ideologia nazista, e o próprio juiz Semprônio precisou recorrer a circunlóquios artificiosos para se referir ao conjunto de normas implantadas pelo Terceiro Reich, sem usar a expressão 'direito'. É difícil determinar a abrangência do termo 'direito' (ou 'sistema jurídico') na linguagem corrente; ela é por certo uma expressão nitidamente vaga. No entanto, o juiz Caio não se equivocou ao pressupor que a palavra se aplica a um conjunto de normas reconhecidas e praticadas pelos que controlam o monopólio da coação em um certo território. Essas são, mais ou menos, as condições que consideramos para identificar um fenômeno como 'o direito babilônio' ou como o 'direito chinês'; são condições puramente fácticas, e não incluem propriedades valorativas. Se nos perguntarmos agora, não como se usa de fato o termo 'direito', mas como seria conveniente defini-lo e empregá-lo em certo contexto, não vejo, em primeiro lugar, outro tipo de motivos para preferir uma definição a outra além da clareza conceitual e da conveniência para uma comunicação fluente, resultantes do emprego da expressão de acordo com a definição escolhida; em segundo lugar, não creio que haja razões dessa natureza que justifiquem afastar-se do uso comum predominante. Isso me leva a concluir que não podemos nos negar a classificar de 'jurídico' o sistema nazista. Porém, o juiz Semprônio poderia dizer que não se trata meramente de uma questão de palavras; como evidencia o voto do juiz Caio, o fato de identificar um sistema como direito teria consequências práticas extremamente importantes, pois implicaria concluir que suas normas têm ou tiveram validade ou força obrigatória, que os atos realizados em conformidade com elas foram legítimos, e que nós, juízes, somos obrigados a reconhecer essas normas em nossas decisões. É nesse ponto que estou em completo desacordo com o juiz Caio. Ele nos diz que as normas de um sistema jurídico são válidas ou têm força obrigatória no tempo e lugar em que vigoram; mas o que quer dizer isso? Se significa que as normas jurídicas estipulam a obrigação de realizar determinados atos, isso é indubitavelmente correto, mas não implica que devemos, de fato, realizar tais atos. A ordem de um assaltante também estipula a obrigação de realizar um ato, mas isso não quer dizer que devemos realizá-lo, embora não nos reste outra alternativa. Por outro lado, se o que se pretende é defender a obrigatoriedade de obedecer às normas jurídicas – e não às ordens de um assaltante –, cabe indagar de onde surge essa obrigação. Não basta responder que surge de outra norma jurídica, visto que, se fosse assim, teríamos que perguntar se somos obrigados a obedecer a essa outra norma jurídica; em algum momento, esgotar-se-ão as normas jurídicas que estipulam a obrigação de obedecer a outras normas jurídicas. A única resposta possível é que a obrigação de obedecer às normas jurídicas surge de outro tipo de norma, de normas que são consideradas 'intrinsecamente obrigatórias'. No entanto, as únicas normas que podem ser consideradas intrinsecamente obrigatórias são as normas de uma moral crítica ou ideal (essas normas, ao contrário das normas jurídicas, só existem enquanto são válidas ou obrigatórias). Em suma, quando o juiz Caio afirma que as normas jurídicas são obrigatórias, está pressupondo uma norma ou princípio *moral* que prescreve obediência às disposições de todo sistema jurídico. Ele não é coerente com sua tese de que se deve julgar considerando apenas as normas jurídicas e não as convicções morais. O juiz Caio introduz, disfarçadamente, suas convicções morais ao postular que toda norma jurídica é obrigatória e deve ser reconhecida pelos juízes. A obrigatoriedade a que se refere é uma obrigatoriedade moral. O fato de introduzir suas convicções morais não é em si criticável – embora fazê-lo de modo dissimulado seja –, uma vez que toda decisão em um assunto moralmente relevante implica adotar uma postura moral; em contrapartida, o que é preciso determinar é se as convicções morais do juiz Caio são aceitáveis. O princípio moral de que as normas jurídicas vigentes devem ser obedecidas e aplicadas é um princípio plausível, visto que está vinculado a valores como segurança, ordem, coordenação de atividades sociais etc. Mas é absurdo pretender que ele seja o único princípio moral válido. Há outros princípios igualmente válidos, como os que consagram o direito à vida, à integridade física, à liberdade etc. Em certas circunstâncias excepcionais, a violação desses últimos princípios, em que se incorreria se fossem respeitadas as regras jurídicas, seria tão drástica e grosseira que justificaria a desobediência ao princípio moral que prescreve ater-se ao direito vigente. Essas circunstâncias aconteceram durante o regime nazista, e não se pode duvidar que os funcionários desse regime não podiam justificar em termos morais as atrocidades que cometeram com base no fato de estarem elas autorizadas ou prescritas pelo direito vigente. E mais, se um juiz alemão da época tivesse sido temerário o bastante para condenar um funcionário por algum desses atos, desobedecendo às normas jurídicas vigentes, seu comportamento teria sido plenamente justificado e teria tido enorme mérito moral. Poder-se-ia dizer o contrário de uma decisão análoga que esse tribunal adotasse? Certamente não. Tanto o princípio de efetividade do direito internacional, quanto o princípio *nulla poena sine lege praevia* do direito interno de nossos países são princípios muito respeitáveis que refletem valores morais primordiais, tais como a soberania dos Estados e a segurança individual. Esses princípios devem ser considerados escrupulosamente em todas as atuações que não envolvem uma catástrofe concreta para a sociedade. Mas nenhum valor moral, por mais importante que seja, é absoluto e prevalece sobre todos os demais valores. Este tribunal tem a imperiosa necessidade de ratificar categoricamente o valor da vida, da integridade física, da intrínseca igualdade de todos os seres humanos etc. Para isso, não pode deixar impunes os mandatários de um regime que desdenhou de modo brutal desses valores, como nunca antes havia ocorrido. Isso implica deixar de lado princípios jurídicos em geral valiosos, como os alegados pela defesa. Devemos assumir plenamente essa consequência lamentável como um mal menor. A solução do juiz Semprônio não evita tal consequência, mas, a implica de maneira dissimulada. Para condenar alguém, o princípio *nulla poena sine lege* exige a existência de uma lei jurídica *positiva* que proíba o ato; esse princípio está orientado, de modo preciso, contra a pretensão de fundamentar uma pena na violação de normas morais (que é o que, tanto o juiz Semprônio quanto eu, estamos propugnando). O caminho escolhido por meu preclaro colega é sumamente perigoso, pois se não se reconhece de maneira aberta a violação de um princípio valioso, não se estabelece com clareza em que circunstâncias extremas essa violação é permissível, abrindo-se a porta para outras violações disfarçadas menos justificáveis. Por conseguinte, voto a favor de que se condenem os processados'."

Nesse veredicto hipotético debatem-se apenas algumas das teses sobre a relação entre direito e moral, mencionadas anteriormente. Os juízes do exemplo não discutiram a tese fáctica de que o direito reflete as valorações sociais reinantes, nem a que sugere que o direito se adapta a princípios morais e de justiça válidos para se justificar em termos morais – o que é, na realidade, uma proposição comumente verdadeira –, e tampouco a tese valorativa discutível de que o direito deve reconhecer e efetivar os juízos morais da comunidade. Os juízes participantes não questionaram, no veredicto transcrito, a possibilidade de distinguir conceitualmente as normas jurídicas positivas e as normas morais positivas; nem se pronunciaram sobre a tese de que os juízes efetivamente costumam aplicar normas morais em suas decisões. Em contrapartida, os juízes do exemplo parecem adotar diferentes posturas em relação à tese de que os juízes devem recorrer, em certos casos, a princípios morais para justificar suas decisões; de que os juízes devem se negar a aplicar normas jurídicas que contradizem princípios morais; de que toda norma jurídica, independente de sua origem e conteúdo, é imperativa e deve ser obedecida, e, finalmente, de que a identificação de um sistema jurídico requer a formulação de juízos de valor sobre a justiça e a moralidade de suas disposições.

Essas teses, debatidas no veredicto transcrito – juntamente com a tese de que a ciência jurídica deve se dedicar a formular valorações sobre o direito –, de um modo ou de outro, estão envolvidas nas discussões entre jusnaturalistas e positivistas. Porém, essa é apenas uma primeira seleção dos aspectos da relação entre direito e moral que podem ser relevantes para a controvérsia entre o positivismo jurídico e o jusnaturalismo. Ainda não conhecemos bem como os defensores de uma e de outra concepção se situam em relação a cada uma dessas teses, incluindo as teses relevantes para a controvérsia – a afirmação de que os jusnaturalistas apoiam todas elas, enquanto os positivistas as rejeitam continua sendo falsa e ingênua. Então, o que o jusnaturalismo e o positivismo defendem?

O jusnaturalismo está mais ou menos fielmente representado pela posição do juiz Semprônio. A concepção jusnaturalista pode ser caracterizada pela defesa conjunta destas duas teses:

a) Uma tese de filosofia ética, que afirma a existência de princípios morais e de justiça universalmente válidos e acessíveis à razão humana.

b) Uma tese relativa à definição do conceito de direito, segundo a qual um sistema normativo ou uma norma não podem ser classificados como "jurídicos" se estão em desacordo com aqueles princípios morais ou de justiça.

Em geral, se alguém rejeitar uma dessas teses, mesmo que aceite a outra (supondo que isso seja possível), não será considerado um jusnaturalista.

Embora todos os jusnaturalistas concordem, substancialmente, em defender essas duas teses, divergem quanto à origem ou fundamento dos princípios morais e de justiça que constituem o chamado "direito natural" e quanto à determinação de quais são esses princípios.

O jusnaturalismo *teológico*, cujo representante mais notável foi Santo Tomás de Aquino, afirma que o direito natural é a parte da ordem eterna do universo originado em Deus e acessível à razão humana. Nenhuma ordem positiva tem força obrigatória se não concordar com os princípios de direito natural.

Segundo Victor Cathrein, ilustre filósofo tomista, o direito natural encontra seu fundamento primário em sua absoluta necessidade para a sociedade humana. "Para todo aquele que crê em Deus, é evidente que o Criador não poderia deixar os homens na terra sem lhes dar o que é universalmente necessário para a sua conservação e o seu desenvolvimento." Esse direito natural não é somente um direito que deve ser, mas um direito verdadeiro, válido e existente. Além disso, o direito natural é universal, aplicável a todos os homens e em todas as épocas, e necessário, visto que é imutável.

De acordo com esse filósofo católico, a ordem positiva que não se adequar ao direito natural não terá força obrigatória de direito. "Imaginemos um tirano como o príncipe de Daomé, que erige em norma sua crueldade e sua lascívia, promovendo verdadeiros massacres de vítimas humanas a seu bel-prazer. Devemos dar a essas sanguinárias ordens de um déspota o santo nome de direito?"

Segundo essa concepção, as leis positivas devem ser o "corolário do direito natural" (como as leis que proíbem matar) ou devem ter a função de "determinação aproximativa", prescrevendo os postulados gerais do direito natural (por exemplo, estabelecendo a idade em que se adquire a capacidade de contratar). As leis positivas devem ter também a função de tornar efetivos, mediante a coação, os mandados do direito natural. (Ver também, Cap. VII, pp. 451 ss.)

O jusnaturalismo *racionalista* teve origem no chamado movimento iluminista, que se estendeu pela Europa nos séculos XVII e XVIII e foi apresentado por filósofos como Espinosa, Pufendorf, Wolff e, finalmente, Kant. Segundo essa concepção, o direito natural não deriva dos mandados de Deus, mas da natureza ou estrutura da razão humana.

Os juristas racionalistas tentaram formular detalhados sistemas de direito natural, cujas normas básicas – das quais se inferiam, logicamente, as restantes – constituíam supostos axiomas, evidentes por si mesmos à razão humana e comparáveis aos axiomas dos sistemas matemáticos. Os pressupostos e métodos do racionalismo influenciaram a composição da chamada "dogmática jurídica", que é a modalidade da ciência do direito predominante nos países de tradição continental europeia.

Após esse último movimento, surgiram outras correntes jusnaturalistas, em geral dissimuladas (uma vez que, em geral, resistiram a atribuir a si mesmas esse qualificativo). A concepção *historicista*, de autores como Savigny e Puchta, pretende inferir normas universalmente válidas a partir do desenvolvimento da história humana. Supõe-se que a história é movida por uma necessidade interna que a conduz para algum destino. A direção da história constitui o critério para determinar o bom e o mau. Essa concepção pretende, então, mostrar que certas normas ou valorações derivam de determinadas descrições ou previsões sobre a realidade; isto é, o que deveria ser se deduz do que é ou será.

A mesma pretensão está por trás de outra corrente jusnaturalista difundida no século XX, sobretudo na Alemanha: a que se fundamenta na *"natureza das coisas"*. Essa concepção, defendida por autores como Dietze, Maihofer e Welzel, afirma, em geral, que certos aspectos da realidade possuem força normativa e constituem uma fonte de direito à qual o direito positivo deve se adequar.

Por exemplo, Hans Welzel afirma que, na realidade, existem certas estruturas ontológicas – as quais denomina "estruturas lógico-objetivas" –, que, segundo ele, impõem limites à vontade do legislador. Em especial, Welzel salienta que essas estruturas determinam um conceito "finalista" de ação humana, que não pode ser desvirtuado pelo legislador, do qual resultaria uma série de soluções relevantes para o direito penal.

Apesar da diversidade quanto à origem e quanto ao conteúdo dos princípios do direito natural, o jusnaturalismo pode ser caracterizado pela adesão às duas teses anteriormente mencionadas. Muito mais difícil, por sua vez, é caracterizar a concepção positivista do direito. Isso porque o termo "positivismo" é acentuadamente ambíguo: ele faz referência a posturas diferentes que nem sempre têm relação entre si; ou que, em muitos casos, foram rejeitadas explicitamente por alguns autores considerados positivistas, e apoiadas por outros juristas positivistas, mas não como parte essencial do positivismo por eles defendido. A ambiguidade do rótulo de "positivista" torna-se evidente se perguntarmos, dentre os juízes que opinaram no veredicto transcrito, qual expressa melhor a concepção positivista do direito. Alguns dirão confiantes que é o juiz Caio, enquanto outros, com igual firmeza, garantirão que o juiz Tício reflete a postura positivista, e haverá até os que afirmem que nenhum dos dois é de fato positivista.

Algumas das principais posturas atribuídas ao positivismo, por seus próprios adeptos ou por seus oponentes, são as seguintes:

a) O ceticismo ético

Muitos juristas identificam o positivismo com a tese de que não existem princípios morais e de justiça universalmente válidos e cognoscíveis por meios racionais e objetivos.

Essa tese se opõe diretamente à primeira tese do jusnaturalismo; como vimos, essa postura foi adotada pelo juiz Caio, no veredicto imaginário que propusemos.

Se considerarmos a obra de alguns célebres pensadores positivistas, como Hans Kelsen e Alf Ross, perceberemos facilmente que em geral eles defendem decididamente essa tese. Sob a influência das concepções filosóficas empiristas e dos postulados do chamado "positivismo lógico", originado no Círculo de Viena, esses autores defendem que os únicos juízos cuja verdade ou falsidade pode ser decidida de maneira racional são (excetuando-se os juízos analíticos, cuja verdade é determinada por sua estrutura lógica) os juízos que possuem conteúdo empírico. Segundo esses e outros autores, os enunciados morais não satisfazem essa condição e não expressam, portanto, proposições genuínas, que possam ser classificadas como verdadeiras ou falsas. Para eles, os enunciados valorativos são subjetivos e relativos e se limitam a expressar os estados emocionais de quem os formula. Kelsen, por exemplo, afirma que as definições propostas para o conceito de justiça são vazias, e que não poderia ser de outro modo, pois o conceito carece de conteúdo cognoscitivo; a justiça é um mero "ideal irracional". Segundo esse autor, as tentativas de justificar racionalmente certos princípios de justiça costumam incorrer no vício lógico de pretender derivar juízos de "dever ser" – ou normativos – de juízos do "ser" – ou descritivos.

No entanto, nem todos os positivistas compartilham essa tese de filosofia ética. Longe disso, pensadores como Bentham e Austin, que podem ser considerados fundadores do positivismo jurídico moderno, acreditavam na possibilidade de justificar racionalmente um princípio moral universalmente válido, do qual derivam todos os juízos valorativos: é o chamado "princípio de utilidade", que afirma, em síntese, que uma conduta é moralmente correta quando contribui para aumentar a felicidade do maior número de pessoas. E mais, esses autores asseveraram que esse princípio está em consonância com a natureza humana. Austin, em particular, afirmava que tal princípio deriva, em última instância, da vontade divina. Mesmo um positivista contemporâneo, como H. L. A. Hart, que não é, de modo algum, um cético em matéria ética, incursionou com lucidez na discussão de problemas valorativos, como o da justificação da pena, evidenciando que não considera que tal tipo de discussão seja irracional e envolva um mero choque de atitudes emocionais.

Desse modo, não é correto identificar o positivismo jurídico com o ceticismo ético. Se existe algo em comum no pensamento dos mais importantes representantes da concepção positivista do direito, não é a crença de que os juízos valorativos são subjetivos e relativos. Mesmo no caso de Kelsen e Ross, pode-se afirmar que, embora se apoiem no ceticismo ético – como veremos depois – para defender sua postura positivista, eles não *identificam* essa postura com o ceticismo ético.

Portanto, devemos concluir que, para a postura positivista, a rejeição da primeira tese do jusnaturalismo não é essencial. A crença na existência de princípios morais e de justiça universalmente válidos e justificáveis de modo racional é perfeitamente compatível com a concepção positivista do direito (ainda que os positivistas se recusem a classificar esses princípios como "direito natural", a fim de evitar que sua postura se confunda com a dos jusnaturalistas).

b) O positivismo ideológico

Foi atribuída também ao positivismo a tese de que o direito positivo tem validade ou força obrigatória e suas disposições devem ser necessariamente obedecidas pela população e aplicadas pelos juízes, prescindindo de escrúpulos morais, qualquer que seja o conteúdo de suas normas.

Essa tese é, em síntese, a que foi apresentada anteriormente como tese 8, sobre a relação entre direito e moral, implicando a negação da tese 7. Foi defendida também pelo juiz Caio no veredicto transcrito.

Entretanto, é muito difícil encontrar algum filósofo positivista importante que seja plenamente adepto dessa tese. Se considerarmos a obra de autores como Bentham, Austin, Hart, Ross e Bobbio, não encontraremos nenhum elemento de juízo que apoie essa tese, havendo até mesmo afirmações explicitamente contrárias a ela. O caso de Kelsen, como veremos em seguida, é mais complicado, porque sua teoria inclui certas postulações que parecem conter a tese considerada, embora eu acredite que seja injusto atribuir isso a ela de modo definitivo. Não obstante, essa é a postura mais frequentemente imputada ao positivismo pelos autores jusnaturalistas; a crença de que os positivistas são adeptos dessa ideia está por trás da habitual acusação de que sua doutrina se presta a justificar qualquer regime de força, tendo contribuído, consequentemente, como marco teórico para legitimar um sistema como o nazista ou o soviético.

Norberto Bobbio denomina "positivismo ideológico" a tese que estamos comentando e a caracteriza como a concepção que defende estas proposições:

> "1) O direito positivo, pelo simples fato de ser positivo, isto é, de ser a emanação da vontade dominante, é justo; ou seja, o critério para julgar a justiça ou injustiça das leis coincide perfeitamente com o adotado para julgar sua validade ou invalidade. 2) O direito como conjunto de regras impostas pelo poder que exerce o monopólio da força de determinada sociedade serve, com sua própria existência, independentemente do valor moral de suas regras, para a obtenção de certos fins desejáveis como a ordem, a paz, a certeza e, em geral, a justiça legal". (em *O problema do positivismo jurídico*)

Alf Ross, por sua vez, a denomina "pseudopositivismo" e, em *O conceito de validade e outros ensaios*, afirma o seguinte:

"É verdade, no entanto, e seria preciso insistir nisso para explicar o mal-entendido, que certo número de autores, comumente considerados 'positivistas', têm defendido o ponto de vista descrito por Verdross, de que a ordem estabelecida é, como tal, merecedora de obediência... Esse tipo de filosofia moral tem, até onde posso perceber, várias fontes. Uma, acho, remonta aos ensinamentos de Martinho Lutero, que deu um novo significado às palavras de São Paulo, de que toda autoridade estatal provém de Deus. Outra pode ser encontrada na filosofia de Hegel, condensada no famoso *slogan* 'o que é real é válido, e o que é válido é real'. Também concorda com a ideologia do conservadorismo: o que tem êxito está justificado, porque Deus permitiu que o tenha... Essa é a atitude revelada no *slogan Gesetz ist Gesetz* [a lei é a lei], que significa que qualquer *ordem jurídica é* direito e, como tal, seja qual for seu espírito e suas tendências, deve ser obedecida."

Como revelam essas citações, a tese que estamos considerando não é de natureza conceitual, envolvendo, sim, uma postura ideológica ou moral. Ela combina, hipoteticamente, uma definição de direito em termos puramente fácticos – como a que os positivistas propugnam (por exemplo, "o direito é o conjunto de normas impostas pelos que têm o monopólio da força em uma sociedade") –, com a ideia jusnaturalista de que toda norma jurídica tem força obrigatória moral – (ideia coerente com a postura jusnaturalista de que uma regra não é jurídica se não satisfizer exigências morais ou de justiça).

O positivismo ideológico pretende que os juízes assumam uma postura moralmente neutra e que se limitem a decidir conforme o direito vigente. Porém, essa pretensão é ilusória.

Se o direito for definido em termos puramente fácticos, as proposições sobre as quais o direito vigente dispõe são reduzíveis a proposições sobre fatos. Todavia, é um princípio da lógica do raciocínio prático (o raciocínio que leva à justificação de uma ação ou decisão) que as proposições que descrevem meros fatos não expressam razões operativas para justificar ações ou decisões. Não se pode justificar uma ação ou decisão partindo do princípio de que algo ocorreu ou ocorrerá na realidade. Além disso, deve-se recorrer a desejos, interesses ou a valorações. Quando se trata de uma ação moralmente relevante, as razões morais excluem as razões prudenciais constituídas por desejos ou interesses, que se tornam insuficientes para justificar a ação ou decisão. (Por exemplo, para justificar minha decisão de passar um tempo em Oxford, não basta que eu mencione o *fato* de que é um lugar ideal para estudar filosofia; tenho que apelar, além disso, para meu *desejo* ou *interesse* de estudar filosofia – o que em geral está implícito quando se faz o primeiro tipo de menção. Mas se, por outro lado, tenho o *dever* de cuidar de um parente doente e o fato de ir a Oxford me impede de cumprir esse dever, a referência a um desejo ou interesse já não é suficiente para justificar minha decisão de passar um tempo lá.)

Isso significa que, quando um juiz tenta justificar sua decisão dizendo: "o direito vigente dispõe a solução que estou adotando", considerando, como os positivistas, que essa proposição é meramente descritiva de certos fatos e não implica valoração, devemos concluir que o juiz não conseguiu justificar sua decisão, a menos que se pressuponha, de modo implícito – como em geral ocorre –, um princípio moral como o que diz "deve-se observar o que o direito positivo dispõe". Os juízes, como todos nós, não podem evitar a adoção de posturas morais em matérias moralmente relevantes.

Em suma, o positivismo ideológico é uma postura valorativa que defende que os juízes devem considerar, em suas decisões, *um único* princípio moral: o que prescreve observar tudo o que o direito vigente dispõe. Porém, feita essa constatação, constata-se também a fragilidade radical do positivismo ideológico. Como disse o juiz Tício no veredicto imaginário, em geral, embora esse princípio moral aparentemente se justifique (há razões de ordem, segurança e certeza que o apoiam), ele não é o único princípio moral válido, nem o único a ser considerado pelos juízes em suas decisões.

Dissemos que os principais representantes do positivismo estão longe de ser positivistas no sentido ideológico. Kelsen é um caso especial. Ele afirma que as normas jurídicas existem desde que e enquanto forem válidas ou tiverem força obrigatória; as normas acontecem, não no mundo dos fatos, do que "é", mas no mundo do que "deve ser". (Embora sejam necessários certos fatos para que elas existam, como a sua determinação e aplicação.). Nisso Kelsen concorda com o jusnaturalismo, porém, como esse autor pretende fundar uma ciência jurídica neutra em termos valorativos, rejeita o pressuposto jusnaturalista de que a validade ou força obrigatória das normas jurídicas deriva da concordância com princípios morais ou de justiça. Para Kelsen, essa validade ou força obrigatória deriva, em contrapartida, de uma norma não positiva; sua famosa norma básica, que afirma que o que uma ordem coativa eficaz estabelece, "deve ser". Para ele, essa não é uma norma moral; ela é um mero pressuposto epistemológico, uma espécie de hipótese de trabalho da ciência jurídica. Esse pressuposto epistemológico permite aos juristas acessar, sem assumir um compromisso moral ou ideológico, a verdadeira realidade jurídica, que, como dissemos, para Kelsen, é composta, não de fatos, mas de entidades – as normas jurídicas – que pertencem ao mundo do "dever ser". Se um estudioso do direito não pressupõe que uma ordem estabelecida por quem exerce o poder deve ser cumprida, não estará em condições de descrever essa ordem como uma norma jurídica. Descreveria um simples fato, tal como fazem, por exemplo, os sociólogos.

Porém, em nenhum momento Kelsen diz que, em suas decisões, os *juízes* precisam aceitar a norma básica que determina que deve ser cumprido o disposto por um sistema coativo eficaz. Ele fala apenas da aceitação *hipotética* da norma básica por parte dos juristas teóricos, para descrever – não para aplicar – o direito. Kelsen não nega que os juízes podem deixar de aplicar normas jurídicas em suas decisões por razões morais. Isso permite afirmar que, apesar das aparências, Kelsen também não é "um positivista ideológico". Kelsen não afirma que existe uma obrigação moral de obedecer ou aplicar toda norma jurídica.

c) O formalismo jurídico

Costuma-se também atribuir ao positivismo certa concepção sobre a estrutura de toda ordem jurídica. Segundo essa concepção, o direito é composto exclusiva ou predominantemente por preceitos legislativos, ou seja, por normas promulgadas de modo explícito e deliberado por órgãos centralizados, e não, por exemplo, por normas consuetudinárias ou jurisprudenciais. Essa concepção afirma ainda que a ordem jurídica é sempre completa – isto é, sem lacunas –, consistente – livre de contradições – e precisa – suas normas não são vagas ou ambíguas. Em suma, a ordem jurídica é um sistema autossuficiente para fornecer uma solução unívoca para qualquer caso concebível. Bobbio denominou essa concepção "positivismo teórico", porque implica certa teoria sobre a estrutura de toda ordem jurídica. Também é comum denominá-la "formalismo jurídico".

Esse tipo de positivismo, geralmente, está ligado ao positivismo ideológico que acabamos de examinar. Isso porque, por um lado, o positivismo ideológico defende, em geral, a absoluta submissão dos juízes aos mandados legislativos – o que pressupõe que o direito é composto unicamente de leis –, e, por outro lado, porque o postulado do positivismo ideológico, segundo o qual os juízes sempre devem decidir conforme normas jurídicas – e não de acordo com outro tipo de princípios –, pressupõe que tais normas sempre oferecem uma solução unívoca e precisa para qualquer caso concebível; do contrário, os juízes teriam que recorrer, às vezes, a outro tipo de critérios não jurídicos para justificar sua decisão.

Como veremos em outro trecho desta obra, essa concepção do direito teve considerável influência na formação do modelo de ciência jurídica desenvolvida nos países da tradição continental europeia – a chamada "dogmática jurídica" –, e muitos dos partidários dessa ciência são, implicitamente, adeptos dessa concepção, inclusive nos casos em que tais juristas se apresentam como jusnaturalistas.

Como no caso das teses examinadas anteriormente, não se pode afirmar que os principais representantes do positivismo sejam adeptos dessa concepção do direito. Pelo contrário, tanto Kelsen quanto Ross e Hart declararam, claramente, que uma ordem jurídica pode ser integrada por normas consuetudinárias e jurisprudenciais, além das normas legisladas, e não se pronunciam sobre quais normas têm prioridade.

Por outro lado, tanto Ross quanto Hart (e, na Argentina, autores como Carrió, Alchourrón e Bulygin) contribuíram, de modo significativo, para esclarecer o tipo de indeterminações que uma ordem jurídica pode apresentar, tais como lacunas e contradições lógicas, e imprecisão e ambiguidade linguísticas. Eles mostraram que o direito não é um sistema autossuficiente de soluções, o que muitas vezes deixa os juízes sem outra alternativa, senão a de recorrer a princípios ou critérios não jurídicos para justificar suas decisões.

Nesse aspecto, Kelsen também é um caso especial. Em suas obras mais importantes, defendeu a tese de que o direito não apresenta lacunas ou contradições lógicas, embora tenha admitido, em contrapartida, a existência de indeterminações linguísticas que fazem com que o direito, segundo ele, apresente aos juízes várias alternativas, em vez de uma única solução. No entanto, no que se refere à tese de que o direito é necessariamente completo e consistente, Kelsen não sugere, de modo algum, que essa tese seja relevante para sua postura positivista.

d) O positivismo metodológico ou conceitual

Se nenhuma das teses anteriores caracteriza de modo essencial o positivismo defendido por autores como Bentham,

Austin, Hart, Ross, Kelsen, Bobbio etc., qual é, então, a tese com que todos esses autores concordam? Ela consiste na negação da tese 10, mencionada no começo desta seção, ou seja, é a tese que afirma que o conceito de direito *não* deve ser caracterizado de acordo com propriedades valorativas, mas apenas de acordo com propriedades descritivas. Segundo essa tese, as proposições sobre as quais o direito dispõe não implicam juízos de valor, sendo verificáveis em relação a certos fatos observáveis empiricamente.

A ideia de que se deve caracterizar o conceito de direito em termos não valorativos, fazendo-se referência a propriedades fácticas, é uma tese meramente conceitual. Ela não implica uma postura valorativa sobre como devem ser as normas jurídicas e qual é a atitude a ser adotada diante delas. Segundo essa postura, é perfeitamente coerente dizer que certo sistema é uma ordem jurídica ou que certa regra é uma norma jurídica, mas que ambas são demasiadamente injustas para serem obedecidas ou aplicadas. Um positivista dessa linha de pensamento pode dizer, sem contradizer-se, que em determinados casos os juízes são moralmente obrigados a desconhecer certas normas jurídicas – tal como afirmou o juiz Tício no veredicto que imaginamos. Essa posição não será aceita nem pelos jusnaturalistas nem pelos positivistas ideológicos; um jusnaturalista dirá que, se os juízes forem moralmente obrigados a desconhecer uma norma, ela não será uma norma jurídica; um positivista ideológico, por sua vez, dirá que se uma norma for uma norma jurídica, os juízes serão necessariamente obrigados a aplicá-la.

Para distinguir esse tipo de positivismo do positivismo ideológico e do teórico, costuma-se denominá-lo "positivismo metodológico". Talvez fosse melhor chamá-lo "positivismo conceitual", para evidenciar que sua tese distintiva é uma tese sobre a definição do conceito de direito. Essa proposição conceitual se opõe à segunda tese do jusnaturalismo, segundo a qual a identificação de uma ordem ou norma jurídica pressupõe juízos valorativos sobre sua adequação a certos princípios morais ou de justiça. Em contrapartida, o positivismo metodológico ou conceitual, como tal, *não* se opõe à primeira tese do jusnaturalismo, que defende a existência de princípios morais e de justiça universalmente válidos e justificáveis de modo racional. Essa linha de positivismo não envolve uma tese de filosofia ética e não implica necessariamente a adesão a uma postura cética em relação à justificação dos juízos de valor.

Em suma, a controvérsia entre o jusnaturalismo e o positivismo, que estamos considerando, reduz-se a mera questão de definição de "direito". Como, então, deve ser decidida essa controvérsia?

Para os que aceitam uma concepção "essencialista" da linguagem, trata-se de captar a verdadeira essência do direito. Porém, os adeptos dessa concepção não oferecem um procedimento intersubjetivo para a apreensão da essência de uma coisa, recomendando, sim, em última instância, a confiança em certa intuição intelectual, que não é objetivamente controlável. Desse modo, torna-se difícil vislumbrar a resolução para essa controvérsia no âmbito de uma concepção essencialista.

Por outro lado, segundo a concepção "convencionalista" da linguagem, o significado de uma palavra é determinado pelas regras convencionais que indicam as condições do seu uso. Assim sendo, a controvérsia sobre o significado de uma expressão linguística, como "direito", pode ser encarada a partir de dois ângulos diferentes.

O primeiro consiste em averiguar como *se usa de fato* a palavra em questão na linguagem ordinária. Não há dúvida de que, em muitos contextos, a palavra "direito" é empregada sem nenhuma conotação valorativa (mesmo que a palavra conserve, como já vimos, certa carga afetiva favorável). A frase "o direito *x* é injusto demais" não parece contraditória tal como, por exemplo, a frase "esse ouro não é metálico". No entanto, é possível que, em outros contextos, o termo "direito" ou o qualificativo "jurídico" sejam empregados para se referir apenas a regras que *devem ser* – do ponto de vista moral – observadas e aplicadas. Afinal de contas, seria irracional supor que o jusnaturalismo não teve influência na linguagem ordinária e que a palavra "direito" nunca foi empregada como essa concepção propugna. É possível que tanto o positivismo quanto o jusnaturalismo tenham conseguido certo grau de autoconfirmação, incidindo na geração de usos diferentes da palavra "direito" correspondentes às propostas de ambas as concepções, propiciando, assim, a ambiguidade que essa palavra possui na linguagem ordinária. Enquanto no contexto de estudos sociológicos, históricos, antropológicos e de direito comparado não há dúvida de que a expressão "direito" é empregada com o significado proposto pelos positivistas, é provável que, algumas vezes, no discurso dos juízes e advogados em exercício, a expressão seja usada de acordo com a concepção jusnaturalista, isto é, aludindo a normas que *devem* ser reconhecidas e cumpridas, que têm necessariamente força obrigatória moral.

Se fosse assim, não se poderia dizer que uma das duas concepções em debate – o positivismo ou o jusnaturalismo – é a única que descreve corretamente o uso comum da expressão "direito". Ambas as concepções parecem refletir o uso da expressão em determinados contextos; uso que foi estabelecido, em parte, pela respectiva influência de uma das concepções em tais contextos.

No entanto, poder-se-ia afirmar que não tem sentido reduzir as posturas jusnaturalista e positivista a meras teses lexicográficas sobre o emprego efetivo da palavra "direito" na linguagem espontânea de leigos e teóricos. Talvez essas posturas não versem sobre o emprego efetivo dessa expressão, e sim sobre como ela *deveria ser usada*. Isso nos leva ao segundo ângulo, no qual, segundo a concepção "convencionalista" da linguagem, pode-se enfrentar uma discussão sobre o significado de uma expressão linguística.

Os positivistas formularam vários argumentos a favor da definição da palavra "direito" a partir das propriedades descritivas, excluindo-se as valorativas.

Um desses argumentos, formulado por autores como Kelsen e Ross, aponta a conveniência de definir "direito" ou "sistema jurídico" de tal modo que essas expressões possam ser usadas como componente central da linguagem da *ciência jurídica*, que, como toda ciência, deve ser puramente descritiva e neutra no aspecto valorativo. Uma atividade teórica descritiva precisa recorrer a termos cujo significado seja apenas descritivo; o emprego de expressões com conotações valorativas compromete a neutralidade dos enunciados no aspecto axiológico. Contudo, um jusnaturalista poderia replicar que, em primeiro lugar, o termo "direito" não é empregado apenas no âmbito da ciência jurídica, mas também em atividades essencialmente normativas e não descritivas, como a administração de justiça. Em segundo lugar, poderia dizer que o fato de a atual ciência jurídica ser uma atividade puramente descritiva é questionável, sendo também discutível o fato de que ela deva ser. Isso torna a tese 9, mencionada no início, indiretamente relevante para a discussão entre positivistas e jusnaturalistas. Afinal, esse argumento depende, na verdade, da questão sobre a natureza e alcances da chamada "ciência jurídica"– questão que será tratada no Capítulo VI.

Outro argumento, também implícito em autores como Kelsen e Ross, é que, sendo os juízos de valor subjetivos e relativos, se o conceito de direito fosse definido a partir de propriedades valorativas, ele se transformaria, igualmente, em uma noção subjetiva e relativa, que cada um empregaria de modo divergente, segundo suas preferências e atitudes afetivas; isso tornaria impossível uma comunicação eficaz e fluente entre juristas, advogados, juízes etc. O fato de Kelsen e Ross recorrerem a esse argumento nos permitiu dizer que, embora o ceticismo ético defendido por eles não se identifique com sua postura positivista, ele serve de apoio para sustentá-la. Porém, como vimos, nem todos os positivistas são céticos em matéria ética, por isso nem todos eles podem recorrer a esse argumento para defender uma definição puramente descritiva, que desconsidere propriedades valorativas da expressão "direito".

Um terceiro argumento, que quase todos os positivistas apresentam, ressalta as vantagens teóricas e práticas de uma definição de "direito" que distinga, de modo cuidadoso, o direito que "é" do direito que "deve ser". Uma definição do tipo que o jusnaturalismo propõe torna impossível essa distinção, visto que, segundo ele, nada "é" direito, senão "deve ser" direito. Essa visão confunde a realidade com nossos ideais, o que dificulta não só a descrição da realidade, como também a própria crítica dessa realidade segundo nossos ideais. Entretanto, um jusnaturalista poderia replicar que sua definição de "direito" permite fazer uma distinção exatamente paralela à que o positivismo propõe, e que satisfaz as mesmas finalidades: a distinção entre o que "é" direito e o que "é considerado" direito (por parte de algumas pessoas). Quando um positivista diz que algo "é" direito, um jusnaturalista diria que isso "é considerado" direito; e quando um positivista afirma que algo "deveria ser" direito, um jusnaturalista (que compartilha suas convicções valorativas) diria que isso "é" direito.

No entanto, essa réplica não é de todo convincente, pois há certos inconvenientes na definição de qualquer conceito mediante propriedades valorativas ou normativas.

Em primeiro lugar, embora haja princípios morais ou de justiça de natureza objetiva, é um fato óbvio que, na prática, as pessoas divergem sobre quais são esses princípios. Portanto, se o conceito de direito fosse definido com base em propriedades valorativas e para identificar uma ordem jurídica fosse necessário determinar sua correspondência com aqueles princípios morais e de justiça, haveria grandes divergências na identificação dos sistemas jurídicos. Isso traria graves problemas para a comunicação, sobretudo entre os juristas.

Em segundo lugar, há certo tipo de crítica valorativa em relação a um indivíduo, objeto ou instituição que pressupõe uma comparação com outros, pertencentes à mesma categoria em função de certas propriedades fácticas comuns. Quando alguém diz que um objeto é uma faca ruim ou que uma pessoa é um mau professor, não diz que se trata de um objeto ruim ou de uma má pessoa, mas que são ruins como faca ou como professor. Se o simples fato de serem ruins os excluísse da categoria das facas ou dos professores, não poderíamos criticá-los por serem uma *faca* e um *professor* que não satisfazem as condições de excelência de sua categoria. O mesmo acontece com o conceito de direito, se decidirmos que ele só é aplicável a sistemas bons ou justos. Não poderíamos fazer comparações entre um sistema jurídico bom e outro ruim, porque esse último sistema não seria um sistema jurídico. Desse modo, obscurecemos os traços fácticos comuns que um e outro sistema têm, deixando de perceber, com clareza, qual é o peculiar desvalor que um sistema com essas propriedades fácticas pode apresentar. Assim como há certas falhas específicas que fazem com que uma pessoa que satisfaz as condições fácticas que nos permitem chamá-la de "professor" seja um mau professor (e não, por exemplo, um homem mau ou um mau marido), há também certas falhas específicas que fazem com que um sistema normativo, que reúne as condições fácticas que nos permitem classificá-lo de "direito", seja um direito injusto. O sistema normativo imposto na Alemanha nazista choca pela injustiça tão radical, precisamente por ter sido um sistema jurídico, ou seja, um sistema que compartilhava certas propriedades fácticas comuns com outros sistemas jurídicos, como o argentino ou o norte-americano. Em contrapartida, se o víssemos, não como um sistema jurídico, mas como a ordem normativa de uma organização delituosa – como a máfia –, continuaríamos considerando-o aberrante, porém deixaríamos de perceber com clareza a horrenda iniquidade envolvida na implantação de um sistema, respaldado pelo monopólio da força em um certo território, constituído por leis e aplicado por juízes e servidores da justiça, mas que, ao contrário de outros sistemas que reúnem essas mesmas propriedades, não se destinava a garantir condições de vida razoavelmente seguras e equitativas para toda a população, e, sim, a assegurar o domínio de certa raça, eliminando os "seres inferiores" e os dissidentes.

Por outro lado, os sistemas normativos comumente denominados "direito" em contextos descritivos apresentam traços comuns de natureza fáctica, com tal relevância para qualquer análise social – como as realizadas por sociólogos, antropólogos, historiadores etc. –, que se torna necessário agrupá-los conceitualmente em uma única categoria, distinguindo-os de outros fenômenos sociais. Se não pudéssemos utilizar a palavra "direito" para denominar todos os membros dessa categoria, teríamos que inventar outra palavra que cumprisse a mesma função. (O jusnaturalismo não poderia se opor a que chamássemos, por exemplo, "flux" a tudo o que os positivistas chamam "direito". Porém, por que o amplo uso da grafia "flux" seria admissível e não o deveria ser o uso igualmente amplo da grafia "direito"?)

O resultado dessa discussão nos permite concluir que há certas razões importantes que favorecem a postura adotada pelo positivismo metodológico ou conceitual no que se refere à definição de "direito", mas também nos permite perceber que a escolha entre essa posição e a do jusnaturalismo não implica a tomada de posição numa questão filosófica profunda, e, sim, numa simples questão verbal. Uma controvérsia sobre o significado que se dá ou que deve ser dado a certa palavra – como, em suma, a controvérsia entre o jusnaturalismo e o positivismo conceitual –, uma vez identificada como tal, não representa um obstáculo intransponível para o progresso das ideias. Ainda que as partes não concordem (e, afinal, quem de nós pode determinar como certa palavra deve ser usada pelos outros?), elas podem se entender perfeitamente se identificarem cuidadosamente o significado diferente que cada parte atribui à palavra e se traduzirem o que é dito em uma linguagem para uma linguagem alternativa. Como foi sugerido antes, tudo o que é dito na linguagem positivista pode ser traduzido para a linguagem jusnaturalista, e vice-versa (embora a tradução seja, em alguns casos, bastante complicada).

A seguir, adotaremos a proposta positivista de autores como Bentham, Austin, Ross, Hart e – com certas ressalvas

– Kelsen, de definição de "direito" como um sistema normativo que apresenta traços fácticos diferentes, desconsiderando propriedades de natureza valorativa. Porém, antes de continuar investigando como essa proposta pode ser concretizada em uma definição mais ou menos esclarecedora e operativa, devemos examinar brevemente outra proposta que pretende levar muito mais longe que os autores mencionados o programa positivista de definir "direito" em relação a certos fatos observáveis empiricamente. O movimento denominado "realismo jurídico" questiona a compatibilidade desse programa com a ideia de caracterizar o conceito de direito como um sistema de *normas*.

3. A proposta do realismo jurídico

a) O ceticismo perante as normas

Entre várias outras, há uma importante corrente do pensamento jurídico, desenvolvida dinamicamente nos Estados Unidos e nos países escandinavos por escritores como Holmes, Llewellynm, Frank, Olivecrona, Illum etc., que expressa o que foi chamado de "uma atitude cética perante as normas jurídicas".

Como diz H. L. A. Hart (em *O conceito do direito*), o ceticismo diante das normas é uma espécie de reação extrema contra uma atitude oposta: o formalismo perante as normas e os conceitos jurídicos.

Nos países do denominado "direito continental europeu", França, Alemanha, Itália, Espanha etc., e na maior parte da América Latina, predomina entre os juristas um acentuado formalismo perante as normas. O fato de esses países contarem com uma ampla codificação do direito fez com que os juristas atribuíssem a esses sistemas, e às normas que os constituem, uma série de propriedades formais que nem sempre eles têm: precisão, univocidade, coerência, completude etc. A atribuição dessas propriedades, em

A DEFINIÇÃO DE DIREITO

um grau maior do que a realidade permite, é ocasionada, em parte, por certas hipóteses sobre as supostas qualidades racionais do legislador, implícitas na dogmática continental. Como os juristas supõem que o legislador é racional, não podem admitir, por exemplo, que duas normas por ele criadas estejam em contradição, e, ainda que estejam, consideram-na apenas aparente, pois, ao pesquisar o *verdadeiro* sentido das normas em questão, poder-se-á determinar para cada uma delas um âmbito de aplicação independente, no qual não entrem em conflito uma com a outra.

Os juristas do chamado *common law* não têm diante de si corpos codificados aos quais prestar tamanha profissão de fé. A maior parte das normas que constituem, por exemplo, o direito norte-americano é originada não no ato deliberado de um legislador, mas nos fundamentos das decisões judiciais, nos precedentes.

Por não serem subjugados por códigos que pretensamente representam a encarnação da "razão", os juristas desse sistema perceberam, com maior clareza que seus colegas dogmáticos (ou seja, os juristas do sistema continental europeu), que as normas jurídicas não têm as propriedades formais que lhes são costumeiramente atribuídas, seja porque tais normas – integrem ou não um código – são determinadas por um legislador ou porque são deduzidas dos fundamentos das decisões judiciais.

Pelo simples fato de que, ao formular as normas jurídicas, é preciso recorrer a uma língua natural como o português, as normas jurídicas adquirem toda a imprecisão da linguagem ordinária. Por mais que o legislador se esforce, por exemplo, em definir as palavras que emprega nas normas, consegue apenas atenuar o seu caráter vago, sem eliminá-lo totalmente, pois nas definições emprega palavras que inevitavelmente possuem certo grau de imprecisão.

Por outro lado, as normas jurídicas mais importantes são *gerais*. Ao se formular uma norma geral, observam-se certas propriedades relevantes das situações consideradas objeto de regulamentação. Porém, como os legisladores não são oniscientes, é óbvio que não preveem todas as possíveis combinações de propriedades que os distintos casos podem apresentar no futuro. Desse modo, restam casos não regulamentados e casos aos quais é dada uma solução diferente da que teriam recebido se tivessem sido imaginados.

Essas observações – e outras que não vêm ao caso destacar – enfraqueceram a confiança de muitos juristas na certeza oferecida pelas normas jurídicas. Entretanto, uma coisa é dizer que o direito é constituído por normas jurídicas que, todavia, não possuem as virtudes que o formalismo jurídico lhes atribui; e outra coisa muito diferente é dizer que o direito não consiste, em absoluto, em normas jurídicas.

Uma grande corrente do realismo norte-americano e alguns juristas escandinavos acolheram a segunda opinião.

É famosa a seguinte frase de Llewellyn (*The Bramble Bush*): "As regras são importantes à medida que nos ajudam a prever o que os juízes farão. Essa é toda sua importância, além de serem brinquedos vistosos." Por que ele diz "prever o que os juízes farão"? A resposta é que o realismo, em termos gerais, coloca justamente as previsões sobre a atividade dos juízes no lugar das inconvenientes normas jurídicas.

Talvez haja poucas passagens que sintetizam melhor o enfoque realista que esta, do célebre juiz Holmes (em *A senda do direito*):

> Se vocês querem conhecer o direito e mais nada, observem o problema com os olhos do homem mau, a quem só importam as consequências materiais, que graças a esse conhecimento pode prever; não com os do homem bom, que acha razões para sua conduta, dentro ou fora do direito, nos mandamentos de sua consciência. Tomem, por exemplo, a pergunta fundamental 'o que é o direito?'. Descobrirão que certos autores dizem a vocês que é algo diferente do que os tribunais de Massachusetts ou da Inglaterra decidem, que é um sistema da razão, que é dedução a partir de princípios de ética ou axiomas universalmente aceitos, ou coisa parecida, que pode ou não coincidir com as sentenças judiciais. Porém, se aceitarmos o ponto de vista de nosso amigo, o homem mau,

veremos que para ele pouco importam os axiomas ou deduções, mas em compensação tem interesse em saber o que de fato resolverão provavelmente os tribunais de Massachusetts ou da Inglaterra. Eu penso de maneira bem parecida. Entendo por 'direito' as previsões sobre o que os tribunais farão concretamente, nem mais nem menos.

Essas palavras, apesar de seu estilo despreocupado, fornecem um material muito valioso para analisar o realismo.

b) Análise crítica do realismo.
O papel das normas jurídicas

Em primeiro lugar, aparece nessa corrente uma louvável atitude cautelosa perante as especulações que durante séculos ocuparam os juristas na busca de um sistema de normas e conceitos universais, invariáveis e evidentes por si sós, que encarnem a verdadeira estrutura da razão humana. Segundo os realistas, é preciso trazer o direito para a realidade concreta e construir uma ciência do direito que descreva a realidade jurídica com proposições verificáveis em termos empíricos. Se buscamos fatos, o que mais podemos encontrar constituindo o direito a não ser as decisões judiciais?

Fala-se do ponto de vista do homem mau. De fato, um indivíduo que se preocupe apenas em evitar consequências desagradáveis só estará interessado em saber antecipadamente quais atos poderá realizar impunemente e quais provavelmente serão punidos pelos juízes.

No entanto, com Hart, temos direito de perguntar o que acontece com o homem bom; o homem que quer cumprir o seu dever, independentemente de quais forem as consequências. O realismo dirá que esse homem está interessado apenas em uma questão moral e que, portanto, o direito não pode lhe dar nenhuma resposta, a não ser que deve apelar a sua própria consciência, como diz Holmes. O direito só lhe permite prever como se comportarão os tribunais, não quais são seus deveres ou possibilidades.

Devemos continuar fazendo perguntas: quando Holmes e Llewellyn afirmam que o direito consiste em um conjunto de previsões sobre a conduta dos tribunais, em qual de seus diferentes sentidos usam a palavra direito? Referem-se à ciência jurídica ou ao seu objeto de estudo?

Parece evidente – embora provavelmente esses autores não tenham clara consciência disso – que estão falando da ciência do direito. Ao que tudo indica, os juristas e os advogados é que fariam previsões sobre a conduta dos juízes, e não os próprios juízes e legisladores. Por outro lado, se o direito consistisse em previsões sobre o que os juízes farão, não ficaria claro em que consiste a ciência jurídica; sem dúvida, não seria em fazer previsões sobre previsões. É evidente que Holmes e Llewellyn estão falando da ciência jurídica e da atividade dos juristas e advogados quando estão empenhados na tarefa de conhecer o direito.

Então, ainda não sabemos o que é o direito, ou seja, o objeto de estudo da ciência jurídica.

A resposta mais simples é que, se a ciência do direito consiste em prever decisões judiciais, então o direito não é mais do que um certo conjunto dessas decisões.

No entanto, nesse ponto, cabe fazer outra pergunta: Como sabemos quem são os juízes? O realismo não fornece uma resposta coerente para essa questão, permanecendo aparentemente válida a observação de Kelsen e Hart, entre outros, de que essa corrente deve pelo menos admitir a existência de normas que dão a certos indivíduos a competência para agirem como juízes, não havendo nenhuma propriedade *natural* que distinga os juízes dos não juízes, dependendo, sim, a diferenciação de que os primeiros estejam autorizados por certas normas e os outros não.

Por outro lado, fala-se das *condutas* ou das *decisões* dos juízes; mas que aspectos dessas condutas ou decisões interessam à ciência jurídica? É evidente que os juízes realizam muitos movimentos corporais, inclusive no cumprimento de suas funções, que são absolutamente irrelevantes para a investigação jurídica. Quando um juiz assina um papel escrito à máquina, isso não interessa ao cientista do direito; o que lhe interessa é o que esse papel *diz*. E quando perguntamos o que um juiz disse, supomos naturalmente que ele realizou um determinado ato verbal, mas nosso interesse se concentra em seu significado. Um juiz pronuncia sentenças como "Fulano deve pagar o aluguel", "Beltrano deve ir para a prisão". Saber que o juiz pronunciou tais sons é necessário não porque estamos interessados em sua atividade de pronunciar esses sons, mas porque estamos interessados no que eles significam, e o significado dessas sentenças é o que se costuma chamar de "normas jurídicas". Ou seja, presume-se que os juristas prevejam não os atos verbais que os juízes vão praticar, mas, por meio deles, quais normas jurídicas particulares vão formular para resolver um conflito. Isso leva a admitir a relevância de tais normas particulares.

Além disso, considera-se o fato de que, ao formular suas normas, os juízes não procedem arbitrariamente, e sim seguindo certas diretrizes gerais. Os próprios juízes dizem que, em suas decisões, *aplicam* o direito. Obviamente, se o direito consistisse em previsões sobre a conduta dos juízes – como aparece na primeira interpretação do realismo que logo rejeitamos –, seria absurdo dizer que os juízes aplicam o direito, pois isso significaria que, para agir, eles levariam em conta as previsões sobre as suas condutas. Como afirmamos, os realistas não pretendem dizer que o direito objetivo consiste em previsões sobre a atividade judicial, e, sim, que consiste em decisões judiciais particulares; porém, quando decidem um conflito, os juízes não consideram outras decisões judiciais, mas sim em todo caso, os critérios, as diretrizes e as normas que outros juízes seguiram para tomar suas decisões. Embora isso não aconteça em todos os sistemas jurídicos, em muitos deles os juízes consideram as diretrizes estabelecidas explicitamente pelo legislador, sem prestar muita atenção às regras que não têm essa origem, sejam elas seguidas ou não por outros juízes.

Então, se é preciso admitir que os juízes seguem certas normas gerais; que tipo de normas são essas? Felix S. Cohen (em *O método funcional no direito*) responde assim, em nome do realismo:

> "A pergunta do tipo 'há acordo?' pode receber um segundo significado, radicalmente diferente do anterior. Quando o juiz formula a si mesmo essa pergunta, ao redigir uma sentença, não está tentando predizer seu próprio comportamento; o que está fazendo é propor, a si mesmo, de forma obscura, o problema de se *deve* ou não atribuir responsabilidade a alguém por certos atos. Essa é, inevitavelmente, uma questão ética. O que um juiz deve fazer em um determinado caso é um problema tão moral quanto os problemas de moralidade que são analisados nas 'escolas dominicais'."

Chegando a este ponto, convém perguntar se o realismo não está enfrentando um mero problema de palavras. Porque se reconhece que os juízes seguem certas normas para tomar suas decisões, mas afirma-se que essas normas não são jurídicas, e, sim, morais. Porém, qual inconveniente de se denominar as normas que os juízes consideram em suas decisões como "jurídicas", tal como o fazem, comumente, os juristas? Não é válido chamar a tais normas de "jurídicas", *precisamente* pelo fato de serem usadas pelos juízes como fundamento de suas sentenças?

Esse último critério é seguido por um realista moderado, Alf Ross (em *Sobre o direito e a justiça*). Esse filósofo escandinavo é um realista enquanto caracteriza o direito com base na previsão das decisões judiciais. Mas preocupa-se em esclarecer que essa caracterização cabe à *ciência jurídica* e não ao seu objeto de estudo. Por outro lado, analisa que aspectos das decisões judiciais constituem o objeto de previsão por parte dos juristas: o que a ciência do direito prevê é quais *normas* ou *instruções* serão usadas pelos juízes como fundamento de suas sentenças.

Por conseguinte, Ross define o direito vigente, no sentido de ordenamento jurídico, como o conjunto de instruções que, provavelmente, serão consideradas pelos juízes na fundamentação de suas decisões.

A DEFINIÇÃO DE DIREITO

Desse modo, o realismo de Ross não o obriga a adotar a asserção de Llewellyn, de que as normas não são mais que brinquedos vistosos; pelo contrário, define o direito como um conjunto de normas ou instruções. O que separa Ross das posturas não realistas não é, então, seu ceticismo absoluto perante as normas, mas seu critério para determinar quais são as normas que integram um determinado sistema jurídico. Segundo esse critério, para que uma norma integre o direito vigente de um determinado país, não é preciso constatar sua validade ou força obrigatória – noções que ocupam um lugar central na teoria tradicional e que devem ser tratadas em outra oportunidade –, mas a possibilidade de serem aplicadas pelos juízes. Isto é, as decisões judiciais não constituem o direito, mas determinam quais normas integram o direito de um país.

Desse modo, as correntes realistas mais racionais não eliminam as normas jurídicas da análise jurídica, propondo, em vez disso, critérios verificáveis de forma empírica para determinar quando as normas integram um dado sistema jurídico.

Ou seja, temos novamente as normas jurídicas no centro de nossa análise. Mas o que é uma norma jurídica?

PERGUNTAS E EXERCÍCIOS – I*

1. – Analise e comente o seguinte parágrafo de um célebre especialista em direito civil, argentino:
   "Noção verdadeira de direito. O direito é a ordem social justa. Essa é a tese de Renard da qual somos adeptos. De fato, o direito é a força ou é uma regra que transcende a vida. Não há outra alternativa... Assim, então, uma ordem social será justa e, portanto, verdadeiro o direito e não arremedo dele, quando instaurar uma disciplina da conduta humana que considere o homem como realmente é..." (LLambías, Jorge J., *Tratado de derecho civil. Parte general*, Buenos Aires, 1961, t. I. pp. 18 e 20).

2. – Marque com um mesmo sinal as frases em que a palavra "direito" é usada com o sentido igual:
   a) A Constituição garante o direito de peticionar perante as autoridades.
   b) O direito espanhol estipulava a pena de morte por garrote para alguns delitos.
   c) O Presidente da Nação tem direito a vetar uma lei do Congresso.
   d) O direito penal argentino é condizente com certos princípios liberais.
   e) O direito requer de seus seguidores uma aguçada capacidade analítica para perceber as consequências das normas gerais em situações particulares.

---

* Algumas questões supõem o conhecimento da legislação argentina, mas o leitor poderá adaptá-las ao caso do Brasil. Mantivemos o texto original por respeito ao autor. (N. do E.)

f) "Direito" é traduzido em alemão por *Recht*.
g) Diferentes circunstâncias socioeconômicas podem influenciar na evolução do direito de um país.
h) O curso de direito é mais longo na Argentina que nos Estados Unidos.

3. – Imagine uma discussão verbal provocada pela ambiguidade da palavra "direito".

4. – Explique as diferenças existentes entre as seguintes teses sobre a relação entre direito e moral:
   a) As normas de todo sistema jurídico refletem de fato os valores e aspirações morais da comunidade em que vigoram ou dos grupos de poder que participam, direta ou indiretamente, da sua determinação.
   b) As normas de um sistema jurídico devem ser condizentes com certos princípios morais e de justiça, válidos de modo universal, independentemente de serem aceitos ou não pela sociedade em que essas normas se aplicam.
   c) As normas de um sistema jurídico devem reconhecer e tornar efetivos os padrões morais vigentes na sociedade, qualquer que seja a validade desses padrões do ponto de vista de uma moral crítica ou ideal.
   Depois de ter explicado as diferenças entre essas teses, indique qual delas considera justificada.

5. – Indique se alguma das teses seguintes foi defendida pelos juízes que proferiram o veredicto fictício apresentado como exemplo, e, em caso positivo, aponte por quem.
   a) Todo sistema de normas respaldado pelo poder que exerce o monopólio da força em uma sociedade é um sistema jurídico.
   b) Todo sistema de normas respaldado pelo poder que exerce o monopólio da força em uma sociedade é moralmente justificado e deve ser obedecido.
   c) Nenhum sistema de normas que não seja moralmente justificado é um sistema jurídico.

6. – É possível falar de "direito nazista" sem ser adepto da ideologia nazista? Fundamente sua resposta.

7. – Indique qual dos juízes do exemplo é positivista "metodológico" ou "conceitual"; qual é positivista "ideológico"; e qual é jusnaturalista.

8. – Assinale qual das seguintes críticas usuais ao positivismo você considera justificada. Aponte qual é a corrente positivista que se torna merecedora da crítica em questão:
   a) O positivismo leva à legitimação de qualquer regime de força, por mais injusto e autoritário que seja.
   b) O positivismo supõe que a tarefa do juiz é meramente mecânica e que se esgota na dedução de soluções para casos particulares a partir de normas jurídicas gerais, sem levar em conta considerações valorativas, sociológicas etc.
   c) O positivismo implica uma concepção niilista em matéria valorativa; para ele, não há valores absolutos e, por isso, tudo é moralmente permissível; desse modo, está próximo de propiciar o caos e a corrupção dos costumes.
   d) O positivismo identifica o direito com a lei, esquecendo o papel relevante que os costumes sociais, os padrões jurisprudenciais e as doutrinas dos juristas têm em uma ordem jurídica.

9. – Qual das teses a seguir é atribuível ao positivismo conceitual ou metodológico?
   a) O direito natural não existe; o único direito existente é o positivo.
   b) A crença no direito natural (que cada um pode interpretar a seu modo) favorece a anarquia e a rebelião.
   c) O direito positivo deve ser identificado como tal independentemente de sua suposta concordância ou discordância com o direito natural.
   d) O direito positivo deve ser observado e aplicado independentemente de sua suposta concordância ou discordância com o direito natural.
   e) Os juízes nunca devem basear suas decisões no direito natural.

10. – Exponha as teses que caracterizam a postura jusnaturalista. Qual é sua opinião sobre a possibilidade de justificar racionalmente as normas de um direito natural?

11. – Analise a seguinte discussão fictícia entre três juristas:
    A. Ao ler uma obra na qual, curiosamente, vi transcrita a discussão que vamos ter, chamou minha atenção o fato de o autor apresentar o exemplo de um veredicto no qual

um dos juízes subscritores se nega a aplicar uma norma, apesar de reconhecê-la como parte de um sistema jurídico válido. Dificilmente caberia imaginar uma tese mais insólita: Se for demonstrado que uma norma pertence a uma ordem jurídica, isso é suficiente para que ela deva ser observada.

B. Não compartilho de jeito nenhum sua opinião. Uma norma pode pertencer a determinado sistema jurídico e nem por isso ser obrigatória; e mais, toda uma ordem jurídica pode carecer de força obrigatória. Suponha-se que neste momento, na Argentina, fosse estabelecida uma lei discriminando a população segundo suas ideias políticas e aplicando impostos diferentes de acordo com elas. Suponha-se também que ela fosse defendida como não incompatível com a Constituição, visto que, embora esta consagre o princípio de igualdade, tal princípio sempre foi interpretado no sentido de que a equidade deve vigorar em situações iguais, o que seria reconhecido pela lei em questão (todos os do partido X pagariam imposto igual). O senhor não acha, então, que os juízes teriam o dever de se negar a aplicar essa lei e que seria louvável que os cidadãos a desobedecessem? O mesmo que digo sobre uma lei isolada, proclamo a respeito de algumas ordens jurídicas. Considero abomináveis os juízes que aceitaram o direito nazista (ou os que outrora aplicaram o direito soviético para reprimir os dissidentes) e dignos de elogio os cidadãos que se rebelaram contra ele.

A. Em toda sua argumentação há uma notória incoerência. O senhor chama "direito" ao nazismo e norma "jurídica" àquela do imposto discriminatório. Com o uso desses termos, o senhor já está reconhecendo a força obrigatória do que assim denomina, uma vez que é essencial ao direito o dever de obediência.

B. Reconheço que me expressei mal, incorrendo em um uso incorreto (no entanto, muito divulgado) da palavra "direito". Mas isso não diminui a força de meu argumento. Partindo do pressuposto de que apenas as ordens justas são direito, não denominarei assim nem o sistema nazista nem a norma do imposto. Chamarei o primeiro de "ordem coativa" e o segundo de "mandado" ou "instrução". O que

quero dizer é que nem toda ordem coativa, por mais eficaz que seja, tem força obrigatória. Só a possuem aquelas que são justas, sendo as únicas que constituem sistemas jurídicos.
A. O senhor disse que só as ordens justas são direito; eu inverteria a frase e diria que o direito é sempre justo. Além disso, ainda que eu não propugne a instauração de um sistema como o nazista – valha-me Deus! –, creio que é indiscutível que, uma vez estabelecido, é um sistema jurídico, e que a linguagem corrente não está equivocada ao denominá-lo assim. Portanto, afirmo que um sistema como esse, como todo direito, tem força obrigatória.
B. Sua postura me parece cínica. O senhor diz que não deseja que se estabeleça uma ordem como a nazista; mas, uma vez instalada, defende que tenha força obrigatória, ou seja, que deva ser obedecida. Em suma, então, e sem pretender ofendê-lo, o senhor prosterna-se perante qualquer bando de facínoras que se aposse do poder. O senhor não acredita na existência de princípios transcendentes que definem as condições que deve possuir quem exerce o poder e a forma como deve exercê-lo para que seja legítimo? O senhor não acha que há normas não fixadas por nenhum homem, mas que, entretanto, guiam todos os homens, em quaisquer circunstâncias temporais e espaciais, e que estabelecem limites intransponíveis para o legislador humano? Eu, sim, acredito nelas, e defendo que é função do jurista analisá-las e discriminar quais ordens coativas constituem direitos e quais não, e, por conseguinte, quais devem ser obedecidas e quais não.
A. Mas qual é a origem de tais princípios ou normas transcendentes?
B. Veja, amigo, eu acredito em Deus. Acho que Deus estabeleceu esses princípios aos quais o legislador humano deve se ater. No entanto, sei que há teóricos que chegaram à mesma conclusão, sem derivar essas normas da vontade de Deus, mas de certos fatos como a razão humana, o decorrer da história, a natureza das coisas, a estrutura da realidade etc. Embora não compartilhe essas opiniões, acho que, de fato, referem-se aos mesmos ideais que a minha.
A. O senhor está enganado. Sem dúvida, há muita gente que acredita nesses princípios transcendentes, mas na hora de

atribuir conteúdo a eles, cada qual estipula um diferente. Alguns dizem que propugnam a propriedade privada, outros a apropriação coletiva dos meios de produção. Em geral, acredita-se que protegem a liberdade, mas o senhor esquece que na antiguidade recorreu-se a esses mesmos princípios para justificar a escravidão? Eu também acredito em Deus e, justamente por isso, penso que se Ele permitiu que um sistema coativo tivesse êxito, isso mesmo o justifica e origina sua força obrigatória. Além disso, o senhor me fala de liberdade e justiça; mas que me diz da ordem e da segurança? Um direito eficaz, qualquer que seja seu conteúdo, garante sempre a ordem. Eu apoio a liberdade e a justiça, mas não a anarquia e o caos. O direito sempre deve ser acatado; se ele for bom, melhor ainda; se não, é preciso tentar modificá-lo segundo os procedimentos que ele próprio estabelece.

Mas o que diz C, que hoje parece sonolento?

C. Na realidade, essa discussão, sem dúvida interessante, deixou-me um pouco confuso. Alternadamente, fui achando que os argumentos que cada um dos senhores alegou para refutar o outro eram, em geral, convincentes. No entanto, não me pareceram aceitáveis as opiniões positivas que emitiram. Tentarei ser mais explícito.

Por exemplo, acho que A tem razão quando diz que na linguagem ordinária, e até na espontânea dos juristas, a palavra "direito" é usada sem que se verifique antecipadamente se um sistema coativo é ou não justo. Não vejo vantagens em nos afastarmos desse uso comum, e acho que é aceitável a definição de "direito" como um sistema normativo que possui entre suas normas algumas que regulam a execução de atos coativos.

O que acontece é que o termo "direito" traz em si uma carga afetiva que confunde os senhores. Sua aplicação a um sistema expressa ou provoca nas pessoas uma atitude favorável; tal como as palavras "democracia" ou "obra de arte", é um título honorífico, com o qual se condecora certos objetos.

Porém, uma teoria científica deve tentar se sobrepor ao significado afetivo das palavras (quem dera pudéssemos prescindir da palavra "direito" – não do direito – e substituí-la por outra que fosse afetivamente neutra). Bem sei que *B* poderia dizer que está de acordo com isso, que o que ele propõe é incluir no significado descritivo de "direito", como característica definitória, que se trata de uma ordem justa. Mas acho inconveniente. É como se um crítico de arte propusesse que fossem denominadas "obras artísticas" apenas as estritamente belas. Os críticos jamais concordariam sobre quais obras mereceriam ser incluídas em um catálogo de arte. Por exemplo, eu não gosto de *La Gioconda*. Tirem, então, esse quadro do catálogo de arte do Louvre!

O mesmo aconteceria com os cientistas do direito.

Não haveria acordo entre os diferentes juristas sobre quais fenômenos constituem o objeto de estudo da ciência jurídica, se para uma ordem coativa qualquer ser ou não uma ordem jurídica dependesse de a considerarmos justa ou não. É claro que o significado descritivo de "direito" que proponho, do qual excluo as propriedades valorativas, não nos obriga a aceitar qualquer sistema que denominemos "direito"; assim como intitular "obra artística" ao quadro *La Gioconda* não nos compele a admitir que seja belo. Esse é precisamente o erro de *A*. Compartilha o significado descritivo que proponho para "direito", mas se torna vítima de seu conteúdo afetivo, que pretendo eliminar, argumentando que se uma ordem reúne propriedades empíricas que permitem denominá-la "direito", essa ordem já está justificada.

Porém, suponho que podemos chegar a um acordo nas questões terminológicas, que por certo perturbaram os senhores, e passar para a questão principal, sobre os critérios que devemos considerar para dizer que um direito, ou uma norma dele, tem força obrigatória e deve ser obedecido.

Estou de acordo com *B* em que a postura de *A* é censurável em termos morais. Constitui o extremo do conformismo. Pelo mesmo raciocínio seria possível dizer que o câncer ocorre porque Deus consentiu e, por isso, não deve ser combatido.

Mas não estou interessado – depois direi por que – em discutir a validade moral da postura de *A*, e, sim, em mostrar sua estrutura lógica. *A* comete a falácia de pretender passar do ser para o dever ser, dos fatos para os valores, das descrições para as prescrições. Do fato de que, existindo um sistema coativo, sem nenhum outro elemento, ele deve ser obedecido. Em geral, os lógicos estão de acordo em que, se as premissas de um raciocínio são, todas elas, enunciados descritivos, a conclusão não pode ser uma prescrição; para que a prescrição seja possível, é preciso haver entre as premissas pelo menos outra norma. A só pode salvar a sua tese renunciando a inferir do êxito com que um sistema coativo se impõe o dever de obedecê-lo. Seria necessário pressupor, além disso, uma norma que, por exemplo, dissesse: "tudo o que ocorre deve ser aceito". Porém, a julgar por seu cenho franzido quando mencionei o exemplo do câncer, duvido que A aceite uma norma semelhante.

Também tenho graves observações a fazer sobre a postura de B.

Antes de mais nada, quero dizer que os que, como B, acreditam na existência de princípios que põem limites aos legisladores humanos, mas não os deduzem, como ele, da vontade de Deus, e, sim, da natureza das coisas, da estrutura da razão humana etc., cometem a mesma falácia de A, pretendendo elevar certos fatos, muito especiais, à categoria de princípios ou normas.

O amigo B não incorre nessa falácia, mas torna-se passível de outras críticas, as quais compartilha com as posturas que acabo de mencionar.

Não sou contrário a que se acredite em fatos transcendentes, mas defendo, sim, que tais crenças devem ser cuidadosamente diferenciadas da investigação científica. O progresso atual das ciências foi, em grande parte, decorrente do processo de exclusão de crenças metafísicas de seu âmbito. Eu desejo que a investigação jurídica constitua uma verdadeira ciência.

As ciências contemporâneas não admitem proposições, como leis, teorias etc., que não possam ser verificadas, de algum modo, por meio da observação empírica. A única exceção se dá em relação aos enunciados ditos analíticos ou tautológicos, como os da matemática e da lógica; mas tais enunciados não pretendem descrever fatos; sua função é, sobretudo, permitir a passagem de certos enunciados empíricos para outros enunciados empíricos.

A regra que "proíbe" os enunciados que pretendem tratar dos fatos, sem estarem sujeitos à comprovação empírica (enunciados denominados sintéticos *a priori*), é o denominado "critério empírico de significado". Segundo esse critério, que apresenta muitas versões, os enunciados metafísicos não têm significado.

Os enunciados mediante os quais *A* pretende descrever as supostas normas transcendentes, válidas para todos os homens em qualquer tempo e lugar, são, para mim, metafísicos, pois não vejo que procedimentos empíricos podemos seguir para comprovar uma proposição que afirme, por exemplo, que tais normas transcendentes propugnam a propriedade privada ou, pelo contrário, estabelecem a propriedade coletiva dos meios de produção.

Acredito que essas orações, em vez de descreverem algo (certas normas transcendentes), são em si mesmas instruções ou valorações de caráter moral ou ideológico. Nada tenho contra elas e, pelo contrário, penso que a vigência de certas ideologias e determinados princípios morais fez avançar de modo extraordinário a raça humana permitindo nosso otimismo em relação a sua contínua evolução. No entanto, acho que essas valorações sobre o estado de coisas ideais não devem levar a obscurecer nosso conhecimento da realidade, que, além do valor próprio, serve de instrumento para transformação dessa realidade; transformação que, por sua vez, torna-se difícil demais, se confundirmos a descrição dos fatos com nossas valorações sobre eles.

Ao contrário de *A*, para quem todo direito que é deve ser, e do senhor *B*, para quem só o direito que deve ser é, acho que se deve distinguir com cuidado o direito que é do direito que deveria ser. A genuína ciência jurídica tem por função apresentar descrições comparáveis sobre os fenômenos jurídicos que ocorrem na realidade – gostemos ou não –, sem que isso implique aceitar axiologicamente esses fenômenos (como faz *A*).

Parece-me, então, que o conceito normativo de validade – ou seja, quando o termo é usado para manifestar adesão a uma norma ou a um sistema – deve ser excluído da ciência jurídica. A pergunta "se devemos acatar ou não um determinado direito" possui apenas resposta moral ou

ideológica (que, é claro, dependerá do sistema moral ou da ideologia política de cada um), e não científica.
B. Mas o senhor não percebe que toda sua extensa argumentação parte de um pressuposto que não posso compartilhar? O senhor declara que meus enunciados sobre certas normas transcendentes só podem ser admitidos como prescrições ou valorações de caráter moral ou ideológico e não como proposições descritivas de algum fato (as normas transcendentes), por não serem verificáveis de modo empírico. Não aceito o chamado "critério empírico do significado". Creio que há enunciados com significado que descrevem fatos, por isso são sintéticos; ainda que a forma de conhecer sua verdade não dependa da experiência empírica, mas seja *a priori* dela, a verdade desses enunciados é captada por intuição. Por conseguinte, não formulo prescrições, descrevo, de maneira válida, um direito transcendente que *é*, com mais justos títulos do que as ordens coativas positivas. Concordo com o senhor que é preciso separar nossos juízos sobre o direito que é dos juízos que se referem ao direito que deve ser; mas repito que descrevo normas transcendentes existentes e que podem ser conhecidas de modo objetivo pela ciência jurídica, embora não por métodos empíricos.
C. Enfim, o senhor formulou a questão em termos claros. Diz que não aceita o critério empírico de significado, que acredita que há enunciados significativos referentes à realidade, em que pese que sua verdade seja determinada por meios diferentes da verificação empírica, ou seja, enunciados sintéticos *a priori*. O senhor admite que os enunciados descritos por suas normas transcendentes são dessa natureza, mas como considera que eles fornecem um conhecimento genuíno, defende que a ciência jurídica deva ocupar-se deles, e não apenas das proposições empíricas descritas pelo direito positivo.

Reconheço a coerência de sua formulação. Na verdade, não acho que eu possa defender *de forma lógica* o critério empírico do significado, que não é em si mesmo um enunciado sobre a realidade, e, sim, uma regra metodológica; só posso defendê-lo apoiando-me em razões pragmáticas, ou seja, mostrando que aceitá-lo tem consequências mais vantajosas que negá-lo. Como disse antes, a ciência desenvolveu-se de modo extraordinário ao desligar-se das cosmovisões metafísicas. A despeito disso, o senhor recorre à intuição, ou à "iluminação", para defender a verdade de proposições não verificáveis empiricamente, como as que se referem a seu direito transcendente. No entanto, é curioso que as pessoas não confiem na intuição quando devem tomar resoluções práticas. É claro que alguém pode apostar num número da loteria por intuição (como sabermos *a priori* que nossa intuição é confiável?), visto que não há meios de garantir empiricamente uma proposição como "amanhã será sorteado o número 1.877"; entretanto, não consideramos tal intuição suficiente para comprovar o enunciado sobre o número que será sorteado amanhã; o que é demonstrado com o fato de que, passado o dia do sorteio, ninguém irá à lotérica receber o prêmio fundamentado apenas em sua intuição; fará isso se verificar de maneira empírica o enunciado, por exemplo, ouvindo o número ser sorteado.

Mas suponhamos que meus argumentos pragmáticos não convençam o senhor. Admitamos como hipótese que os enunciados sintéticos *a priori* são cientificamente aceitáveis e que, por conseguinte, suas proposições sobre o direito transcendente, universal e eterno não são meras prescrições ou simples expressão de uma atitude ideológica, mas sim genuínos enunciados sobre os fenômenos que ocorrem na realidade e que, portanto, devem fazer parte da investigação jurídica.

Mesmo assim, por que tais conclusões teriam que incidir na ciência sobre o direito positivo? Se for verdade (suponhamos) que existe um sistema normativo universal não criado pelos homens, também é verdade – e o senhor não nega – que existem sistemas normativos originados na conduta dos seres humanos. Não me importa que o senhor os denomine "direito" ou não (eu acho conveniente seguir o uso comum); o relevante é que parece não haver obstáculos para que a ciência jurídica do direito positivo se dedique a estudar essas ordens coativas eficazes, diga o que quiser sobre eles o "direito transcendente". Se o senhor pensar bem, sua ordem universal tem, no que se refere aos direitos positivos, uma relação análoga à do direito internacional com os direitos nacionais; no entanto, os juristas dedicam-se a estudar um direito nacional, sem se importarem com a sua coerência com o direito internacional.

Propugne, o senhor, uma ciência do direito transcendente (veremos se terá êxito em constituí-la), e inclusive, se suas normas forem justas, lute para que os legisladores, os juízes e os cidadãos se adaptem a ela; mas não obstaculize a função dos juristas de nos informar sobre a constituição dos sistemas normativos existentes, criados pelos seres humanos; essa informação também será útil para o senhor se a sua pretensão for, por exemplo, lutar para que tais sistemas positivos sejam substituídos por outros mais de acordo com as normas universais em que o senhor acredita. Em suma, a questão sobre a força obrigatória do direito é alheia à ciência do direito positivo.

A. Eu não gosto da proposição de C. Percebo que nos apresenta um direito frio, distante das valorações e das ideologias e, em suma, dos sonhos e das frustrações das pessoas. Para mim, o direito é essencialmente valoração. Creio que estou mais próximo de sua postura, doutor B, apesar de nossas diferenças, do que da estranha postura de C. Proponho que continuemos discutindo entre nós, despedindo-nos gentilmente do amigo C.

12. – Analise e comente o seguinte raciocínio prático:
"*a)* O direito deste (utópico) país estabelece que os juízes devem condenar à morte todos os primogênitos do sexo masculino.
b) A é um primogênito do sexo masculino.
c) Portanto eu, como juiz, devo condenar A à morte."
Esse é um raciocínio válido? Pressupõe alguma premissa implícita?

Como pode ser interpretada a conclusão? Em termos de estrutura, compare esse raciocínio com o seguinte:
"*a)* João disse que todos aqueles cujo sobrenome começa com N são mentirosos.
b) Meu sobrenome começa com N.
c) Portanto, eu sou mentiroso."

13. – Se virmos a controvérsia entre jusnaturalistas e positivistas como uma disputa verbal, que tipo de argumentos são relevantes para resolver a controvérsia?

14. – Comente esta tese hipotética:
"A pretensão de distinguir o direito que 'é' do direito que 'deve ser' é tão absurda quanto seria a pretensão de distinguir o que 'é' um homem honrado do que 'deve ser' um homem honrado. Nenhum homem é honrado se não satisfizer certos ideais sobre o que um homem deve ser; do mesmo modo, nenhum sistema normativo é direito se não satisfizer certos ideais sobre como deve ser uma ordem que regule a vida social. A única distinção válida que pode ser feita é entre o que certas pessoas, em especial os grupos de poder, consideram ou pretendem que seja o direito de um país e o que realmente é o direito desse país, ou seja, o conjunto de normas que suas autoridades são obrigadas a reconhecer e aplicar, fazendo isso de fato ou não."

15. – Analise o seguinte parágrafo:
"Podemos agora nos arriscar a dar uma definição rudimentar de direito, do ponto de vista do homem comum. Para qualquer pessoa leiga, o direito, em relação a qualquer conjunto particular de fatos, é uma decisão de um tribunal sobre esses fatos, à medida que essa decisão afeta essa pessoa em particular. Até que um tribunal tenha se pronunciado sobre esses fatos, não existe nenhum direito sobre esses fatos. Antes dessa decisão, o único direito disponível é a opinião dos juristas sobre o direito aplicável a essa pessoa e a esses fatos. Essa opinião não é realmente direito, mas uma conjectura sobre como um tribunal vai decidir. O direito sobre qualquer situação dada é, então, *a)* direito efetivo, isto é, uma decisão passada que se refere especificamente a tal situação, ou *b)* direito provável, ou seja, uma conjectura sobre uma decisão futura" (Jerome Frank, *Law, and Modern Mind*, Nova York, 1963, p. 50-51).

16. – Qual das seguintes variedades de ceticismo perante as normas é defendida pelo realismo jurídico?
   a) As normas não existem – ninguém jamais viu uma norma –, por isso o direito não pode ser integrado por normas.
   b) Os juízes, de fato, não são efetivamente orientados em suas decisões por normas jurídicas gerais; eles são levados a adotar suas decisões por outros fatores, tais como concepções morais, considerações socioeconômicas, preconceitos, interesses pessoais etc.

c) As normas jurídicas gerais não constituem um bom método de controle social; sua própria generalidade faz que as soluções que oferecem sejam injustas em casos particulares.

d) As normas jurídicas são sempre indeterminadas graças ao caráter vago e ambíguo da linguagem em que elas são formuladas.

17. – O realismo jurídico é uma concepção que só pode ser defendida em relação a sistemas jurídicos que, como o inglês e o norte-americano, baseiam-se fundamentalmente em precedentes judiciais, ou essa postura também poderia ser apoiada em relação a sistemas que, como o brasileiro ou o argentino, são integrados sobretudo por normas legisladas?

18. – Se o direito consiste em previsões sobre decisões judiciais, os juízes podem fundamentar suas decisões no direito?

19. – Que vantagens poderia ter o ato de ver o direito com o olhar do "homem mau"?

20. – O que a ciência jurídica deve prever, segundo Alf Ross? Por que é adequado denominar "realista" a sua postura? Por que ela constitui um realismo "moderado"?

21. – Tem sentido para o realismo dizer que um juiz proferiu uma decisão ilegal?

22. – Qual dos pontos de vista sobre o direito mencionados na Introdução (o do juiz, o do cidadão, o do sociólogo etc.) torna mais plausível a definição do direito de acordo com cada uma das concepções examinadas neste capítulo – a saber: o jusnaturalismo, o positivismo normativista, o realismo jurídico?

Capítulo II
O conceito de norma jurídica

É quase uma obviedade dizer que as normas jurídicas são uma espécie da classe geral das normas e que as normas são um caso do uso prescritivo da linguagem. Embora isso seja verdade só até certo ponto, pode nos servir de fio condutor para a caracterização das normas jurídicas. Começaremos, então, referindo-nos à linguagem prescritiva, depois às normas e concluiremos com as normas jurídicas.

1. A linguagem prescritiva

Frequentemente, a linguagem é usada para transmitir informação sobre o mundo; mas obviamente essa não é sua única função. Genaro Carrió (em *Notas sobre derecho y lenguaje*) aponta algumas coisas que se podem fazer com as palavras, ressalvando que a lista apresentada não é, de maneira nenhuma, exaustiva: ordenar, ameaçar, advertir, suplicar, pedir, instruir, exigir, perguntar, cumprimentar, sugerir, elogiar, brincar, recomendar, responsabilizar, jurar, fazer uma oferta, prometer, maldizer, predizer, autorizar etc.

Tentou-se fazer uma classificação rudimentar dos usos da linguagem, que, com mais ou menos variações e segundo quase todos os escritores, segue este esquema:

1) *Uso informativo*. Ocorre quando a linguagem é utilizada para descrever determinados estados de coisas. As orações

que têm essa função expressam uma *proposição*; somente a elas tem sentido atribuir verdade ou falsidade.

2) *Uso expressivo*. Consiste em empregar a linguagem para expressar emoções ou para provocá-las no interlocutor.

3) *Uso interrogativo*. Nesse caso, a oração tem como função solicitar informação ao interlocutor (de certo modo, pode-se incluí-lo no uso diretivo).

4) *Uso operativo*. Caracteriza-se pelo fato de que a pronúncia de certas palavras em determinadas condições implica a realização da ação a que essas palavras se referem. Assim, afirmar "juro dizer a verdade", "prometo pagar" ou "batizo esta criança com o nome de João", em dadas condições, consiste precisamente em realizar as ações de jurar, prometer e batizar.

5) *Uso prescritivo ou diretivo*. Se dá em ocasiões em que, por meio da linguagem, aquele que fala pretende direcionar o comportamento de outro, ou seja, tenta induzi-lo a adotar determinado rumo de ação.

A simplificação dessa classificação fica evidente se considerarmos que, sob o rótulo de "uso diretivo", encobrem-se ações linguísticas tão variadas como as de suplicar, rogar, sugerir, recomendar, aconselhar, solicitar, pedir, reclamar, indicar, ordenar, mandar, impor etc.

Seria uma investigação bastante interessante determinar as circunstâncias das quais uma oração diretiva – como, por exemplo, "não faça isso – depende para possuir um dos diferentes graus de força mencionados.

Como tal investigação não vem ao caso aqui, contentamo-nos em destacar os traços comuns que os diferentes casos de uso diretivo da linguagem apresentam.

Em primeiro lugar, como já foi dito, as orações diretivas distinguem-se por serem formuladas com a intenção de influir no comportamento de outro. Obviamente, tal caráter não é prejudicado pelo fato de alcançarem ou não esse propósito. No sucesso do propósito estão envolvidos vários fatores, tais como a ascendência do emissor sobre o destinatário (que não deve ser necessariamente de superioridade, como se evidencia no caso da súplica), a possibilidade de o destinatário cumprir com o comportamento indicado, a sua aceitação da diretiva ou que seja estimulado à aceitação por uma ameaça ou prêmio que o emissor acrescentar à diretiva etc. Todavia, ainda que a diretiva seja ineficaz, continuará sendo uma diretiva, desde que, é claro, o emissor tenha tido real intenção de influenciar a conduta do destinatário (o que não ocorreria, por exemplo, se fosse formulada em uma representação teatral ou se o emissor soubesse que o destinatário não pode cumpri-la ou que ninguém a compreende etc.).

Por outro lado, as orações diretivas, ao contrário das asserções e do mesmo modo que as demais orações não afirmativas, caracterizam-se pela ausência de sentido em se declará-las verdadeiras ou falsas. Pode-se declarar que uma prescrição é justa ou injusta, conveniente ou inconveniente, oportuna ou inoportuna, racional ou arbitrária, eficaz ou ineficaz, mas não que é verdadeira ou falsa, pois estes últimos atributos implicam a relação entre uma asserção sobre um estado de coisas e a realidade, e as diretivas não são destinadas a informar sobre a realidade.

Para que uma expressão linguística seja ou não uma diretiva, do ponto de vista gramatical, independe, em boa medida, de a oração estar no modo imperativo. O uso do verbo da oração no modo imperativo é um bom recurso para expressar a intenção de direcionar o comportamento do destinatário, mas não é, de modo algum, uma condição necessária ou suficiente para que uma oração expresse uma diretiva. Uma diretiva pode ser formulada por meio de uma oração no indicativo (por exemplo, "convém que você estude") ou de uma proposição assertiva, mediante uma oração no modo imperativo (por exemplo, "Para ligar a televisão, aperte o botão da esquerda.").

Costuma-se também indicar que a oração expressa uma diretiva empregando determinadas palavras denominadas *deônticas*, como: "obrigatório", "permitido", "proibido"; ou *modais*, como: "necessário", "possível", "impossível"; porém, o uso de tais palavras não é, tampouco, condição necessária ou suficiente para que a oração expresse uma diretiva (observem-se os casos em que se *descreve* uma diretiva).

Outras vezes, indica-se o caráter de diretiva de uma oração mediante uma expressão operativa que se refere ao ato linguístico que se realiza formulando tal oração, por exemplo: "*Ordeno-lhe* que me entregue isso"; "*Imploro-lhe* que não me bata"; "*Peço-lhe* que me envie o processo." Em geral, essa formulação é usada quando não há outros fatores (por exemplo, gestos) que podem orientar sobre a força da oração (como no caso de uma mensagem escrita).

Dentre todos os tipos de diretivas, as que estão relacionadas com as normas são as que têm maior força; isto é, as ordens, os mandados, as imposições. Essas diretivas, muitas vezes, são chamadas de "prescrições", naturalmente com um sentido mais estrito do que é equivalente a "diretiva".

As prescrições ou ordens caracterizam-se pela superioridade do sujeito emissor em relação ao destinatário. Essa superioridade pode ser física (por ter a possibilidade de infligir dano ao destinatário) ou moral, em um sentido amplo. Um exemplo de ordem baseada na superioridade física é a do assaltante em relação à vítima. Um caso de ordem baseada na superioridade moral é o de um pastor evangélico em relação aos fiéis. Casos em que às vezes ocorre superioridade física, outras vezes moral e com frequência ambas são o do pai em relação aos filhos ou o do legislador em relação aos cidadãos.

Quando a diretiva é uma prescrição, em sentido rigoroso, o emissor não submete o seu cumprimento à vontade do destinatário, como no caso do conselho, da súplica ou do pedido. Se o destinatário justificar sua desobediência a uma prescrição dizendo "não quis fazer" ou "tenho uma opinião diferente", essa justificativa não será vista pelo emissor como uma explicação admissível, mas sim como um desafio a sua autoridade.

Já foi dito que, em geral, as diretivas que são ordens ou mandados são chamadas de "prescrições". No entanto, a palavra "prescrição" tem uma denotação mais ampla, uma vez que também se refere a outras espécies de enunciados além das ordens e sobre os quais ainda não dissemos uma palavra: as permissões ou autorizações.

É muito difícil caracterizar as permissões. Pode-se até mesmo questionar se são diretivas, pois não são exatamente destinadas a influenciar a conduta dos demais. Alguns filósofos consideram-nas como derrogatórias de ordens, outros como uma promessa feita pelo emissor de não interferir na conduta do destinatário ou de não ordenar determinado comportamento etc.

Parece evidente que uma permissão não precisa derrogar uma ordem preexistente. (Contudo, como sugeriram Alchourrón e Bulygin, certas normas permissivas – como as que estabelecem garantias constitucionais – podem ser interpretadas como se derrogassem com antecedência possíveis proibições futuras.) De qualquer modo, as permissões têm certa relação com as ordens. Para que se diga que alguém permitiu determinada conduta, é preciso que este alguém tenha capacidade para ordenar o contrário, isto é, para proibir a conduta em questão. Se alguém permite algo, é porque esse algo está proibido ou existe uma expectativa de proibição.

Como eu disse, as prescrições são as diretivas relacionadas com as normas. Entretanto, nem toda prescrição é denominada norma, sobretudo aquelas que se baseiam apenas na superioridade física. Além disso, nem toda norma, por sua vez, é uma prescrição.

Veremos isso com mais detalhe no item seguinte, em que falaremos das normas.

2. As normas na teoria de Von Wright

a) Caracterização geral

O lógico G. H. von Wright (*Norma e ação*) propõe uma classificação das normas que pode servir adequadamente como fio condutor neste tema. Ao iniciar sua exposição, ele alerta que os tipos mencionados não são estritamente subclasses da classe geral das normas – o que suporia a existência de características comuns entre todos, que seriam relevantes para a definição do conceito de norma –, mas representariam, antes, sentidos diferentes da palavra "norma" – que é ambígua e imprecisa –, embora profundamente relacionados entre si.

Von Wright distingue três tipos de normas principais e três secundárias.

As espécies principais são as seguintes:

1) *As regras definitórias ou determinativas.* São regras que definem ou determinam uma atividade.

Caso típico são as regras dos jogos. As regras de um jogo determinam quais movimentos são permitidos e quais são proibidos *dentro dele*. Se as regras não forem seguidas, dir-se-á que não se joga corretamente ou que efetivamente não se está jogando o jogo em questão. Se vários jogadores de xadrez concordarem em mudar algumas regras, não haverá impedimento para isso – exceto se jogarem em um âmbito institucionalizado –, mas sua atividade não mais será chamada "xadrez".

Von Wright inclui também nessa classe as regras da gramática e as do cálculo lógico e matemático. Por exemplo, uma pessoa que não segue as regras da gramática portuguesa será considerada alguém que não *fala português*, sem prejuízo de que fale outro idioma.

2) *As diretivas ou regras técnicas.* São regras que indicam um meio para atingir determinado fim.

Exemplos característicos de regras técnicas são as instruções de uso, como esta: "Se quiser ligar a televisão, aperte o botão da esquerda."

As regras técnicas não são destinadas a direcionar a vontade do destinatário, mas o que indicam está condicionado a essa vontade. Por isso a formulação da regra técnica é hipotética, e no condicional que a antecede aparece a menção à vontade do destinatário (*se quiser*) e não a um fato alheio a essa vontade.

As regras técnicas pressupõem sempre uma *proposição anancástica*, que deve ser verdadeira para que a regra seja eficaz. Um enunciado anancástico é uma proposição descritiva que afirma que alguma coisa (o meio) é condição necessária de outra coisa (o fim). No exemplo dado, de instrução de uso, a proposição anancástica é a seguinte: "Apertar o botão da esquerda é condição necessária para que a televisão seja ligada."

Como proposição descritiva que é, a anancástica pode ser verdadeira ou falsa. Por outro lado, sobre a regra técnica – que para Von Wright é uma norma que não é prescritiva nem descritiva – não se pode declarar verdade ou falsidade.

> No entanto, alguns autores, como Betty Powel (*Knowledge of Human Action*), questionam a distinção entre regras técnicas e proposições anancásticas, afirmando que as primeiras só diferem das últimas quanto a sua formulação, sendo as regras técnicas enunciados *descritivos* e, como tais, suscetíveis de verdade ou falsidade.

3) *Prescrições*. Já nos referimos às prescrições em geral. Vimos que nem todas podem ser consideradas normas. Von Wright caracteriza as normas prescritivas por meio destes elementos que as distinguem dos tipos anteriores:

Emanam de uma vontade do emissor da norma, que é chamada *autoridade normativa*.

São destinadas a algum agente, chamado o *sujeito normativo*.

Para comunicar ao sujeito sua vontade de que ele se comporte de determinada maneira, a autoridade *promulga* a norma.

Para dar efetividade a sua vontade, a autoridade acrescenta à norma uma *sanção* ou ameaça de castigo.

Mais adiante, haverá oportunidade de estudar com mais detalhes esses elementos.

Ao lado desses tipos principais de normas, Von Wright menciona três espécies secundárias, caracterizadas por possuírem aspectos em comum com os tipos principais.

1) *Normas ideais*. São normas que não se referem diretamente a uma ação, mas que estabelecem um padrão ou modelo de excelência dentro de uma classe. Assim, há normas que determinam o que é um bom ator, um bom advogado, uma boa faca, um bom caminho, um bom ladrão.

As regras ideais referem-se às *virtudes* características dentro de uma classe.

Em certo sentido, são semelhantes às regras técnicas porque indicam o caminho para alcançar o grau máximo dentro de uma classe. Em outro sentido, são análogas às regras determinativas porque definem um modelo. Então, metaforicamente, incluem-se nessas espécies de regras.

2) *Costumes*. Os costumes são espécies de hábitos; exigem, pois, regularidade na conduta dos indivíduos em circunstâncias análogas. Distinguem-se de outros hábitos por serem sociais, ou seja, as condutas que os integram são praticadas com a consciência de serem compartilhadas pela comunidade.

O caráter social do costume confere-lhe uma *pressão normativa*, um caráter compulsório, pela crítica e pelas sanções da sociedade, que os outros hábitos não têm.

Nesse sentido, os costumes são parecidos com as prescrições, que possuem o mesmo caráter compulsório. No entanto, distinguem-se delas porque os costumes não emanam de autoridade alguma; são, em todo caso, *prescrições anônimas*. Também se distinguem das prescrições por não precisarem de promulgação por meio de símbolos, em especial, não precisam ser escritos; por essa característica poderiam ser chamados *prescrições implícitas*.

Por outro lado, os costumes têm alguma analogia com as regras determinativas. Em certo sentido, os costumes determinam, definem uma comunidade, distinguindo-a de outras.

3) *Normas morais*. Essas normas têm difícil identificação, não havendo muita clareza sobre que normas devem ser consideradas morais. Von Wright formula alguns exemplos, sobre os quais há poucas polêmicas, entre eles o dever de cumprir as promessas e o de honrar os pais.

De certo modo, essas normas são parecidas com as determinativas, uma vez que podem definir uma instituição (por exemplo, a de prometer). Há, por outro lado, algumas normas morais (como as que se referem à vida sexual) que se originam no costume.

Mas há sobretudo duas grandes interpretações filosóficas das normas morais que as assimilam a dois dos tipos principais de normas de que tratamos.

Uma é a concepção que poderia ser chamada *teológica*. Considera as normas morais como emanadas de uma autoridade, concretamente, de Deus. Para essa interpretação, as normas morais seriam prescrições.

A outra interpretação poderia ser chamada *teleológica*. Considera as normas morais como uma espécie de regra técnica que indica o caminho para obter um fim. No que se refere ao fim ao qual as regras morais estão ligadas, há principalmente duas correntes: para o eudemonismo, o fim é a felicidade do indivíduo; para o utilitarismo, o bem-estar da sociedade.

Há outras concepções que se recusam a identificar as normas morais com alguns dos tipos de normas principais abordados e as classificam como autônomas, como *sui generis*; em geral, essa postura é denominada *deontologismo*.

b) *As normas prescritivas e seus elementos*

Vários dos seis tipos de normas que Von Wright caracteriza são relevantes para o direito.

Por exemplo, boa parte das normas que integram os diferentes sistemas jurídicos – muito mais nas ordens primitivas que nas modernas, e mais no direito internacional que nos direitos nacionais – é consuetudinária.

Muitas disposições jurídicas podem ser entendidas como determinativas. Isso ocorre não só com as que definem *palavras* empregadas por outras normas, como também com as que servem para delinear ou definir uma instituição: como o casamento, a propriedade etc.

Outras normas jurídicas podem ser consideradas como regras técnicas, ou seja, como diretrizes que indicam o caminho para alcançar determinado fim. Exemplo característico de disposições que admitem essa análise são as normas que indicam como fazer um contrato de hipoteca válido ou um testamento, ou como transferir a propriedade de um imóvel, ou como formar uma sociedade.

Para os juristas que defendem a existência de um direito natural, há normas jurídicas que mantêm uma estreita analogia com as normas morais.

Convém não esquecermos a variedade de tipos que as normas jurídicas podem apresentar ou a multiplicidade de pontos de vista a partir dos quais elas podem ser consideradas. Isso nos ajudará a não cair na tentação – a que muitos cederam – de enquadrar todas as normas jurídicas num esquema único.

No entanto, é evidente que as normas jurídicas que são prescrições ocupam um lugar especial na ordem jurídica, seja porque a elas corresponde a maior parte das normas jurídicas, seja porque sua presença define um sistema como jurídico, seja por qualquer outro motivo.

Isso nos leva a analisar com um pouco mais de cuidado as normas prescritivas, para o que Von Wright continuará nos prestando muito bons serviços.

O escritor finlandês enumera os seguintes elementos das prescrições: *1)* caráter; *2)* conteúdo; *3)* condição de aplicação; *4)* autoridade; *5)* sujeito; *6)* ocasião; *7)* promulgação; e *8)* sanção.

Aos três primeiros elementos ele denomina "núcleo normativo", visto que se trata de uma estrutura lógica que as prescrições têm em comum com outras normas.

Os três seguintes são, para Von Wright, componentes distintivos das prescrições, que não se encontram necessariamente nas demais normas.

Os dois últimos elementos também servem para definir uma prescrição, sem que se possa dizer que são "componentes" dela.

Vamos ver, de maneira bem sucinta, a caracterização que Von Wright faz de cada um desses elementos das prescrições.

1) *Caráter*. O caráter de uma norma está em função de a norma ocorrer para que algo deva, não deva ou possa ser feito.

Quando a norma ocorre para que algo deva ser feito, ela é de *obrigação*.

No caso de a norma ser formulada para que algo não deva ser feito, ela é *proibitiva*.

Quando a norma orienta que algo pode ser feito, seu caráter é *permissivo*.

Na hipótese lógica de Von Wright, os caracteres obrigatório e proibido são interdefiníveis, no sentido de que um deles pode ser definido em relação ao outro. Dizer que uma conduta é proibida equivale a afirmar que a conduta oposta é obrigatória e vice-versa.

Em *Norma e ação*, Von Wright analisa também várias possibilidades de reduzir o caráter permissivo ao caráter obrigatório, mas, perante as dificuldades e controvérsias que uma redução dessas pode acarretar, considera-o, para sua hipótese, como um caráter independente.

Os caracteres normativos mencionados, também chamados "operadores deônticos", são regidos por certas leis lógicas específicas que os distinguem de outros predicados modais, como "possível", "necessário" etc. Essas leis constituem a chamada "lógica deôntica" e sua explicitação foi, em boa parte, obra do próprio Von Wright.

Tais caracteres devem ser distinguidos não dos que aparecem nas normas, mas dos que aparecem nas *proposições normativas*, ou seja, nos enunciados que descrevem normas. As palavras "proibido", "permitido" e "obrigatório" são usadas não somente nas normas, como também nas proposições que se referem a elas. Assim, quando em um tratado de ciência do direito é dito "na Argentina é proibida a usura", a palavra "proibida" aparece no contexto de um enunciado descritivo e não no contexto de uma norma; do mesmo modo, quando um vizinho nos informa "é proibido jogar lixo na rua", não está determinando uma norma, mas descrevendo uma norma em vigor.

O professor Carlos Alchourrón tornou explícitas algumas das leis lógicas que regem os operadores "permitido", "proibido" e "obrigatório", quando usados em sentido descritivo nas proposições normativas.

Voltando aos caracteres das normas, antes de encerrar esta análise, é preciso esclarecer o seguinte: o fato de mencionarmos apenas três caracteres deônticos (ou dois, caso "proibido" e "obrigatório" sejam reduzidos a um único) não implica descartar os diferentes significados que cada um deles possa ter, o que supõe uma variedade muito maior de caracteres normativos. Von Wright caracterizou vários sentidos de "obrigatório" e "permitido". Os diferentes significados de "permitido" são úteis no intuito de correlacioná-los aos diversos sentidos da expressão "direito subjetivo" – tema que será estudado no Capítulo IV.

2) *Conteúdo*. É o que uma norma declara proibido, obrigatório ou permitido, isto é, *ações* (por exemplo, matar, rir, insultar, pagar) ou *atividades* (fumar, pisar na grama, fazer propaganda política etc.).

Segundo Von Wright, a noção de ação está relacionada a uma mudança no mundo. Agir é provocar ou realizar uma mudança, é interferir no curso da natureza.

Uma mudança ou um acontecimento é uma passagem de um estado de coisas para outro. Por exemplo, de chover para não chover, de um homem vivo para um homem morto. A primeira ocorre em uma ocasião anterior e a segunda em uma posterior.

Nem toda mudança é provocada por uma ação humana (isso é óbvio no caso da chuva), mas há mudanças que podemos atribuir a seres humanos. Nesses casos podemos falar de "ações".

Se, segundo a concepção de Von Wright, a ação consiste em provocar uma mudança, só é possível determinar que ação o indivíduo realizou pela mudança efetuada no mundo. Mas, naturalmente, a ação humana pode provocar na realidade uma sucessão indefinida de mudanças, das quais o agente pode não ter a menor ideia. Por isso, Von Wright propõe identificar o que fez um indivíduo apenas pelas mudanças abrangidas por sua *intenção*; ele chama essas mudanças de "resultado", distinguindo-as das meras "consequências", que são as mudanças provocadas pelo indivíduo de modo não intencional. O resultado tem uma relação intrínseca e lógica com a ação, pois o resultado produzido é definidor do tipo de ação que o indivíduo realizou; em contrapartida, a relação entre a ação e as consequências é extrínseca e causal.

As ações podem ser positivas ou negativas, conforme a mudança se dê por uma intervenção ativa do agente no curso da natureza (em geral, por um movimento corporal) ou pela abstenção de agir, tendo capacidade para isso.

As omissões estão sempre relacionadas a determinada ação. Não há uma omissão genérica, mas sim uma omissão de... (em que o espaço "..." deve ser preenchido com "matar", "comer", "pagar" etc.).

Além disso, nem todos os casos em que o indivíduo não faz alguma coisa caracterizam omissão. Não teria sentido, por exemplo, dizer que uma criança recém-nascida se omite de falar. Segundo Von Wright, a propriedade restritiva é dada pela capacidade de agir; omitir é não executar determinada ação, *podendo fazê-la*.

Até agora falamos da ação. Mas o conteúdo das normas também pode ser constituído por atividades (por exemplo, fumar, correr, estabelecer-se em domicílio alheio). Enquanto as ações estão logicamente relacionadas com os acontecimentos – ou seja, com as mudanças –, as atividades relacionam-se com os processos. Um acontecimento ocorre em um momento; em contrapartida, um processo estende-se de maneira contínua, durante um tempo considerável.

A consideração das atividades na análise das normas tem uma importância relativa, visto que as normas referentes a uma atividade podem ser reduzidas a normas que se referem à ação de começar ou interromper a atividade. Por exemplo, uma norma que proíbe fumar pode ser reformulada como obrigação de parar de fumar, se isso estiver sendo feito.

Como a análise da ação tem especial importância para o direito, vamos nos ocupar, muito sucintamente, da explanação que alguns juristas, sobretudo os criminalistas, fizeram desse conceito, uma vez que ela não é de todo coincidente com a de Von Wright.

Para a análise da ação, a teoria penal parte do movimento corporal de um indivíduo. É claro que há ações que não implicam movimento corporal (como pensar), mas como o direito trata apenas de ações externas (no que, segundo alguns, distingue-se da moral), os juristas podem despreocupar-se tranquilamente das ações que permanecem à margem.

Naturalmente, nem todo movimento corporal constitui uma ação. Um tique nervoso ou um ato reflexo, por exemplo, não são ações. Por isso, a teoria predominante exige que, para ser chamado de "ação", o movimento corporal deve ser voluntário. Aqui a palavra "voluntário" não é sinônimo de "intencional", possui um significado diferente. Os juristas distinguem, com certa segurança, quais movimentos corporais não são voluntários (além dos dois mencionados antes, referem-se à ação provocada por força física irresistível, à ação de um hipnotizado ou narcotizado, e mais alguns casos); mas não há acordo sobre uma caracterização *positiva* da voluntariedade. Talvez isso demonstre que na realidade não há nenhum fato que a palavra "voluntário" denote, a não ser a ausência das circunstâncias anteriormente registradas. De qualquer modo, a voluntariedade pode ser caracterizada, de forma mais ou menos aproximada, como a possibilidade de realização da ação oposta (para dizer que alguém matou, deve ter tido capacidade e oportunidade de não ter matado).

Ao contrário de Von Wright, para quem toda ação tem um resultado, os juristas admitem que as ações podem ou não ter resultado. Isso é explicado pelo significado diferente que dão à palavra "resultado". Enquanto para Von Wright o resultado é o estado final da mudança provocada pelo indivíduo – de tal modo que, por exemplo, na ação de levantar a mão o resultado é a mão levantada –, para os juristas o resultado é apenas um estado de coisas *externo* ao movimento corporal do agente. Por isso, para os juristas, há ações de "pura atividade" – como caminhar – e ações "com resultado", como matar (na qual o indivíduo morto é o resultado). Também no que se refere à teoria penal o esquema difere do de Von Wright quanto à intenção. Segundo Von Wright, toda ação supõe uma intenção, visto que as ações são definidas por determinado resultado, e a intenção do agente serve para distinguir, entre os diferentes estados de coisas provocados pelo indivíduo, aquele que constitui o resultado de sua ação dos que são apenas consequências dela. Diferentemente, para os juristas, tanto há ações intencionais (*dolosas*, quando se trata de um delito) como não intencionais. Por exemplo, um indivíduo pode realizar a ação de matar mesmo sem intenção (como é o caso do homicídio por imprudência).

No entanto, nas últimas décadas, tornou-se moda entre os criminalistas a *teoria finalista da ação*, originada com Hans Welzel. Segundo esse autor, toda ação supõe uma finalidade, e isso distingue as mudanças provocadas pelos seres humanos das causadas por forças naturais. Enquanto os criminalistas clássicos tratavam a questão de haver ou não intenção como um problema de culpabilidade, para Welzel, é necessário determinar a intenção para decidir se estamos ou não diante de uma ação. Sem dúvida, a consideração – tanto a de Von Wright quanto a de Welzel – das ações como necessariamente intencionais afasta-se – sem que isso implique inevitavelmente uma falha, uma vez que, pode ser útil como reformulação conceitual – do uso comum de certos verbos de ação. Na linguagem habitual diz-se que alguém tropeçou, supondo que não houve intenção, ou que alguém matou, mesmo que, no caso concreto, o agente não tenha querido fazer isso (como ocorre no homicídio por negligência).

A explanação dos juristas em relação às omissões também é diferente da de Von Wright. Os juristas dizem que alguém se omitiu de realizar certa ação, não apenas quando tinha capacidade para executá-la, mas quando, além disso, *deveria* realizá-la. Segundo os juristas, alguém não se omite de, por exemplo, cumprimentar, a não ser que exista o dever de fazê-lo.

Poderia ser dito que, enquanto a caracterização das omissões de Von Wright, a partir da capacidade, peca por ausência em relação ao uso comum de "omissão" (já que não se diz que nos omitimos de tudo o que podemos fazer), a dos juristas, que se baseia no dever de agir, peca por excesso, visto que comumente dizemos que nos omitimos de fazer coisas a que não somos obrigados (por exemplo, "omiti-me de trazer meu caderninho de anotações").

Os juristas também classificam as omissões conforme produzam ou não um resultado. Deixar de apresentar-se ao serviço militar é uma mera omissão; em compensação, ocasionar a morte de alguém por não lhe prestar socorro é uma omissão com resultado (chamada de "comissão por omissão").

3) A condição de aplicação. É a circunstância necessária para que exista a oportunidade de realizar o conteúdo da norma.

Quanto à condição de aplicação, as normas são classificadas em *categóricas* e *hipotéticas*.

São categóricas as normas que pressupõem apenas as condições para que haja oportunidade de realizar seu conteúdo; nesse caso, as condições surgem do próprio conteúdo. Por exemplo, "feche a porta" é categórica porque as condições de aplicação – que exista uma porta, que ela esteja aberta etc. – são deduzidas do conteúdo da norma.

Em contrapartida, são hipotéticas as normas que, além das condições de aplicação que criam uma oportunidade para a realização do conteúdo, preveem condições adicionais não deduzíveis do conteúdo. Por exemplo, "se chover, feche a porta". Para que uma norma seja hipotética, ela deve estabelecer condições não para a realização da ação, mas para que essa realização possa ser classificada de proibida, permitida ou ordenada.

4) Autoridade. A autoridade de uma prescrição é o agente que a emite ou a determina.

Por sua autoridade, as normas são classificadas em *teônomas* e *positivas*, conforme se presume que emanem de um agente supraempírico, de Deus, ou que sejam determinadas por um ser humano.

Pela autoridade também é possível distinguir normas *heterônomas e autônomas*. Heterônomas são as normas que um agente estabelece para outro; autônomas são as que o agente fixa para si mesmo, ou seja, quando a autoridade e o sujeito normativo coincidem na mesma pessoa. A existência das normas autônomas é discutida; os que opinam de modo afirmativo recorrem frequentemente às normas morais e às promessas como exemplos de tal tipo de normas.

5) *Sujeito normativo*. Os sujeitos da prescrição são os agentes a que elas se destinam.

Por seus sujeitos, as normas podem ser classificadas em *particulares* – quando se destinam a um ou vários agentes determinados – e *gerais* – quando se destinam a agentes indeterminados por meio de uma descrição (os argentinos, os advogados, os que vivem na capital, os que medem mais de 1,70 m).

Segundo Von Wright, as prescrições gerais, por seu sujeito podem ser de dois tipos. As *conjuntivamente gerais* destinam-se a *todos* os membros de um grupo (por exemplo, "todos os que estão no navio devem abandoná-lo"). Em contrapartida, as *disjuntivamente gerais* destinam-se a *um* ou *vários* indivíduos indeterminados de um certo grupo (por exemplo, "alguns dos que estão no navio devem abandoná-lo").

6) *A ocasião*. É a localização espacial ou temporal em que deve ser cumprido o conteúdo da prescrição. Por exemplo, "*amanhã* você deve ir para a escola" é uma prescrição que menciona uma ocasião temporal; "é proibido fumar *na classe*" indica uma ocasião espacial.

Em relação à ocasião, as prescrições também podem ser classificadas em *particulares* e *gerais*, e estas últimas em conjuntiva e disjuntivamente gerais. Uma norma é particular quando estabelece uma ocasião determinada (por exemplo, "feche a porta da rua *hoje, às nove*"). Uma norma é conjuntivamente geral quando cita uma espécie de situações perante as quais o conteúdo da norma pode ou deve ser realizado (por exemplo, "feche a porta *todas as noites*"); e é disjuntivamente geral quando seu conteúdo deve ser realizado em uma determinada espécie de ocasiões (por exemplo, "você pode ir ao cinema *qualquer dia desta semana*").

Quando uma norma é geral, tanto em relação ao sujeito quanto à ocasião, Von Wright a denomina *eminentemente geral*.

7) *A promulgação*. É a formulação da prescrição. Consiste em expressá-la mediante um sistema de símbolos para que o destinatário possa conhecê-la. Não se deve confundir o sentido que Von Wright dá à palavra "promulgar" com o sentido que ela tem habitualmente em contextos jurídicos. (Na realidade, só se pode aceitar a promulgação como componente da norma, adotando um sentido muito amplo de "componente".)

8) *A sanção*. É a ameaça de um dano que a autoridade normativa pode acrescentar à prescrição para o caso de não cumprimento.

Essa caracterização das prescrições feita por Von Wright a partir de seus elementos deixa-nos em boas condições para analisar as normas jurídicas. Mas, antes disso, vamos resumir o caminho que percorremos.

Começamos examinando o uso diretivo da linguagem. Vimos que as diretivas mais fortes são os mandados, as ordens etc., que, em geral, são denominadas "prescrições" – ainda que seja possível questionar se todas as prescrições são estritamente diretivas, como é o caso das permissões. Embora existam prescrições que dificilmente são chamadas de "normas", há muitos casos de prescrições que são normas. Tratamos, então, das normas e vimos, com Von Wright, que, além das prescrições, há várias outras espécies de normas, muitas das quais são relevantes para o direito. Por fim, centramos nossa atenção nas normas que são prescrições. Agora vamos ver o que caracteriza as normas que são jurídicas.

3. A teoria de Kelsen quanto às normas jurídicas

As tentativas mais difundidas e controversas de caracterização das normas jurídicas têm sido as que as classificam como uma espécie das normas prescritivas.

John Austin (*The Province of Jurisprudence Determined*) define as normas jurídicas como mandados gerais formulados pelo soberano para seus súditos. Toda norma jurídica é um mandado ou ordem, ou seja, uma expressão do desejo de que alguém se comporte de determinada maneira e da intenção de lhe causar dano caso não se porte de acordo com esse desejo.

As normas jurídicas, segundo Austin, sempre especificam um *sujeito*, que é o destinatário da ordem, o *ato* que deve ser realizado e a *ocasião* em que tal ato tem que se realizar. Além disso, as normas apresentam um operador imperativo, que é quem ordena aos sujeitos a realização do ato em questão, na ocasião especificada.

Quanto à intenção de causar dano no caso do não cumprimento do que foi ordenado, pode ser expressa na própria norma, numa segunda parte ou em uma norma independente, exclusivamente punitiva.

O elemento distintivo das normas jurídicas em relação aos demais mandados é o fato de que os mandados jurídicos se originam na vontade de um soberano. Assim, o conceito de soberania é básico na teoria de Austin. Sua definição de "soberano" é a seguinte: "Se um determinado homem é destinatário de um hábito de obediência da maior parte de uma sociedade, sem que ele, por sua vez, tenha o hábito de obedecer a um superior, esse homem é soberano nessa sociedade, e a sociedade (incluído o soberano) é uma sociedade política e independente."

Hans Kelsen, sem conhecer originalmente a elaboração de Austin, formula uma concepção sobre as normas jurídicas análoga a ela em muitos aspectos, mas com importantes diferenças.

a) As normas jurídicas como juízos de "dever ser"

Kelsen distingue dois tipos de juízos. Em primeiro lugar, os juízos de *ser*, que são enunciados descritivos, suscetíveis de verdade ou falsidade. Em segundo lugar, os juízos de *dever ser*, que são diretivos e sobre os quais não tem sentido declarar verdade ou falsidade. De acordo com Hume, Kelsen defende a existência de um "abismo lógico" entre ser e dever ser, no sentido de que nenhum juízo de dever ser pode derivar logicamente de premissas que sejam apenas juízos de *ser*,e vice-versa.

Os juízos de *dever ser* servem para interpretar, pois seu sentido é constituído por atos de vontade, ou seja, os atos cuja intenção destina-se à ação de outra pessoa.

No entanto, Kelsen recusa-se a ver necessariamente por trás dos juízos de *dever ser*, que chama "normas", uma vontade real, em sentido psicológico, e por isso rejeita a identificação feita por Austin entre normas e mandados.

Nesse sentido, Kelsen argumenta com uma série de exemplos de normas não originadas na vontade real dos que as determinaram e de normas que subsistem sem que permaneça a vontade que as originou. Assim, recorre aos casos de leis estabelecidas por parlamentares, que, em boa parte, não sabem o que sancionam; dos costumes, sob os quais não se pode detectar uma vontade real; das leis que subsistem após a morte de seus autores; do testamento que só começa a vigorar após a morte do seu autor etc.

Por essa razão, Kelsen sugere que a analogia entre as normas e os mandados é apenas parcial; em todo caso, poder-se-ia dizer, em sentido metafórico, que uma norma é um mandado "despsicologizado".

De qualquer modo, é possível questionar se o que se chama em geral "mandado" ou "ordem" requer necessariamente, como Kelsen supõe, uma vontade constante *de quem a formulou*, no sentido de que se cumpra a conduta prescrita. Poder-se-iam imaginar casos, sem dúvida fantasiosos, em que se diria que a ordem subsiste ainda que tenha desaparecido a vontade que a originou. Pensemos, por exemplo, em dois assaltantes de banco; um dá a ordem para que se entregue o dinheiro, enquanto o outro aponta uma metralhadora; o que deu a ordem é morto por um segurança;

o outro, depois de imobilizar o guarda, continua apontando sua arma. Sem dúvida, a ordem sobreviveu ao assaltante morto que a formulou. Evidentemente, poder-se-ia dizer que o assaltante que ficou vivo tornou sua a ordem do assaltante morto, respaldando-a com sua vontade; mas a questão é que, talvez, seja possível dizer o mesmo das normas, e em especial das normas jurídicas, afirmando que a vontade que conta não é a que interveio em sua formulação, e, sim, a vontade daqueles dispostos a fazê-las cumprir.

Para Kelsen, a vontade, que é característica dos mandados e apenas concomitante nas normas, pode ser substituída por outra propriedade que as normas têm e que as diferencia dos mandados ou ordens.

Essa propriedade é a *validade*. Segundo Kelsen, a validade é a existência específica das normas e constitui sua força obrigatória – qualidade que as meras ordens não têm.

As normas são juízos de dever ser que expressam o sentido objetivo de um ato de vontade, enquanto as ordens são a expressão da mera intenção subjetiva de quem as formula.

Para que um juízo de dever ser torne-se uma norma *válida*, é preciso que quem o formule esteja autorizado a fazer isso por outra norma, igualmente válida, por sua vez.

O conceito de validade kelseniano provocou profundas controvérsias e intensas críticas – muitas delas plenamente justificadas – ao autor da *Teoria pura*. Isso será analisado com certo detalhamento no capítulo seguinte.

b) *A estrutura das normas jurídicas*

As normas constituem técnicas de motivação social, ou seja, instrumentos para induzir os homens a se comportar de determinado modo.

Kelsen distingue duas técnicas diferentes de motivação, que servem de base para o agrupamento das normas em diferentes tipos.

De um lado, está a técnica de motivação *direta*. Caracteriza-se pelo fato de as normas indicarem diretamente a conduta desejável, e de pretender motivar as pessoas apenas pela autoridade ou racionalidade da própria norma. Modalidades dessa técnica são as normas morais que dizem, por exemplo, "é um dever não matar". O não cumprimento das normas morais pode acarretar uma sanção – desprezo social etc. – ou o seu cumprimento, um prêmio; mas as sanções ou os prêmios não estão sistematicamente previstos e organizados nas próprias normas.

De outro lado, está a técnica de motivação *indireta* que pretende motivar as pessoas sem indicar diretamente a conduta desejável, mas estabelecendo uma sanção para a conduta indesejável ou um prêmio para a desejável.

As normas religiosas são casos de técnica de motivação indireta, visto que induzem ao cumprimento de certas condutas, determinando para as condutas opostas sanções ou prêmios que serão aplicados, na terra ou em outro mundo, por obra e graça de um ser *supraempírico*. Um exemplo característico de norma religiosa seria: "Deus destruirá as colheitas dos povos ímpios."

As normas jurídicas também constituem casos de técnica de motivação indireta.

Ao contrário das normas religiosas, as jurídicas preveem sanções aplicáveis por seres humanos.

Embora, teoricamente, as normas jurídicas pudessem ser premiadoras, a técnica que o direito escolheu, na maioria dos casos, é a da sanção, sendo tão raros os casos em que se estabelecem prêmios para motivar a conduta das pessoas que podem ser desconsiderados no intuito de uma explicação teórica do direito.

A sanção jurídica, segundo Kelsen, constitui um ato coercitivo – de força real ou potencial –, que consiste na privação de algum bem (por exemplo, a vida, a propriedade, a liberdade, a honra etc.), executado por um indivíduo autorizado para tal, em decorrência de determinada conduta.

De acordo com essa definição, o homicídio distingue-se da pena de morte porque, embora ambos sejam atos coercitivos consistentes na privação da vida, só o segundo ato é exercido por um indivíduo autorizado.

Essa definição também permite distinguir a internação de doentes mentais ou a quarentena de pacientes com doenças contagiosas da pena privativa da liberdade, pois enquanto nos dois primeiros casos o ato coercitivo é consequência de um estado ou condição dos indivíduos, no último é consequência de uma ação do indivíduo.

Segundo Kelsen, uma norma jurídica é a que prescreve uma sanção jurídica. Empregando a terminologia de Von Wright, o *conteúdo* das normas jurídicas é um ato coercitivo que priva alguém de um bem.

Por sua vez, o *caráter* que classifica esse conteúdo, seguindo o vocabulário de Von Wright, é um caráter que Kelsen chama "dever ser".

Nas primeiras obras de Kelsen, o "dever ser" aparecia caracterizado de modo não muito distinto do caráter obrigatório de Von Wright. Kelsen dizia que "dever ser" é um termo primitivo que não pode ser definido e que expressa que um ato coercitivo é estipulado, estabelecido, prescrito por uma norma válida. Em contrapartida, na última edição da *Teoria pura do direito*, Kelsen sugere que "dever ser" é um termo que satisfaz tanto as situações em que um ato coercitivo é ordenado quanto as em que o ato é permitido ou autorizado, ou seja, seria uma expressão para se referir genericamente aos caracteres obrigatório e permitido ou facultativo de Von Wright.

Assim sendo, para Kelsen, uma norma jurídica (primária) é uma norma que tem como conteúdo um ato coercitivo, que é classificado como devido.

c) Tipos de normas jurídicas

Sempre seguindo Kelsen, há dois tipos de normas jurídicas no que diz respeito às condições de aplicação: *categóricas* e *hipotéticas*, conforme a execução do ato coercitivo esteja ou não submetida a alguma condição.

Um exemplo de norma categórica é o seguinte:

"Devem ser oito anos de prisão para João Pérez."

Como sugere o exemplo, as normas jurídicas categóricas são principalmente as sentenças judiciais.

Um exemplo de norma jurídica hipotética é o seguinte: "Se alguém matar, deve ser punido com prisão de 8 a 25 anos."

As leis são, em geral, normas hipotéticas.

Kelsen também classifica as normas jurídicas em *gerais* e *particulares*. Embora não seja muito claro sobre essa questão, ele parece considerar gerais as normas a que Von Wright denomina "eminentemente gerais", ou seja, normas que se referem a tipos de indivíduos e a tipos de ocasiões indeterminadas; e particulares as normas em que se especifica um ou alguns indivíduos ou alguma ocasião determinada. As sentenças judiciais são em geral normas particulares; em oposição, as leis são quase sempre normas gerais.

Sendo o conteúdo das normas jurídicas, segundo Kelsen, *atos coercitivos*, parece bem claro – embora o autor não tenha dito isso muito abertamente – que em sua teoria as normas jurídicas têm como *destinatários os servidores da justiça encarregados de determinar sua execução ou de executá-las*. Por exemplo, uma lei que dissesse: "Se alguém matar deve ser punido com prisão de 8 a 25 anos" seria destinada aos juízes para, assim, condenarem as pessoas que matam a uma pena de prisão, dentro do limite estabelecido. Uma sentença que estabelecesse: "João Pérez deve cumprir dez anos de prisão" seria uma norma jurídica destinada aos funcionários da polícia e da casa de detenção, prescrevendo-lhes manter João Pérez na prisão durante dez anos.

Do que foi dito, não se deve concluir que as normas jurídicas não têm nada a ver com os cidadãos ou não pretendam influenciar seu comportamento. Embora destinem-se *diretamente* aos juízes e servidores da justiça, elas constituem uma técnica *indireta* de motivar a conduta dos cidadãos. Fazendo uma analogia, uma norma jurídica seria semelhante ao pai que diz à mãe, na presença do filho, "se ele se comportar mal, castigue-o". É claro que o pai não está interessado em que sua mulher passe o dia castigando o filho; o que ele quer é que seu filho não se comporte mal e, para isso, escolhe a técnica de motivação indireta indicada. O pai tem a esperança de que, a partir da prescrição primária que destinou à mãe, o filho deduza a prescrição secundária "Você não deve se comportar mal".

Dando conta dessa ideia, Kelsen distingue entre normas jurídicas *primárias* e *secundárias*.

As normas jurídicas *primárias* são as que prescrevem, em certas condições ou não, a privação dos bens de um sujeito por meio da força. São as normas jurídicas genuínas, o que significa que uma ordem jurídica é integrada apenas por elas.

As normas jurídicas *secundárias* são meros derivados lógicos das normas primárias, e sua enunciação só tem sentido para uma explicação mais clara do direito.

Kelsen define uma regra de transformação para obtenção de uma regra secundária a partir de uma primária: o caráter de uma norma secundária é um caráter de dever e seu conteúdo é a conduta oposta à que consta como condição de aplicação em uma norma primária.

Por exemplo, tomando-se a norma primária: "se alguém *matar*, deve ser aplicada a ele a prisão", a norma secundária será: "é um dever *não matar*". Em geral: se a norma primária é "dado A deve ser P", a secundária será "é um dever ser não A".

Isso implica que as normas secundárias só podem ser derivadas das normas primárias hipotéticas, visto que as categóricas não mencionam como condição uma conduta cuja conduta oposta possa constituir o conteúdo de uma norma secundária.

Por outro lado, no caso das normas primárias em que forem enunciadas várias condições de aplicação – por exemplo, "se alguém matar (a) e o promotor público o acusar (b), deverá ser condenado à prisão" –, surge uma dificuldade no contexto da teoria de Kelsen, uma vez que não é possível determinar qual dos opostos das diversas condições será o conteúdo da norma secundária. Kelsen, evidentemente, afirma que, entre todas as condições das normas primárias, apenas as condutas que constituem um ato antijurídico ou um delito (no exemplo, matar) podem ser relevantes para a configuração das normas secundárias, com base em seus opostos. Mas a questão é que, como veremos mais adiante, Kelsen não fornece um critério claro para distinguir entre as condições que constituem e as que não constituem um ato antijurídico. De qualquer modo, a discussão desse ponto deve reportar-se à análise do conceito de ato antijurídico na teoria kelseniana.

Ainda que o operador deôntico *dever* apareça tanto nas normas primárias quanto nas secundárias, ele tem um significado diferente em cada um dos dois tipos de normas. Quando se diz que uma conduta (necessariamente um ato coercitivo) é classificada como devida por uma norma primária, isso quer dizer apenas o seguinte: "há uma norma válida que prescreve a execução dessa conduta"; em compensação, quando se diz que uma conduta qualquer é classificada como devida por uma norma secundária, isso significa: "há uma norma primária válida que prescreve a execução de um ato coercitivo se ocorrer a conduta oposta a ela". A conduta de mandar alguém para a prisão só é devida, em geral, no primeiro sentido, que é o mais fraco; por outro lado, a conduta de não matar é devida, por exemplo, no direito argentino, no segundo sentido, que é mais forte que o anterior. Kelsen denomina o primeiro sentido "simples deve ser", e o segundo "dever jurídico".

Eu disse há pouco que o conteúdo das normas primárias, ou seja, das sanções, só é classificado como devido em sentido fraco. No entanto, em certos casos a sanção pode ser devida em sentido forte. Para que isso ocorra, não basta a norma primária, da qual essa tal sanção constitui o conteúdo; deve haver outra norma na qual a não execução da sanção em questão constitua a condição de aplicabilidade de outra sanção. Por exemplo, se houver apenas uma norma que diz "se alguém matar, deve ser colocado na prisão", a conduta de colocar os homicidas na prisão só é fragilmente devida; em contrapartida, se *além* da norma anterior houver outra, como esta: "se um servidor da justiça não colocar na prisão os homicidas, deve ser multado", a conduta de colocar na prisão será devida em sentido forte.

d) O caso das normas que não estabelecem sanções

Da explanação anterior sobre as normas secundárias, decorre que uma norma com caráter de dever e cujo conteúdo não seja um ato coercitivo só é uma norma jurídica se constituir uma norma secundária que derive de alguma norma primária.

Isso nos coloca diante de uma grave questão que Kelsen deve enfrentar. Ocorre que se observarmos o conteúdo de qualquer sistema jurídico, encontraremos uma série de enunciados normativos cujos conteúdos não são atos coercitivos, nem podem derivar de enunciados normativos que mencionam atos coercitivos. Se examinarmos nosso sistema jurídico, veremos que, por exemplo, a maior parte das normas que integram a Constituição não prescreve sanções, estabelecendo, sim, direitos e garantias, o procedimento para eleger os integrantes dos poderes etc. Do mesmo modo, no nosso Código Civil, vamos encontrar normas que estabelecem o procedimento e as condições para firmar um contrato, contrair matrimônio, adquirir a propriedade de um bem, normas que estabelecem os direitos e as obrigações que derivam de tais fatos etc.

Perante esse fato, a resposta de Kelsen é que, efetivamente, todos esses enunciados não são normas, mas *partes* de normas genuínas. Assim, a maioria dos enunciados que encontramos integrando um sistema jurídico formaria o *antecedente* das autênticas normas, em cujo consequente deve figurar sempre uma sanção.

Um exemplo, extremamente simplificado de norma completa, segundo a teoria de Kelsen, seria o seguinte:

"Se a maioria simples de um corpo integrado pelos representantes eleitos do município estabeleceu um enunciado que diz 'aquele que matar será punido com prisão de 8 a 25 anos'; se outro corpo integrado pelos representantes dos estados formulou um enunciado semelhante; se um funcionário do legislativo eleito pelo corpo de eleitores o promulgou e tornou público; se alguém matou; se um funcionário da justiça o acusou perante outro designado pelo Poder Executivo, com acordo do Senado, com a função de resolver esse tipo de assunto; se o acusado prestou declaração indagatória e um advogado escolhido por ele o defendeu; se foi dada oportunidade para serem apresentadas provas; se tais provas foram suficientes segundo determinados critérios; se o fato não aconteceu em legítima defesa ou por erro etc.; se ocorreu tudo isso, o acusado deve ser condenado pelo juiz a cumprir entre 8 e 25 anos de prisão."

Assim sendo, segundo Kelsen, um sistema jurídico, efetivamente, seria integrado apenas por tantas normas quantas sanções forem previstas, sendo cada uma das normas extraordinariamente complexa, visto que seu antecedente seria a conjunção de uma série enorme de enunciados. Isso também implica que uma única norma pode ser determinada através de muitos atos legislativos realizados em épocas diferentes por pessoas distintas, pois os enunciados que integram o antecedente não precisam ser formulados na mesma época e pela mesma autoridade.

Segundo Kelsen, as únicas normas que constituem normas autônomas, exceto as penais, são algumas normas civis cujo conteúdo é um ato de execução forçosa de bens, ou seja, as normas que prescrevem o sequestro e a arrematação de bens de propriedade de uma pessoa mediante determinadas condições, por exemplo, o não pagamento do seu credor.

e) *Norma jurídica e proposição normativa*

Para concluir o enfoque kelseniano das normas jurídicas, deve-se mencionar a distinção que faz o autor entre norma jurídica e *proposição normativa* ou *jurídica*.

A proposição normativa constitui um enunciado que *descreve* uma ou várias normas jurídicas. A ciência do direito é composta por um conjunto de proposições normativas, não por normas jurídicas; as normas jurídicas constituem o *objeto* de estudo da ciência do direito, que para descrevê-lo formula proposições normativas.

Enquanto uma norma jurídica *A* diz, por exemplo: "Se alguém matar deverá ser punido com prisão de 8 a 25 anos"; uma regra de direito diria o seguinte: "a norma *A* pertence ao direito argentino".

As proposições normativas, como enunciados descritivos que são, ao contrário das normas jurídicas, são suscetíveis de verdade ou falsidade.

Kelsen destaca essa distinção, mas apesar disso afirma que as proposições normativas, assim como as normas jurídicas, são "juízos de dever ser", ainda que puramente descritivos.

Essa estranha afirmação de Kelsen – que não é compatível com sua distinção entre juízos de *ser* e juízos de *dever ser* como equivalente à distinção descritivo-prescritivo – talvez se deva ao fato de que, às vezes, os operadores "obrigatório", "proibido" e "permitido" sejam usados também nas proposições normativas, embora com um sentido diferente – um sentido descritivo e não prescritivo – do que têm quando são empregados em uma norma (por exemplo, um pedestre pode dizer a um motorista "é *proibido* estacionar aqui", sem que esteja determinando uma norma, mas apenas *informando* sobre uma norma vigente). Não obstante, mesmo assim, a posição de Kelsen não se justifica, pois, de acordo com sua própria teoria, a distinção entre juízos de *dever ser* e juízos de *ser* não depende das palavras usadas, mas sim da força prescritiva ou descritiva da oração.

4. Críticas à concepção de Kelsen sobre a estrutura das normas jurídicas

Foram muitas as críticas à tese de Kelsen sobre a estrutura das normas que são jurídicas, algumas razoáveis e outras injustas. Aqui veremos apenas algumas dentre as mais fundamentadas.

Uma das observações que foram feitas à caracterização das normas jurídicas com base no fato de seu conteúdo ser uma sanção é que esse não é um elemento suficiente para distingui-las. Joseph Raz (*The Concept of a Legal System*), por exemplo, afirma o seguinte: "O linchamento ou a *vendetta* podem ser prescritos por certos sistemas morais positivos sem transformá-los em ordens jurídicas. Do mesmo modo, certas ordens sociais não jurídicas podem prescrever castigos corporais dos pais aos filhos ou dos professores aos alunos."

No entanto, essa crítica não é muito destrutiva, visto que, embora as normas dadas como exemplo não sejam consideradas jurídicas pelo habitual pensamento dos juristas, sua classificação como normas jurídicas consuetudinárias – se forem suficientemente abrangentes – não é um preço muito alto para contar com um critério uniforme para identificar as normas que são jurídicas.

Em contrapartida, constitui uma crítica poderosa a que foi formulada por H. L. A. Hart em seu livro *O conceito do direito*.

Hart critica a concepção das normas jurídicas como mandados, visando fundamentalmente a teoria de Austin das ordens respaldadas por ameaças. Entretanto, muitas das observações de Hart, como ele mesmo esclarece, são extensíveis ao esquema de Kelsen.

O professor inglês afirma que o esquema das ordens respaldadas por ameaças responde muito bem à estrutura das normas jurídicas *penais* e à de algumas normas civis.

Não obstante, esse esquema não inclui a estrutura de uma grande quantidade de normas que integram os sistemas jurídicos de forma característica.

Em especial, o esquema de Austin-Kelsen deixa de lado o importante grupo de normas que têm por função outorgar *poderes*.

Há normas jurídicas que se referem à forma para celebrar contratos, casamentos, testamentos etc. Essas normas não têm a função de impor obrigações, mas de dispor facilidades aos particulares para concretizar seus desejos (lembrar as regras técnicas de Von Wright), conferindo-lhes poderes para criar, em certas condições, direitos e obrigações dentro de um âmbito coercitivo.

Se as regras para fazer um testamento válido não forem seguidas, não se dirá que alguma obrigação foi "infringida", simplesmente não terá sido concretizado o propósito de fazer um testamento cuja consequência seria originar direitos e obrigações.

As normas que outorgam poderes não são apenas as que se referem a atos privados, como as que acabam de ser mencionadas; são também as que conferem poderes públicos; por exemplo, as que atribuem competência a um legislador para estabelecer leis, a um juiz para proferir sentenças etc.

Sobre essas últimas normas também não se pode dizer que impõem obrigações aos servidores da justiça, mas sim que são regras que estabelecem as condições e o procedimento que se deve seguir a fim de determinar outras normas jurídicas que não sejam nulas.

Hart afirma que tanto as normas penais como as que outorgam poderes servem como padrões ou critérios de conduta para a apreciação crítica de certas ações, e isso é o que faz com que ambas sejam regras ou normas.

Além disso, Hart ressalta que a necessidade de distinguir entre os diferentes tipos de normas não implica negar a existência de relações relevantes entre eles. Sugere que as normas que outorgam poderes constituem regras para a criação das normas que impõem deveres.

Hart critica duas tentativas de reduzir as normas que outorgam poderes às normas que impõem deveres.

Uma dessas tentativas é a de Kelsen, que já foi analisada e que consiste em considerar as normas do primeiro tipo como *fragmentos* das do segundo.

Em primeiro lugar, Hart objeta essa tentativa enquanto supõe, como no caso de Kelsen, que as normas jurídicas destinam-se aos servidores da justiça. Isso implica desconhecer a função do direito de motivar a conduta dos cidadãos. Supõe, além disso, considerar o ordenamento jurídico apenas do ponto de vista do homem mau, do homem que já infringiu seu dever e precisa ser punido, em vez de pôr no centro o homem que quer cumprir seu dever e adota o direito como guia.

Mas mesmo admitindo que há deveres destinados aos cidadãos, a redução das normas potestativas a partes das normas de obrigação continua sendo criticável. Essa redução obtém uniformidade à custa de uma grande deturpação do direito, porque ignora a situação dos indivíduos que orientam sua conduta pelas normas potestativas a fim de obter determinados efeitos jurídicos, concentrando-se apenas nas normas que orientam os indivíduos a obedecer ou não serem vitimados pelas sanções. O fato de os homens se orientarem por normas potestativas em sua atividade cotidiana, tanto quanto se orientam por normas de obrigação, sugere a necessidade de não obscurecer o primeiro aspecto normativo do direito reduzindo-o ao segundo.

A alternativa de reduzir as normas que proporcionam facilidades para obter certos efeitos jurídicos às que impõem obrigações consiste em considerar a *nulidade* como uma sanção. Desse modo, uma norma que indica determinado procedimento – por exemplo, a que prescreve duas testemunhas para fazer um testamento – compeliria a sua obediência com a ameaça da nulidade em caso contrário.

Porém, essa consideração da nulidade como uma sanção é rejeitada, com razão, por Hart. Além de mencionar algumas objeções não muito fortes, como a de que a nulidade não constitui um "mal" para quem não tomou alguma precaução, Hart se concentra na observação que considera mais importante.

Uma sanção supõe que a conduta à qual se imputa é indesejável e merece ser desestimulada. Mas é claro que o direito não pretende desestimular, nem suprimir, nem considerar indesejável, por exemplo, as condutas de fazer testamento sem testemunhas ou fazer uma compra e venda sem escritura pública. Apenas não reconhece seus efeitos jurídicos. O absurdo dessa tese é demonstrado tomando o exemplo das regras de um jogo, como o de futebol, destinadas a estabelecer as condições para obter um tento (um gol, no exemplo). Sem dúvida, essas regras não são destinadas a desestimular e considerar como indesejáveis todas as jogadas que não têm como resultado obter um gol.

Outra diferença entre a nulidade e a sanção é a seguinte: se suprimirmos a sanção de uma norma penal, o que resta (por exemplo, "não se deve matar"), embora possa perder força, ainda tem sentido; em contrapartida, se suprimirmos a nulidade como consequência de uma norma que estabelece certo procedimento, o que resta (por exemplo, "o testamento deve ser feito com testemunhas") não teria nenhum sentido, nem poderíamos dizer que constitui alguma regra.

Ao concluir que a concepção que reduz o direito a um só tipo de regras implica uma inaceitável deturpação da realidade jurídica, Hart propõe considerar o ordenamento jurídico como uma união de diferentes tipos de normas ou regras. Ele as classifica em primárias e secundárias, seguindo estes esquemas.

1) *Regras primárias*. São as regras que prescrevem aos indivíduos realizar certos atos, queiram ou não; em certo sentido, impõem obrigações, visto que têm força compulsiva e servem de base para a crítica ou o elogio pela conformidade ou a não conformidade com a regra. Essas regras não se destinam somente aos servidores da justiça, prescrevendo-lhes a aplicação de sanções, mas destinam-se, principalmente, aos cidadãos, indicando-lhes condutas consideradas desejáveis.

São regras primárias já que as demais regras – as regras secundárias – *referem-se a elas*. (Um exemplo desse tipo de regras são as que integram um código penal.)

2) *Regras secundárias*. São regras que não tratam diretamente do que os indivíduos devem ou não fazer, mas das regras primárias. Hart distingue três tipos de regras:

a) *Regras de reconhecimento*. São as regras que servem para identificar quais normas fazem e quais não fazem parte de um sistema jurídico. Estabelecem os critérios de identificação do direito. Uma regra de reconhecimento simples seria, por exemplo, a que dissesse: "São direito neste país todas as regras determinadas pelo legislador A ou por quem ele autorizar."

É conveniente fazer a análise da regra de reconhecimento em outro momento, junto com o problema da validade.

b) *Regras de mudança*. Permitem dinamizar o ordenamento jurídico, indicando procedimentos para que as regras primárias mudem no sistema.

Essas regras são, precisamente, as que outorgam poderes aos servidores da justiça e aos particulares para, em certas condições, criar regras primárias das quais surjam direitos e obrigações. Um caso dessas regras é o art. 67, inc. 11, da Constituição Argentina que confere competência ao Congresso para estabelecer diversos códigos.

c) *Regras de adjudicação*. São as regras que conferem competência a certos indivíduos – os juízes – para determinar se, em uma ocasião específica, uma regra primária foi ou não infringida.

Se essas regras não existissem, como talvez tenha ocorrido em estágios jurídicos primitivos, haveria uma grande falta de certeza jurídica, porque qualquer um poderia invocar a violação de uma regra primária, e não haveria forma de dirimir as diferenças de interpretação.

Essas regras são as que indicam as condições para que alguém se torne juiz, o procedimento que deve ser seguido para adotar uma decisão judicial e o alcance que tem o caráter constitutivo das decisões judiciais. Diferentes normas dos códigos processuais exemplificam essa categoria de exemplos.

Hart afirma que considerar o direito como uma união de regras primárias de obrigação com as normas secundárias que acabam de ser mencionadas facilita uma compreensão mais profunda de uma série de fenômenos jurídicos, do que considerá-lo de modo simplista encaixando-o em um esquema unitário.

Esse enfoque de Hart permite perceber que, ao contrário do que pensam Kelsen e outros autores, não é possível distinguir uma norma jurídica de outros tipos de normas por seu conteúdo ou estrutura, considerando a norma de forma isolada, mas sim por sua *pertinência a um sistema jurídico*. Em vez de definir "sistema jurídico" como um sistema integrado por normas jurídicas, deve-se definir "norma jurídica" como uma norma que pertence a um sistema jurídico. Isso obriga a dar prioridade à caracterização do conceito de sistema jurídico, que será tema do próximo capítulo.

5. Sobre a existência das normas jurídicas

Sem dúvida, uma norma jurídica não é uma coisa ou um fato que seja observável em princípio.

Não se trata de ainda não ter sido possível observá-la, assim como certas estrelas, mas sim que é logicamente impossível observá-la. Se um estudante de direito voltasse para casa e contasse a seus pais que conseguiu ver ou tocar uma norma jurídica na Faculdade, estes, com razão, ficariam preocupados, com o juízo de seu filho ou o de seus professores.

O fato de as normas jurídicas serem inobserváveis levou muitos filósofos e juristas a situá-las como objetos pertencentes a supostos reinos ontológicos, que estão muito além da experiência dos sentidos (por exemplo, na dos "ideais").

Já faz muito tempo que Ockham nos ensinou a não multiplicar as entidades muito além do necessário, e vários filósofos advertiram que não é preciso ver um objeto por trás de cada expressão que possa aparecer como sujeito gramatical de uma oração.

Nas ciências há muitas palavras que se referem a *inobserváveis* em princípio, como "elétron", "campo magnético", "inconsciente" etc. Perante os enunciados em que aparecem essas palavras, também é errada a atitude de considerá-los metafísicos ou a de pensar que tais termos denotam entidades de algum tipo. Esses termos são chamados "teóricos" porque, embora não se refiram a dados observáveis, são usados, de acordo com determinadas regras de correspondência, quando aparecem certos dados empíricos (por exemplo, a palavra "elétron" é usada quando aparece certa linha no espectro, mesmo que o termo não se refira a ela). Os enunciados teóricos não são metafísicos, porque em cada contexto podem ser traduzidos em enunciados empiricamente verificáveis, embora não haja nenhum conjunto finito de enunciados verificáveis que esgote o significado do enunciado teórico.

Sem dúvida, a expressão "norma jurídica" não denota um conjunto de orações escritas em um papel, visto que uma mesma norma jurídica pode ser formulada por orações diferentes; e também não denota um conjunto de condutas humanas, já que as normas jurídicas são usadas para avaliar as condutas. No entanto, há regras de correspondência implícitas que vinculam a proposição "a norma X existe em tal lugar" à enunciação de certas orações e à realização de certas condutas, sem que, repito, a expressão "norma jurídica" denote orações ou condutas.

Para Alf Ross (*Sobre o direito e a justiça*), por exemplo, uma norma jurídica existe, ou seja, é vigente em um determinado lugar, quando se pode dizer que os juízes provavelmente a usarão como fundamento de suas resoluções. Para Ross, não importam a origem ou o conteúdo de uma norma para classificá-la de jurídica e para afirmar que é vigente; o aspecto decisivo é a probabilidade de que faça parte do raciocínio dos juízes de um determinado âmbito.

Essa postura é típica das concepções realistas em relação ao direito, embora, na verdade, constitua um realismo atenuado.

Kelsen rejeita posturas como a precedente com o forte argumento de que caem em um círculo vicioso, pois se para definir norma jurídica vigente recorrem ao conceito de juiz, para definir "juiz" elas não têm outro remédio que voltar às normas jurídicas, visto que não se é juiz por possuir qualidades "naturais", mas sim por ser autorizado a realizar certos atos por determinadas normas. (No próximo capítulo, examinaremos com mais cuidado essa questão.)

Para Kelsen, a aplicação judicial das normas jurídicas determina sua eficácia. Uma norma é *eficaz* se for obedecida pelos cidadãos ou, em caso de desobediência, aplicada pelos juízes.

Mas Kelsen (ao menos nas primeiras versões de sua teoria) afirma que a eficácia de uma norma jurídica é irrelevante em relação à sua existência.

Pode existir uma norma jurídica que seja ineficaz e pode haver normas eficazes que não existam como integrantes de um sistema jurídico.

Obviamente, para que seja verdade que existe uma norma jurídica, segundo Kelsen, ela tem que ser *positiva*, isto é, que determinados indivíduos ou conjuntos de indivíduos empíricos, em determinadas condições, devem ter formulado uma oração cujo sentido seja a norma jurídica em questão. No caso do direito consuetudinário, a questão é mais complicada, mas do mesmo modo, para que uma proposição como "a norma consuetudinária X existe" seja verdadeira, exige-se que haja uma reiteração de uma série de condutas por parte de um conjunto de indivíduos reais.

Porém, embora a positividade seja uma condição necessária para a verdade de um enunciado da forma "a norma X existe", não é uma condição suficiente para Kelsen.

Kelsen exige outras condições para que uma norma jurídica exista. Uma delas poderia ser, por exemplo, que o estado de coisas que a norma regula seja lógica e empiricamente possível. Como diz Kelsen, uma norma que ordenasse que as mulheres reduzissem o período de gestação para cinco meses não seria, na realidade, uma norma jurídica.

Mas a condição decisiva na teoria de Kelsen, para que uma norma exista, é que seja *válida*. Para o autor, a validade constitui a existência específica das normas jurídicas.

Como já foi dito, na teoria de Kelsen uma norma é válida, ou seja, existe como tal, quando tem força obrigatória, quando o que ela dispõe deve ser. Essa força obrigatória deriva, segundo ele, da norma fundamental ou básica que os juristas pressupõem de forma hipotética, sem que essa pressuposição implique uma adesão ideológica ao sistema (a norma fundamental prescreve observar o sistema, mas os juristas a pressupõem como hipótese, sem apoiar de modo categórico seu conteúdo).

Esse enfoque de Kelsen sobre a existência das normas jurídicas foi objeto de críticas muito severas por parte de outros autores. No entanto, muitos de seus críticos reconhecem que ele vislumbrou com sabedoria um aspecto importante da questão da existência das normas jurídicas: o fato de as normas jurídicas não existirem ou serem válidas de forma isolada, mas sim desde que e enquanto pertencerem a um sistema jurídico válido ou existente. Essa é uma ideia que muitos autores compartilham, mesmo que não aceitem a identificação que Kelsen faz entre a existência das normas e sua validade ou força obrigatória.

Isso quer dizer que, assim como não se pode determinar se uma norma é *jurídica* a não ser por seu pertencimento a um sistema jurídico, também não se pode determinar se uma norma jurídica *existe* a não ser por seu pertencimento a um sistema jurídico existente.

Isso nos leva a suspender a discussão sobre a existência ou validade das normas jurídicas até que tenhamos examinado o conceito de sistema jurídico e as condições para se estabelecer quando uma norma pertence a um sistema como esse.

PERGUNTAS E EXERCÍCIOS – II*

1. – Indique a qual uso da linguagem corresponde cada uma das seguintes orações:
   a) Desejo saber se é verdade que Kelsen foi perseguido pelo nazismo.
   b) Você não imagina como foi nosso dia.
   c) Gostaria que você fosse mais cuidadoso com seu linguajar.
   d) Voto em João para diretor.
   e) O senhor está autorizado a se ausentar de seu trabalho.
   f) É provável que um aumento da taxa de juros tenha efeitos inflacionários.
   g) A linha reta é a distância mais curta entre dois pontos.
   h) Sabia que acabo de ser aprovado em Introdução ao direito?
   i) Mais vale um pássaro na mão do que dois voando.
   j) A mulher que abandonar seu filho logo após o nascimento, para esconder sua desonra, será punida com prisão de um mês a um ano.
   k) De acordo com o direito argentino, o presidente da Nação não deve aplicar penas.

2. – Pode-se dizer que uma diretiva é falsa?

3. – Tem sentido a seguinte prescrição: "Ordeno que você vá para a escola, se quiser"?

---

* Algumas questões supõem o conhecimento da legislação argentina, mas o leitor poderá adaptá-las ao caso do Brasil. Mantivemos o texto original por respeito ao autor. (N. do E.)

4. – Que tipo de norma as seguintes orações expressam ou descrevem?
   a) Será marcado um gol quando a bola entrar na meta.
   b) Se o senhor deseja emagrecer, deve fazer uma ginástica adequada.
   c) Um mesmo enunciado não pode ser simultaneamente verdadeiro e falso.
   d) Um advogado não deve se negar a defender uma pessoa por motivos raciais.
   e) Nesta sociedade, costuma-se pedir a mão da noiva.
   f) Quando eu o citar, o senhor deve se apresentar sem mais trâmites ao tribunal.
   g) Se o que se deseja é transferir o domínio de um imóvel, isso deve ser feito por escritura pública.
   h) O assassinato perfeito exige que se desapareça com o cadáver da vítima.
   i) Não se deve ir a um enterro com traje de banho.

5. – Se um legislador sancionar uma lei que diga: "Se os habitantes deste país não quiserem ficar presos de 8 a 25 anos, não devem matar", ele terá formulado uma regra técnica?

6. – Formule a proposição anancástica correspondente à seguinte regra técnica: "Se quiser evitar reações sociais adversas, vista-se com decoro."

7. – Indique quais das seguintes condutas constituem um hábito de certas pessoas ou um costume social: fumar; ir ao cinema aos sábados à noite; andar calçado pela rua; dizer "alô" ao atender ao telefone; usar gravata; dizer "bem" ao começar uma dissertação; chamar "casa" às casas; tomar café depois do jantar.

8. – Como um enunciado deve classificar uma conduta para que esse enunciado constitua uma norma?

9. – Transforme a seguinte norma para que tenha caráter proibitivo: "Tendo sido firmado um contrato, este deve ser cumprido ou a outra parte deve ser indenizada pelas perdas e danos sofridos pela falta de cumprimento."

10. – Classifique as seguintes normas por seu caráter normativo:
   a) "É necessário apresentar-se ao serviço militar."

b) "Prometo dizer a verdade."
c) "Se a coisa que alguém prometeu entregar a outro se deteriorar sem culpa do primeiro, aquele que devia receber a coisa poderá optar entre dissolver a obrigação ou receber a coisa no estado em que se encontrar."
d) "É absolutamente nulo o casamento entre irmãos."
e) "Não é permitido fumar nas plataformas da estação."

11. – Indique se os seguintes fatos são o *resultado* ou a *consequência* da ação mostrada em cada caso, de acordo com a classificação de Von Wright:
    a) Assustar alguém quando se grita para cumprimentá-lo.
    b) Interromper as funções cerebrais da pessoa que se mata para herdar seus bens.
    c) Tirar a vida do feto quando ele é retirado do útero da mulher grávida, para conter o avanço de um tumor.

12. – Transforme a norma seguinte em uma norma equivalente, que tenha como conteúdo uma omissão:
    "É proibido estacionar junto à calçada dos números pares, salvo em caso de ambulâncias, carros de bombeiro e viaturas policiais."

13. – Como você classificaria uma promessa de acordo com sua autoridade? Que tipo de autoridade as normas consuetudinárias possuem?

14. – Classifique por seu sujeito normativo as seguintes normas:
    a) "Algum aluno da classe tem que explicar a lição."
    b) "Os advogados que se formaram antes de 1º de janeiro de 1950 devem renovar sua matrícula."
    c) "Pedro, João e Roberto estão autorizados a representar a sociedade X perante a Prefeitura."

15. – Classifique por sua ocasião as seguintes normas:
    a) "Será proibida a circulação de veículos na zona central da cidade às terças-feiras ou às quintas-feiras, conforme o número da placa seja par ou ímpar."
    b) "A partir de 1º de janeiro de 1980, os locatários deverão apresentar, no começo de todo mês, uma declaração reconhecida de sua renda."
    c) "Não é permitido erguer palanques nas praças públicas, exceto em períodos de campanhas eleitorais."

16. – Dê exemplos de normas que reúnam estas características acerca de seus elementos:
    a) De caráter proibitivo: com conteúdo omissivo; hipotética; disjuntivamente geral quanto ao sujeito e particular em relação à ocasião espacial.
    b) De caráter permissivo; comissiva quanto ao conteúdo; categórica; particular em relação ao sujeito e conjuntivamente geral no que se refere à ocasião temporal.

17. – Segundo Austin, que elementos uma norma jurídica deve ter? Nesse sentido, como sua concepção difere da de Kelsen?

18. – A que técnicas de motivação (direta ou indireta, segundo a distinção de Kelsen) correspondem as seguintes normas ou prescrições:
    a) "Não se deve faltar com a palavra empenhada."
    b) "Os alunos que não quiserem ser reprovados na matéria devem estudar com muita atenção."
    c) "Aquele que encontrar uma coisa extraviada e a devolver a seu dono ou às autoridades será recompensado com 10% de seu valor."

19. – Aplicando o esquema de Von Wright em relação aos elementos das prescrições, como devem ser esses elementos para que uma prescrição seja considerada uma norma jurídica, segundo a teoria de Kelsen? (Como deve ser uma norma jurídica por seu caráter, seu conteúdo, sua condição de aplicação etc.? Conforme a teoria de Kelsen, quem são os sujeitos normativos das normas jurídicas primárias?)

20. – Deduza as normas secundárias correspondentes às seguintes normas:
    a) "Aquele que se apoderar de forma ilegítima de uma coisa total ou parcialmente alheia deve ser punido com dois anos de prisão."
    b) "Se alguém firmar um contrato, não cumprir com suas obrigações e for demandado por seu cocontratante, procede a execução forçosa de seus bens com a finalidade de ressarcir as perdas e danos causados ao demandante."
    c) "Aquele que difamar outro e não se retratar publicamente deve ser punido com um ano de prisão."

21. – Para Kelsen, quais das seguintes normas são *completas*?

a) "Não são puníveis: ... o que agir em virtude de obediência devida" (art. 34, inc. 5º, do Código Penal argentino).

b) "Cabe ao Congresso: ... estabelecer os Códigos Civil, Comercial, Penal, de Mineração e do Trabalho e Previdência Social" (art. 67, inc. 11, da Constituição Argentina).

c) "Será imposta reclusão ou prisão de 3 a 6 anos àquele que abusar do erro de uma mulher, fingindo ser seu marido, e tiver com ela relação carnal" (art. 121, Código Penal argentino).

d) "O conhecimento dos delitos do foro federal cabe: 1º) À Suprema Corte de Justiça Nacional; 2º) aos juízes de seção; 3º) aos juízes dos territórios federais" (art. 20, Código de Procedimentos no âmbito Criminal para a Justiça Federal).

e) "O pátrio poder é perdido: 1º) Por delito cometido pelo pai ou pela mãe contra seu filho ou filhos menores, para aquele que o comete" (art. 307, Cód. Civil argentino).

f) "Nas disposições testamentárias, toda condição ou encargo, legal ou fisicamente impossível, ou contrária aos bons costumes, anula a disposição a que esteja imposta" (art. 3.608, Cód. Civil argentino).

g) "Fica compreendido no conceito de "violência" o uso de meios hipnóticos ou narcóticos" (art. 78, Cód. Penal argentino).

h) "Nenhum habitante da Nação será obrigado a fazer o que a lei não manda e nem será privado do que ela não proíbe" (art. 19, Const. Argentina).

22. – Como você classificaria as normas mencionadas no exercício anterior, considerando os tipos de regra que Hart distingue? Você acha que alguns dos exemplos de normas não se encaixam com facilidade nas categorias de Hart?

23. – O que você responderia a alguém que dissesse que, como nunca ninguém viu uma norma jurídica, não resta senão concluir que as normas jurídicas não existem?

24. – Segundo Kelsen, a eficácia de uma norma é suficiente para que ela exista?

Capítulo III
O sistema jurídico

Como vimos no capítulo anterior, não é possível determinar se uma regra é uma norma jurídica e se existe como tal, se não for estabelecido seu pertencimento a um sistema jurídico existente.

Essa consideração mostra que há três perguntas prioritárias para a compreensão do fenômeno jurídico: 1º) Como se caracteriza um sistema jurídico? 2º) Quando uma norma pertence a um determinado sistema jurídico? 3º) Quando um sistema jurídico existe?

Essas três perguntas estão profundamente relacionadas entre si. Iniciaremos tentando responder à primeira pergunta, para depois elucidar as demais.

1. Os traços distintivos dos sistemas jurídicos

Investigar a caracterização do conceito de sistema jurídico é outra maneira de examinar a definição do conceito de direito, pois "sistema jurídico" e "direito" – no sentido de "direito objetivo" – são usados como sinônimos. Já vimos que (contra o que o jusnaturalismo propugna) há razões para definir o conceito de direito ou sistema jurídico sem aludir a propriedades valorativas, e que parece razoável caracterizar esse conceito de modo que ele se refira a um fenômeno em que as regras ou normas – mais que as decisões de certos órgãos ou as previsões sobre tais decisões – tenham um papel central. Procuraremos, agora, tornar mais preciso o conceito de sistema jurídico, mencionando alguns de seus traços distintivos.

a) Os sistemas jurídicos como sistemas normativos

O direito pertence à família dos sistemas normativos, entre os quais se costuma incluir também a moral, a religião (ou, pelo menos, certo aspecto dela), os usos e costumes, os jogos etc.

O que é um *sistema normativo*? Alchourrón e Bulygin determinaram o conceito partindo da definição de *"sistema dedutivo de enunciados"*, dada por Tarski.

Tarski define "sistema dedutivo" como um conjunto qualquer de enunciados que compreende todas as suas consequências lógicas. Isto é, se decidimos formar um conjunto, por exemplo, com dois enunciados quaisquer e decidimos também que todos os enunciados que se *inferem logicamente* deles integram o conjunto, temos um sistema dedutivo constituído.

Alchourrón e Bulygin caracterizam os sistemas normativos como aqueles sistemas dedutivos de enunciados em que, entre as consequências lógicas há *pelo menos* uma norma, isto é, um enunciado que correlaciona um determinado caso à uma solução normativa (ou seja, com a permissão, a proibição ou a obrigatoriedade de certa ação).

Como se vê, um sistema normativo não precisa ser constituído *apenas* por normas; a presença de pelo menos uma norma no conjunto de enunciados é suficiente para classificar o sistema como normativo. Essa frágil exigência reflete a circunstância de que em muitos sistemas normativos, como é evidente no direito, aparecem enunciados que não são normas, tais como definições conceituais, descrições fácticas ou expressões de desejos. Desse modo, podemos dizer que, por exemplo, o artigo 77, parágrafo 4º, do Código

Penal argentino, que define a expressão "funcionário público", faz parte do sistema jurídico da Argentina; essa afirmação não seria permitida se exigíssemos que um sistema normativo como essa ordem jurídica fosse integrado somente por normas.

b) Os sistemas jurídicos como sistemas coativos

O que distingue o direito de outros sistemas normativos? Já examinamos a resposta de Kelsen, que consiste em distinguir as normas jurídicas de todas as outras normas, pelo fato de prescreverem sanções, estipulando, portanto, que um sistema jurídico é um sistema constituído por normas jurídicas. Observamos que essa visão do direito obscurece a grande variedade de regras que constituem um sistema jurídico moderno e que parece ilusório pretender divisar, isoladamente, uma norma jurídica por uma estrutura ou determinado conteúdo característicos, e não por sua pertinência a um sistema, que possa ser classificado de jurídico. Ou seja, o procedimento mais esclarecedor é definir "norma jurídica" a partir do conceito de sistema jurídico, e não definir "sistema jurídico" a partir da noção de norma jurídica.

No entanto, Kelsen parece estar bem orientado ao erigir a *coatividade* em um aspecto distintivo dos sistemas normativos que são jurídicos, embora haja exagero em sua afirmação de que *toda* norma de um sistema jurídico prescreve um ato coativo, uma sanção. Poder-se-ia dizer que, assim como para um sistema de enunciados constituir um sistema normativo é necessário que inclua pelo menos uma norma, sem ser necessário que todos os seus enunciados sejam normas, um sistema normativo também não é um sistema jurídico se não incluir normas que prescrevem atos coativos, embora nem todas as suas normas tenham que estipular atos coativos.

Efetivamente, parece razoável distinguir o direito de outros sistemas normativos – como a moral positiva, as regras de jogos e de etiqueta, as normas de associações privadas etc. – pelo fato de algumas de suas regras estarem destinadas a regular o exercício do monopólio da força estatal. Enquanto o sistema jurídico inclui normas que proíbem o uso geral da coação, há uma série de regras que estabelecem exceções a essa proibição geral, autorizando o emprego da força em certas condições e por certos indivíduos; por exemplo, para concretizar a privação de um bem imposta como pena por um delito ou para indenizar quem sofreu um dano.

Embora o sistema jurídico em conjunto regule o exercício do monopólio da força estatal, é preciso insistir, em oposição a Kelsen e outros teóricos, que isso não implica que todas as suas normas prescrevem sanções. Há normas jurídicas que autorizam, proíbem ou declaram obrigatório outro tipo de condutas que não consistem na aplicação de sanções. Entretanto, deve-se destacar que a ligação que estas últimas normas têm com aquelas que prescrevem atos coativos é relevante para a operatividade ou eficácia dessas outras normas. Esse é o caso, sem dúvida, das normas que proíbem certa conduta quando há outras normas que prescrevem ou autorizam sanções no caso de realização dessa conduta. Mas também é aplicável às normas que conferem competência, outorgam direitos ou estabelecem condições para a realização de um ato jurídico. Não teria muito sentido, por exemplo, que certas normas atribuíssem competência a determinados indivíduos como órgãos do sistema, se não houvesse outras normas que estabelecem sanções contra os que usurparem essas funções. As normas que estipulam condições para determinar outras normas, proferir sentenças judiciais ou realizar atos jurídicos como contratos ou testamentos são também, definitivamente, relevantes, porque, segundo outras normas do sistema, devem ser consideradas ao serem dispostas certas medidas coativas, como a execução forçosa de certa obrigação contratual.

No entanto, há autores, como Joseph Raz (em *Practical Reasons and Norms*), que põem em dúvida se a coatividade é uma condição necessária de um sistema jurídico. Esse autor defende que, embora todos os sistemas jurídicos que conhecemos incluam normas que estipulam sanções em determinadas condições, essa é uma circunstância imposta pela natureza humana, não sendo *logicamente* necessária para que classifiquemos um sistema como jurídico. Alguém pode imaginar, afirma Raz, uma sociedade composta por seres "angelicais", que não necessitam da coação para fazer o que devem fazer (pois sempre estão dispostos a agir corretamente, espontaneamente), mas sim precisam de regras e tribunais para *saber* o que devem fazer, tanto em geral como em situações particulares. Esse sistema de regras seria, segundo Raz, considerado um sistema jurídico, não obstante o fato de ele não incluir regras concernentes ao uso da força.

Esse argumento de Raz não é muito convincente. Pode-se alegar que, contra o que ele supõe, muita gente de fato hesitaria em denominar "direito" a um sistema que não estipulasse medidas coativas. Um indício de que na linguagem ordinária o conceito do direito é associado à coatividade é dado pelo fato de que, no contexto de algumas utopias, quando se propõe o desaparecimento do direito em uma sociedade por vir, o que na realidade se prevê é uma sociedade em que seja desnecessário o uso de medidas coativas por parte de certos órgãos. Por outro lado, mesmo que algumas pessoas se sentissem inclinadas a chamar "direito" ao sistema imaginado por Raz – se for dada bastante ênfase às suas outras analogias com os sistemas jurídicos que conhecemos –, o que isso provaria? Não há dúvida de que a palavra "direito" tem – como já foi dito – um acentuado caráter vago na linguagem corrente, de tal maneira que nenhuma propriedade é isoladamente necessária para sua aplicabilidade. O que podemos acrescentar é que há propriedades *relevantes* para o emprego da expressão, no sentido de que, na sua ausência, a expressão só é usada mediante um conjunto de outras propriedades relevantes. Inquestionavelmente a coatividade é uma dessas propriedades relevantes no que se refere ao significado ordinário de "direito". Se, como o próprio Raz reconhece em relação a outras propriedades, a reformulação teórica de um conceito implica certa regulamentação do uso ordinário – transformando em condição necessária para o emprego de um termo o que é apenas condição relevante na linguagem corrente –, não há dúvida de que uma caracterização plausível do conceito de direito deve refletir a circunstância de suas normas regularem, direta ou indiretamente, o exercício de atos de coação.

Mas o caráter vago da palavra "direito" na linguagem ordinária torna-se mais evidente diante da questão de a coatividade ser também uma condição *suficiente* para distinguir o direito de outros sistemas normativos, ou se, em contrapartida, é necessário mencionar alguma propriedade adicional.

c) *Os sistemas jurídicos como sistemas institucionalizados*

A necessidade de recorrer a algum outro traço distintivo torna-se clara se considerarmos que as normas da moral também regulam o uso da força; assim elas proíbem certos atos coativos (por exemplo, o homicídio) e autorizam a realização de outros, em legítima defesa, em caráter de pena, como ato de guerra etc.

Hart observa exatamente isso ao afirmar, como vimos no capítulo anterior, que um sistema jurídico se caracteriza por incluir certas normas secundárias. Hart imagina uma sociedade primitiva na qual vigoram apenas regras primárias de tipo consuetudinário, estabelecendo a obrigatoriedade de certas condutas. Em relação a essa sociedade hipotética, não se diria que ela conta com um sistema jurídico, ainda que tivesse regras para regular o uso da força (por exemplo, proibindo a agressão, mas autorizando-a a título de vingança particular). As normas dessa sociedade seriam classificadas como padrões morais, tradições ou usos sociais etc., mas não como regras jurídicas. Hart defende que, à medida que essa sociedade se torne mais complexa, tornam-se evidentes no seu sistema normativo determinadas falhas, cuja superação leva a recorrer ao tipo de regras que são distintivas de um sistema jurídico. A incerteza sobre quais normas vigoram na sociedade origina uma regra de *reconhecimento*, que determina as condições para que uma regra seja uma norma válida do sistema. O caráter estático das normas vigentes de origem consuetudinária leva a estipular regras de *mudança*, que conferem competência a certos indivíduos para criar novas regras e derrogar as existentes. Os problemas que podem surgir em relação à aplicação das normas de obrigação a casos particulares, quando essa aplicação está a cargo – como na sociedade imaginada – dos próprios interessados, são resolvidos recorrendo-se a normas de *adjudicação*, que facultam certos órgãos a tomar decisões revestidas de autoridade sobre a aplicabilidade das normas de obrigação em casos particulares.

De modo que, segundo Hart, para distinguir o direito de outros sistemas normativos – como a moral –, não basta invocar a coatividade, devendo-se, sim, considerar que o direito conta não somente com normas primárias de obrigação, como também com normas secundárias (assim denominadas porque versam sobre as anteriores) de reconhecimento, de adjudicação e de mudança.

Essas normas, que Hart menciona como distintivas do direito, indicam, em suma, uma propriedade que muitos autores – como, por exemplo, Alf Ross – concordam em considerar definitória do conceito de sistema jurídico: seu caráter *institucionalizado*, ou seja, suas normas estabelecem autoridades ou órgãos centralizados para operar de determinada maneira com as normas do sistema. As regras de mudança de Hart estabelecem órgãos criadores de normas; as regras de adjudicação estabelecem órgãos de aplicação de normas – fundamentalmente, os juízes –; e a regra de reconhecimento estabelece, como veremos depois, certa limitação importante aos órgãos de aplicação de normas.

> Kelsen também se baseia na institucionalização dos sistemas jurídicos, quando diz que estes, ao contrário dos sistemas morais, são *dinâmicos*. Com isso, o autor quer dizer que

no direito ocorre o fenômeno de delegação de autoridade, de modo que integram o sistema não só certas normas primitivas e as delas deduzidas, como também qualquer outra norma determinada por um órgão autorizado por alguma norma do conjunto primitivo. Em contrapartida, nos sistemas morais as únicas normas que, além do conjunto selecionado, integram o sistema são as deduzidas logicamente de suas normas básicas. Em outras palavras, no direito novas normas são acrescentadas ao sistema primitivo, por meio da determinação de autoridades competentes para isso, segundo as normas originais; na moral, por outro lado, as novas normas acrescentadas ao conjunto primitivo são apenas as que se inferem logicamente das normas existentes nesse conjunto.

Quando antes se disse que o sistema jurídico regula o exercício do *monopólio* da força estatal, indicava-se o aspecto de coatividade, mas se pressupunha este outro traço distintivo, que consiste na institucionalização do sistema. De fato, se o sistema não estabelece órgãos centralizados que são os únicos autorizados a aplicar medidas coativas, não há monopólio da força estatal. O fato de o sistema jurídico regular o uso da força e, além disso, regulá-lo como um monopólio de certos órgãos, é o que permite distingui-lo de outros sistemas normativos.

É claro que incluir a institucionalização como parte da caracterização do conceito de sistema jurídico, juntamente com a coatividade, acarreta uma nova regulamentação do uso ordinário da palavra "direito". Essa regulamentação implica excluir do âmbito de aplicabilidade da palavra dois sistemas que, na linguagem corrente, costumam ser classificados de jurídicos: o chamado *"direito" primitivo* e o *"direito" internacional*. Ambos os sistemas se caracterizam – como vimos no caso da sociedade imaginada por Hart – pela inexistência de normas que conferem competência a *determinados* indivíduos para criar outras normas e para aplicar as existentes, impondo, por exemplo, sanções; nesses sistemas, estão descentralizadas tanto a atividade de promulgar as normas – que são geradas por via consuetudinária ou contratual – quanto a de aplicar as normas, impondo, por exemplo, sanções; esta última atividade não está a cargo de um corpo judicial definido, sendo exercida pela vítima de um ato antijurídico ou por seus parentes. As características mencionadas são percebidas com clareza no direito internacional atual, no qual as normas são ou consuetudinárias ou convencionais, e as sanções internacionais, fundamentalmente as represálias, não estão a cargo de um tribunal central, mas sim dos Estados vítimas da agressão (curiosamente, Ross se equivoca ao distinguir o direito internacional dos direitos nacionais desenvolvidos, não por sua falta de institucionalização, mas por não incluir regras concernentes ao uso da força).

Porém, em suma, não é importante decidir a questão terminológica sobre se a ausência de instituições centralizadas no "direito" primitivo e no "direito" internacional faz com que esses sistemas devam ser excluídos da denotação da expressão "sistema jurídico". Basta ressaltar que, como a coatividade, essa também é uma propriedade relevante para o emprego da palavra "direito" na linguagem ordinária e que sua presença ou ausência marca uma diferença notória entre os sistemas jurídicos nacionais das sociedades desenvolvidas e os sistemas que mencionamos. Em última instância, a diferença consiste em que, dado que a combinação dos aspectos coatividade e institucionalização implica que as normas do sistema regulam o exercício de certo *monopólio da força* e que a presença (em um grau importante) de tal monopólio é característico do Estado, só os sistemas que apresentam ambos os aspectos podem ser considerados como o direito de um determinado Estado (é óbvio que, se no direito internacional ocorresse uma centralização das faculdades de criação e aplicação de normas, isso implicaria a existência de um Estado internacional).

O importante, em contrapartida, é definir um pouco mais essa propriedade da institucionalização, perguntando quais instituições são definitivamente relevantes para identificar um caso central de sistema jurídico.

d) Os órgãos primários dos sistemas jurídicos

Os direitos desenvolvidos que conhecemos apresentam três tipos principais de órgãos: os órgãos encarregados de criar e derrogar normas gerais do sistema (legisladores, em um sentido amplo); os órgãos encarregados de determinar quais normas são aplicáveis a situações particulares e de dispor, se for o caso, a execução das medidas coativas que tais normas prescrevem (juízes, em um sentido amplo); e os órgãos encarregados de executar fisicamente as medidas coativas (órgãos policiais e de segurança). (Observar que essa divisão não coincide exatamente com a clássica divisão tripartite dos poderes do Estado, visto que, embora os Poderes Legislativo e Judiciário se sobreponham mais ou menos às duas primeiras categorias mencionadas, o Poder Executivo realiza funções correspondentes aos três tipos de órgãos.)

Cabe aqui destacar que, apesar de os três tipos de órgãos mencionados serem característicos de todo sistema jurídico desenvolvido, o segundo tipo – ou seja, os órgãos *encarregados de aplicar normas* a casos particulares e de dispor medidas coativas – tem um papel central no esclarecimento de uma série de perguntas sobre a natureza do direito.

As perguntas sobre a *pertinência* de uma norma a um sistema jurídico e da *existência* de tal sistema – perguntas que enfrentaremos mais adiante – não podem ser respondidas de modo coordenado se nos concentrarmos nos órgãos criadores de normas (já que pode haver "órgãos" que determinam normas e não pertencem a nenhum sistema jurídico existente) ou nos órgãos que executam fisicamente medidas coativas (já que a sua atividade, que não consiste na aplicação de normas gerais a casos particulares, mas sim em cumprir instruções dos encarregados de aplicá-las, não elucida sobre as normas que fazem parte do sistema). Para responder a essas perguntas de modo coordenado, devemos nos concentrar, em contrapartida, nos órgãos que, por um lado, aplicam normas gerais a casos particulares e, por outro lado, estão em condições de dispor a execução das medidas coativas prescritas por essas normas. Veremos esses temas com mais detalhes nos parágrafos seguintes; o importante aqui é salientar o lugar relevante ocupado pelos órgãos da segunda espécie mencionada na caracterização do conceito de sistema jurídico que, seguindo Raz, podemos denominar "*órgãos primários*". (No reconhecimento da relevância desses órgãos está a parte de verdade que o realismo jurídico encerra.)

Há outra delimitação que convém fazer em relação a essas instituições, cuja presença é relevante para identificar um sistema jurídico. Joseph Raz imagina um sistema em que seus órgãos primários ou juízes não fossem obrigados a aplicar certas normas em suas decisões, mas que fossem autorizados a resolver cada caso segundo seus méritos, aplicando para isso, discricionalmente, as normas ou princípios que considerassem mais justos ou convenientes. Raz indaga se um sistema semelhante, que denomina sistema de "*absoluta discrição*", seria um sistema jurídico. Sua resposta é negativa, pois afirma que um traço distintivo dos sistemas jurídicos é fornecerem *guias* de conduta aos indivíduos; guias esses constituídos por normas que os tribunais *são obrigados* a aplicar. Se os tribunais não tivessem a obrigação de aplicar certas normas, e decidissem os casos conforme as normas que achassem corretas ou convenientes, os cidadãos só poderiam orientar sua conduta de acordo com conjecturas sobre quais padrões seriam de fato aceitos pelo juiz que eventualmente examinaria o caso. Não poderiam também *demandar* a aplicabilidade de certa norma perante os tribunais.

É difícil determinar se um sistema de "absoluta discrição" seria ou não um sistema jurídico. Alguns ficariam tentados a dizer que é *logicamente* possível haver um sistema jurídico de "absoluta discrição" (ou seja, por definição, não é contraditório em si mesmo a "sistema jurídico"), embora seja *praticamente* impossível que ocorra na realidade, uma vez que, para um sistema jurídico se manter em uma sociedade, deve ser respeitado pela generalidade dos cidadãos, e para que um sistema de "absoluta discrição" sirva de guia para a conduta dos indivíduos, deveria haver uma grande regularidade e convergência no reconhecimento de determinadas normas por parte de todos os juízes (de tal maneira que os indivíduos pudessem saber quais normas os juízes aplicariam no caso de julgar sua conduta). Mas isso é praticamente impossível, se os juízes não tiverem a obrigação de reconhecer tais normas.

Sendo ou não uma propriedade definitória do conceito de sistema jurídico, a verdade é que em todos os direitos desenvolvidos que conhecemos os órgãos primários são obrigados a aplicar certas normas a casos particulares (ainda que essas normas não contenham solução para o caso, por serem imprecisas, contraditórias ou lacunares, os juízes devem recorrer a normas ou princípios que consideram apropriados para resolver o caso).

Isso nos leva à pergunta: de onde surge a obrigação dos órgãos primários de aplicar certas normas a casos particulares? Em um dos sentidos da palavra "validade" (o que é equivalente a força obrigatória), essa é outra forma de perguntar pelo fundamento de validade de normas jurídicas.

Em torno dessa pergunta, aparentemente inofensiva, foram geradas muitas controvérsias e que estão vinculadas com a polêmica entre positivistas e jusnaturalistas.

e) *A obrigação dos órgãos primários de aplicar normas e a regra de reconhecimento de Hart*

A resposta de Hart à questão sobre a origem da obrigação dos juízes de aplicar certas normas é que ela surge de uma prática ou regra social, desenvolvida, sobretudo, pelos próprios juízes, estabelecendo que as normas que satisfazem certas condições (como a de serem prescritas por determinado órgão legislativo) são válidas, ou seja, devem ser aplicadas. A existência dessa prática social de reconhecimento de certas normas – que Hart chama *regra de reconhecimento* – evidencia-se na aplicação reiterada dessas normas, no modo de justificar essa aplicação, nas críticas a quem não as aplica etc.

Alguém poderia perguntar como é possível dizer que os juízes são obrigados a aplicar certas normas, se essa obrigação surge de uma regra (a de reconhecimento) que eles praticam de modo voluntário e que eles mesmos poderiam alterar se quisessem, uma vez que não há outra regra positiva (embora possa haver fatores extranormativos de pressão) que os obrigue a persistir na prática. A resposta mais plausível é que – assim como no caso de toda regra consuetudinária – se deve distinguir entre a situação do *conjunto* dos juízes perante a regra de reconhecimento e a situação, em relação a essa mesma regra, de *cada um* dos juízes considerados individualmente. O conjunto dos juízes não é obrigado pela regra de reconhecimento, mas cada um dos juízes que integra esse conjunto é obrigado, sim (do mesmo modo que uma sociedade em conjunto não é obrigada a manter seus costumes em relação à maneira de se vestir, cumprimentar etc., mas os indivíduos que a integram, considerados de forma isolada, são obrigados a isso).

O professor Ronald Dworkin (em *Levando os direitos a sério*) objetou Hart – e de forma indireta o positivismo em geral – por defender a ideia de que a obrigação dos juízes de aplicar certas normas pode ser fundamentada na prática de determinadas pessoas, isto é, em uma regra *social* de reconhecimento. Dworkin declara que nossas afirmações sobre o que *devemos* fazer não podem ser fundamentadas no que outras pessoas *pensam* ou *dizem* que deve ser feito e em sua consequente conduta, que é, em suma, no que consiste uma prática ou regra social.

Em certo sentido, essa postura é razoável, já que, como vimos no primeiro capítulo, os juízes não podem justificar seus juízos de que devem aplicar certas regras apenas pelo *fato* de existir uma prática social em tal sentido (lembremos que os fatos não permitem, por si sós, justificar ações ou decisões). Para justificar esse tipo de juízos, os juízes devem recorrer, além disso, a princípios valorativos que determinem a adequação da prática em questão.

No entanto, a crítica de Dworkin a Hart é incorreta, uma vez que este último autor não afirma que os juízes podem *justificar* seus juízos de que são obrigados a aplicar certas normas baseados apenas na regra de reconhecimento. O que se deduz das afirmações de Hart é que, seja qual for a forma como os juízes justificam ou deveriam justificar suas conclusões sobre quais normas eles devem aplicar, a convergência nessas conclusões entre diferentes juízes gera uma prática comum de reconhecimento que pode ser considerada por um observador externo, interessado em descrever o conteúdo do sistema jurídico, para determinar quais normas os juízes desse sistema consideram válidas e obrigatórias.

Hart distingue com perspicácia o ponto de vista *externo* do ponto de vista *interno*, em relação à regra de reconhecimento. O ponto de vista externo é o de um observador que descreve o fato de, em certo âmbito, vigorar determinada regra de reconhecimento que prescreve quais normas devem ser aplicadas. Quando um observador externo diz que em um país os juízes são *obrigados*, segundo a regra de reconhecimento vigente, a aplicar as normas que satisfazem a condição X, o observador usa a palavra "obrigação" com um sentido puramente descritivo, que não implica considerar justificada a obrigação em questão (o mesmo sentido descritivo com que alguém emprega a palavra quando diz, por exemplo, "nos campos de concentração nazistas, os prisioneiros tinham a obrigação de enterrar os cadáveres de seus companheiros"). Por outro lado, o ponto de vista interno perante a regra de reconhecimento não consiste em *se referir* a ela, mas sim em *usá-la* (o que implica adesão a ela) para determinar quais normas devem ser aplicadas. Esse é, segundo Hart, o ponto de vista adaptado pelos juízes, e que se manifesta no emprego da linguagem normativa própria do direito; em especial, quando se diz que uma regra é *válida*, geralmente se formula um enunciado interno, que pressupõe a aceitação da regra de reconhecimento.

A teoria da regra de reconhecimento de Hart apresenta diversas dificuldades, algumas das quais serão analisadas nos parágrafos seguintes. No que concerne ao tema que está sendo analisado aqui, não é muito arriscado salientar que essa teoria oferece uma explicação plausível da ideia de que os órgãos primários de um sistema jurídico não costumam ter "absoluta discrição", mas que são obrigados a aplicar certas normas. (Usando a palavra "obrigação" com o significado descritivo a que nos referimos antes.)

Essa explanação permite que proponhamos uma caracterização rudimentar e provisória do conceito de sistema jurídico (ou de direito, em sentido objetivo). Um sistema jurídico é um sistema normativo reconhecido (em geral como obrigatório) por determinados órgãos que o próprio sistema institui, e que regula as condições em que esses órgãos podem dispor a execução de medidas coativas em situações particulares, recorrendo ao monopólio da força estatal.

Mas essa caracterização de sistema jurídico, provavelmente, levanta mais questões do que soluções. Entre as dificuldades que tal caracterização evidencia está a de determinar o que faz que um grupo de enunciados – que, como vimos, pode ser composto não só por normas, e não exclusivamente por normas que estipulam atos coativos e instituem órgãos primários – forme um sistema "unitário", diferente de outros. Isso constitui o problema da pertinência de uma norma a um *determinado* sistema jurídico e da individualização desse sistema.

2. Critérios de pertinência e de individualização

A pergunta sobre quando uma norma – ou, em geral, um enunciado – faz parte de determinado sistema jurídico e não de outro está estreitamente relacionada com a pergunta sobre como se pode distinguir um sistema jurídico de outro. A primeira pergunta requer que se formule um critério de *pertinência* de uma norma a um sistema jurídico, e a segunda exige um critério de *individualização* de sistemas jurídicos. Em seguida, tentaremos responder a ambas as perguntas em conjunto.

Muitas vezes, associa-se a questão da pertinência de uma norma a um sistema jurídico com a questão da *validade* de tal norma.

No caso de alguns autores, isso ocorre porque se *identifica* a validade de uma norma com sua pertinência a um sistema; nesse caso, a palavra "validade" está sendo usada com um significado meramente descritivo, que deve ser cuidadosamente diferenciado do significado normativo de "validade" – já mencionado –, que alude à força obrigatória de uma norma. Em outros casos, a associação entre a validade de uma norma e sua pertinência a um sistema não implica que ambas as propriedades são consideradas idênticas; há alguns autores para os quais a afirmação de que uma norma é válida equivale a dizer que a norma tem força obrigatória, porém defendem que uma *condição necessária* para que uma norma seja válida ou tenha força obrigatória é que pertença a um certo sistema.

O tema da validade será tratado mais profundamente em outra parte; aqui, a palavra "validade" será usada às vezes para descrever as ideias de alguns autores sobre a pertinência das normas a um sistema jurídico (porque é a palavra que *eles* usam nesse contexto), sem nos preocuparmos se a validade está sendo *identificada* com a pertinência ou se está sendo admitido que a pertinência de uma norma a um sistema representa *apenas um aspecto* do conceito de validade.

a) A pertinência ao sistema das normas derivadas

O primeiro critério de pertinência que parece razoável utilizar e que praticamente todos os autores aceitam pode ser formulado assim: *"uma norma pertence a um sistema jurídico quando o ato de determiná-la é autorizado por outra norma que pertença ao sistema jurídico em questão"*. (Ou, empregando outra terminologia: "uma norma é válida quando foi criada de acordo com outra norma válida de um sistema jurídico".)

Kelsen é um dos filósofos do direito que expuseram com mais profundidade esse critério para definir a pertinência de uma norma a um sistema, isto é, sua validade. Em um trecho de sua *Teoria pura*, tomando como exemplo uma sentença penal, Kelsen diz:

"Para a pergunta sobre por que essa norma individual é válida como parte de um determinado sistema jurídico, a resposta é: porque foi criada de acordo com uma lei penal. Essa lei recebe, por sua vez, a validade da Constituição, já que foi estabelecida pelo órgão competente que a Constituição institui. Se perguntarmos por que a Constituição é válida, talvez nos reportemos a outra Constituição mais antiga. Finalmente, chegamos a uma dada Constituição que foi a primeira, do ponto de vista histórico, mas que foi estabelecida ou por um usurpador ou por uma assembleia..."

Ou seja, para determinar se uma norma pertence a um sistema, devemos chegar, através do que Raz denomina "cadeia de validade" e Von Wright, "cadeia de subordinação", a uma norma ou conjunto de normas que consideramos que já fazem parte do sistema.

Raz define do seguinte modo o conceito de cadeia de validade: "É o conjunto de todas aquelas normas tais que: 1) cada uma delas autoriza a criação de só uma das restantes, exceto uma que não autorizará a criação de nenhuma; e 2) a criação de cada uma delas é autorizada por uma norma do conjunto."

Para passar da norma, cuja pertinência ao sistema estamos averiguando, a um elo superior na cadeia de validade, temos que descobrir que a promulgação da primeira foi autorizada por outra norma.

O fato de uma norma autorizar a criação de outra ou, o que dá na mesma, o fato de a última *derivar* da primeira, quer dizer fundamentalmente que a conduta de determinar a norma inferior é permitida pela superior. A permissão para determinar uma norma destina-se a certas pessoas, denominadas *"órgãos competentes"*. Essa permissão pode estar condicionada à adoção de certo *procedimento* para determinar a norma e à existência decerto *conteúdo* na norma.

De acordo com o que foi exposto, Kelsen afirma que uma norma é válida quando concorda com o estabelecido por outra norma válida quanto: 1º) ao órgão que deve determiná-la; 2º) ao procedimento mediante o qual deve ser sancionada; e 3º) ao conteúdo que tal norma deve ter.

No entanto, Kelsen assinala que, ao contrário das morais, o elemento importante considerado pelas normas jurídicas para permitir a criação de outras é o *órgão* que deve determiná-las. Nem sempre se condiciona a permissão à adoção de certo procedimento na emissão da norma, e muito raramente se impõe certo conteúdo (quando isso ocorre, em geral, é de forma negativa, indicando o conteúdo que as normas inferiores *não* poderão ter).

A pertinência de uma norma a um sistema também está condicionada a que não tenha havido um ato de *derrogação* dessa norma, autorizado por outras normas do sistema. (Alchourrón e Bulygin analisaram uma série de dificuldades que a derrogação das normas apresenta, e das quais não é possível tratar aqui.)

Um possível critério de pertinência a um sistema, diferente desse, baseado no fato de a determinação da norma ser *autorizada* por outra norma do sistema, poderia fundamentar-se no fato de haver outra norma do sistema que declara *obrigatória* a observância ou aplicabilidade da norma em questão. Mas esse critério não é satisfatório, já que há muitos casos em que um sistema jurídico declara obrigatórias as normas de um direito estrangeiro, sem que tais normas sejam consideradas parte do primeiro sistema.

Resumindo, se queremos definir se uma norma qualquer, por exemplo a, pertence a um sistema, suponhamos X, devemos encontrar alguma outra norma b, que aceitamos como pertencente a X, que tenha autorizado o estabelecimento da norma em questão por aquele que a sancionou, pelo procedimento que seguiu e com o conteúdo que deu a ela. Se encontrarmos tal norma b e aceitarmos que ela pertence a X, concluímos que a também pertence a X, ou seja, que é válida em relação a X desde que não tenha sido derrogada de acordo com as normas de X.

É claro que, muitas vezes, a norma cuja pertinência a um sistema questionamos não deriva diretamente de outra, em relação à qual se admite que integra o sistema em questão. Vamos supor que aceitamos que a Constituição de 1853 pertence ao sistema jurídico argentino e que questionamos se uma ordem determinada pelo prefeito também pertence a esse sistema. A partir do momento que a Constituição não autoriza o prefeito a determinar normas diretamente, a validade das normas por ele determinadas indiretamente seria estabelecida por outras normas, que, por um lado, estivessem autorizadas pela Constituição e, por outro, autorizassem o prefeito, por sua vez, a determinar ordens. Ou seja, devemos apresentar uma cadeia de validade integrada por elos intermediários entre seus dois extremos, um dos quais constituído pela ordem, cuja validade questionamos, e o outro pela Constituição, cuja validade admitimos. Por exemplo, e simplificando as coisas, podemos demonstrar que o prefeito possui competência para determinar ordens de acordo com uma lei orgânica municipal determinada pelo Congresso, e que o Congresso está autorizado pela Constituição a determinar leis. Poderíamos esquematizar essa cadeia simplificada de validade do seguinte modo (a seta descendente indica autorização para determinar uma norma e o traço o ato de determiná-la):

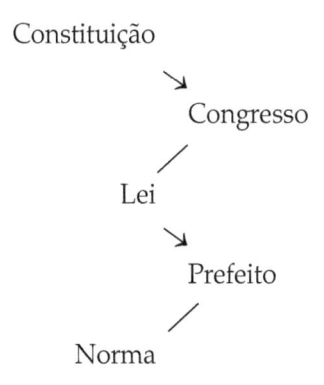

Constituição
  ↘
    Congresso
   ╱
  Lei
    ↘
      Prefeito
     ╱
  Norma

O que acabamos de ver mostra que a pertinência de uma norma a um sistema, ou seja, sua validade (nesse sentido) existe em função da (é relativa à) pertinência ao sistema, ou da "validade" de outra norma da qual ela deriva. Se aceitarmos que certa norma é válida, as normas estabelecidas de acordo com ela também serão. Do mesmo modo, se revogarmos nosso primitivo pressuposto sobre a validade da primeira norma, concluiremos, forçosamente, que também são inválidas as normas cuja sanção foi autorizada por aquela (a menos que, é claro, mostremos sua derivação de outra norma válida).

> Essa noção de validade relativa tem certa analogia com a verdade relativa. Diz-se que uma proposição é verdadeira em relação à outra, quando *é deduzida* de uma proposição cuja verdade aceitamos. É claro que a verdade que atribuímos à segunda proposição pode, por sua vez, ser relativa à verdade de uma terceira, e assim sucessivamente.
>
> Quanto à verdade de uma proposição, não podemos reportá-la indefinidamente à verdade de outras das quais seja deduzida a primeira. Em algum momento devemos confrontar nossa asserção com os fatos e atribuir-lhe o valor de verdadeira ou falsa, conforme o resultado dessa confrontação. Se a proposição que submetermos à prova for verdadeira, as que se inferirem dela também serão.
>
> Um esquema análogo é aplicável à validade das normas.

Quando dizemos que uma norma é válida se provier de outra norma também válida, por sua vez, a cadeia de validação não pode progredir infinitamente. Mais cedo ou mais tarde, precisaremos encontrar uma norma cuja pertinência ao sistema não dependa de a sua determinação ter sido autorizada por outra norma válida, pela simples razão de que não existirá nenhuma outra norma que permita a criação da norma em questão. Especialmente, se falarmos de sistemas *positivos*, isto é, de sistemas de normas originadas em atos de seres humanos, não será possível encontrar sempre uma norma que tenha facultado a criação de outra, já que os homens realizam um número finito de atos de criação de normas.

Como se vê, o problema está posto em relação àquelas normas sobre as quais não se pode aplicar o critério da cadeia de validade na determinação de sua pertinência ao sistema, por constituírem o último elo de qualquer cadeia de validade formada. No entanto, a dificuldade de determinar a pertinência ao sistema das normas em que terminam as cadeias de validade reflete-se, em suma, em todas as normas derivadas delas, já que a atribuição de validade formulada em relação às normas subordinadas é condicional: elas são válidas enquanto e assim que também forem as normas que autorizam o ato de determiná-las.

Assim como no caso das proposições, no qual o conceito de verdade relativa é insuficiente e há necessidade de um critério que permita estabelecer a verdade de um enunciado independentemente de sua derivação de outros, é necessário encontrar também um critério adicional de validade – entendendo "validade" como pertinência a um sistema – que não requeira que a norma em questão derive de outras, no sentido de sua promulgação ser autorizada por alguma outra norma do sistema.

b) A pertinência ao sistema das normas não derivadas. Diferentes critérios de individualização

É em relação a essas normas *não derivadas* que mais se evidencia a conexão entre os critérios de pertinência de uma norma a uma ordem jurídica e os critérios de individualização de uma ordem jurídica. Em síntese, um critério de pertinência aplicável às normas de máxima hierarquia do sistema terá que estabelecer certas condições, que devem satisfazer tanto a norma cuja pertinência a um sistema é questionada quanto as demais normas primitivas *desse* sistema, mas não as normas de *outros* sistemas. Provavelmente, essas serão, então, as condições que servirão para distinguir um sistema jurídico de outro.

Mas quais são as condições que permitem distinguir um sistema jurídico de outro?

1) *O critério territorial*. O critério de individualização de um sistema jurídico que as pessoas estariam inclinadas a empregar espontaneamente é o que se refere ao *âmbito de aplicação territorial* do sistema em questão. Elas diriam que o direito argentino se distingue do direito uruguaio porque, enquanto o primeiro é aplicável no território argentino, o segundo se aplica no uruguaio. Duas normas pertencem ao *mesmo* sistema jurídico quando são aplicáveis no *mesmo* território; e duas normas pertencem a *diferentes* sistemas jurídicos quando são aplicáveis em *diferentes* territórios.

A primeira dificuldade que esse critério parece apresentar é dada pela existência de normas que pertencem ao mesmo sistema jurídico, apesar de terem diferentes âmbitos de aplicação territorial (por exemplo, pertencem ao direito argentino tanto o Código de Processos Penais da Província de Córdoba quanto um decreto municipal de trânsito da cidade de Buenos Aires). No entanto, seria possível replicar que isso só se dá em relação às normas *derivadas* do sistema e não às suas normas primitivas, que são as que servem para individualizá-lo; talvez todas as normas primitivas de um sistema tenham necessariamente o mesmo âmbito territorial de aplicação.

Sendo assim ou não, a verdade é que há outra objeção decisiva contra considerar o âmbito de aplicabilidade territorial das normas como critério para individualizar um sistema jurídico: o conceito de território (de um país) não é um conceito "físico" ou "natural", mas, sim, um conceito jurídico.

O território de um país não é determinado por marcos ou acidentes geográficos, e, sim, pelo âmbito em que é aplicável o sistema jurídico desse país. O território argentino é constituído pelo âmbito de aplicabilidade espacial do direito argentino, e se esse âmbito se ampliasse – ou seja, se o direito argentino fosse aplicado em regiões onde agora não se aplica –, o território argentino se expandiria.

Portanto, individualizar determinado direito pelo território onde suas normas são aplicadas torna-se *circular*, já que o território é identificado pelo sistema jurídico aplicável nele. Isto é, temos que distinguir primeiro um direito de outro, para depois poder distinguir um território estatal de outro.

2) *O critério da origem em certo legislador*. Segundo o jurista inglês John Austin, uma norma pertence ao sistema jurídico que for constituído por todas as normas direta ou indiretamente estabelecidas pelo mesmo *legislador* que estabeleceu a norma em questão. Ou seja, um sistema jurídico será formado por todas as normas que um determinado legislador estabelecer.

Austin distingue dois tipos de legisladores. O legislador *soberano* é um indivíduo – ou grupo de indivíduos –, investido do hábito de obediência de uma comunidade, sem que ele próprio tenha o hábito de obedecer a alguém e cujo poder de legislar não seja outorgado ou limitado por nenhuma norma. Algumas vezes, o soberano legisla de forma direta e outras, por intermédio de um legislador *delegado*, ou seja, de um indivíduo a quem o soberano confere competência para legislar, prescrevendo aos cidadãos obedecer às normas por ele determinadas, dentro dos limites de sua competência.

Isso quer dizer que Austin também aceita de modo implícito o procedimento das cadeias de validade para determinar a pertinência de uma norma a um dado sistema. Se uma norma não foi estabelecida diretamente pelo soberano, deve-se percorrer uma cadeia de validade até chegar a alguma outra norma que tenha sido estabelecida por ele, como condição necessária para determinar que a norma em questão pertence ao sistema constituído pelas normas direta ou indiretamente estabelecidas pelo soberano.

Com essa explicação, fica claro que a pertinência ao sistema das normas que não foram estabelecidas por um legislador subalterno depende apenas de que tenham sido diretamente promulgadas pelo soberano. O critério de pertinência a um sistema, na teoria de Austin, pode, portanto, ser formulado assim: "uma norma pertence ao sistema originado em um soberano quando foi estabelecida diretamente por ele ou por um legislador cuja competência deriva de outras normas estabelecidas pelo soberano".

Como foi dito, a resposta à pergunta sobre a pertinência de uma norma a um sistema implica resolver também a questão sobre a individualização de um sistema jurídico, distinguindo-o de outros. A resposta de Austin a essa segunda indagação é que uma ordem jurídica se distingue de outra pelo legislador que direta ou indiretamente determinou todas as normas que integram esse sistema; ou melhor, um sistema jurídico é constituído por todas as normas que um legislador determinou e pelas que foram determinadas por outros órgãos aos quais esse mesmo legislador delegou competência.

É justamente na individualização do sistema jurídico que se evidencia o ponto fraco da tese de Austin.

De fato, seu critério implica que uma mudança do legislador original determina uma mudança de sistema jurídico; isto é, se o soberano for substituído, aparece um direito diferente, embora seja integrado pelas mesmas normas.

Essa última conclusão é admissível quando ocorre uma mudança violenta do soberano. No caso de um golpe de estado, seria possível aceitar a mudança da ordem jurídica, mas quando ocorre a sucessão não violenta de um soberano – por exemplo, após a morte do rei, a sucessão feita por um descendente seu – é completamente inusitado falar de mudança de sistema jurídico.

Além de outros inconvenientes menores, é precisamente a consequência da individualização de um sistema feita com base na persistência de um legislador original o que induziu alguns jusfilósofos a propor outras soluções fundamentadas não na identificação de um último legislador, mas na identificação de uma ou várias normas supremas.

3) *O critério da norma fundamental*. Entre as soluções fundamentadas na identificação de determinada norma suprema, a mais conhecida é a de Hans Kelsen.

Kelsen, como vimos, determina a validade de uma norma pela sua derivação de outra norma válida. Assim, chega-se a uma norma positiva primitiva do sistema, por exemplo, a Constituição, pergunta-se sobre a sua validade, ou seja, se pertence ao sistema. Uma resposta afirmativa a essa questão é condição necessária para aceitar a validade de todas as normas que dela derivam.

Em relação à primeira norma positiva de um sistema jurídico, para decidir sobre sua pertinência ao sistema, aparentemente, haveria um critério diferente do que exige a derivação de outra norma válida. Segundo Kelsen, esse caminho só pode ser evitado quando se recorre a alguma norma não positiva, ou seja, a alguma norma não determinada por um ato humano e da qual derivaram as normas positivas em que se encerram as cadeias de validade. Desse modo, Kelsen recorre a sua célebre *norma fundamental* ou *básica*.

Como já foi dito, a norma fundamental de Kelsen não é uma norma determinada por algum legislador humano ou divino, mas sim um pressuposto epistemológico, uma espécie de hipótese de trabalho que os juristas utilizam de maneira implícita em suas elaborações.

O conteúdo da norma fundamental é descrito por Kelsen com diversas formulações, mas sempre com o sentido de dar competência ao legislador original, isto é, a quem determinou as primeiras normas positivas do sistema. Algumas das fórmulas usadas por Kelsen são estas: "*Aqueles que elaboraram a Constituição estão autorizados a fazer isso*"; "*Deve ser o que o legislador original estabeleceu*" ou "*A coação deve ser exercida nas condições prescritas pela Constituição*".

Kelsen adverte que não há nenhuma necessidade, nem lógica nem empírica, de pressupor uma norma semelhante para a análise da realidade jurídica, mas que os juristas, de fato e implicitamente, a pressupõem quando descrevem um sistema jurídico.

De acordo com a norma fundamental, que pressupomos na cúspide de um sistema jurídico, podemos distingui-lo de outros. *Os distintos sistemas se diferenciam*, segundo Kelsen, *por serem originados em diferentes normas fundamentais*.

Kelsen diz que os juristas não pressupõem uma norma fundamental de maneira arbitrária. Eles a formulam em relação àqueles legisladores cujas diretivas são *eficazes*, ou seja, que são em geral obedecidas e aplicadas.

Recorrendo à norma fundamental, Kelsen pode proclamar a "validade" das normas positivas originais do sistema, pois elas derivam daquela norma pressuposta, no sentido de que ela autorizaria a sanção das demais. Por exemplo, nossa Constituição seria válida porque o ato de sua elaboração estaria autorizado por uma norma pressuposta pelos juristas, que diria: "A Assembleia Constituinte que se reuniu em 1853 está (ou esteve) autorizada a elaborar uma Constituição." Sendo válida a Constituição, todas as normas derivadas dela também seriam válidas.

No entanto, devemos considerar que, segundo o critério de validade apresentado por Kelsen, uma norma só é válida se derivar de outra norma igualmente válida. Em outras palavras, a validade da Constituição não é demonstrada apenas mostrando que deriva de outra norma, pressuposta pelos juristas; deve-se demonstrar, além disso, que a norma da qual a Constituição deriva é, ela própria, válida.

O que diz Kelsen sobre a validade da norma fundamental? Suas explicações não são muito claras, embora insinue que a validade dessa norma pressuposta deve, por sua vez, pressupor-se, e que essa validade não pode ser posta em julgamento, mas sim que deve ser aceita dogmaticamente.

Porém, a resposta do autor da *Teoria pura* não é satisfatória. Assim como supor uma norma significa aceitar a hipótese de que a norma existe, supor que essa norma é válida implica supor que deriva de outra norma válida: ou seja, não bastaria supor uma norma fundamental; seria necessário pressupor a existência de outra norma de nível superior. Como, por sua vez, esta última norma tem que ser considerada válida, para que a norma fundamental seja válida e também seja válida a Constituição que dela deriva, devemos recorrer a outra norma pressuposta, e assim até o infinito.

O critério que nos obriga a pressupor a existência de um conjunto infinito de normas válidas, para decidir a validade da primeira norma positiva de um sistema jurídico e das que derivam dela não parece muito apropriado.

Além disso, esse curioso critério não resolve o problema que se tentava solucionar a partir dele.

Joseph Raz objetou, com razão, o papel da norma básica para individualizar um sistema jurídico. Raz defende que o conteúdo da norma fundamental kelseniana existe em função da definição das últimas normas positivas do sistema. Se for decidido que a norma suprema da ordem jurídica argentina é a Constituição elaborada em 1853, formularemos a norma fundamental com um conteúdo que autoriza a elaborar essa Constituição. Isso quer dizer, afirma Raz, que *antes* de formular a norma fundamental, o sistema jurídico já está individualizado e suas normas ordenadas de maneira hierárquica, por isso a norma básica não cumpre nenhum papel na individualização de determinado direito e na determinação de sua estrutura. Se a ordem jurídica argentina já não estivesse individualizada, não haveria nenhuma razão para não formular, por exemplo, uma norma fundamental que conferisse validade, ao mesmo tempo, às normas da Constituição argentina e às da uruguaia (assim sendo, veríamos como um único sistema o que comumente vemos como dois direitos diferentes).

4) *O critério baseado na regra de reconhecimento*. Herbert Hart pretende resolver os enganos provocados pelos critérios de pertinência e individualização mencionados antes, recorrendo a critérios que se referem à *regra de reconhecimento*, que, como vimos, ele considera distintiva de todo sistema jurídico.

O critério de pertinência, sugerido por Hart, estipula que uma norma pertence a um determinado sistema jurídico quando sua aplicação for prescrita pela regra de reconhecimento desse sistema jurídico. O critério de individualização empregado por Hart, por sua vez, estabelece que determinado sistema jurídico se distingue de outro pelo fato de a aplicação de todas as suas normas estar direta ou indiretamente prescrita por uma regra de reconhecimento *diferente* da que prescreve a aplicação das normas do outro.

A regra de reconhecimento de Hart está em melhores condições do que a norma fundamental de Kelsen para servir como ponto de referência dos critérios de pertinência e individualização. Em primeiro lugar, Hart se esquiva da confusão de ideias em que Kelsen incorre ao afirmar que a validade da norma fundamental deve ser pressuposta, esclarecendo que *não tem sentido declarar a validade ou invalidade* da regra de reconhecimento, visto que ela serve, precisamente, para determinar quando as demais normas são válidas. Questionar a validade da regra de reconhecimento equivale a, diz Hart, questionar se o metro padrão de Paris – que serve para determinar a correção de todas as medidas do sistema métrico – é, em si mesmo, correto.

Em segundo lugar, a regra de reconhecimento de Hart não é, ao contrário da norma fundamental de Kelsen, uma mera criação intelectual, uma hipótese do pensamento jurídico, mas, sim, uma *norma positiva*, uma prática social. Isso é muito importante para proceder à individualização da regra de reconhecimento, passo prévio para individualizar um sistema jurídico com base nela. Sendo a norma fundamental de Kelsen uma norma não positiva, a única forma de distingui-la de outras normas fundamentais é considerar seu *conteúdo*, e, como vimos, para determinar seu conteúdo precisamos, antes, ter individualizado o sistema jurídico ao qual a norma fundamental confere validade. Em contrapartida, a regra de reconhecimento de Hart sendo uma regra positiva, faz supor que possa ser individualizada, distinguindo-a das demais por outros aspectos, além do conteúdo, como, por exemplo, quem a pratica, onde é praticada etc.

Entretanto, Hart também fracassa ao fornecer critérios de individualização e pertinência operativos, e seu fracasso também é determinado por dificuldades na individualização da regra de reconhecimento.

Como Raz assinalou, Hart não consegue justificar sua asserção de que toda ordem jurídica tem apenas uma regra de reconhecimento. Hart admite que a regra de reconhecimento de um sistema jurídico pode determinar diferentes fontes independentes de normas válidas primitivas; pode, por exemplo, prescrever a aplicabilidade tanto das normas estabelecidas pelo Parlamento quanto das normas originadas em precedentes judiciais. Se for assim, parece não haver motivo para afirmar que, em um caso semelhante, estamos diante de *uma* regra de reconhecimento que determina duas fontes de normas válidas, e não diante de *duas* regras de reconhecimento diferentes, cada uma delas prescrevendo a aplicabilidade das normas criadas por meio dos distintos procedimentos mencionados. Por que dizer, como no caso anterior, que há uma única regra de reconhecimento que se refere ao Parlamento e aos precedentes judiciais, e não dizer também, por exemplo, que há uma única regra de reconhecimento que prescreve aplicar as normas estabelecidas pelos Parlamentos inglês e francês, compreendendo, consequentemente, os direitos desses dois países como um único sistema jurídico? Se fundamentarmos nossa resposta a essa pergunta em alguma circunstância que distingue um caso do outro, essa circunstância – e não a regra de reconhecimento – passará a ser considerada na individualização de um sistema jurídico.

Obviamente, se Hart admitisse que um sistema jurídico pode ter mais de uma regra de reconhecimento, então a individualização de um sistema já não poderia ser baseada na singularidade da regra de reconhecimento. Na melhor das hipóteses, seria preciso buscar algum elemento comum que vinculasse as regras de reconhecimento entre si, e as distinguisse de outras regras do mesmo sistema; mas, então, seria *esse elemento em comum* o que serviria, em última instância, para individualizar um sistema jurídico.

Por outro lado, o critério de pertinência de Hart padece de outra fraqueza evidenciada por certas críticas de Ronald Dworkin. Esse autor afirma que um sistema jurídico não é composto apenas por regras, mas também por outro tipo de normas, que ele chama *"princípios"*. Os princípios (como exemplo, Dworkin cita o princípio aceito pelos tribunais norte-americanos que estipula que ninguém pode ser beneficiado por sua própria conduta ilegítima) distinguem-se das regras porque sua aplicabilidade a um caso não é uma questão de "tudo ou nada" – ou é aplicável ou não é –, dependendo, sim, do *peso relativo* do princípio em contraste com o de outros princípios relevantes.

Segundo Dworkin, os princípios não poderiam ser parte de um sistema jurídico se a teoria da regra de reconhecimento de Hart fosse aceita, pois essa regra identifica as normas do sistema por sua *origem* ou *fonte*, e os princípios não são reconhecidos pelos juízes por derivarem de certa fonte com autoridade, mas sim porque seu *conteúdo* é considerado válido, apropriado ou justo (o princípio que Dworkin menciona não foi aceito, em princípio, pelos juízes norte-americanos pelo fato de ter sido determinado por um legislador ou por ter sido adotado em um precedente judicial, mas por considerarem-no um princípio justo).

É possível contestar se Dworkin tem razão quando afirma que a teoria de Hart sobre a regra de reconhecimento não dá conta dos casos em que os juízes reconhecem certas normas não por sua origem determinada, mas porque consideram que seu conteúdo é apropriado. De qualquer modo, as críticas de Dworkin fazem pensar que se fosse o caso de certas normas serem reconhecidas pelos juízes independentemente do que a regra de reconhecimento prescreve, essa não seria razão para não considerá-las parte do sistema jurídico. Se os órgãos de aplicação de um sistema reconhecem de fato, de forma geral e regular, certas normas e princípios para fundamentar suas decisões – porque cada um deles considera isso justo ou apropriado –, o fato de não serem *obrigados* a fazer isso por uma prática de reconhecimento que identifique essas normas, aparentemente, não justifica que não sejam incluídas como parte de um sistema jurídico.

Dissemos antes que os casos centrais de sistemas jurídicos não são sistemas de "absoluta discrição", implicando que os órgãos encarregados de aplicar normas gerais a casos particulares são obrigados a aplicar certas normas. Mas isso não quer dizer que *todas* as normas que integram o sistema jurídico sejam normas que os juízes são obrigados a aplicar, e que também não integrem o sistema normas que o conjunto dos juízes aplica regularmente (e não de forma ocasional e esporádica), sem se sentirem obrigados a isso por uma prática de reconhecimento.

Evidentemente, a situação em que a maioria dos juízes aplica certas normas de forma regular, por considerá-las apropriadas e não por serem obrigados a aplicá-las por uma prática ou regra de reconhecimento, na realidade, ocorre muito raramente, visto que a generalidade e regularidade na aplicação de uma norma gera, no decorrer do tempo, uma pressão contra os desvios e, com isso, origina-se uma *regra* social que obriga à aplicação da norma em questão (a regra de reconhecimento).

De qualquer modo, se se admite que um sistema jurídico poderia ser integrado por normas que os juízes não têm a obrigação de aplicar segundo as regras de reconhecimento do sistema (mas que aplicam de fato), deve-se concluir que o critério de pertinência de uma norma a um sistema não pode ser baseado apenas nas regras de reconhecimento. E se for aceito que a base de um sistema jurídico (ou seja, o conjunto das normas primitivas, que não derivam de outras) pode ser integrada não só por *várias* regras de reconhecimento, como também por normas ou princípios cuja aplicação não está fundamentada no que aquelas regras de reconhecimento prescrevem, então é preciso admitir que o critério de individualização de um sistema jurídico não pode se apoiar na identificação de certa regra *única* passível de ser diferenciada da que encabeça outro sistema jurídico.

Deve-se esclarecer em relação a esse ponto que, se for aceito que um sistema jurídico pode ser integrado por normas e princípios reconhecidos pelos órgãos primários, não porque sejam obrigados a fazer isso por uma prática que identifica essas normas por sua origem, mas porque consideram que seu conteúdo é válido, então devemos concluir que uma ordem jurídica pode incluir *princípios morais*. De fato, é característico dos princípios morais serem aceitos por seu conteúdo e não por serem impostos por alguma autoridade ou por derivarem de certa fonte. Admitir que o direito pode ser integrado por princípios morais não é, ao contrário que Dworkin supõe, incompatível com uma concepção positivista do direito. O positivismo não nega que uma norma possa ser classificada simultaneamente tanto como norma moral quanto como norma jurídica; o que exige é que, para identificar a norma em questão como uma norma jurídica, ela deve satisfazer as condições *fácticas* implícitas no conceito descritivo de direito (como é seu reconhecimento por determinados órgãos).

5) *O critério baseado no reconhecimento dos órgãos primários.* O fracasso da tentativa de Hart de fornecer critérios de individualização e pertinência operativos deixa, não obstante, uma lição importante. Essa lição é que não devemos buscar o elemento unificador de uma ordem jurídica em uma dada norma "mestra" – como a regra de reconhecimento –, ainda que o *reconhecimento* que certos órgãos de aplicação fazem das normas do sistema pareça relevante para resolver esse problema.

Joseph Raz é quem mais insistiu em que os critérios de individualização e pertinência não devem se basear na identidade de certo órgão criador de normas (como pensava Austin) ou na individualização de certa norma ou regra primitiva (tal como defendem Kelsen e Hart), mas sim nos órgãos que aplicam essas normas a casos particulares (o que também é propugnado por autores como Alf Ross). É o reconhecimento por parte desses órgãos (os juízes, em sentido amplo) que parece ser decisivo para conferir uma unidade a um grupo de normas e para declarar que uma dada norma pertence a esse conjunto unitário.

No entanto, esse enfoque propõe uma série de problemas que não são fáceis de resolver.

O *primeiro problema* é caracterizar os órgãos cujo reconhecimento de uma norma determina sua pertinência ao sistema. As propostas de caracterização desses órgãos com base na competência outorgada pelas próprias *normas* que pertencem ao sistema reconhecido por esses órgãos correm o risco de cair em um círculo vicioso.

O SISTEMA JURÍDICO   149

Isso parece acontecer quando Ross afirma que o direito é formado pelas diretivas que são parte essencial da fundamentação das decisões dos juízes, ao mesmo tempo que, para identificar os juízes, recorre às normas de competência do sistema.

Do mesmo modo, atualmente, Raz caracteriza (em *Practical Reasons and Norms*) os órgãos primários, cujo reconhecimento das normas determina sua pertinência ao sistema, como aqueles órgãos facultados a adotar decisões com força obrigatória. Mas ocorre que essa faculdade deriva das normas do sistema, e para determinar quais indivíduos gozam de tal poder, deve-se determinar primeiro quais normas pertencem ao sistema.

Aparentemente, o critério sugerido antes por Raz (em *A Concept of a Legal System*) para caracterizar os órgãos primários era mais adequado (embora, como veremos, deva ser modificado), e seu abandono por parte desse autor deve ter sido determinado por sua convicção atual de que a coatividade não é uma propriedade necessária dos sistemas jurídicos.

Esse critério caracterizava os órgãos primários como aqueles que são autorizados a decidir quando o uso da força em certas circunstâncias está juridicamente proibido ou permitido. A vinculação entre os órgãos, cujo reconhecimento de uma norma é relevante para sua pertinência a um sistema, e o exercício de medidas coativas é importante não só pela relevância que as normas reguladoras da coação têm para caracterizar um sistema como jurídico, mas porque nos interessa formular um critério de pertinência a sistemas *existentes* (se forem sistemas imaginários, qualquer norma que vier à nossa mente pode ser considerada como parte dele, sem que se siga nenhum critério); como veremos depois, a existência de uma ordem jurídica está vinculada ao exercício da coação.

Contudo, da maneira como Raz formula esse critério, fica difícil evitar a mesma circularidade que afetava os critérios anteriores. Se for exigido que os órgãos sejam *autorizados* a decidir quando o uso da força é proibido ou permitido, para determinar quais são os órgãos primários será preciso recorrer às normas do sistema, e para determinar quais são as normas do sistema, será necessário determinar se elas são reconhecidas pelos órgãos primários (essa observação foi apresentada por Ricardo Caracciolo em sua tese de doutorado).

Para evitar esse círculo vicioso, aparentemente, seria preciso caracterizar os órgãos primários não como aqueles autorizados a declarar proibidos ou permitidos os atos de coação, mas como os que *de fato podem* (no sentido fáctico e não normativo da palavra "poder") determinar o exercício do monopólio coativo estatal em casos particulares, ou seja, que estão efetivamente em condições de dispor o funcionamento o aparelho coativo do Estado.

> Alguém poderia dizer que se o relevante é o acesso ao aparelho coativo do Estado, não deveríamos identificar os órgãos primários principalmente com os juízes, mas sim com os membros das forças armadas e de segurança, que são os que têm um contato mais imediato com esse aparelho coativo. Sem dúvida, em alguns casos tais funcionários podem constituir órgãos primários, porém, como questão geral, deve-se considerar que o propósito de nos concentrarmos nos órgãos primários é determinar quais normas eles reconhecem. A polícia que prende uma pessoa não faz isso comumente por aplicação ao caso de uma norma geral, mas seguindo a instrução específica de um juiz; portanto, para estabelecer quais normas determinaram nesse caso o emprego de medidas coativas, devemos ir além da conduta da polícia e detectar quais normas foram consideradas pelo juiz que ordenou a primeira conduta (sem dúvida, isso não exclui que, em alguns casos, os papéis de polícia e de juiz estejam concentrados na mesma pessoa).

O *segundo problema* apresentado pelos critérios de individualização e pertinência, que se apoiam no reconhecimento das normas por certos órgãos, é determinar o que unifica em um mesmo conjunto diferentes órgãos primários, de tal modo que as normas reconhecidas por todos eles façam parte do *mesmo* sistema jurídico e, em contrapartida, excluam desse sistema as normas que outros órgãos primários reconhecem.

Sem dúvida, não é possível afirmar que haja tantos sistemas jurídicos quantos órgãos primários; deve-se admitir que fazem parte do mesmo sistema as normas reconhecidas por um certo *conjunto* de órgãos primários. Mas se isso for assim, qual é o critério que nos faz agrupar no mesmo conjunto, por exemplo, os juízes de Córdoba e de Corrientes, e não os juízes argentinos e boliviano (com o que o direito argentino e boliviano ficariam unificados em um único sistema)? Lembremos que o critério territorial não pode ser empregado por levar a um círculo vicioso.

Raz propõe como critério para formar os conjuntos de órgãos primários, cujo reconhecimento de normas determina sua pertinência a um *mesmo* sistema, o fato de os órgãos do mesmo conjunto reconhecerem mutuamente a força obrigatória ou autoridade de suas decisões.

Mas esse critério é insatisfatório. Em primeiro lugar, porque é, novamente, circular, uma vez que o reconhecimento da força obrigatória das decisões de outros órgãos fundamenta-se nas normas do sistema (as quais para serem identificadas como tais devem ser reconhecidas pelos órgãos em questão). Em segundo lugar, as normas de um sistema jurídico costumam reconhecer a força obrigatória ou autoridade das decisões dos juízes de *outro* sistema jurídico em seu âmbito de aplicabilidade territorial. Desse modo, se o reconhecimento mútuo da validade de suas decisões fosse distintivo do conjunto de órgãos de um mesmo sistema, a maioria dos direitos do mundo faria parte de um único sistema jurídico, pois – de acordo com as normas do direito internacional privado – os juízes da maioria dos países reconhecem mutuamente suas decisões.

Aparentemente, Raz se viu obrigado, outra vez, a recorrer ao critério recém-discutido, dada a sua recusa de considerar a coatividade como distintiva dos sistemas jurídicos.

Se, em contrapartida, considerarmos a regulação do monopólio da força estatal como uma característica central do direito, uma hipótese plausível é que o que nos faz agrupar no mesmo conjunto os órgãos que reconhecem as normas que consideramos, por isso, parte de um mesmo sistema jurídico, é o fato de todos eles recorrerem, direta ou indiretamente, ao *mesmo aparelho coativo* para fazer cumprir suas decisões.

Se, para efetivar seus veredictos, dois juízes recorrem a organizações armadas que não têm entre si nenhuma vinculação orgânica ou funcional (ou seja, nenhuma delas tem poder efetivo sobre a outra, nem as duas são controladas por uma mesma organização coativa superior), então, as normas que esses juízes reconhecem pertencem a sistemas jurídicos diferentes. Quando a unidade de um dado aparelho coativo se quebra, seja por secessão, rebelião, seja por uma dissociação voluntária, isso produz uma ruptura do sistema jurídico, já que as normas reconhecidas pelos órgãos primários que recorrem a uma das frações do antigo aparelho coativo unitário são vistas como parte de um sistema jurídico distinto do sistema das normas reconhecidas pelos órgãos que recorrem à outra fração. Assim, quando as forças armadas de uma colônia deixam de responder ao poder central da metrópole, o sistema jurídico original se subdivide, dado que no novo Estado independente recorre-se a um aparelho coativo autônomo para fazer cumprir as decisões dos que reconhecem as normas vigentes (embora tais normas mantenham o mesmo conteúdo que as que vigoram na ex-metrópole).

Esse enfoque apresenta uma série de dificuldades – como a de individualizar, ou seja, distinguir umas das outras, as organizações que controlam o monopólio da força –, mas, apesar disso, parece fornecer um critério adequado de individualização dos sistemas jurídicos.

O *terceiro problema* apresentado pelos critérios de individualização e pertinência, baseados no reconhecimento das normas por parte dos órgãos primários, consiste em determinar as condições em que pode ser dito que uma regra é reconhecida por tais órgãos.

É claro que a mera coincidência entre uma decisão do órgão e o que a norma em questão prescreve não é suficiente para dizer que o órgão reconhece a norma e que, portanto, ela faz parte do sistema jurídico. Se fosse assim, qualquer um poderia incorporar normas a um sistema jurídico contanto que elas coincidissem com as decisões dos órgãos primários, ainda que eles não tivessem a menor consciência da existência de tais normas.

Como diz Ross, o que se deve exigir é que a norma *seja parte substancial do raciocínio* que leva às decisões judiciais; no entanto, essa ideia também tem uma série de aspectos obscuros que não podem ser tratados aqui.

Por outro lado, há normas que as pessoas estão dispostas a admitir como parte de um sistema, embora nenhum órgão primário tenha tido oportunidade de aplicá-las; por exemplo, uma lei que acaba de ser sancionada ou uma regra que prevê condições de aplicação que não ocorreram até o momento. É para resolver esses casos em que é sumamente útil considerar as regras de reconhecimento do tipo das que Hart aponta. Embora não seja necessário que toda norma pertencente ao sistema seja de aplicação obrigatória, de acordo com as práticas judiciais de reconhecimento (como vimos, pode ser de fato aplicada de modo regular pelos juízes, sem serem obrigados a fazer isso), uma norma pode pertencer ao sistema a despeito de não ter sido aplicada pelos órgãos primários desse sistema, se ela reunir as condições que definem o tipo de normas que uma prática de reconhecimento do sistema prescreve aplicar (como, por exemplo, ter sido estabelecida por certo parlamento).

Embora esses critérios de individualização e pertinência requeiram uma elaboração muito mais precisa do que a desenvolvida aqui, eles nos permitem dizer, de forma aproximada, que *duas normas não derivadas pertencem ao mesmo sistema jurídico quando elas são reconhecidas (seja diretamente ou através de práticas gerais de reconhecimento) por órgãos que* estão em condições de dispor medidas coativas recorrendo à mesma organização que exerce o monopólio da força estatal.

Sem dúvida, a individualização de uma ordem jurídica, baseada no reconhecimento de certas normas por parte dos órgãos que têm acesso ao mesmo aparelho coativo estatal, implica que o sistema muda não só quando acontece uma modificação substancial no aparelho coativo, como também quando mudam as *normas primitivas* que os órgãos reconhecem. (Ver § 5.)

3. A validade e a existência do direito

A terceira pergunta a que nos propusemos responder, de forma prioritária, é sobre quando um sistema jurídico *existe*.

Como o tema da existência de uma ordem jurídica está diretamente imbricado com o da validade do direito, é hora de tratarmos diretamente desse último tópico, que ficou pendente em várias ocasiões.

a) Diferentes sentidos de "validade"

A palavra "validade" é de uma extrema ambiguidade, tanto quando é aplicada para classificar uma norma jurídica, como quando é usada em relação à totalidade de uma ordem jurídica. Alguns dos "focos de significado" com que se costuma usar a palavra "validade" são os seguintes:

1) Em muitos contextos, dizer que uma norma ou um sistema normativo são válidos é equivalente a dizer que a norma ou o sistema normativo em questão *existem*. Nesse sentido, os critérios de validade de uma norma ou de um sistema serão os mesmos que os de sua existência, e esses critérios, como veremos, podem variar extremamente de acordo com diferentes concepções.

2) A validade de uma norma ou de um sistema jurídico também pode ser associada à sua justificabilidade, ao fato de que deve ser feito o que eles dispõem, à sua força obrigatória moral. Nesse sentido, dizer que uma norma é válida implica dizer que ela constitui uma razão para justificar uma ação ou decisão, que o que a norma declara proibido, obrigatório ou permitido é, de fato, obrigatório, permitido ou proibido.

3) Pode ser dito, igualmente, que uma norma jurídica é válida quando há outra norma jurídica declarando que sua aplicação ou observância é obrigatória. Nesse sentido, não se pode dizer que todo um sistema jurídico é válido, visto que sempre haverá pelo menos uma norma do sistema cuja obrigatoriedade não é determinada por outras normas do sistema (ver mais adiante o problema da autorreferência).

4) A validade de uma norma jurídica também pode ser declarada com o sentido de que sua determinação foi autorizada por outras normas jurídicas, ou seja, foi sancionada por uma autoridade competente dentro dos limites de sua competência. Nesse sentido, também não pode ser declarada a validade de todo um sistema jurídico, visto que sempre haverá alguma norma cuja determinação não foi autorizada por outra norma (do contrário deveria haver uma infinita quantidade de normas no sistema).

5) Do mesmo modo, a validade de uma norma pode indicar, como vimos na seção anterior, que a norma em questão *pertence a um certo sistema jurídico*. Sem dúvida, aqui também não pode ser declarada a validade de todo um sistema jurídico (autônomo), visto que isso implicaria dizer que o sistema pertence a si mesmo.

6) Por fim, quando se diz que uma norma ou um sistema jurídico são válidos, às vezes, pode-se querer dizer que eles têm vigência (ou eficácia), ou seja, que em geral são observados e aplicados.

Esses seis focos de significado não são, na realidade, significados autônomos da palavra "validade", já que, em geral, eles se apresentam combinados de alguma maneira, dando-se o caso de algumas das propriedades que enumeramos serem consideradas condições necessárias para que ocorram algumas das outras. No entanto, a questão é que essas propriedades costumam se combinar de maneiras muito diferentes, e isso é o que determina a ambiguidade da expressão "validade".

Por exemplo, alguém poderia afirmar que dizer que uma norma jurídica é válida equivale a dizer que existe, ou seja, o sentido (1) mencionado, e que uma norma jurídica existe se, e somente se, estiver moralmente justificada (2); poderia acrescentar que é uma condição necessária (embora não suficiente), para que uma norma jurídica esteja moralmente justificada, que pertença (5) a um sistema jurídico que tenha vigência (6), e que uma norma pertence a um sistema jurídico quando sua determinação é autorizada por outra norma do sistema jurídico (4) ou quando sua observância é prescrita por uma norma do sistema (3).

    A postura precedente combinaria todos os focos de significado da palavra "validade", que foram mencionados antes; mas outras posturas poderiam interromper a sequência em diferentes pontos.

    Assim, seria possível declarar que a validade de uma norma é equivalente a sua existência (1), mas que uma norma jurídica existe não quando tem força obrigatória moral, mas quando pertence (5) a uma ordem jurídica que tenha vigência (6), e que uma norma pertence a uma ordem jurídica quando sua sanção é autorizada (4) por outras normas do sistema. Ou seria possível afirmar que a validade de uma norma é equivalente a sua existência (1) e que uma norma jurídica existe como tal quando pertence a uma ordem jurídica (5), que tenha vigência ou não. Também poderia ser dito que a validade de uma norma se identifica com sua existência (1) e que essa depende apenas da vigência da norma (6). Do mesmo modo, poder-se-ia sustentar que a validade de uma norma não tem nada a ver com sua existência, dependendo apenas de que haja outra norma que declare sua observância obrigatória (3). Como se vê, as possibilidades de combinar os focos de significado são múltiplas, e o fato de essas possibilidades terem se materializado efetivamente no pensamento de muitos autores explica as graves confusões em torno desse tema da validade do direito.

b) Os conceitos normativo e descritivo de validade

Uma diferença crucial entre os diferentes conceitos de validade que podem ser construídos, combinando de modos distintos as propriedades mencionadas, é dada pela inclusão ou não da propriedade *b* – ou seja, a justificabilidade ou força obrigatória da norma ou do sistema – como parte do conceito.

Se a designação do conceito de validade inclui a justificabilidade ou força obrigatória moral das normas ou do sistema jurídico dos quais é declarada a validade, o conceito se transforma em uma noção *normativa*. Com esse sentido da expressão "validade", dizer que uma norma ou um sistema são válidos implica afirmar que *devem* ser observados e aplicados, que fornecem razões para justificar uma ação ou decisão. Se a palavra "validade" for empregada com esse significado, afirmar que uma norma jurídica é válida, mas que não deve ser obedecida ou aplicada – por exemplo, por ser injusta –, é contraditório.

Quando se usa a expressão "validade" com esse significado normativo – coisa que é feita em muitos contextos – e se afirma, além disso, que uma regra só é uma norma jurídica se for válida (ou seja, se está justificada ou tem força obrigatória), pressupõe-se uma definição não positivista de direito (ou seja, uma definição que se refere não às normas reconhecidas por certos órgãos, mas sim às normas que devem ser reconhecidas por eles).

Os outros significados de "validade" (que estão associados à vigência de uma norma ou de um sistema, à pertinência de uma norma a um sistema ou, ainda, à circunstância de uma norma ter sido permitida ou declarada obrigatória por outra) são, em contrapartida, puramente *descritivos*. A aplicabilidade desses diferentes conceitos de validade depende apenas de verificações fácticas.

Como a ideia de validade costuma estar associada à de existência de uma norma jurídica ou de um sistema jurídico, a noção de existência também será normativa ou descritiva, de acordo com o conceito de validade que se identificar. Se for identificada com o conceito normativo de validade, será dito que uma norma jurídica existe quando deve ser feito o que ela prescreve (esse seria o mesmo critério de existência que empregamos em relação às normas ou aos princípios de uma moral crítica; quando dizemos que existe, por exemplo, uma norma moral que proíbe mentir, não queremos dizer – exceto se falarmos da moralidade social positiva – que essa norma é vigente ou foi determinada por alguém, mas que o que ela dispõe deve ser). Se, por outro lado, o conceito de existência for identificado com alguns dos conceitos descritivos de validade, será dito que uma norma jurídica existe quando, por exemplo, ela é vigente ou quando pertence a um sistema jurídico etc.

c) *O conceito de validade de Kelsen*

Na teoria jurídica contemporânea, criou-se uma confusão bastante inquietante em torno do conceito de validade empregado por Kelsen.

Há duas interpretações principais sobre o conceito de validade kelseniano:

1) Segundo uma das interpretações – que se apoia em alguns textos de Kelsen e em sua postura decididamente positivista –, esse autor emprega um conceito puramente *descritivo* de validade, alheio de qualquer associação com a justificabilidade ou força obrigatória de uma norma ou sistema jurídico. Uma vez que se tomou partido por esse sentido, pode haver desacordo sobre qual dos significados descritivos de "validade" Kelsen emprega, já que, às vezes, parece identificar a validade com a existência das normas, outras vezes com sua pertinência a um sistema, outras, ainda, com o fato de haver outra norma que autorize sua determinação ou que declare obrigatória sua observância e outras, finalmente, com sua vigência ou eficácia.

No entanto, há formas de tornar coerentes todas essas afirmações; pode-se dizer, por exemplo, que, para Kelsen, a validade de uma norma é idêntica a sua existência e que essa depende de sua pertinência a um sistema jurídico vigente, a qual, por sua vez, depende de a determinação da norma estar autorizada por outra norma do sistema (segundo esse critério, pode haver certa tensão entre o fato de uma norma não pertencer ao sistema e o fato de ela ser declarada obrigatória por outra regra do sistema; veremos a postura de Kelsen diante desse caso, ao tratar das leis inconstitucionais).

2) Segundo a outra interpretação, defendida, por exemplo, por Joseph Raz e por este que escreve, Kelsen emprega um conceito *normativo* de validade jurídica. A base para essa interpretação é dada pelas numerosas passagens em que Kelsen identifica a validade de uma norma não só com sua existência, como também com sua força obrigatória; nas passagens em que afirma que dizer que uma norma é válida implica dizer que o que ela dispõe deve ser; nas que diz que, enquanto os juízos que declaram eficácia ou vigência são juízos fácticos ou do "ser", os juízos de validade são juízos do "dever ser" que não podem ser deduzidos dos anteriores; e, finalmente, naquelas passagens em que emprega a expressão "validade" para classificar não só uma norma jurídica, mas também todo um sistema jurídico (o que não seria possível se, por exemplo, "validade" significasse "pertinência").

Essa interpretação defende que, na teoria de Kelsen, uma norma só é válida ou existente quando tem força obrigatória, quando deve ser feito o que ela dispõe, já que para Kelsen, como diz Joseph Raz, a única normatividade que existe é uma normatividade *justificada*. As normas não pertencem ao mundo dos fatos – embora estejam essencialmente *correlacionadas* a certos fatos, tais como o de determiná-la ou o de observá-la –, mas, sim, ao mundo do que "deve ser". Portanto, para reconhecer as normas jurídicas como verdadeiras normas e não como mera sequência de fatos, como o fato de certos homens mandarem e outros obedecerem (que é como os sociólogos, mas não os juristas, veriam o direito), é preciso admitir que as prescrições de certas autoridades devem ser observadas.

A norma fundamental de Kelsen – que esse autor considera implícita no pensamento dos juristas – consiste exatamente nessa pressuposição de que as prescrições de certas autoridades devem ser observadas. Para reconhecer o direito como um conjunto de normas e não de fatos, os juristas devem admitir como hipótese a norma fundamental; ou seja, devem pressupor que as regras que descrevem têm força obrigatória.

Essa caracterização do conceito de validade de Kelsen não é incompatível com a associação que ele faz entre o conceito de validade e a pertinência de uma norma a um sistema ou com o fato de a sanção de uma norma ter sido autorizada por outra ou, ainda, com a vigência de uma norma ou do sistema. Segundo essa interpretação, dizer que uma norma é válida equivale a dizer que ela existe e que tem força obrigatória, sendo que o *pertencimento* da norma a um sistema *vigente* é condição necessária de tal validade, existência ou força obrigatória; por sua vez, a norma pertencerá a um sistema jurídico vigente apenas se sua promulgação estiver autorizada por outra norma desse sistema. No entanto, a pertinência da norma em questão a um sistema vigente não garante a validade ou força obrigatória da norma (ou seja, é uma condição necessária, mas não suficiente de tal validade). O próprio sistema deve ser um sistema jurídico válido, e para declarar validade do sistema, é preciso pressupor a norma fundamental, ou seja, deve-se admitir que suas normas primitivas (por exemplo, a Constituição) têm força obrigatória.

O problema principal enfrentado pelos defensores dessa interpretação do conceito de validade kelseniano é explicar como Kelsen pôde ter acreditado – acertadamente ou não – que esse conceito é *compatível com sua firme postura positivista*. Como vimos, empregar um conceito normativo de validade e fazer da validade definidora de "norma jurídica" pressupõe uma definição não positivista de "direito" (quer dizer, é incompatível com um conceito descritivo de direito).

Uma possível resposta baseia-se no fato de que, segundo Kelsen, para conhecer o direito não é preciso adotar *de forma categórica* a postura de que suas normas estão justificadas (têm força obrigatória), mas sim que se pode ter acesso ao conhecimento jurídico pressupondo, tão somente por via de hipóteses, essa validade ou força obrigatória. De acordo com Kelsen, a aceitação da norma fundamental pelos juristas não é categórica, mas hipotética, o que lhes permite identificar e descrever o direito sem assumir um compromisso axiológico genuíno sobre a validade ou justificabilidade de suas normas. O ideal positivista de manter separadas a identificação e descrição do direito de sua valoração seria preservado, pois mesmo um jurista que considerasse um sistema jurídico radicalmente injusto e passível de desobediência poderia descrevê-lo como tal apenas pressupondo, como mera hipótese de trabalho para fins da descrição científica, que as disposições do sistema têm força obrigatória.

  Isso pode servir de explicação do porquê Kelsen pôde ter acreditado que um conceito normativo de validade (que leva a um conceito normativo de direito) é compatível com uma estrita separação da atividade de descrever o direito e a atividade de valorá-lo. Porém, essa suposta ideia de Kelsen é plausível? Tem sentido exigir que se pressuponha a força obrigatória ou justificabilidade do direito para *descrevê-lo*? É compreensível a ideia de uma pressuposição hipotética da força obrigatória de um sistema que não implica uma aceitação de tal sistema?
  Joseph Raz tentou tornar plausíveis essas ideias de Kelsen. Segundo Raz, há alguns contextos em que tem sentido pressupor por hipótese a validade ou justificabilidade de certas regras sem tomar partido, de forma categórica, sobre tal justificabilidade. Por exemplo, diz Raz, suponhamos o caso de um crente na fé judaica, que, perante um ponto obscuro das regras religiosas hebraicas sobre como deve agir em um caso particular, consulta um amigo cristão especialista na lei talmúdica. A resposta do amigo não consiste em mero enunciado *descritivo* sobre o que diz a lei talmúdica – visto que a

lei talmúdica não trata a questão claramente – e também não consiste numa *prescrição* simples e fácil sobre como deve agir quem professa a religião judaica, já que o especialista não professa essa religião e, portanto, mal pode prescrever um comportamento que ele não considera, em última instância, correto. O que faz o amigo cristão é, segundo Raz, emitir um enunciado que pressupõe a *adoção hipotética de certo "ponto de vista"* (nesse caso, o da religião judaica). Os juristas fariam o mesmo quando formulam enunciados jurídicos; *adotariam hipoteticamente o ponto de vista do direito*, sem serem adeptos dele; pressuporiam por hipótese a validade ou força obrigatória das normas jurídicas, sem que isso implique considerá-las de fato justificadas. Essa seria a ideia que Kelsen pretende refletir através de sua norma fundamental ou básica (já que essa norma, que prescreve observar determinadas regras positivas, não é aceita de modo categórico pelos juristas, mas sim pressuposta como hipótese com o único fim de descrever o direito).

No entanto, a reconstrução de Raz do pensamento kelseniano não o torna muito convincente. O próprio exemplo dado por esse autor (o do judeu que consulta o cristão especialista em direito talmúdico sobre um ponto obscuro desse) mostra que a adoção hipotética de certo ponto de vista só tem sentido, no melhor dos casos, quando se trata de *"recriar"* ou *reconstruir* o sistema que resulta desse ponto de vista e não quando se trata de *descrever* tal sistema. Nesse último caso, é totalmente supérflua a pressuposição hipotética da validade, força obrigatória ou justificabilidade do sistema, e é suscetível de gerar confusões e equívocos. Isso é importante, pois, segundo Kelsen, a missão dos juristas se esgota na mera *descrição* do sistema, por isso o recurso à norma fundamental (ou seja, à pressuposição da força obrigatória do sistema) é inútil. Se, em contrapartida, os juristas, como fazem na realidade, desenvolvessem a atividade de *reconstruir* o sistema jurídico (e não apenas a de descrevê-lo), poderia ter algum sentido a ideia da adoção hipotética do ponto de vista do direito, ou seja, a ideia de pressupor que suas normas são válidas com a finalidade de determinar, nos casos de indeterminação do sistema, quais soluções são mais consonantes com a "justificação" de tais normas.

d) *A existência das normas como conceito descritivo*

As confusões que a teoria de Kelsen origina nesse assunto devem nos ensinar a separar cuidadosamente o conceito de validade (ou existência) normativo dos conceitos de validade (ou existência) descritivos.

Embora seja muito difícil modificar os hábitos linguísticos que determinam certa sinonímia entre as expressões "validade" e "existência" (quando são aplicadas às normas) e geram a ambiguidade que – como vimos – afeta ambas as palavras, seria conveniente reservar a palavra "validade" para se referir à justificabilidade ou força obrigatória das normas jurídicas, e dar à palavra "existência" um significado exclusivamente descritivo.

Qual é o conceito descritivo de existência das normas jurídicas especialmente relevante para a teoria jurídica?

Sem dúvida, esse conceito é o que está relacionado com o fato de as normas jurídicas em questão terem que ser consideradas para decidir como agir em seu âmbito de aplicabilidade. Trata-se do conceito de existência associado com a *vigência* ou *eficácia* das normas. É a vigência, em determinado território, de certas normas jurídicas, e não de outras, o que faz com que tenhamos que considerá-las para decidir como agir.

Quando uma norma jurídica é eficaz ou vigente? Em geral, os autores coincidem em assinalar duas condições para a vigência de uma norma jurídica: *1)* que seus destinatários – os sujeitos normativos – geralmente a observem (embora, sem dúvida, possa haver muitos desvios); *2)* que certos órgãos de aplicação as reconheçam em suas decisões. Se as pessoas não observam a norma em questão, ela não estará vigente, mesmo que os juízes a apliquem, e, ao contrário, também não será considerada vigente uma norma jurídica que as pessoas observam, mas que os órgãos de aplicação não reconhecem em suas decisões.

Todavia, embora a existência de uma norma esteja associada à sua vigência ou eficácia, em geral não se *identifica* a existência com a vigência de uma norma jurídica. Como vimos no final do capítulo anterior, uma norma pode existir sem que seja geralmente obedecida ou aplicada. Além disso, para decidir como agir, temos que considerar normas que ainda não foram obedecidas ou aplicadas, seja porque não houve oportunidade, seja porque, até o momento, preferiu-se desconhecê-las – mas que no futuro poderiam ser invocadas – (é claro que a maioria dos sistemas reconhecem a "dessuetude", a perda permanente de vigência, como uma forma de derrogação de normas).

Por isso é que, embora a existência de um *sistema jurídico* se identifique com sua vigência, o mesmo não ocorre no caso das *normas jurídicas*. Uma norma jurídica existe quando *pertence a um sistema jurídico vigente* (já vimos que uma norma pertence a um sistema jurídico ou quando é reconhecida por seus órgãos primários, ou quando foi sancionada e não derrogada de acordo com as normas do sistema).

Quando é possível dizer que um sistema jurídico existe ou está vigente? Um sistema jurídico tem vigência quando suas regras primitivas ou não derivadas (que incluem as regras de reconhecimento e os princípios que não derivam delas) *são em geral observadas por seus sujeitos normativos e são efetivamente aceitas em suas decisões pelos órgãos que têm, de fato, a possibilidade de dispor a execução de medidas coativas, recorrendo ao monopólio da força estatal.*

> Uma dificuldade desse critério de existência é que a maioria das normas primitivas do sistema – como é o caso das regras de reconhecimento – não tem como sujeitos normativos os cidadãos, destinando-se, sim, aos próprios órgãos primários. No entanto, é importante estabelecer certa relação entre as normas primitivas de um sistema e os cidadãos, já que ninguém diria que certa ordem jurídica vige em determinado território, se os habitantes desse território a desconhecem totalmente. Aparentemente, é possível sair dessa dificuldade, estipulando que as regras primitivas de um sistema são observadas pelos cidadãos quando são em geral obedecidas por eles – nos raros casos em que se destinam a eles –,

ou os cidadãos obedecem à generalidade das normas – embora não necessariamente a todas – que derivam de tais regras primitivas. Por exemplo, se uma regra de reconhecimento estipular a obrigatoriedade das leis do Parlamento, essa regra de reconhecimento estará vigente quando ela for aceita em suas decisões pelos órgãos primários e a maioria dos cidadãos tiver por costume obedecer à generalidade das leis do Parlamento (entretanto, restam algumas dificuldades a considerar).

Como se vê, as respostas que se tentou formular para as três perguntas propostas no início deste capítulo estão estreitamente relacionadas entre si.

A pergunta sobre como se distingue uma ordem jurídica de outras ordens, como a moral, a ordem de uma associação privada, as regras de um jogo, as regras de uma organização delituosa etc., recebeu a seguinte resposta (que é exposta a seguir usando uma terminologia ligeiramente diferente): *Um sistema jurídico é um sistema normativo que estipula, entre outras coisas, em que condições o uso da força é proibido e permitido e que institui órgãos centralizados que aplicam as normas do sistema a casos particulares (estando em geral obrigados a fazer isso), dispondo a execução das medidas coativas autorizadas pelo sistema, através do monopólio da força estatal.*

Por sua vez, a pergunta sobre como se individualiza um sistema jurídico, ou seja, como se distingue um sistema jurídico de outros, foi respondida do seguinte modo: *Uma ordem jurídica se distingue de outras pelo fato de suas normas serem direta ou indiretamente reconhecidas por órgãos que recorrem, para executar as medidas coativas que dispõem, a uma organização de força independente da que empregam os órgãos primários de outros sistemas.*

Por fim, a pergunta sobre a existência de uma ordem jurídica recebeu a seguinte resposta: *Uma ordem jurídica existe quando suas normas primitivas ou não derivadas são, em geral, observadas por seus destinatários e aceitas efetivamente em suas decisões pelos órgãos que têm a possibilidade fáctica de acionar o monopólio da força estatal para executar as medidas coativas que o sistema autoriza.*

4. A relação de um sistema jurídico com o direito internacional

Quando tratamos a questão da caracterização de um sistema jurídico, nos referimos ao direito internacional (vimos que é questionável classificá-lo como "direito").

O tema da ordem internacional também tem relevância para o problema da individualização de um sistema jurídico.

Antes de mais nada, vejamos algo sobre a estrutura desse "direito".

O direito internacional é constituído fundamentalmente por normas de origem consuetudinária, ou seja, por normas que surgem das reiteradas atitudes dos diferentes Estados. São raras as normas vigentes na comunidade internacional que possuem sua origem em órgãos centralizados, como as Nações Unidas ou as organizações regionais; em geral, essas organizações formulam "recomendações", e quando sancionam prescrições, nem sempre são eficazes.

Os tratados e as convenções também têm importância no direito internacional. No entanto, os juristas atribuem a essas normas uma validade derivada das normas consuetudinárias, sobretudo da norma que estabelece que os pactos devem ser cumpridos (chamada *pacta sunt servanda*).

Poder-se-ia perguntar de onde deriva a validade das normas de maior hierarquia do direito internacional, ou seja, as de origem consuetudinária. Para responder a essa pergunta, Kelsen repete o recurso que usou na abordagem dos direitos nacionais e afirma que se pressupõe uma norma fundamental que confere validade às primeiras normas do sistema. Sendo tais normas consuetudinárias, a norma fundamental do direito internacional deverá ter um conteúdo adequado a sua função de conferir validade a normas dessa natureza; Kelsen propõe a seguinte fórmula: "Os Estados devem se comportar como costumam fazer."

Obviamente, quanto à proposta de Kelsen em relação ao fundamento de validade do direito internacional, poder-se-iam formular as mesmas observações feitas sobre a norma fundamental dos direitos nacionais. Porém, não é nossa intenção reiterar aqui a discussão, e, sim, mostrar apenas qual incidência tem a consideração do direito internacional sobre a individualização dos diferentes sistemas jurídicos.

O direito internacional serve de fundamento de validade para os sistemas jurídicos nacionais? A relação inversa é verdadeira? Trata-se de sistemas jurídicos independentes?

Kelsen distingue três possíveis posturas com respostas diferentes a cada uma dessas perguntas.

A primeira poderia ser denominada "monismo internacional". Defende que os direitos nacionais fazem parte do direito internacional, pois este confere validade a cada uma delas.

A segunda tese poderia ser denominada "monismo nacional". Afirma que o direito internacional recebe sua validade dos direitos nacionais e, portanto, faz parte deles.

A terceira tese, chamada "pluralismo", sustenta que o direito internacional é um sistema independente dos direitos nacionais.

Embora Kelsen indique a possível escolha de qualquer uma das duas primeiras teses, tende, decididamente, pela apresentada em primeiro lugar.

Para isso, baseia-se em que a norma fundamental, que, segundo ele, é pressuposta conferindo validade a cada direito nacional, aparece reproduzida, com seu próprio conteúdo, como uma norma *positiva*, de caráter consuetudinário, do direito internacional.

De fato, os costumes internacionais incluem uma norma que costuma ser chamada "princípio de efetividade" que prescreve o reconhecimento de todo regime que durante um tempo prudencial exercer o controle coativo em certo território. Quer dizer, essa norma cumpre a mesma função que Kelsen atribui à norma fundamental dos direitos nacionais, ou seja, atribui competência para determinar normas ao grupo de pessoas que, sem estarem autorizadas por nenhuma norma positiva do sistema, têm êxito em estabelecer normas originais e eficazes.

Caso tenha sido encontrada uma norma positiva (o princípio de efetividade) que confere validade às normas originais dos direitos nacionais, aparentemente não haveria necessidade da norma fundamental pressuposta que confere validade aos direitos nacionais, já que se pode continuar com as cadeias de validade de normas positivas até a norma fundamental pressuposta do direito internacional. Desse modo, todos os direitos do mundo formariam um único sistema como partes do direito internacional.

O total afastamento do senso comum, que considera os direitos nacionais, tanto entre si como em relação ao direito internacional, sistemas jurídicos diferentes, sugere que algo vai mal nessa tese.

O erro da tese consiste em supor o primeiro direito como parte do segundo, pelo fato de uma regra de reconhecimento de um sistema jurídico coincidir com uma norma positiva de outro sistema. Se fosse assim, bastaria, por exemplo, que o princípio de efetividade fosse sancionado como lei do direito argentino, para que todos os direitos vigentes no mundo fizessem parte desse sistema jurídico.

O fato é que os critérios usados para individualizar um sistema jurídico selecionam determinadas normas, que, como vimos, são reconhecidas por certos órgãos primários como soberanas, independentemente de haver ou não outro sistema que autorize a sanção dessas normas. Por exemplo, a Constituição argentina é reconhecida como soberana pelos órgãos que têm capacidade de executar atos coativos no território do país, sem considerar se o direito internacional autoriza ou não sua determinação. Quer dizer, se uma norma for reconhecida como original e não porque deriva de outra, embora haja outra norma que a autorize, aquela norma fará parte da base de um sistema jurídico independente. (Isso explica por que a ordem de uma ex-colônia é um sistema jurídico autônomo, ainda que sua constituição tenha sido autorizada por uma norma da ex-metrópole.)

Também não é adequado o "monismo nacional", que supõe que o direito internacional faz parte de cada um dos direitos nacionais que o reconhecem. É verdade que os órgãos que, por via consuetudinária ou convencional, criam normas do direito internacional são os Estados, e que se a maior parte deles manifestar divergência quanto a uma norma consuetudinária ou contratual que contribuíram para criar, a norma ficará derrogada. Mas, em relação a cada Estado em particular, não é verdade que a ordem internacional seja direito à medida que é reconhecida por ele; as normas internacionais continuarão tendo vigência e, por conseguinte, constituindo direito existente, enquanto estiverem respaldadas pela comunidade internacional em geral. Ou seja, o direito internacional tem uma existência independente do reconhecimento de cada Estado em particular.

Em suma, parece que a postura mais coerente é a que se adapta ao senso comum, que considera sistemas independentes o direito internacional e cada um dos direitos nacionais, por serem diferentes os conjuntos de normas reconhecidas como soberanas que constituem a base de cada um de tais sistemas.

5. A mudança regular da base de um sistema jurídico

Dissemos que quando mudam as normas que constituem a base de certo direito, ou seja, as normas primitivas que os órgãos primários reconhecem, o critério de individualização que formulamos determina a conclusão de que muda o sistema jurídico, havendo nesse território um sistema diferente do anterior. Isso fica claro quando a modificação é feita de uma forma "irregular", ou seja, não prevista no próprio sistema.

Quando uma mudança desse tipo tem certa magnitude, fala-se de "golpe de estado" ou de "revolução".

Mas há casos em que entre as regras básicas de um sistema existe alguma que prevê um procedimento para modificar o conjunto. Por exemplo, o art. 30 da Constituição Nacional argentina dispõe a forma de modificar qualquer um de seus artigos. Quando essa reforma é realizada seguindo as prescrições constitucionais, a despeito do que dissemos antes, os juristas entendem que apesar da mudança da base do sistema, o direito continua sendo o mesmo.

Esse fato parece contradizer a ideia de que a individualização de um sistema depende do reconhecimento de certas normas que constituem a sua base e que, quando as normas reconhecidas são diferentes, muda o sistema.

Uma possível explicação seria que a nova Constituição não integra a base de um sistema diferente, mas que ela *deriva* da antiga Constituição, que continua constituindo a base da ordem jurídica, que, portanto, não mudou.

No entanto, essa resposta é inaceitável, já que a nova Constituição, provavelmente, conterá normas incoerentes com as da antiga, o que produzirá, se a nova Constituição for reconhecida, uma derrogação das normas constitucionais anteriores e, por conseguinte, sua exclusão da base e uma mudança de sistema.

Poder-se-ia replicar a essa objeção reformulando a tese e afirmando que a única norma que integra a base de um sistema jurídico é a norma constitucional que prevê a reforma da Constituição, da qual derivariam tanto a Constituição antiga quanto a nova; se essa norma permanecer antes e depois da reforma e se for considerada como a única norma constitutiva da base da ordem jurídica, esta não mudará com a reforma constitucional (pois a norma primitiva do sistema continuará sendo a mesma).

Porém, essa proposta também não é satisfatória. A antiga constituição não deriva da norma que dispõe o procedimento para sua reforma; por exemplo, a Constituição argentina de 1853 não foi determinada conforme o procedimento estabelecido em seu art. 30. Isso quer dizer que as normas constitucionais anteriores eram aceitas como soberanas e não como derivadas de outra norma, tal como o art. 30. Se, em contrapartida, a nova Constituição for reconhecida apenas como derivada de uma norma pertencente à antiga, isso significará que o direito tem agora uma nova base e, por consequência, é um sistema jurídico diferente do anterior.

(O antigo direito teria como normas primitivas todas as normas constitucionais; por outro lado, o novo direito teria como norma primitiva apenas o art. 30 da antiga Constituição, do qual derivariam as novas normas constitucionais.)
Além disso, propõe-se outro problema. Suponhamos que, seguindo o procedimento estabelecido pelo art. 30 da Constituição argentina, reforma-se o próprio art. 30. Para os juristas, o fato de a reforma constitucional se estender inclusive à norma que dispõe o procedimento de modificação não altera a ideia de que o sistema jurídico continua sendo o mesmo.
Porém, o novo art. 30 não pode derivar do antigo. Se fosse assim, o antigo continuaria pertencendo ao sistema e, por consequência, as reformas ulteriores deveriam ser feitas segundo o antigo art. 30 e não de acordo com o novo, com o que não teria ocorrido reforma alguma.

> Por outro lado, se o novo art. 30 derivasse sua validade do antigo, seria preciso supor que a norma do art. 30 refere-se a si mesma, permitindo a algum órgão sua modificação seguindo determinado procedimento.
> Uma norma pode referir-se a si mesma?
> Os lógicos rejeitam, em geral, a possibilidade de enunciados autorreferentes. Se alguém disser "esta proposição é verdadeira", provavelmente diremos que o que diz não tem significado algum. A mesma coisa acontece com o chamado "paradoxo do mentiroso". Suponhamos que alguém formula o seguinte enunciado: "tudo o que eu digo é mentira"; ocorre que se a proposição for verdadeira, não é certo que seja mentira tudo o que diz aquele que a formula, o que leva à conclusão contrária ao ponto de partida, de que a proposição tem que ser falsa.
> Parece que a mesma conclusão deve ser formulada, como expõe Ross, em relação às normas. Não se entende que significado pode ter uma prescrição que diga, por exemplo, "faça o que estabelece esta norma".
> O tema da autorreferência suscitou discussões complicadas entre os filósofos, sendo propostas distinções (que levam a admitir algumas formas de proposições reflexivas), cuja análise transcende os limites deste trabalho.

Em relação a um artigo como o artigo 30 da Constituição argentina, talvez a autorreferência possa ser eliminada, se for interpretado que esse artigo contém logicamente duas normas: uma que se refere a todos os demais artigos da Constituição, mas não a ele próprio, e outra que indica um procedimento idêntico de reforma, mas referente apenas à norma anterior. Desse modo, não haveria autorreferência, visto que teríamos uma norma que regula o procedimento para reformar as demais regras constitucionais e outra norma que estabelece o procedimento para reformar a norma anterior.

No entanto, o fato é que mesmo com esse recurso não se poderia manter a identidade do sistema antes e depois da reforma, pois uma modificação do art. 30, ou de qualquer outra norma da Constituição, implicaria a derrogação do antigo e, por consequência, uma mudança da base da ordem jurídica.

Por conseguinte, parece que não há outro remédio além de concluir que quando se modifica a base de um sistema jurídico, seja por via "regular" ou revolucionária, a ordem jurídica sempre se transforma. Com *essa finalidade*, tanto faz, como diz Alf Ross, que, por exemplo, se convoque uma assembleia constituinte para reformar a Constituição ou que o presidente decida modificá-la por um ucasse: o resultado sempre será uma mudança da ordem jurídica.

Evidentemente, essa constatação não supõe recomendar que a Constituição seja modificada por procedimentos irregulares; implica apenas advertir que, quando muda a base de um sistema, surge uma ordem jurídica diferente, e o fundamento de validade das novas normas não pode ser encontrado no sistema derrogado, embora em muitos casos haja uma estreita continuidade entre eles.

6. A estrutura dos sistemas jurídicos e os procedimentos de criação de normas

a) As fontes do direito

Até agora vimos que, contra o que afirmava Kelsen, um sistema jurídico é constituído por normas que cumprem diversas funções: algumas impõem certas obrigações, outras prescrevem a aplicação de sanções; também há aquelas que conferem competência para aplicar sanções; e, além disso, há normas que facultam a determinação de outras normas. Essa lista, inclusive, indica apenas os tipos mais importantes de normas, sendo esperado que um exame cuidadoso mostre uma classificação muito mais rica.

Mas as normas que integram os sistemas jurídicos podem ser classificadas não só por sua estrutura ou conteúdo, como também por sua origem.

O estudo das diferentes formas de criação de normas jurídicas é feito em geral sob o rótulo de "fontes do direito".

Simplificando um pouco as coisas, cabe destacar duas modalidades genéricas de criação do direito; uma que poderíamos classificar de *deliberada* e outra de *espontânea*.

Quando falamos de criação deliberada do direito, nos referimos à sanção de certas regras por meio de atos executados por órgãos competentes com a intenção de estabelecer tais regras.

A legislação é o arquétipo dessa forma consciente de criação do direito. De fato, uma lei é sancionada mediante um conjunto de atos destinados a executar o procedimento prescrito para sua criação.

A palavra "lei" é notoriamente ambígua. Os juristas que descrevem um sistema constitucional como o argentino preocupam-se em restringir seu uso para se referir apenas às normas, seja qual for seu conteúdo ou sua extensão, determinadas por um parlamento (esse significado de "lei" foi chamado *formal*). Em contrapartida, os leigos chamam "lei" às normas determinadas por qualquer órgão: Congresso, presidente, ministros, prefeito etc., com as únicas restrições de serem gerais e terem sido criadas deliberadamente (esse outro sentido de "lei" foi denominado *material*).

Deixando de lado as questões terminológicas, podem ser mencionadas, portanto, como exemplo de normas criadas deliberadamente, as determinadas por uma assembleia constituinte, as do Congresso, os decretos do Poder Executivo, as resoluções ministeriais, as disposições municipais e universitárias etc.

As sentenças proferidas pelos juízes também constituem casos de criação deliberada do direito.

Discutiu-se se as sentenças judiciais são ou não normas jurídicas. O professor Sebastián Soler, em especial, expressou uma opinião negativa, baseado em que as sentenças dos juízes não têm algumas das propriedades que, segundo ele, são definitórias do conceito de norma jurídica, fundamentalmente a generalidade. No entanto, e sem desprezar a conveniência de estudar mais a fundo os interessantes argumentos de Soler, a caracterização da noção de norma jurídica formulada no primeiro capítulo parece ser compatível com as propriedades apresentadas pelas sentenças judiciais.

Uma discussão relacionada com essa surge a partir da questão sobre os juízes criarem ou não o direito.

Genaro R. Carrió mostrou os equívocos verbais e as discordâncias valorativas que dão margem a essa polêmica. Com a frase "os juízes criam o direito" podem ser expressas coisas tão diferentes como que os juízes determinam normas jurídicas, que os juízes em conjunto estabelecem normas jurídicas gerais, que os juízes, cada um em separado, determinam normas particulares que nem sempre são deduzidas das leis e demais normas gerais etc. Carrió destaca que alguns desses enunciados, que podem constituir alternadamente o significado da oração "os juízes criam o direito", são verdadeiros e outros são falsos. É verdade, por exemplo, que os juízes determinam normas jurídicas (particulares), que todo o corpo judicial, em conjunto, como veremos depois, estabelece certos preceitos gerais, e que nem sempre as sentenças são deduzidas das leis e de outras normas gerais previamente estabelecidas, e, por outro lado, não é verdade que cada juiz em separado sancione normas gerais.

No entanto, diz Carrió, os equívocos verbais não são a causa exclusiva do debate sobre se os juízes criam ou não o direito, como prova a circunstância de os juristas provavelmente continuarem aferrados às suas posturas desencontradas, ainda que sejam esclarecidas as diferentes interpretações admitidas pela fórmula "os juízes criam o direito". No fundo, entre os teóricos está encoberta uma discordância valorativa; qualquer que seja o sentido dado à fórmula referida, com sua aceitação não se quer descrever nenhum fato, mas expressar a *atitude* de desejar que sejam permitidas aos juízes amplas faculdades no exercício de sua atividade, e, com seu repúdio, pretende-se manifestar a tese ideológica oposta de que os juízes devem ater-se estritamente ao estabelecido pelas normas gerais.

Além das sentenças judiciais, também existe outro meio de criação deliberada do direito através de normas jurídicas particulares.

Quando duas pessoas firmam um contrato, elas estipulam direitos, obrigações, poderes e até sanções, para ambas as partes ou para uma delas, de modo que é razoável considerar o contrato, como faz Kelsen, como uma norma jurídica ou um conjunto de normas.

Como foi dito em outras partes deste trabalho, as normas contratuais são autônomas, visto que regulam apenas as condutas de quem intervém na celebração do contrato. Além disso, como também dissemos, há uma descentralização da capacidade para determinar esse tipo de normas (elas podem ser estabelecidas por qualquer pessoa que reúna certas condições genéricas), não sendo requerida uma competência particular.

Além das formas deliberadas de originar normas jurídicas, há meios *espontâneos* que chegam ao mesmo resultado.

Em certas condições, determinados atos realizados sem a intenção de estabelecer normas têm, no entanto, esse efeito.

A forma espontânea mais evidente em que se originam as normas jurídicas é o costume. O costume surge de um reiterado comportamento dos membros de uma sociedade.

É preciso distinguir entre os costumes e os meros hábitos, como o de fumar, que não originam normas, mesmo que sejam compartilhados por muita gente.

Vejamos um exemplo, para mostrar a diferença entre hábito e costume. Tomar banho com regularidade é um costume social; em contrapartida, tomar banho de manhã, embora muita gente tome, é só um hábito. Um comportamento repetido, como diz Hart, só origina uma norma quando essa reiteração de atos é adotada como modelo para criticar aqueles que não a seguem e para elogiar os que se ajustam a ela, o que ocorre no caso de tomar banho com sensata regularidade, mas não no de tomá-lo em determinadas horas.

Conforme definimos, o costume sempre origina normas. No entanto, nem todas as normas consuetudinárias constituem normas jurídicas, como ocorre com os usos sociais (por exemplo, cumprimentar de determinada maneira), as modas (por exemplo, usar saia curta), a moral consuetudinária (por exemplo, certas modalidades de relação sexual), que não são normas jurídicas.

Para que uma norma consuetudinária seja ao mesmo tempo uma norma jurídica, ela deve fazer parte de um sistema jurídico, isto é, tem que ser reconhecida pelos órgãos primários do sistema.

Constituem também uma forma espontânea de originar normas jurídicas a jurisprudência ou os precedentes judiciais.

Como vimos, os juízes estabelecem certas normas particulares, chamadas "sentenças judiciais". Para fazer isso, consideram determinadas normas que podem preexistir, como uma lei ou um costume, mas muitas vezes também levam em consideração, nos fundamentos da sentença, certos critérios gerais de razoabilidade, equidade etc. Esses critérios, que não foram determinados por um legislador, nem se originaram do costume da população, podem ser considerados por outros juízes aos quais é proposto, em ocasião posterior, um caso análogo ao que foi resolvido originalmente. Quando tais critérios são adotados pelos juízes como fundamento de suas sentenças e a dissuasão deles é motivo de crítica, originam-se certas normas jurídicas, que os juízes podem considerar tão ou mais obrigatórias que as leis (como ocorre nos Estados Unidos e Grã-Bretanha).

Por isso é válido afirmar que os juízes em conjunto podem originar normas jurídicas gerais. Isso não quer dizer que o corpo judicial sancione deliberadamente normas dessa natureza (como fazem com as sentenças). Os precedentes surgem a partir das razões que determinaram a adoção de certa decisão (o que é chamado a *ratio decidendi* do veredicto) e que são obrigatórias em casos análogos para os tribunais inferiores ou de igual hierarquia.

O que foi exposto até agora constitui um panorama geral, embora superficial, das formas de criar normas jurídicas mais comumente encontradas nos sistemas jurídicos desenvolvidos.

No entanto, não se pode estabelecer *a priori* qual ou quais dentre as diversas fontes do direito apresentadas são aceitas em cada sistema jurídico particular. Isso dependerá do que for disposto pelos critérios de reconhecimento mediante os quais é integrado o conjunto básico do sistema e em que condições as normas básicas permitem a criação de novas normas. Há direitos cujo conjunto básico é formado apenas por normas legisladas (em geral, acredita-se que as normas básicas do direito argentino não são mais que as determinadas deliberadamente com caráter constitucional); outros direitos são encabeçados apenas por um conjunto de normas consuetudinárias e há outros, enfim, cujas normas básicas têm origens diversas.

Quanto ao sistema argentino, discute-se se o costume é ou não fonte do direito. A opinião majoritária dos juristas é negativa, apoiando-se no art. 17 do Código Civil que dispõe expressamente que o costume não é fonte do direito, a não ser quando a lei se refere a ele ou em caso de lacunas legais. Mas esse não é um bom argumento, visto que, de acordo com o critério de reconhecimento que descrevemos no § 2, *b*, 5, do presente capítulo, poderia ocorrer que, apesar do que essa norma legal diz, os órgãos primários reconhecessem como integrantes da base do sistema certas normas de origem consuetudinária. Pelo menos, admite-se que determinadas normas legais (como as do Código Penal que reprimem o duelo) foram derrogadas por meio de um costume contrário. Isso implicaria que, paradoxalmente, o art. 17 do Código Civil fosse derrogado pelo costume!

Quanto aos precedentes, é óbvio que no sistema argentino (de tipo continental europeu) eles não têm relevância decisiva, ao contrário do que ocorre nos países do chamado *common law* (fundamentalmente, Estados Unidos e Inglaterra), nos quais constituem a fonte mais importante do direito. Na Argentina, os juízes buscam orientação na jurisprudência, mas em geral não consideram que os precedentes tenham força imperativa para as futuras decisões. Por outro lado, nesse país, a jurisprudência, ao contrário dos precedentes no *common law*, não se constitui como uma única decisão, exigindo, sim, uma série concordante de decisões.

O único caso em que, no sistema argentino, se reconhece a obrigatoriedade de um veredicto judicial para futuras decisões é quando ocorre uma "plenária" (que consiste em uma reunião de todos os tribunais que compõem uma Câmara de Apelações, com o objetivo de unificar doutrinas judiciais contraditórias, sendo, então, a decisão obrigatória para toda a Câmara e os juízes que dependam dela). No entanto, uma sentença plenária não é um precedente em sentido estrito, já que não se origina na fundamentação de certa decisão, sendo, sim, uma regra estipulada deliberadamente; é o único caso, fora das regulamentações internas que um tribunal pode sancionar, em que um órgão judiciário pode estabelecer, de forma deliberada, normas gerais.

b) A ordem hierárquica das normas que integram um sistema jurídico

As normas que constituem um sistema jurídico costumam ser ordenadas segundo certos níveis de hierarquia. Tal ordenação está relacionada tanto com a questão da pertinência das normas a um sistema, que vimos no § 2 deste capítulo, como com a das fontes do direito, que examinamos na seção precedente.

As cadeias de validade formadas com base nas normas que autorizam a criação de outras nos mostram uma ordenação hierárquica das normas.

No entanto, essa ordenação compreende um aspecto parcial dos sistemas jurídicos, visto que só nos permite dizer que uma norma é inferior à que autoriza sua criação, mas não reflete os diferentes níveis que pode haver entre normas cuja criação é autorizada por normas distintas, e também não reflete a diferente hierarquia que pode haver entre normas cuja sanção é permitida por uma única norma ou por um conjunto de normas do mesmo nível (por exemplo, a Constituição autoriza tanto a sanção de leis quanto a de sentenças judiciais, apesar de se considerar que ambos os tipos de normas têm hierarquia diferente).

Pode-se dizer que uma norma é superior a outra quando, havendo conflito entre elas, a primeira for considerada válida, e a segunda não.

Vamos supor que uma lei seja incoerente com alguma norma constitucional, ou porque não foi sancionada pelo Congresso, ou porque, mesmo tendo sido determinada pelo Congresso, este não seguiu o procedimento prescrito para a sanção das leis, ou, ainda, porque o conteúdo da lei é incompatível com alguma prescrição constitucional. Nessas circunstâncias, a validade da respectiva norma constitucional seria mantida e, em contrapartida, seria declarada inválida a lei em questão.

De onde surge a preferência por certas normas quanto a sua validade em relação a outras?

Em primeiro lugar, depende do que é estabelecido pelos critérios vigentes de reconhecimento para identificar a base do sistema. Como diz Hart, esses critérios podem reconhecer dois tipos distintos de normas como integrantes da base de um sistema (por exemplo, todas as normas determinadas por uma assembleia constituinte e, além disso, um conjunto de normas consuetudinárias) e estabelecer também que um desses conjuntos, embora os dois sejam básicos, tem prioridade sobre o outro, não porque as normas do segundo "derivem" do primeiro, mas porque, em caso de conflito, prevalecem as do primeiro sobre as do segundo.

Em segundo lugar, a ordenação hierárquica das normas depende também do que as próprias normas do sistema dispõem. Uma norma de um sistema jurídico pode estabelecer a prioridade que deve existir quanto à validade das normas inferiores a ela (evidentemente, não entre as normas superiores à que estabelece a prioridade). Por exemplo, o art. 31 da Constituição argentina estabelece: *"Esta Constituição* [observar aqui uma nova autorreferência], *as leis da Nação que em consequência dela são determinadas pelo Congresso e os tratados com os Estados soberanos estrangeiros são a lei suprema da Nação; e as autoridades de cada província são obrigadas a ajustar-se a ela, não obstante qualquer disposição em contrário que contenham as leis ou Constituições provinciais..."*

Seguindo os critérios de reconhecimento utilizados para identificar a base do sistema jurídico argentino atual e o que as normas do próprio sistema dispõem, a estrutura hierárquica da ordem jurídica da Argentina poderia ser esquematizada da seguinte forma (deixando de lado para fins didáticos, é claro, certas complicações e refinamentos):

Constituição Nacional

Tratados internacionais

Leis nacionais determinadas em consequência da Constituição

Outras leis do Congresso Nacional.	Constituições provinciais. Tratados interprovinciais.
Decretos do Poder Executivo Nacional.	Decretos e resoluções dos Executivos provinciais.

Resoluções ministeriais

Disposições municipais, resoluções administrativas e de entidades autárquicas etc.

Convenções entre particulares

Decisões judiciais

O SISTEMA JURÍDICO

Nesse quadro não são incluídas as normas consuetudinárias, visto que seria muito demorado elucidar o lugar que ocupam nessa hierarquia. Também não são incluídos outros tipos de normas, como as sentenças plenárias, os precedentes nos casos excepcionais que constituem verdadeiras normas etc.

Dissemos que uma norma é superior a outra quando, em caso de conflito entre ambas, mantém-se a validade da primeira à custa da validade da segunda.

No entanto, nem todo mundo está autorizado a determinar a invalidade de uma lei inconstitucional, de uma sentença ilegal, de um contrato irregular etc. Os sistemas jurídicos modernos facultam apenas a determinados órgãos a anulação das normas estabelecidas sem cumprir o que é prescrito por normas de nível superior ou com um conteúdo incoerente com o delas.

Quanto às leis inconstitucionais, o direito argentino permite exclusivamente aos juízes anulá-las, e apenas no caso de apresentação perante o tribunal, não nos restantes.

Por isso, costuma-se dizer que uma norma incoerente com outra superior continua sendo válida ou existente se não foi anulada por um juiz, seja porque o caso não lhe foi apresentado, seja porque, tendo sido apresentado, o juiz julgou que não havia tal incoerência.

Isso parece contradizer a definição aceita de existência das normas. Foi dito que uma norma existe (ou é válida, no sentido descritivo) quando pertence a uma ordem jurídica existente, e que pertence a uma ordem existente quando é uma norma reconhecida pelos órgãos primários do sistema ou sua determinação está autorizada por uma norma que pertence ao sistema. Parece contraditório dizer que uma norma que não reúne nenhuma dessas condições é válida ou existente.

Essa contradição levou Kelsen a afirmar que, na realidade, uma lei inconstitucional, por exemplo, também deriva da Constituição, visto que é preciso pressupor que a Constituição tem certas cláusulas tácitas autorizando o estabelecimento de normas contrárias aos preceitos expressos, já que, do contrário, não se explicaria que fossem consideradas válidas até virem a ser anuladas.

Esse é, sem dúvida, um recurso fictício e ilógico. Se entendêssemos que qualquer norma estabelecida deriva de uma norma superior expressa ou tácita, desapareceria o sentido da distinção entre normas jurídicas válidas e inválidas, pois todas seriam válidas.

Aparentemente, como afirmou Eugenio Bulygin, quando dizemos que uma lei inconstitucional ou um contrato ilegal são válidos enquanto não forem anulados, não usamos o termo "validade" no sentido de pertinência a um sistema, determinada por sua derivação de outras normas desse, e, sim, no sentido de que são obrigatórias enquanto não forem anuladas, por isso não seria contraditório dizer que essas normas são válidas, embora incoerentes com outras de nível superior. Ou seja, esses casos são os que apresentam a tensão, antes mencionada, entre o fato de a sanção da norma *não ter sido autorizada* por uma norma do sistema e o fato de haver, no entanto, uma norma do sistema que *declara obrigatória* a aplicação ou observância da norma em questão.

Se aceitarmos que para uma norma pertencer ao sistema deve ou ser uma norma primitiva ou ter sido determinada de acordo com outra norma do sistema, uma lei inconstitucional não é uma norma do sistema jurídico por mais que sua obediência seja obrigatória de acordo com o sistema jurídico. Se falarmos de "validade" ou "existência" com o sentido descritivo de pertinência a um sistema, uma lei inconstitucional é inválida ou inexistente. Se, em contrapartida, usarmos essas palavras com o significado também descritivo de obrigatoriedade segundo normas de certo sistema, uma lei inconstitucional é válida ou existente até que venha a ser anulada.

PERGUNTAS E EXERCÍCIOS – III*

1. – Quais seriam alguns dos enunciados pertencentes ao sistema dedutivo cuja base é formada pelos seguintes enunciados?
   a) Os incapazes de fato não podem contratar.
   b) Os menores de idade são incapazes de fato.
   c) Os menores de 21 anos são menores de idade.

2. – Por que Alchourrón e Bulygin não caracterizam os sistemas normativos como sistemas integrados apenas por normas?

3. – Qual pode ser a função exercida por uma definição em um sistema normativo?

4. – Por que parece inadequada a tese de Kelsen de que todas as normas jurídicas prescrevem sanções? Você lembra o que Kelsen diz a respeito dos enunciados jurídicos que não dispõem sanções, mas que, por exemplo, conferem competência?

5. – O direito seria necessário em uma sociedade de "anjos" como a imaginada por Raz? As deficiências da natureza humana são o que determina a necessidade de uma ordem jurídica?

6. – É verdade que em todos os Estados há um poder que exerce o monopólio da força? Isso implica que ninguém além desse poder está em condições (em certo sentido de "estar em condições") de exercer a força nessa sociedade?

---

* Algumas questões supõem o conhecimento da legislação argentina, mas o leitor poderá adaptá-las ao caso do Brasil. Mantivemos o texto original por respeito ao autor. (N. do E.)

7. – Apresente uma breve descrição de uma sociedade primitiva imaginária que não conta com um sistema jurídico. Como se resolveriam nela os conflitos entre diferentes indivíduos? Como seria obtida a cooperação social necessária para alcançar certos objetivos (como, por exemplo, ganhar uma guerra contra uma tribo vizinha)? Como seria distribuído o poder nessa sociedade? Que mudanças teriam que ocorrer para que essa sociedade começasse a contar com os rudimentos de um sistema jurídico?

8. – Que outros sistemas normativos, além do direito, estatuem certos órgãos ou instituições? Dê alguns exemplos e procure distinguir tais órgãos dos que são típicos de uma ordem jurídica.

9. – Qual é a possível relevância de não classificar de "direito" o direito internacional? O que seria o "direito internacional" se não fosse um sistema jurídico? Qual o sentido da discussão sobre o caráter jurídico do "direito internacional"?

10. – A quais categorias de órgãos especificados na p. 126 correspondem as seguintes autoridades: um prefeito, um ministro do Poder Executivo, um guarda de trânsito, um Parlamento, um carcereiro, um juiz, um oficial de justiça, um delegado de polícia?

11. – Quais são as propriedades que distinguem os chamados "órgãos primários"?

12. – Um suposto sistema jurídico poderia funcionar se seus juízes tivessem "absoluta discrição" para resolver os casos segundo as normas que considerassem adequadas? Procure apresentar uma breve descrição de como seria um sistema semelhante. (Como determinaríamos as normas para fazer um contrato, contrair matrimônio etc.? Como saberíamos se um ato é ou não um delito? Qual seria o papel dos legisladores?)

13. – Se a obrigação dos juízes de aplicar certas normas deriva da regra de reconhecimento do sistema jurídico e a regra de reconhecimento é uma prática que os próprios juízes desenvolvem, os sistemas jurídicos não são, em suma, sistemas de "absoluta discrição"?

14. – Quando Dworkin diz que não se pode *justificar a obrigação* de aplicar uma norma recorrendo apenas à regra de reconhe-

cimento do sistema, está propondo um problema que apresentariam os enunciados formulados de qual ponto de vista (interno ou externo) em relação à regra de reconhecimento? Com que significado (descritivo ou normativo) Dworkin usa a palavra "obrigação" nesse contexto?

15. – Quais poderiam ser os objetivos pretendidos com a instauração e aplicação de um sistema jurídico? Não se poderia distinguir um sistema jurídico de outros sistemas normativos por seus objetivos e funções características?

16. – Com os elementos fornecidos no § 2, *a* (e com os que você julgar necessário acrescentar), procure distinguir o direito da moral positiva, das regras da "máfia", da organização de um clube social, das regras do xadrez.

17. – Que relação tem o tema tratado nos trechos seguintes do editorial do jornal *La Nación*, de 6 de dezembro de 1973, com a questão da pertinência de uma norma a um sistema jurídico? O que não estava claro sobre as leis de que o jornal fala? Havia dúvidas sobre se os órgãos que determinaram essas leis estavam autorizados para isso? Havia dúvidas sobre se essas leis tinham sido derrogadas? Era contestável se essas leis eram obedecidas?

"*Estado de insegurança*. Na verdade, o país vive em um estado que não poderia ser de maior incerteza constitucional. Em alguns aspectos jurídicos, como o concernente à validade da legislação determinada pelos governos *de facto* posteriores a 1966, o caos não pode ser maior. Os três poderes da República têm, efetivamente, posturas diferentes nessa matéria crucial.

Em primeiro lugar, a Suprema Corte de Justiça da Nação, constituída depois de 25 de maio, defendeu que essa legislação caducou com o governo que a havia sancionado. No caso "Aliança Popular Revolucionária s/ eleições complementares de Necochea", a Corte de Berçaitz, Arauz Castex, Corvalán Nanclares, Diaz Bialet e Masnatta declarou que as leis eleitorais sancionadas por Lanusse tinham caducado com seu governo; isto é, rejeitou a jurisprudência da Corte de 1948, pela qual os decretos-leis continuavam tendo validade enquanto o Congresso não dispusesse o contrário (caso "Ziella c/ Sniriglio").

Em segundo lugar, o Poder Executivo demonstrou nessa matéria sua preferência pela ambiguidade: algumas vezes, derrogou por um simples decreto um decreto-lei ou, como se dizia então, uma "lei" do governo revolucionário: na questão, por exemplo, do Estatuto do Serviço Civil da Nação; outras vezes, dirigiu-se ao Congresso através de projetos propiciatórios da derrogação de "leis" estabelecidas entre 28 de junho de 1966 e 25 de maio de 1973, como ocorreu no plano educativo.

Em terceiro lugar, o Congresso da Nação parece ter se desinteressado da gravidade da questão à medida que, por um lado, aceitou em silêncio a derrogação por decreto de decretos-leis sancionados pelos governos revolucionários e, por outro lado, prestou-se a derrogar por leis disposições legais de natureza equivalente. Em suma, pelo que se tem visto, este Congresso está disposto a terminar seu primeiro período legislativo sem definir a situação jurídica da República, como fizeram outros parlamentos em 1932, em 1946, em 1958 e no final de 1963..."

18. – O que quer dizer que uma norma jurídica "deriva de outra"? Uma norma jurídica deriva de outra da mesma forma que uma norma moral deriva de outra?

19. – Por que é insuficiente um critério de pertinência de uma norma a um sistema jurídico que esteja exclusivamente baseado no fato de a norma em questão ter sido determinada de acordo com as condições estabelecidas por outra norma do sistema?

20. – Quais das afirmações seguintes você considera correta? (Fundamente sua resposta.)
   a) Uma norma pertence ao direito argentino quando é destinada a regular a conduta dos argentinos.
   b) Uma norma pertence ao direito argentino quando sua determinação foi autorizada por outra norma do direito argentino.
   c) Uma norma pertence ao direito argentino quando é inspirada nos ideais que se referem à essência do ser nacional argentino.
   d) Uma norma pertence ao direito argentino quando é aplicável no território argentino.

e) Uma norma pertence ao direito argentino quando é determinada pelo poder soberano da Argentina.

f) Uma norma pertence ao direito argentino quando é reconhecida pelos órgãos que reconhecem as outras normas do direito argentino e que podem dispor a execução das medidas coativas que essas normas autorizam.

21. – Que problemas apresenta o critério de individualização de um sistema jurídico baseado no reconhecimento das normas do sistema por certos órgãos primários? Qual é o círculo vicioso em que se pode cair ao caracterizá-los?

22. – Os princípios morais podem fazer parte de um sistema jurídico?

23. – Assinale quais das seguintes propriedades correspondem à norma fundamental de Kelsen e quais à regra de reconhecimento de Hart:
   a) É uma norma intrinsecamente justa.
   b) É uma norma positiva.
   c) Seu conteúdo pode variar de um direito a outro.
   d) É válida por pressuposição.
   e) É uma prática social.
   f) É uma hipótese epistemológica da ciência jurídica.
   g) É uma norma de direito natural.
   h) Não é válida nem inválida.

24. – Por que um sistema jurídico pode ter várias regras de reconhecimento? Como isso afeta a individualização do sistema baseada em sua regra de reconhecimento?

25. – Procure resolver o problema proposto a um advogado na situação hipotética que descrevemos a seguir e comente o diálogo subsequente entre esse advogado e seus colegas:
   Um advogado estrangeiro envia um telegrama a um colega argentino solicitando-lhe que o informe se nesse direito constitui um delito emitir um cheque sem fundos quando o cheque é entregue com a data em branco.
   O advogado examina algumas coleções de leis, decretos, sentenças judiciais etc. A investigação termina quando o advogado encontra em uma coleção de sentenças plenárias (ou seja, de sentenças proferidas por todos os tribunais que integram uma Câmara de Apelações e que são

obrigatórias, não só para tais tribunais, mas também para os juízes de primeira instância que dependam do tribunal), uma resolução da Câmara de Apelações Penais da Capital, com data de 18 de outubro de 1967, pela qual se decidiu que não é punível a emissão sem fundos suficientes de um cheque com data em branco.

O advogado estrangeiro, ou por desconfiar dos conhecimentos do colega ou por ser um professor de filosofia do direito que pretende testar os fundamentos das afirmações jurídicas, envia outro telegrama ao advogado de Buenos Aires, solicitando-lhe que o informe porque pertence ao direito argentino uma norma como a que foi descrita.

O advogado argentino volta a averiguar nas coleções de normas e encontra um decreto-lei (ou seja, uma norma que tem a generalidade de uma lei, mas que não foi estabelecida pelo Congresso, mas sim por um regime *de facto* surgido de um golpe de Estado), com o n.º 1.285, de 1958, e cujo art. 27 faculta às Câmaras de Apelações que se reúnam em Tribunal pleno para estabelecer a interpretação de uma lei.

No entanto, com grande surpresa, recebe um novo telegrama do profissional estrangeiro com este texto: "Creio que os mencionados decretos-leis não foram sancionados por autoridades legítimas, de acordo com o direito argentino, por isso não pertencem a esse direito, e, portanto, nem a sessão plenária autorizada pelo decreto-lei n.º 1285, a que o senhor aludiu em sua resposta anterior. Por favor, responda-me urgentemente."

Desconcertado, o advogado argentino, que chamaremos *A*, consulta vários colegas sobre a questão, ocorrendo entre eles o seguinte diálogo:

A. ... Então esse advogado me consultou sobre a pertinência ao direto argentino dos decretos-leis, entre os quais o de n.º 1.285, que autoriza as sentenças plenárias. Que resposta os senhores acham que posso dar para evitar novas perguntas inoportunas?

B. Creio que a resposta é clara, pois o regime surgido do movimento de 1955, que promulgou o decreto-lei 1.285, atribuiu a si mesmo, por um edital, as funções próprias do Congresso Nacional. Isto é, o senhor deve responder que tal decreto-lei pertence ao direito argentino, pois foi pro-

mulgado de acordo com uma norma de nível constitucional que autorizava a sanção desse tipo de normas.
C. Mas essa resposta não tem sentido! O que significa uma norma que autoriza o próprio órgão que a determinou a legislar? Alguém pode autorizar uma conduta a si mesmo? O que acrescenta essa autopermissão ao próprio fato de realizar a conduta? Além disso, mencionar essa norma, determinada pelo governo que assumiu o poder em 1955, propõe outra vez o problema sobre a pertinência ao sistema jurídico argentino dos decretos-leis promulgados por ele, já que caberia se perguntar por que pertence a esse direito a norma em virtude da qual esse governo atribuía a si mesmo as faculdades do Congresso.
A. Estou de acordo com C. No entanto, há um fato que os senhores não observaram e que, acredito, resolve o problema. A Suprema Corte, durante o governo de 1955-1957, em reiteradas sentenças, reconheceu a faculdade do governo *de facto* de promulgar decretos-leis.
C. Surpreende-me que o senhor considere que desse modo esclareceu as dúvidas do advogado estrangeiro! Não percebe que ele vai perguntar ao senhor, antes de mais nada, quem autorizou os juízes a decidir sobre a competência ou incompetência de outros órgãos para determinar normas jurídicas, e, em segundo lugar, se esses juízes não foram nomeados talvez pelo mesmo governo ao qual reconheceram a faculdade para determinar normas, faculdade que neste momento estamos discutindo? Não, meu amigo, por esse caminho o senhor volta ao ponto de partida de toda a discussão.
B. Enquanto os senhores discutiam, fiquei revendo minha coleção de leis e encontrei algo que definitivamente resolve o problema, pelo menos *neste caso*. Ocorre que o Congresso Nacional argentino, uma vez estando em vigência, a partir de 1958, a ordem constitucional, promulgou uma lei, a 14.467, pela qual declarava que continuavam em vigor os decretos-leis promulgados entre 1955 e 1958, que não se derrogassem expressamente. E mais, no caso específico do decreto-lei que autoriza as sentenças plenárias, há uma lei do Congresso, a 15.271, de 1960, em virtude da qual se modificam vários artigos do decreto-lei 1.285, pressupondo de forma tácita a vigência dos demais, entre eles o que

permite às Câmaras de Apelações reunir-se para estabelecer uma doutrina interpretativa.

A. Como fui insensato! Não considerei a possibilidade de uma ratificação quando o Congresso constitucional se reuniu. O senhor resolveu definitivamente a questão. Responderei a esse colega que a sentença plenária sobre a emissão de cheques com data em branco integra nosso direito porque foi proferida em aplicação de leis do Congresso que ratificaram o primitivo decreto-lei.

C. Provavelmente sua resposta, baseada na informação de B, satisfará seu amigo estrangeiro. No entanto, toda essa discussão gerou, em mim, profundas dúvidas sobre os critérios que devemos utilizar para responder a perguntas dessa natureza. Em primeiro lugar, o que teríamos respondido, em suma, se não contássemos com os dados que B nos traz agora, por exemplo, se uma pergunta semelhante tivesse sido formulada em 1958, antes da instauração do governo constitucional? Em segundo lugar, a resposta que o senhor imagina parece satisfatória porque estamos acostumados a pensar que todas as normas determinadas pelo Congresso, e as determinadas por outros órgãos autorizados, por sua vez, pelas leis do Parlamento, pertencem ao direito argentino. A razão para pensar assim é que o Congresso tem competência para determinar leis em virtude da Constituição Nacional argentina, e consideramos que a competência que esse corpo normativo confere é definitória de quais normas pertencem ou não pertencem a nosso sistema jurídico. Mas deixemos as questões sentimentais de lado, bem como nossas preferências políticas por um sistema democrático. Não cabe se perguntar por que pertence a nosso direito a Constituição Nacional e, por conseguinte, as normas determinadas em virtude dela? Existe por acaso alguma norma que pertença ao direito argentino e que tenha autorizado a sanção da Constituição? Não estavam os que estabeleceram a Constituição nas mesmas condições que aqueles que sancionaram o decreto-lei que originou esta discussão, ou seja, nem um nem outro tinham competência para determinar normas outorgadas por alguma outra norma que pertencesse ao direito argentino? Acredito, amigo A, que o senhor não deveria responder ao advogado que o consultou. Acho que ele quis fazer uma brincadeira perguntando ao senhor algo a que sabe que nós, humildes advogados ocupados apenas em pleitear, não podemos responder. Talvez o senhor somente pudesse recomendar que ele lesse alguns desses manuais de Introdução ao direito que estudamos tão superficialmente na Faculdade.

26. – Comente esta possível afirmação:
"É absurdo basear-se no reconhecimento pelos órgãos de aplicação para determinar a pertinência de uma norma a um sistema. Eles não só estão de fato submetidos às disposições de outros poderes, que são os que estabelecem as normas e controlam a força necessária para fazê-las cumprir, como seus próprios critérios de reconhecimento remetem ao que certos legisladores estipulam. Por que, então, não basear a pertinência de uma norma a um sistema *diretamente* no fato de ser determinada e respaldada por certas autoridades, em vez de chegar à mesma conclusão pelo caminho indireto do reconhecimento pelos órgãos de aplicação? Dessa forma se evitaria, além disso, qualquer aproximação à tese equivocada de que os verdadeiros legisladores, ou seja, os que determinam qual será o direito do país, não são os legisladores, mas sim os juízes. Essa é a desacreditada tese realista que foi oportunamente refutada".

27. – Distinga em que sentido é usado o termo "validade" nestas frases:
   a) Esta lei é perfeitamente válida; foi estabelecida pelo Parlamento no âmbito de sua competência constitucional.
   b) Esta norma é claramente inválida; contradiz os princípios mais elementares de justiça e não pode ser reconhecida.
   c) O princípio de que em caso de dúvida na interpretação de uma lei penal deve-se adotar a interpretação mais favorável ao réu é um princípio válido do direito inglês.
   d) Esta lei é válida; apesar de ser radicalmente injusta, somos obrigados a cumpri-la, enquanto não for derrogada.
   e) A norma constitucional que estabelece o julgamento por jurados não obteve validade na Argentina.

28. – Que relações pode haver entre a validade de uma norma, sua existência, sua força obrigatória, sua pertinência a um sistema, sua "derivação" de outra norma e sua vigência?

29. – Formule duas frases empregando a palavra "validade"; em uma delas com um significado descritivo e, na outra, com um significado normativo.

30. – Se Kelsen empregasse um conceito normativo de validade ao dizer que uma regra deve ser válida para ser uma norma jurídica, como se distinguiria sua postura da do jusnaturalismo?

31. – Quando existe uma norma jurídica? Analise cada um dos elementos de sua resposta.

32. – Uma colônia rebela-se contra sua metrópole. O governo desse segundo país, que sempre soube adotar políticas realistas, ao perceber que não pode controlar mais a situação em sua antiga colônia, sanciona uma lei pela qual autoriza a Junta de Libertação ali formada a exercer de forma ilimitada o governo desse território em todos os seus aspectos. A Junta de Libertação, com o aparente apoio da maioria da população, rejeita essa lei da metrópole proclamando-se soberana. A Junta estabelece, no entanto, uma lei pela qual declara válidas em seu território todas as leis estabelecidas na metrópole até esse momento, que não sejam expressamente derrogadas pela própria Junta. Há uma minoria influente de indivíduos que declaram que, embora obedeçam rigorosamente às disposições da Junta, farão isso em virtude da autorização do governo da metrópole, da qual se consideram cidadãos. Que sistema jurídico existe nesse âmbito?

33. – Qual norma do direito internacional fundamenta a validade dos tratados e convenções entre Estados?

34. – Que consequências surgiriam do fato de se considerar os direitos nacionais como parte do direito internacional ou o direito internacional como parte de cada direito nacional?

35. – Que objeção merece a tese de que as normas constitucionais derivam sua validade do artigo da Constituição que estabelece a forma como essas normas podem ser modificadas?

36. – Em que sentido é irrelevante o fato de a base de um sistema jurídico (ou seja, suas normas primitivas ou não derivadas) ser modificada de forma regular ou irregular?

37. – Em quais dos seguintes casos há uma autorreferência que priva de sentido o que é dito?

a) Cumpra esta ordem!
b) Isso que se diz está dito em português.
c) A frase seguinte é verdadeira. A frase anterior é falsa.
d) Esta frase está em um livro de Introdução ao direito.

38. – O direito é criado pelos juízes? Fundamente sua resposta. Considere a diferença entre os sistemas do *common law* e os da tradição continental europeia.

39. – Distinga diferentes sentidos da palavra "lei" e dê exemplos de cada um deles.

40. – Em que sentido é usada a palavra "válida" quando se diz que uma lei inconstitucional é válida enquanto não for declarada tal por um órgão competente?

Capítulo IV
Os conceitos básicos do direito

1. Introdução. A teoria dos conceitos jurídicos básicos

As descrições do sistema jurídico normalmente utilizam uma série de conceitos que constituem a base teórica para a construção de muitos outros. Tais conceitos são as noções de sanção, responsabilidade, ato antijurídico, obrigação, faculdade, pessoa jurídica etc.

O caráter básico desses conceitos favorece seu emprego em quase todas as explicações desenvolvidas nos diferentes ramos do direito. Distinguem-se, assim, de expressões que têm um uso mais circunscrito, como "defraudação", "sociedade anônima", "hipoteca", "casamento", "seguro" e outras.

A análise do significado dos termos vinculados aos conceitos jurídicos básicos constitui uma das funções da filosofia do direito.

Deve-se dizer que não há critérios definidos para determinar quais conceitos têm um uso bastante extenso a ponto de serem analisados no âmbito de uma teoria geral do direito.

Qual é a explicação que cabe à teoria geral do direito em relação aos conceitos jurídicos básicos?

A filosofia do direito tradicional, sob o título "propriedade", "sanção" ou "direito subjetivo", dedicava pouca atenção à análise do significado desses termos e assumia a função de avaliar, do ponto de vista moral, os fatos ou condutas que eles, em geral, denotam. A preocupação central não era, por exemplo, o que quer dizer "sanção", mas se a atividade de sancionar está eticamente fundamentada.

Tal investigação é, sem dúvida, interessante e necessária, mas deve ser diferenciada, com a maior clareza possível, da função de analisar e reconstruir um esquema conceitual eticamente neutro, que é a tarefa que a teoria do direito vigente, enquanto "teoria", atribui a si mesma.

Quando não se trata de conceitos originais da teoria geral do direito, a investigação do uso desses conceitos fundamentais na linguagem ordinária e na dos juristas, é, certamente, relevante.

Em primeiro lugar, porque um esquema conceitual que apresentasse pouca relação com o que de fato os dogmáticos e as pessoas em geral usam para descrever a realidade jurídica não teria possibilidade de aplicação prática.

Em segundo lugar, porque investigar os critérios vigentes na linguagem ordinária permite detectar distinções conceituais importantes que nem sempre se percebem na atividade deliberada de estipular significados para as expressões jurídicas.

Sem dúvida, a investigação do uso comum dos termos jurídicos certamente descobrirá critérios muito pouco definidos e, em muitos casos, ambíguos.

Isso determina a reconstrução desses termos, a fim de obter um grau de precisão e univocidade aceitável.

Uma consequência negativa, mas praticamente inevitável, da eliminação do caráter vago da linguagem ordinária é a necessidade de renunciar a que o esquema conceitual proposto reúna todas as variantes e aspectos dos usos linguísticos vigentes.

A reconstrução de um aparelho conceitual teórico deve resultar de um equilíbrio entre um máximo de precisão e uma ótima recepção das funções cumpridas pelo esquema de conceitos usado na linguagem espontânea da ciência, desde que exista tal uso.

Os conceitos elementares da dogmática jurídica, como os da ciência em geral, não só devem cumprir essa exigência, como também refletir certas relações internas.

Pode-se supor, de forma válida, que as expressões jurídicas elementares, tal como são usadas pelos juristas e pelas pessoas em geral, apresentam entre si certa relação de definibilidade.

Parece possível deduzir de um enunciado em que se usa o termo "sanção", outro em que aparece a palavra "delito"; de um que emprega a expressão "pessoa jurídica", pode-se inferir outro que fala de "direitos subjetivos"; e assim por diante.

As expressões jurídicas básicas formam um *sistema*, no qual alguns termos são "primitivos", visto que não se definem por nenhum dos termos restantes, enquanto os demais são "derivados", já que em sua definição aparece, direta ou indiretamente, alguma das expressões primitivas.

Desse modo, pode-se afirmar que as principais tarefas de uma teoria do direito em relação às expressões jurídicas elementares são as seguintes:

1) Investigar os critérios vigentes no uso espontâneo de tais expressões por parte dos juristas e do público.

2) Reconstruir tais critérios de maneira que eliminem o caráter vago e a ambiguidade, que são males endêmicos da linguagem ordinária.

3) Refletir, na reconstrução desses conceitos, as relações lógicas aparentemente existentes entre eles, zelando para que o sistema de definições mantenha certas propriedades formais como a coerência e a economia.

É claro que, além dessas funções, a filosofia do direito deve, muitas vezes, construir conceitos originais não usados habitualmente pelos juristas das distintas especialidades, mas que, no entanto, podem ser úteis para descrever a realidade jurídica.

Entre as elaborações propostas considerando esses objetivos, nenhuma conseguiu satisfazê-los no mesmo grau que a teoria de Kelsen. Isso não quer dizer que o esquema conceitual de Kelsen não apresente dificuldades teóricas sérias; sem dúvida apresenta, mas sua tentativa de construir um sistema coerente de definições das expressões jurídicas básicas, conservando certo vínculo com o significado que possuem na linguagem ordinária e eliminando boa parte de sua imprecisão, fez com que a maioria das modernas discussões sobre os conceitos elementares do direito girem a favor ou contra as propostas de Kelsen.

Isso explica por que, na análise de distintas expressões jurídicas que apresentaremos seguir, consideraremos esse autor em especial, mencionando algumas das críticas mais importantes que foram feitas a seu sistema.

Um esclarecimento importante, que convém fazer antes de iniciar a análise dos diferentes conceitos jurídicos básicos, é que estudaremos esses conceitos tal como são empregados nas *proposições sobre as normas jurídicas* e não nas próprias normas jurídicas. Embora o emprego de expressões como "direito" e "dever" na descrição do sistema jurídico dependa, naturalmente, do que esse sistema jurídico estipula, tais expressões têm um sentido diferente quando são empregadas na própria formulação das normas jurídicas e quando são utilizadas na *descrição* dessas normas jurídicas. (Isto é, "obrigação", por exemplo, tem um significado diferente quando é usada no art. 1.553 do Cód. Civil argentino para estipular que "o locador é obrigado a pagar os impostos e taxas cobrados pela coisa arrendada", e quando um jurista diz que o Código Civil argentino impõe ao locador a obrigação de pagar os ônus sobre a coisa.)

2. O conceito de sanção

No sistema proposto por Kelsen, o conceito de sanção é o primitivo. Isso significa que, de forma direta ou indireta, ele serve para definir outros conceitos elementares, enquanto ele próprio – "sanção" – não é definido com base neles.

Sendo assim, parece relevante determinar, com a maior precisão possível, o significado do termo "sanção", visto que eventuais falhas em sua definição inevitavelmente terão reflexos na definição dos demais termos jurídicos elementares.

Através de suas distintas obras, Kelsen define a palavra "sanção" assinalando as seguintes propriedades necessárias e suficientes: *a*) trata-se de um ato coercitivo, ou seja, de um ato de força efetiva ou latente; *b*) tem por objeto a privação de um bem; *c*) quem o exerce deve estar autorizado por uma norma válida; e *d*) deve ser a consequência de uma conduta de algum indivíduo. Convém analisar separadamente essas propriedades.

a) A coerção é distintiva da atividade de sancionar

As pessoas associam, com razão, as sanções estatais com a polícia e as prisões.

Sabe-se, porém, que para falar de "sanção", não é necessário que de fato se realize um ato de força (por exemplo, que a polícia tenha que arrastar o réu até a prisão). O culpado pode colaborar e tornar desnecessária a aplicação da força (por exemplo, apresentando-se voluntariamente em uma delegacia ou depositando o valor de uma multa sem esperar que um oficial de justiça arreste seus bens para cobrá-la).

Segundo Kelsen, o que caracteriza a sanção não é, então, a aplicação efetiva da força, mas a *possibilidade* de aplicá-la se o réu não colaborar. A vontade do indivíduo atua somente para tornar mais fáceis as coisas, porém o Estado está disposto a aplicar-lhe sanção a despeito dela.

> Joseph Raz critica a ideia kelseniana de que a coerção é elemento necessário de toda sanção. Imagina um caso segundo o qual os que ingressam em um país devem depositar certa quantia de dinheiro em uma instituição oficial; se cometerem algum delito, parte dessa quantia será descontada. Essa sanção não supõe coerção e, portanto, seria errado, segundo Raz, considerar essa propriedade como definidora da palavra "sanção".

É possível que Raz tenha razão. No entanto, o exemplo que apresenta demonstraria que, na linguagem ordinária, o termo "sanção"tem uma designação imprecisa, já que, exceto pela coerção, não se percebe como se poderiam distinguir os casos principais de sanções, como, por exemplo, a pena de detenção ou de morte, de outros fatos que nada têm a ver com a atividade de sancionar (por exemplo, a reclusão voluntária dos monges). Já sabemos que a eliminação do caráter vago da linguagem ordinária supõe renunciar a alguns de seus usos; na verdade, excluir da denotação de "sanção" casos como o que Raz imagina não é um preço muito alto para contar com um conceito mais preciso.

b) A sanção tem por objeto privar outro de algum bem

A pena de morte, sem dúvida, priva da vida; a de detenção, da liberdade; a de multa, da propriedade; a inabilitação priva do exercício de certos direitos, como o de dirigir automóveis. Em outras épocas, havia até penas chamadas "infamantes" cujo intuito era depreciar a honra do réu (por exemplo, exibi-lo em condições vergonhosas pelas ruas ou publicar a condenação).

Se a sanção consiste em privar certo indivíduo de um bem, poder-se-ia cogitar que a sanção não é praticada quando o sujeito não considera valioso o que se tira dele, ou seja, quando não é um *bem* para ele (por exemplo, o caso de quem comete um delito para obter casa e comida na prisão ou quando a pena de morte torna-se indiferente para o delinquente, pois, de qualquer modo, ele desejava se suicidar).

Para evitar a consequência de que um ato coercitivo seja ou não uma sanção, de acordo com o prazer ou desprazer da pessoa a quem se aplica, Kelsen propõe considerar "bens" aqueles estados de coisas que, para a maior parte das pessoas, são valiosos, sendo irrelevante que não o sejam para um desesperado ou um masoquista.

Raz também critica aqui a exigência implícita de Kelsen de que a execução da sanção deva ser feita por uma pessoa diferente daquela a quem é aplicada. Ele considera os casos de quem se apresenta voluntariamente à prisão ou daquele que deposita o valor total da multa. No entanto, como já vimos, nesses casos a ação espontânea do culpado apenas substitui a coerção que um terceiro está disposto a exercer de qualquer modo; para o conceito de sanção é decisiva a existência desse terceiro, preparado para efetivar, inclusive pela força, a privação de um determinado bem.

c) *A sanção é exercida por uma autoridade competente*

Se víssemos nos jornais a fotografia de um indivíduo disparando na cabeça de outro que está amarrado a um poste, pensaríamos que se trata da imagem de um assassinato atroz. No entanto, se lêssemos na legenda que quem disparou a arma era o verdugo oficial de um certo governo, a maioria de nós se disporia a mudar a classificação de "homicídio" para a de "pena de morte".

O que distingue a pena de morte do homicídio, a prisão do sequestro, a multa do roubo, a pena infamante da injúria é que as primeiras são executadas por uma autoridade competente.

Quem tem competência para aplicar sanções e dentro de que âmbito? Depende do que dispuserem as normas da ordem jurídica que considerarmos.

Na maior parte das vezes, os sistemas jurídicos desenvolvidos distinguem entre a função de dispor que uma sanção seja aplicada – o que é, em geral, tarefa dos juízes – e a função de executá-la – que geralmente está a cargo de funcionários administrativos.

No sistema de Kelsen predomina a interpretação de que a função essencial das normas primárias é dar competência para a aplicação de sanções. A norma que, por exemplo, dispõe que "aquele que matar deve receber a sanção de dez anos de prisão" implica, pelo menos, que se autoriza a aplicar dez anos de prisão àquele que matar. A quem se destina a autorização e em que condições? Tais determinações surgem de uma série de disposições constitucionais, processuais e administrativas, que, segundo Kelsen, devem integrar as normas primárias; isto é, elas especificam detalhadamente as condições em que deve ser exercida a coerção estatal.

d) A sanção é consequência de uma conduta

Se as propriedades assinaladas fossem suficientes para o uso do termo "sanção", fatos tais como a quarentena dos pacientes com doenças contagiosas, a internação dos doentes mentais ou o genocídio de grupos raciais teriam que ser classificados como sanções, visto que são atos coercitivos exercidos por funcionários competentes e que têm por consequência a privação de certos bens.

No entanto, esse não é o significado da palavra "sanção" no uso ordinário.

Com a finalidade de refletir o uso comum, Kelsen, em sua última obra, acrescenta uma nova propriedade às outras: a sanção deve ser a consequência de uma *conduta* (como veremos depois, não necessariamente do sancionado).

Isso quer dizer que só se pode falar de "sanção" naqueles casos em que a coerção estatal é exercida como resposta a alguma atividade voluntária de um agente, ou seja, quando há uma conduta realizada mediando a capacidade de omitir. Nem o doente mental nem o hanseniano têm controle sobre os fatos que motivam a coerção destinada a eles. Portanto, segundo a definição de Kelsen, não é uma sanção a coerção a que são submetidos (isso, como sugere a heterogeneidade dos exemplos apresentados, não implica nenhum juízo valorativo sobre a justiça e conveniência de tais exercícios de força estatal).

A caracterização de Kelsen do conceito de sanção não vale somente para o direito penal, como poderiam sugerir os exemplos mencionados.

A pena é só uma espécie de sanção. No direito civil – em sentido amplo –, a sanção característica é, de acordo com Kelsen, a chamada "execução forçosa de bens". Quando o juiz ordena ao demandado entregar uma coisa ou pagar uma quantia de dinheiro e este não obedece, realiza-se um procedimento chamado "executivo". Tal processo tem por finalidade desapropriar o devedor de bens (se for necessário pela força) que, ao serem vendidos em leilão judicial, permitam obter a quantia de dinheiro demandada. Essa é, para Kelsen, a sanção que as normas civis dispõem.

Essa ideia de Kelsen foi objeto de diversas críticas.

Uma delas é que não se percebe por que enquanto para as sanções penais não é necessária a efetiva execução forçosa, esta é relevante para as civis. Por que não classificar como sanções civis o pagamento de indenização, a entrega de uma coisa, o despejo de um imóvel etc., ordenados por um juiz, seja com o culpado obedecendo voluntariamente, seja tendo que recorrer ao procedimento de execução forçosa?

Outra crítica, mais importante, defende que considerar sanção civil apenas a execução forçosa de bens amplia muito pouco o conjunto das normas jurídicas genuínas, não sendo satisfatória a ideia de Kelsen de que as normas que não dispõem penas nem execuções de bens são somente *partes* das que preveem tais medidas. Uma solução proposta pelos que formulam esse critério é, como já vimos no primeiro volume, estender o conceito de sanção civil para compreender também em sua denotação a *nulidade* de um ato jurídico. No entanto, como essa extensão não é conveniente, tal como demonstra Hart, resta somente a alternativa de renunciar à exigência de que toda norma jurídica disponha uma sanção.

Kelsen oferece alguns critérios para distinguir as sanções civis das penais (sobretudo da multa, que apresenta profunda analogia com a execução forçosa). Afirma que, em geral, ocorrem estas diferenças:

1) Enquanto a sanção penal em geral é pleiteada de ofício pelo promotor público, a civil deve ser demandada pelo lesado.

2) Enquanto o produto da multa penal passa a integrar o erário público, o da execução forçosa beneficia o demandante.

3) Enquanto a sanção penal tem uma finalidade retributiva ou preventiva – conforme as teorias sobre a finalidade da pena –, a sanção civil tem o propósito de ressarcir o dano produzido e seu valor total é dado pela extensão deste último.

Kelsen preocupa-se em ressaltar que esses critérios não são absolutos e há importantes exceções de sanções penais ou civis que não reúnem as características distintivas destacadas (como, por exemplo, o caso da pena por delito de injúria, que só pode ser reclamada pela vítima).

Um traço importante não mencionado por Kelsen, e que parece distinguir as penas das sanções civis e das demais medidas coativas estatais, é que a imposição de algum *sofrimento* a seu destinatário faz parte essencial da razão pela qual se aplica a pena. Isso ocorre tanto se for considerado que a finalidade última da pena é a prevenção (em cujo caso o sofrimento é um meio de desestimular, para o futuro, o culpado ou outras pessoas) quanto se for considerada a retribuição (caso em que o sofrimento de quem fez um mal é um fim em si mesmo). Por outro lado, no caso das outras medidas coativas, o sofrimento do destinatário pode ser uma consequência colateral inevitável, mas não faz parte da finalidade das medidas. Poder-se-ia tentar sua eliminação ou atenuação (proporcionando, por exemplo, uma compensação adequada aos destinatários), sem que as medidas perdessem sua razão de ser (pensar no caso das quarentenas). É óbvio que se os culpados fossem compensados, o sentido da pena desapareceria.

3. O conceito de ato antijurídico (delito)

a) A definição de Kelsen

O conceito de delito está profundamente vinculado ao de sanção.

Assim como "sanção", a palavra "delito" não é de uso exclusivo do direito penal. Juntamente com o homicídio, o furto, a violação (delitos penais), encontram-se fatos tais como o descumprimento de um contrato ou qualquer atividade que produz um dano patrimonial, que são atos antijurídicos ou delitos para o direito civil.

Kelsen refuta a concepção tradicional no que se refere à vinculação entre delito e sanção.

Em geral, acredita-se que um ato merece uma sanção por ser um delito. Kelsen defende a verdade da relação inversa: um ato é um delito quando a ordem jurídica estabelece uma sanção por sua execução.

O ponto de vista generalizado, que define "delito" independentemente de haver uma sanção prevista, é tachado por Kelsen como derivação de um enfoque jusnaturalista.

Tal concepção supõe que há atos que são delituosos em si mesmos, os chamados *mala in se*, com a aplicação ou não de sanção a eles, pelo direito, transformando-os em *mala prohibita*.

Em suma, diz Kelsen, o dualismo entre *mala in se* e *mala prohibita* não passa de uma das derivações do dualismo central da filosofia do direito tradicional entre direito natural e direito positivo. Os atos que são maus em si mesmos seriam contrários ao direito natural e os atos proibidos seriam contrários ao direito positivo.

Como Kelsen rejeita o dualismo "direito natural-direito positivo", fundamentando-se, sobretudo, na impossibilidade de verificação científica dos enunciados que falam do direito natural, é óbvio que deva impugnar a relevância para a ciência jurídica dos atos chamados *mala in se*. A ciência do direito só deve se ocupar das condutas proibidas pelo direito positivo.

Mas quando um ato é juridicamente proibido? Costuma-se afirmar que um ato é proibido, ou seja, é um delito, quando contradiz ou "viola" alguma norma jurídica.

No entanto, Kelsen se opõe a essa caracterização. Em primeiro lugar, defende que só há contradição entre duas proposições ou entre duas normas, mas não entre uma norma jurídica e uma proposição descritiva, pois ambos os juízos pertencem a mundos lógicos diferentes. É contraditório declarar que deve ser "A" e ao mesmo tempo que deve ser não "A", ou que na realidade ocorre "A" e não "A"; porém, não é contraditório afirmar que deve ser "A" mas de fato ocorre não "A".

Há outra razão importante pela qual, no sistema de Kelsen, o delito não pode contradizer uma norma jurídica. Ainda que, em sentido metafórico, fale-se de atos que violam normas, tal afirmação não é possível segundo o esquema de norma jurídica do autor.

Como na *Teoria pura do direito* o esquema de uma norma jurídica é do tipo "se alguém matar, deve receber a sanção de dez anos de prisão", a conduta de matar não se opõe ao que a norma dispõe, cumprindo, justamente, a condição estabelecida em seu antecedente. A "violação" de uma norma é constituída pela omissão de aplicação da sanção e não pela comissão do ato antijurídico.

Dado que, segundo Kelsen, só é válida a afirmação de que o ato antijurídico é aquele ao qual uma norma imputa uma sanção, e não a relação inversa, sua primeira aproximação a uma definição de "ato antijurídico" é a seguinte:

Primeira definição: Ato antijurídico é a condição ou o antecedente da sanção mencionado em uma norma jurídica.

O próprio Kelsen logo considera que essa definição tem inconvenientes em relação ao uso comum do termo "delito".

Ocorre que, se em vez dos esquemas simplificados que sempre são oferecidos como exemplos de normas jurídicas, sucedesse uma norma completa, perceberíamos que, em seu antecedente, aparecem não uma, mas muitas condições, e nem todas elas seriam denominadas "delito" por juristas e leigos.

Vejamos um exemplo de norma jurídica, um pouco mais completo que os habitualmente apresentados para ilustrar o esquema de Kelsen: "Se alguém matar, sem que haja legítima defesa, o promotor público o acusará, o juiz propiciará ao réu a oportunidade de se defender, será provada a acusação etc., deverá ser condenado a dez anos de prisão." Ou este outro, apresentado pelo próprio Kelsen: "Se duas pessoas firmarem um contrato, uma delas não cumpri-lo e a outra demandá-la, deverá ocorrer execução forçosa para a que não cumprir."

Esses exemplos mostram que há várias condições da sanção e que, se essa propriedade for suficiente para classificar um ato como "delito", seriam classificados assim não só o ato de matar e o de não cumprir um contrato, como também a acusação do promotor público, a atividade do juiz, o ato de firmar um contrato e o de interpor uma demanda. Sem dúvida, esse uso do termo "delito" afasta-se de forma intolerável da linguagem ordinária.

Considerando essa dificuldade, Kelsen propõe esta segunda definição aproximativa:

Segunda definição: Ato antijurídico é a conduta que, sendo condição da sanção em uma norma jurídica, é realizada pelo indivíduo a quem a sanção se aplica.

Essa definição tem a notória vantagem de circunscrever o âmbito das condições da sanção: já não são delitos a acusação do promotor público, a atividade do juiz ou a demanda do lesado, visto que não são condutas de quem deve sofrer sanção, mas de outros indivíduos.

Entretanto, essa definição torna-se passível de duas novas críticas, uma das quais o próprio Kelsen assinala:

1) Em primeiro lugar, e isso é o que observa o autor da *Teoria pura*, essa segunda definição não abrange os casos de *responsabilidade indireta*; ou seja, aquelas situações em que se aplica sanção a uma pessoa pelo ato antijurídico cometido por outra (como as sanções civis aplicadas aos pais por danos cometidos pelos filhos menores de idade).

2) Em segundo lugar, essa definição permite eliminar da denotação de "delito" as condutas realizadas por tercei-

ros, que são condição de sanção, mas não as condutas do próprio sancionado, que, apesar de serem pressupostos daquela, ninguém chamaria delito. Por exemplo, para aplicar a pena por adultério, é necessário que o indivíduo concretize duas condutas: que se case e que mantenha relações extraconjugais; para a aplicação da pena por violação (em uma das hipóteses), também são necessárias duas condutas: que o indivíduo tenha relação sexual com uma menor e deixe de se casar com ela; para a execução forçosa de um contrato, são condições: que o indivíduo tenha firmado o contrato e que não o tenha cumprido. De cada par mencionado, só uma conduta é classificada no uso comum de "delito"; seria absurdo e engraçado, apesar de serem ações de quem recebe a sanção, denominar assim as restantes. Kelsen não percebe essa dificuldade de sua segunda definição.

Com a finalidade de resolver a primeira dificuldade indicada, não a última, Kelsen propõe sua terceira, e definitiva, definição de "delito":

Terceira definição: Ato antijurídico é a conduta daquele homem contra quem, ou contra seus aparentados, se destina a sanção estabelecida, como consequência, em uma norma jurídica.

Essa definição tende a resolver o primeiro inconveniente da segunda definição, ou seja, o problema da responsabilidade indireta.

Para compreender tais situações, Kelsen enfraquece a exigência de que o delito seja necessariamente alguma conduta do sancionado; também pode ser a ação de algum "aparentado" dele. Com esse último termo, Kelsen sintetiza a ideia de que, no caso de responsabilidade indireta, haja alguma relação jurídica – ou seja, um vínculo estabelecido pelo direito – entre o que comete o delito e o que recebe a sanção. Essa relação pode basear-se na integração à mesma família, mesma classe ou ao mesmo Estado.

No entanto, embora desse modo Kelsen solucione o primeiro problema de sua segunda definição, aproxima-se perigosamente dos problemas de sua primeira definição. Porque o conceito de relação jurídica, ou o de aparentado, é bastante vago para que se inclua nesse vínculo, como alvo da sanção, não só o filho em relação ao pai ou o chefe de Estado em relação aos cidadãos, como também o promotor que acusa e o cocontratante que demanda por descumprimento do contrato.

Se, além disso, considerarmos que nessa última definição subsiste o segundo inconveniente da definição anterior, chegamos à conclusão de que Kelsen não conseguiu perfilar um conceito satisfatório de "ato antijurídico". Isso apresenta certa gravidade, visto que esse conceito, como logo veremos, interfere na definição de boa parte das demais expressões jurídicas elementares.

Se nos perguntamos por que motivo o sistema kelseniano não consegue oferecer uma definição adequada do "delito", quando na linguagem ordinária parece haver um acordo bastante generalizado sobre o uso dessa palavra, a resposta talvez resida no aspecto de que é a concepção de Kelsen sobre a estrutura das normas jurídicas que não permite um conceito de delito mais próximo do uso comum.

A fim de observar o tema com mais detalhes, e porque ele é esclarecedor por si mesmo, vamos fazer uma rápida recapitulação de outra definição alternativa para "delito", isto é, as definições propostas pelos dogmáticos do direito penal.

b) A definição de "delito" na dogmática penal

Como vimos, apesar da relevância do conceito de ato antijurídico não só para o direito penal, como também para os demais ramos do direito, os teóricos penais é que se preocuparam em formular uma definição precisa para a palavra "delito".

É claro que a dogmática penal trata apenas de definir o conceito específico de delito penal e não o de delito em geral; por isso, não se pode simplesmente contrastar suas propostas com a definição formulada por Kelsen. No entanto, as definições dos criminalistas são facilmente generalizáveis, desde que se considerem as propriedades que se prestam a distinguir os atos antijurídicos penais dos civis.

Convém fazer uma rápida revisão das definições de "delito" propostas por juristas que respondiam a concepções filosóficas diferentes da que está subjacente na atual dogmática penal, antes de analisar a definição aceita por esta última.

Um típico ponto de vista jusnaturalista, que se reflete na definição de "delito", é o de Francisco Carrara, professor de Pisa que publicou a célebre obra *Programa de direito criminal*, em 1859. Carrara definia o conceito de delito deste modo: *É a infração à lei do Estado, promulgada para proteger a segurança dos cidadãos, resultante de um ato externo do homem, positivo ou negativo, moralmente imputável e politicamente danoso.*

É verdade que a primeira exigência ("infração à lei do Estado") modera o jusnaturalismo de Carrara. Segundo ela, é necessário que um ato infrinja o direito positivo para ser delito. No entanto, e aqui está a limitação jusnaturalista, essa condição não é suficiente para que um ato seja considerado delituoso; devem ocorrer outras propriedades de caráter valorativo: a lei infringida pelo delito não é qualquer lei, mas aquela "promulgada para segurança dos cidadãos"; não é possível condenar os pensamentos, deve-se tratar de ações "externas" (sejam comissivas ou omissivas); o ato deve ser o produto do livre-arbítrio do sujeito ("imputável moralmente") e, por fim, deve ser "politicamente danoso".

Com essas exigências, Carrara pretende apontar limites aos legisladores. Esses não podem constituir em delito qualquer ato, mas os que reúnem as propriedades mencionadas. O próprio Carrara esclarece que quis estabelecer o "limite perpétuo do ilícito", isto é, o limite que nunca deve ser ultrapassado pelo legislador na criação de figuras delituosas e pelo juiz na atividade de punir.

Esse traço da teoria de Carrara faz duvidar que a fórmula que comentamos seja uma genuína definição conceitual. Uma coisa é propor critérios de uso para o termo "delito" e outra diferente é recomendar que sejam consideradas somente certas condutas, e outras não. A diferença entre as duas questões se evidencia pelo fato de que alguém pode, por exemplo, concordar com a ideologia de que só os atos voluntários são puníveis e, no entanto, usar a palavra "delito" para descrever a situação moralmente insólita de um ato involuntário estar sujeito à pena.

Em suma, a "definição" de Carrara está tão carregada de conotações valorativas que nos ajuda muito pouco a detectar os critérios vigentes na linguagem ordinária para o uso do termo "delito".

Outra tentativa interessante de definição do conceito de delito é oferecida pelo chamado "positivismo criminológico", que, salvo a coincidência do nome, não tem nada em comum com o positivismo jurídico de tipo metodológico.

Essa concepção desenvolveu-se no final do século XIX e no começo do século XX, tendo como inspiradores Lombroso (praticamente o criador da teoria), Ferri, Garófalo e alguns outros.

A ideia básica dessa corrente, hoje desprestigiada, é que o delito não é o produto do livre-arbítrio do agente, estando, sim, determinado por certos fatores causais. Até aqui poderia haver acordo com muitos pensadores modernos; porém, a questão é que, segundo o positivismo, as causas da conduta delituosa não são principalmente fatores de tipo psicológico ou sociológico – embora estes também contribuam –, mas sim características de natureza antropológica ou orgânica.

O positivismo apresentou uma complexa tipologia dos delinquentes "natos" e até confiou na existência de certos traços anatômicos – como a famosa fosseta do osso occipital (típica de certos símios e, segundo essa teoria, também dos delinquentes, que estariam estagnados em uma etapa anterior da evolução humana) – que seriam sintomas de uma propensão estrutural para o delito.

Se as coisas fossem assim, evidentemente seria injusto demais punir os delinquentes, pois não haveria justificativa ética para condenar sujeitos que, por sua constituição orgânica, estão predestinados a cometer delitos.

Segundo essa concepção, a única coisa moralmente admissível era a aplicação de medidas de segurança para proteger a sociedade dos delinquentes natos e, se possível, submetê-los a tratamento.

Sem dúvida, não teria sentido esperar que o "delinquente" cometesse um ato ilícito para aplicar-lhe uma medida de segurança; bastaria demonstrar sua periculosidade, ainda que não tivesse incorrido em nenhum delito, para resguardar a sociedade, isolando o indivíduo.

Um dos obstáculos que essa teoria teve que vencer foi a falta de concordância entre seu conceito "natural" de delinquente e o conceito jurídico-positivo de delito. Na verdade, parecia estranho que a natureza tivesse agido tão sabiamente para moldar a constituição orgânica de certos indivíduos aos atos que por acaso o direito constitui em delito. Pode-se admitir que haja indivíduos com tendência estrutural de matar; porém, é inaceitável que, por exemplo, a emissão de cheques sem fundo corresponda a uma caracterologia constitucional.

Tentou-se superar esse inconveniente colocando ao lado do conceito de delinquente natural um conceito de delito natural. Delinquente "nato" não era o que cometia qualquer delito do direito positivo, mas certos delitos naturais.

Foi Garófalo quem definiu o conceito de delito natural deste modo: *Delito é a lesão daqueles sentimentos fundamentais, piedade e probidade, na medida média em que se encontram nas raças humanas superiores e que é necessária para a adaptação do indivíduo à sociedade.*

Os próprios positivistas, como Ferri e Florian, criticaram essa definição e propuseram outras, mas sem alterar a ideia geral.

Para nosso estudo, o relevante é que essa definição não ajuda em nada na busca dos critérios para o uso do termo "delito".

Em primeiro lugar, a definição de Garófalo é tão vaga, que se torna quase inútil. Em segundo lugar, e isso é o decisivo, está totalmente distante do uso comum da palavra "delito", segundo o qual não se consideram os sentimentos para denominar "delito" a uma conduta, mas sim uma relação, cujo caráter estamos tentando esclarecer, entre a conduta e o ordenamento jurídico vigente. Por outro lado, os fatos a que essa definição se refere, não importa como sejam chamados, podem despertar a atenção do antropólogo ou do sociólogo, mas não de quem deseja descrever um direito positivo.

Com o tempo, a dogmática penal abandonou tanto o jusnaturalismo aberto de Carrara quanto o jusnaturalismo disfarçado de pseudocientificismo de Lombroso. Isso refletiu na formulação de definições de "delito" mais adequadas a uma descrição do sistema jurídico vigente.

O jurista alemão Ernst von Beling em sua monografia de 1906, *Die Lehre von Verbrechen*, formulou uma definição de "delito", ajustada posteriormente em outras obras, que teve a ventura de servir de base para praticamente todas as definições que até hoje são propostas pelos criminalistas do sistema continental europeu.

Beling definia "delito" como: *a ação típica, antijurídica, culpável, submetida a uma adequada sanção penal e que preenche as condições objetivas de punibilidade.*

Desse modo, foi construído o que se convencionou chamar "a concepção estratificada do delito", que consiste em requerer uma série de elementos do delito que estão vinculados logicamente entre si, de tal maneira que cada um deles implica a presença do que se menciona antes (a tipicidade supõe a existência de ação, a culpabilidade de antijuridicidade etc.).

Convém observar de maneira bem sucinta os diferentes requisitos da definição de Beling, que é substancialmente semelhante à aceita pelos criminalistas modernos (será omitida a análise das "condições objetivas de punibilidade", por constituir um tecnicismo que excede a finalidade desta referência).

1) *Ação*. Segundo a dogmática penal, a primeira condição para que haja um delito é que o indivíduo execute uma ação. Por "ação" entende-se um movimento corporal voluntário ou a ausência voluntária de um determinado movimento corporal. Daí decorre que a ação pode ser comissiva (matar) ou omissiva (não prestar ajuda a quem necessita).

Para a dogmática, há ações de "pura atividade" (caminhar, por exemplo) e ações que produzem um resultado externo ao mero movimento corporal e ligado causalmente a ele (por exemplo, o homem morto na ação de matar).

2) *Tipicidade*. Para que uma ação seja relevante para o direito penal, deve ser "típica". Esse é um elemento pro-

posto de forma original por Von Beling. Uma ação é típica quando se enquadra estritamente em uma descrição precisa contida em uma lei penal não retroativa. Por exemplo, no direito argentino o incesto não é típico porque não há nenhuma norma que o descreva como antecedente de uma sanção, salvo como agravante de outros delitos; em contrapartida, o furto é, pois o art. 162 do Cód. Penal o descreve ao dizer: "*o que se apoderar de forma ilegítima de uma coisa móvel, total ou parcialmente alheia...*"

3) *Antijuridicidade*. Uma conduta pode ser típica e, no entanto, não estar sujeita à pena por não ser "antijurídica". Por exemplo, matar em legítima defesa é uma ação típica, pois se enquadra na descrição do art. 79 do Cód. Penal argentino; entretanto, não é antijurídica e, portanto, não é punível de acordo com o sistema jurídico daquele país. Os teóricos penais defendem que uma ação é antijurídica quando viola certas normas proibitivas subjacentes às normas que estipulam penas (assim, por trás da norma que impõe uma pena para o homicídio, há uma norma implícita que proíbe matar, salvo se ocorrerem certas condições especiais).

4) *Culpabilidade*. Para ser punível, não basta que uma ação seja típica e antijurídica, deve ser também "culpável". Segundo Beling, uma ação é culpável quando está acompanhada por um componente psicológico característico, que pode ser o "dolo" (intenção) ou "culpa" (negligência ou imprudência). Um indivíduo age dolosamente quando quer ou aprova o resultado de seu ato e atua com conhecimento das circunstâncias relevantes. Em contrapartida, atua culposamente quando, não desejando o resultado, mas podendo prevê-lo como possível ou devendo fazê-lo, age assim mesmo.

5) *Punibilidade*. Quando uma ação é típica, antijurídica e culpável, é punível (ou seja, está sujeita à pena), segundo o direito positivo. (Alguns autores não aceitam incluir o requisito da punibilidade na definição de delito, pois dizem que, por um lado, é redundante, uma vez que a presença dos demais elementos implica a punição do agente e, por ou-

tro, porque a pena não é um elemento do delito, mas sim uma consequência.)

c) *Comparação entre a definição de "delito" formulada pela dogmática e a de Kelsen*

Como vimos, a definição de "delito" apresentada pelos criminalistas é mais complexa que a do autor da *Teoria pura*.

No entanto, é possível questionar se todos os elementos assinalados pela dogmática, em sua definição estipulativa de "delito", são considerados de fato no uso espontâneo que os criminalistas fazem da palavra. Há motivos para acreditar que a menção de alguns deles não é uma exigência para o uso da palavra "delito", mas sim uma postulação valorativa sobre quais fatos podem ser penalizados e quais não.

Especialmente, em relação à tipicidade, é óbvio que faz parte, sim, do significado em uso de "delito" o fato de as condutas denotadas pelo termo estarem mencionadas na descrição do antecedente de uma norma (o que é contemplado também pela definição de Kelsen); porém, quanto às demais exigências contidas no requisito de que a conduta delituosa seja típica, isto é, que a norma seja uma lei, que seja prévia, escrita etc., elas parecem não ser condições necessárias para que os juristas de fato usem a palavra "delito". É provável que se acontecesse, como aconteceu na Argentina, onde se estabeleceram penas para certas ações por via de decreto ou como aconteceu na Alemanha nazista, onde se determinaram normas penais retroativas ou, ainda, como em sociedades primitivas, em que as normas penais não são escritas, os juristas usariam de igual maneira o termo "delito" para denominar as condutas puníveis, mesmo lamentando que assim fosse.

Ou seja, o requisito de tipicidade, salvo no que cabe a sua caracterização genérica como concordância com a descrição de uma norma, parece consistir em uma série de exigências de tipo ideológico ou valorativo, em relação ao modo como os legisladores devem determinar suas normas e os juízes aplicá--las, e não em uma condição de uso do termo "delito".

Exatamente a mesma coisa parece ocorrer com a culpabilidade. Se os legisladores e os juízes, como ocorre em certos âmbitos, seguissem um sistema de responsabilidade estrita ou objetiva, isto é, se, para a aplicação de sanções, não considerassem a intenção, a previsão ou a negligência do agente, é provável que os juristas, apesar de estarem em desacordo com essas práticas, chamariam "delito" às condutas puníveis. Isto é, essa exigência também parece ser mais uma recomendação moral (que sejam condenados somente os atos abrangidos pela subjetividade do agente) do que uma explicitação do significado com que a dogmática usa o termo "delito".

Se for observado o uso espontâneo da palavra "delito" por parte dos juristas, pode-se perceber que ele não coincide com as exigências da "definição de delito" que formulam de modo explícito, estando, sim, em geral, associado apenas à presença das seguintes condições: que se trate de uma ação, que essa ação esteja mencionada em uma norma como antecedente de uma pena e que seja antijurídica.

Os dois primeiros requisitos estão contemplados pela definição de Kelsen, mas não o da antijuricidade.

Como a antijuricidade supõe a oposição entre uma conduta e uma norma que a proíbe, não tem lugar no sistema de Kelsen, pois, como vimos, o autor não inclui em seu sistema normas diretamente proibitivas de certos atos (por exemplo: "é proibido matar"), mas apenas normas que estabelecem sanções, dadas certas condições (por exemplo: "se alguém matar outro e..., receberá sanção de dez anos de prisão").

A não inclusão de normas proibitivas em seu sistema é, justamente, o que provoca o *deficit* de Kelsen no que se refere ao uso comum para identificar o delito entre as condições da sanção. Porque, se perguntarmos não somente a um jurista, mas a qualquer mortal, como distingue a conduta de roubar da de denunciar o roubo (sendo as duas condições da sanção), ele responderá "que o que está proibido é roubar e não denunciar". Ou seja, na linguagem ordinária, identifica-se o delito pelo fato de estar, por um lado, mencionado como um dos antecedentes da pena em uma norma do tipo das de Kelsen e, por outro, por violar uma norma proibitiva.

É claro que não é fácil verificar a existência de normas que proíbam certos comportamentos, porque, em geral, não encontramos textos legais que contenham expressamente esse sentido.

No entanto, mesmo que não estejam escritas, parece perfeitamente admissível considerá-las parte do direito positivo se, como acontece, estiverem de fato pressupostas pelos legisladores ao determinarem as normas que dispõem sanções para certas condutas, selecionadas previamente de acordo com aquelas normas, e pelos juízes quando devem aplicar sanção a seus autores.

> Alguém, em defesa de Kelsen, poderia dizer que as normas de proibição, que os legisladores e juízes consideram, não são normas jurídicas, mas sim morais. Essa tese é possível, como também o é a oposta, já que tudo depende do critério que escolhemos para estabelecer a fronteira entre o direito e a moral. Mas mesmo que chamemos "morais" a tais normas, isso não é empecilho para concluir que no uso comum elas são relevantes para distinguir qual das condições da sanção é um delito. O fato de a moral *positiva* (não uma moral postulada como válida, como pensam os jusnaturalistas) ter influência na determinação dos conceitos jurídicos não deve provocar estranheza, pois uma delimitação nítida entre o direito vigente e a moral vigente deriva meramente de uma convenção adotada pelos juristas em virtude de objetivos teóricos.

O fato é que parece necessário concluir que, como foi visto em capítulo anterior, a dificuldade de Kelsen para definir o conceito de ato antijurídico é mais uma das provocadas, por sua negativa em admitir no seu sistema, normas jurídicas diferentes das que dispõem sanções.

4. O conceito de responsabilidade

a) Diferentes sentidos de "responsabilidade"

O termo "responsabilidade" tem vários sentidos, tanto na linguagem corrente quanto na dos juristas.

Hart ilustrou a questão com um relato imaginário, no qual a palavra "responsabilidade" aparece empregada com diferentes significados:

> "Como capitão de um navio, X era responsável pela segurança de seus passageiros e carga. Porém, em sua última viagem, embriagou-se todas as noites e foi responsável pela perda do navio com tudo o que carregava. Corriam boatos de que estava louco, mas os médicos o consideraram responsável por seus atos. Durante a viagem, X comportou-se de forma muito irresponsável e vários incidentes, durante o percurso, demonstraram que não era uma pessoa responsável. O capitão sempre afirmou que as tempestades torrenciais foram as responsáveis pela perda do navio, mas em um processo judicial que se seguiu ele foi considerado responsável pela perda de vidas e bens. Ele ainda vive e é moralmente responsável pela morte de muitas mulheres e crianças." (em *Punishment and Responsability*, p. 211)

Nesse parágrafo podem ser distinguidos, como Hart registra, quatro sentidos de "responsabilidade":

1) *Responsabilidade como obrigações ou funções derivadas de um certo cargo, relação, papel etc.* Nesse sentido, "responsabilidade" é usada na primeira frase do parágrafo. Por seu cargo de capitão, X tinha a obrigação de cuidar de seus passageiros e carga.

O termo também é usado nesse sentido quando se diz: "o pai é responsável por seus filhos"; "o contador é responsável por determinar o valor dos rendimentos"; "o ministro Y tem a responsabilidade de chefiar a política externa".

Não se trata de falar de responsabilidade em alguma obrigação derivada de um papel ou cargo. Habitualmente, não se diz "o porteiro tem a responsabilidade de trabalhar a partir das 7"; em contrapartida, diz-se, por exemplo, "o porteiro é responsável por cuidar da entrada no edifício". Parece que o termo é usado, nesse sentido, quando a obrigação não se cumpre de forma mecânica, permitindo, sim, um certo jogo de alternativas a serem manejadas conforme a habilidade ou diligência de quem cumpre a função.

2) *Responsabilidade no sentido de fator causal.* Quando no parágrafo imaginado por Hart é dito que o capitão foi responsável pela perda do navio ou que ele afirmava que a tempestade foi a responsável, o termo "responsabilidade" é usado meramente para indicar que algum ato ou fenômeno é causa de algum evento.

Nesse sentido, a palavra é empregada tanto para se referir a indivíduos quanto a coisas ou processos ("João foi responsável pelo meu atraso"; "os gafanhotos foram responsáveis pela perda da colheita").

Como se refere também a coisas, é possível pensar que esse sentido de "responsabilidade" não contém nenhuma crítica moral, designando apenas a condição causal de algo em relação a um resultado. No entanto, o fato de quase sempre se empregar o termo "responsabilidade" com esse significado quando ocorre um evento desventurado, faz pensar que há um vestígio de crítica inconsciente em seu uso (estando vinculado por isso ao quarto sentido que veremos), ainda que racionalmente se rejeite tal crítica quando se percebe que o fator causal não foi um ato humano voluntário, mas o movimento de uma coisa, de um animal ou de um homem que agiu em certas condições que excluem a voluntariedade.

3) *Responsabilidade como capacidade e como estado mental.* No relato de Hart, quando se diz que os médicos consideraram o capitão responsável por seus atos, o termo "responsabilidade" é utilizado para se referir ao fato de que se tratava de um indivíduo mentalmente capaz ou, como dizem os criminalistas, "imputável", ou seja, não se tratava de um menor, de um doente mental, de um deficiente mental etc.

Para os juristas, um indivíduo é imputável quando tem possibilidade de conduzir seus atos e compreender o valor ou o desvalor ético deles.

"Responsabilidade" também é usada no mesmo parágrafo com outro sentido vinculado, mas diferente do que acabamos de ver.

Quando se diz que o capitão se comportou de maneira irresponsável e que não era um indivíduo responsável, aponta-se a sua falta de diligência, ou seja, seu comportamento negligente.

A negligência é considerada por muitos juristas, bem como a imputabilidade, um estado mental que, nesse caso, consiste em deixar de prever, apesar da possibilidade de fazê-lo, as consequências de seus atos.

4) *Responsável como punível ou moralmente censurável*. No parágrafo de Hart se diz que, em um processo, o capitão foi considerado responsável pela perda de vidas e que, além disso, é moralmente responsável.

Nesse sentido, "responsabilidade" significa que o agente é merecedor de uma pena ou de uma crítica moral. Assim, dizemos que um juiz considerou o homicida responsável ou que João é responsável por não ter cumprido uma promessa.

Talvez esse seja o sentido mais abrangente, pois em boa parte dos usos supõe que ocorreram as condições que designam os restantes. Assim, quando dizemos que o juiz declarou Fulano responsável, ou seja, determinou que recebesse sanção, pressupomos que constatou, entre outras coisas, que seu ato foi a causa do fato investigado e que tinha capacidade para conduzir suas ações.

Esse último é o sentido de "responsabilidade" que Kelsen apreende quando inclui esse termo em seu esquema de expressões jurídicas fundamentais. Segundo Kelsen, um indivíduo é responsável *quando é suscetível de receber sanção*, independentemente de ter cometido ou não um ato antijurídico.

A definição de Kelsen de "responsabilidade" não implica, é claro, que o sujeito responsável tenha de fato recebido sanção; ser responsável é quando, segundo o ordenamento jurídico, deve ser aplicada uma sanção ao indivíduo, independentemente de que, de fato, seja aplicada.

b) Tipos de responsabilidade

Kelsen classifica a responsabilidade em *direta* e *indireta* (ou *vicária*).

Um indivíduo é responsável de forma direta quando é passível de uma sanção em consequência de um ato executado por ele próprio; isto é, o sujeito que cometeu o ato antijurídico e o que é objeto de sanção coincidem.

No direito penal contemporâneo da maioria dos países civilizados, só se admite a responsabilidade direta.

Um indivíduo é responsável vicariamente quando é suscetível de receber sanção pela conduta de um terceiro.

Esse tipo de responsabilidade era comum no direito primitivo, no qual a vingança do prejudicado – a sanção jurídica característica nesse direito – atingia não só o autor do prejuízo, como toda sua família ou clã.

No direito contemporâneo, a responsabilidade indireta é mantida fora do direito penal; e apenas em número muito limitado de casos subsiste no direito civil.

Um dos casos que costuma ser mencionado para exemplificar esse tipo de responsabilidade é o dos pais em relação aos atos antijurídicos *civis* de seus filhos menores.

O art. 1.114 do Cód. Civil argentino estabelece nesse sentido: "*O pai e, por sua morte, ausência ou incapacidade, a mãe são responsáveis pelos danos causados por seus filhos menores que estejam sob seu poder, e que residam com eles, sejam filhos legítimos ou naturais.*" (No entanto, o fato de o art. 1.116 do mesmo Cód. Civil eximir de responsabilidade os pais se provarem que foi impossível prevenir os danos causados por seus filhos, permite questionar se esse é um caso genuíno de responsabilidade vicária. Também seria possível afirmar que nesse caso, bem como em outros que em geral são dados como exemplos, a responsabilidade não é indireta, pois, como diz Kelsen, o ato antijurídico não é causar o dano, mas sim não indenizar esse dano; porém, isso é uma tese discutível que deriva da concepção peculiar de Kelsen sobre as normas jurídicas e de sua definição inadequada de delito.)

Outro caso de responsabilidade vicária é o do patrão em relação aos danos cometidos por seus empregados, no exercício de suas funções. Quanto a esse caso, o art. 1.113 do Cód. Civil argentino, em seu parágrafo primeiro, dispõe: *"A obrigação [de indenizar] do que causou um dano estende-se aos danos causados pelos que estão sob sua dependência, ou pelas coisas que utiliza, ou que estão a seu cuidado."*

No entanto, os casos mais importantes de responsabilidade indireta são as situações em que os membros ou sócios de uma sociedade, agremiação ou instituição respondem pelos atos de seus diretores, ou seja, o que se chama *responsabilidade coletiva*.

Já vimos que, no direito primitivo, a família ou clã era responsável pelos atos antijurídicos de qualquer um de seus membros.

No direito internacional, subsiste a responsabilidade coletiva, pois quando um chefe de Estado comete um ato antijurídico segundo as normas internacionais – por exemplo, uma afronta a um diplomata estrangeiro ou a invasão do território de outro Estado –, as sanções do direito internacional, que segundo Kelsen são as represálias ou a guerra, pesam sobre todos os habitantes do Estado agressor.

No direito interno, a responsabilidade coletiva vigora no caso das sociedades civis e comerciais. O art. 43 do Cód. Civil argentino, em seu parágrafo primeiro, diz o seguinte: *"As pessoas jurídicas respondem pelos danos causados por quem as dirige ou administra, no exercício ou por ocasião de suas funções."*

Em algumas sociedades, a responsabilidade civil dos sócios pelos atos dos administradores é ilimitada, pois eles respondem com seu próprio patrimônio; em outras, sobretudo nas sociedades anônimas e de responsabilidade limitada, a responsabilidade dos sócios estende-se apenas até o valor das contribuições financeiras que efetuaram para a sociedade.

Kelsen também classifica a responsabilidade em *subjetiva* (ou por culpa) e *objetiva* (ou por resultado).

Há responsabilidade subjetiva quando se requer que o sujeito tenha querido ou previsto o resultado de sua conduta antijurídica, para que a sanção seja aplicável.

Kelsen distingue diversos graus de responsabilidade subjetiva. O primeiro é quando se exige uma intenção maliciosa, ou seja, uma intenção de causar dano; o segundo é quando, para imputar responsabilidades, basta que o sujeito tenha intenção de cometer o ato antijurídico, embora o que o induza não seja o ânimo de prejudicar, mas, por exemplo, o de se beneficiar; o terceiro grau ocorre quando é suficiente prever como provável o resultado, embora esse seja indesejável. Um exemplo do primeiro caso ocorre quando se mata por vingança; matar para herdar do morto é um exemplo do segundo caso; um exemplo do terceiro grau de responsabilidade subjetiva pode ser o célebre caso dos mendigos que mutilavam crianças para pedir esmola com mais eficácia, prevendo, embora não desejando, que elas pudessem morrer em consequência das mutilações.

Os criminalistas também consideram como caso de responsabilidade subjetiva, quando são sancionados casos de negligência, ou seja, quando um indivíduo provoca um resultado antijurídico sem prevê-lo, ainda que pudesse e devesse fazê-lo.

No entanto, Kelsen defende que esse último é um caso de responsabilidade objetiva, visto que não há vínculo psicológico entre o indivíduo e seu ato. O autor da *Teoria pura* afirma que a negligência não é um estado psicológico, consistindo, sim, na omissão de cumprir certos deveres de precaução. Quando essa omissão tem como efeito um resultado antijurídico, o agente torna-se responsável, sem averiguar sua subjetividade.

A responsabilidade objetiva, ou por resultado, acontece quando um indivíduo é suscetível de receber sanção, independentemente de ter querido ou previsto o ato antijurídico.

Em geral, no direito penal, esse tipo de responsabilidade está proscrito, embora haja algumas exceções.

Por outro lado, no direito civil a responsabilidade objetiva tem um importante campo.

É preciso considerar, como bem assinala Kelsen, que todos os casos de responsabilidade indireta também são de responsabilidade objetiva. Quando um indivíduo é responsável pelo ato de outro, é óbvio que não tem controle sobre ele, por isso é irrelevante que o queira ou o preveja.

No direito civil existe também a responsabilidade por fatos não provocados pelo sujeito passível de execução forçosa, nem por outro indivíduo. Típicos disso são os casos em que o patrão é responsável pelos acidentes de trabalho de seus operários ou em que o dono de algo é responsável pelos danos que isso pode causar. Esse tipo de responsabilidade é independente de qualquer intenção ou previsão do sujeito responsável.

5. O conceito de dever jurídico

Com o dever jurídico, surge um grupo de figuras elementares que criam dificuldades especiais para os jusfilósofos que tentaram defini-las, uma vez que não é fácil determinar seu vínculo com fatos empiricamente verificáveis.

Alguns teóricos do direito não se resignam, porém, a não identificar o dever jurídico com alguns tipos de fatos de índole psicológica ou sociológica.

Tem sido frequente, sobretudo, construir o conceito de obrigação ou dever jurídico com base no modelo de uma pessoa coagida pelas ameaças de um assaltante, por exemplo. Essa situação seria um microcosmo do que ocorre, em escala maior, quando se tem uma obrigação jurídica.

Hart (em *O conceito de direito*) critica com perspicácia essa identificação.

Hart afirma que a suspeita de que as duas situações são diferentes é dada pelo fato de que, no caso do assaltado, ninguém diria que "tinha a obrigação" de entregar o dinheiro (como se diria no caso do pagamento de um imposto), mas que "foi obrigado a fazer isso". Essa distinção linguística, como em muitos outros casos, pode encobrir uma diferença conceitual relevante.

Segundo Hart, a afirmação *"foi obrigado* a entregar o dinheiro" é um enunciado sobre fatos psicológicos do agente, sobre sua crença de que se não entregasse o dinheiro sofreria algum dano e de seu desejo de não sofrer tal dano, ainda que à custa da perda do dinheiro.

Em contrapartida, para a afirmação *"tinha a obrigação ou o dever* de entregar o dinheiro", não é suficiente nem necessária a ocorrência de certos fatos psicológicos. Pode ser que o agente não tenha nenhum medo de sofrer um dano (por exemplo, se souber que sua sonegação de impostos não será descoberta) e, no entanto, ser possível afirmar que tinha uma obrigação (de pagar o imposto, no exemplo).

Como Hart também assinala, alguns jusfilósofos, por exemplo, Austin e Bentham, que perceberam que o conceito de obrigação não se relaciona com estados psicológicos, propuseram definir esse conceito não em relação à *crença subjetiva* de que uma pessoa sofrerá um dano se não agir, mas em relação à *probabilidade objetiva* de uma pessoa sofrer um mal se não agir de certa maneira. De acordo com essa outra concepção, alguém tem a obrigação, por exemplo, de pagar seu credor desde que seja provável que, em caso contrário, será objeto de uma sanção.

Essa concepção foi considerada por muitos como um grande achado, que permite definir em termos de fatos empiricamente verificáveis o conceito de dever jurídico. No entanto, Hart também faz a ela críticas categóricas.

Em primeiro lugar, garante o professor de Oxford, dizer que alguém tem um dever serve não só para prever que receberá sanção, como para justificar essa sanção. De fato, seria absurdo que, quando um juiz justifica sua decisão de aplicar sanção a alguém que, por exemplo, deixou de prestar socorro a um ferido, dizendo que tinha a obrigação de ajudá-lo, interpretássemos suas palavras como se tivesse dito que aplica sanção a ele porque seria provável aplicar essa sanção.

Em segundo lugar, diz Hart, se afirmar que alguém tinha a obrigação significasse a probabilidade de receber sanção, seria contraditório dizer, por exemplo, que um sujeito tinha a obrigação de fazer algo, mas como conseguiu fugir, torna-se totalmente improvável que receba sanção pelo descumprimento dessa obrigação. É óbvio que essas coisas são ditas com frequência sem a menor impressão de estar incorrendo em contradição.

Como conclusão, Hart defende que, embora haja na ideia de obrigação alguma relação com a probabilidade de sofrer um mal, o decisivo para esse conceito é a existência de certas *regras ou normas* que permitem julgar a conduta do indivíduo obrigado.

O que o enfoque psicológico ou sociológico esquece é a essência normativa que os enunciados que falam de deveres pressupõem.

Quando se diz que um sujeito é obrigado, está sendo aplicada uma norma geral a esse indivíduo particular, destacando-se que seu caso está compreendido nessa norma.

Por outro lado, na situação do assaltado, não há tal regra, à qual se possa recorrer para classificar sua conduta. Segundo Hart, só se pode falar que existe uma regra social diante de uma conduta regular e quando se considera essa conduta como modelo de comportamento, de modo que elogie a concordância com aquela e criticar seus desvios.

Se aceitarmos como válidas as críticas de Hart às tentativas de definir o conceito de obrigação deixando de lado a referência a normas, é possível analisar a proposta de Kelsen que define o dever jurídico, como os demais conceitos jurídicos básicos, em relação ao conteúdo das normas jurídicas.

Na *Teoria pura do direito*, assim como o conceito de responsabilidade está relacionado com o de sanção, o de dever o está com o de ato antijurídico.

Foi visto que Kelsen define "ato antijurídico" como uma das condições da sanção estabelecida por uma norma válida.

O dever jurídico é a conduta *oposta* ao ato antijurídico. Por exemplo, se sonegar impostos é condição de uma sanção, não sonegá-los, ou seja, pagá-los, constitui o conteúdo de uma obrigação jurídica.

Deve-se esclarecer que "oposto" não é a mesma coisa que "contrário". A ação contrária à de quebrar algo, por exemplo, poderia ser a de consertá-lo; em contrapartida, a ação oposta seria a de não quebrar a coisa em questão.

Foi dito, no segundo capítulo, que as normas primárias de Kelsen mencionam em seu antecedente as condições, entre as quais está o ato antijurídico, da sanção prescrita em seu consequente. Em compensação, as normas secundárias, que são meros derivados lógicos das anteriores, estabelecem que deve ser realizada a conduta oposta ao ato antijurídico mencionado na norma primária.

O que foi referido antes significa que a conduta obrigatória – ou seja, o conteúdo de um dever jurídico – não aparece na norma primária, mas sim na secundária. Se uma norma primária disser, por exemplo, "se alguém comete agiotagem deve ser multado em cem mil pesos", a norma secundária correspondente dirá: "Deve-se deixar de praticar a agiotagem", sendo a recusa de cometer agiotagem um dever jurídico.

Vale dizer que, segundo Kelsen, *não há dever jurídico sem que esteja prevista uma sanção para a conduta oposta*.

Essa proposição kelseniana não pode ser identificada com a criticada por Hart, consistente em defender que uma conduta é obrigatória quando é provável que se aplique uma sanção à ação oposta.

Na *Teoria pura do direito*, para que uma conduta seja um dever jurídico, não é suficiente nem necessário que haja probabilidade empírica de se aplicar uma sanção a quem cometer a ação oposta. O que Kelsen exige é que, em uma norma válida, esteja prevista uma sanção para a ação oposta à obrigatória. Isso é independente, ao menos de modo direto, de ser ou não provável a aplicação efetiva da sanção. No exemplo que vimos da norma que reprime a agiotagem, sua existência basta para que não cometer agiotagem seja um dever jurídico, ainda que seja improvável punir os que realizam negócios de agiotagem dada a dificuldade de provar sua ação.

Para Kelsen, apesar de só haver dever jurídico se uma norma primária prescrever uma sanção para a conduta oposta, deve-se esclarecer que a formulação feita por ele sobre o que seria uma norma jurídica primária é tal que torna possível descrever seu conteúdo dizendo que ela impõe um dever que não está necessariamente respaldado por uma sanção.

Vamos lembrar que, segundo Kelsen, uma norma primária tem que responder a este esquema: "Se alguém fizer X, *deve ser* a sanção S." Isso parece implicar que as normas primárias impõem aos juízes o dever de aplicar sanções em certas condições, sem que esse dever dependa da existência de *outra* norma estipulando sanções para os juízes que não aplicarem sanções nas condições estabelecidas (em geral, não há tais normas, e é óbvio que, para cada norma estipulando sanções, não pode haver sempre outra estipulando sanções pela não aplicação das sanções da primeira norma, pois isso implicaria uma sequência infinita de normas).

Em algumas de suas obras, Kelsen parece admitir que as normas primárias impõem essa espécie de dever (cujos destinatários são os juízes), que é mais frágil que o que ele denomina "dever jurídico", pois não pressupõe que haja uma sanção para a conduta oposta à devida. Mas em outras obras, Kelsen hesita em classificar de "dever" o que as normas primárias impõem aos juízes quando estabelecem que uma sanção *deve ser*. Na última versão da *Teoria pura do direito*, Kelsen parece sugerir, de modo não muito claro, que se não houver outra norma estipulando uma sanção para a omissão de aplicar sanção, o "dever ser" das normas primárias expressará uma *autorização* aos juízes de aplicar sanções. Com essa interpretação, Kelsen não admitiria, nem sequer no caso dos juízes, a existência de deveres jurídicos que não estivessem respaldados por sanções.

Genaro R. Carrió objetou a pretensão de Kelsen de reduzir o dever jurídico aos casos em que se prevê uma sanção para a conduta oposta.

Carrió afirma que constitui um sério desequilíbrio conceitual (o que, por outro lado, afeta quase toda a teoria de Kelsen) pretender reduzir o significado da expressão "dever jurídico", que na linguagem ordinária tem tantos usos heterogêneos, a um rígido esquema unitário que compreende apenas o caso de quem está sob a pressão de uma sanção.

O conceito de dever jurídico esboçado por Kelsen pode ser adequado talvez, e até certo ponto, ao direito penal, mas não é operacional para descrever a complexa realidade atual no âmbito do direito internacional, constitucional, trabalhista, comercial etc. Os juristas falam em termos de deveres para se referir a uma multiplicidade de situações, em muitas das quais não estão previstas sanções.

Pelo menos se Kelsen admitisse que suas normas primárias impõem aos juízes o dever de aplicar sanções, ainda que, por sua vez, não estejam sujeitos às sanções, ampliaria um pouco seu critério de uso da palavra "dever". De qualquer modo, seu conceito continuaria sendo excessivamente restrito, já que, de acordo com seu esquema de norma jurídica, as únicas ações que seriam obrigatórias no sentido fraco – que não implica sanção para a conduta oposta – seriam a de decretar ou aplicar castigos por parte dos juízes e servidores da justiça. Estender a aplicação desse sentido do termo "dever" a outras condutas, tal como faz o uso comum, só pode ocorrer à custa de reconhecer outros tipos de normas jurídicas, além das que dispõem sanções.

6. O conceito de direito subjetivo

a) Os direitos subjetivos em geral

Muitas vezes dizemos coisas deste teor: "Eu tenho direito de me vestir como quero", "João tinha direito a que lhe dessem férias", "Pedro tem direito a comer na pensão",

"Ninguém tem direito de invadir a residência alheia", "Todos temos direito a publicar as ideias na imprensa", "O direito de voto é irrenunciável".

Nessas frases, a expressão "direito" não se refere a um sistema de normas, ou seja, ao que se costuma chamar "direito objetivo" (o direito argentino, o direito comercial, o direito de seguros etc.), mas a uma situação particular em que uma pessoa ou conjunto de pessoas se encontra em relação ao direito objetivo.

A situação em que dizemos que ocorre um direito subjetivo de alguém também costuma ser classificada utilizando outras palavras como "liberdade", "permissão", "licença", "atribuição", "privilégio", "faculdade", "poder", "possibilidade", "garantia" etc. Esses termos são sinônimos parciais de "direito" (no sentido subjetivo) e é conveniente considerá-los para distinguir diferentes significados da última palavra.

No entanto, antes de empreender essa tarefa, é necessário dizer algo a respeito da relação entre os direitos subjetivos e o direito objetivo.

Para o jusnaturalismo tradicional, os direitos subjetivos são independentes do que dispõem as normas de direito objetivo. São faculdades e poderes inatos ao homem, que os possui pelo simples fato de ser, e que existiriam, ainda que, hipoteticamente, fosse abolida a técnica de regulamento e motivação da vida social, característica do direito objetivo.

Seja com o fundamento de que Deus insuflou nas criaturas humanas direitos como o de viver, usufruir da propriedade, de eleger os governantes etc., seja alegando que tais direitos derivam da natureza racional do homem, seja mediante outras justificativas, os autores jusnaturalistas defendem que a única coisa que o direito positivo pode fazer com eles é reconhecê-los e regulamentar seu exercício. Além disso, o direito positivo *deve* proteger tais direitos subjetivos; um sistema coercitivo que não fizesse isso não seria digno de ser chamado "direito".

Essa ideologia está admiravelmente exposta na célebre Declaração dos Direitos do Homem, estabelecida em 1791, como coroamento da Revolução Francesa: "Os homens nascem e permanecem livres e com iguais direitos; o fim último de todos os Estados é a conservação dos direitos naturais e imprescritíveis do homem: o direito à liberdade, à propriedade, à segurança, à resistência contra a opressão."

O positivismo metodológico não se opõe, enquanto tal, à ideia de que pode haver direitos com as características atribuídas pelos jusnaturalistas (isto é, inerentes à pessoa humana e cuja existência independe do reconhecimento pelo Estado). Mas afirmará que tais direitos são *morais* e não *jurídicos*.

O significado descritivo atribuído pelos positivistas à palavra "direito" implica que as proposições sobre direitos subjetivos e deveres *jurídicos* devam ser verificáveis em termos do que dispõem determinadas normas positivas. Desse modo, não se pode dizer, por exemplo, que os habitantes de um país têm o direito jurídico de praticar livremente suas crenças, quando as normas do sistema jurídico desse país proíbem as práticas religiosas ou impõem uma religião oficial.

Os positivistas afirmariam que, em um caso como o recém-mencionado, o direito *moral* de praticar as crenças livremente não foi reconhecido pelo sistema jurídico e, por conseguinte, não se reflete em um direito jurídico correlativo. Isso, sem dúvida, afeta de modo negativo a justificabilidade e a força obrigatória moral do sistema em questão, mas não impede – ao contrário do que pensam os jusnaturalistas – que o sistema seja considerado uma ordem *jurídica* (lembrar que para o positivismo metodológico o fato de um sistema ser jurídico não implica que tenha força obrigatória moral).

Os chamados "direitos individuais" são primordialmente direitos morais, sem prejuízo de haver direitos jurídicos correlativos no "direito" internacional e nos direitos nacionais democráticos. Como direitos morais que são, a liberdade de crenças, de expressão, de associação, o direito à vida, à integridade física, ao devido processo judicial etc.

são direitos que as pessoas têm independentemente do que dispõe o sistema jurídico de um país. Precisamente os direitos individuais estão destinados aos órgãos estatais e implicam seu *dever moral* de reconhecê-los, determinando normas que criem os direitos jurídicos correspondentes e evitando atos que os restrinjam. (O fato de os direitos individuais serem direitos morais, sem que, muitas vezes, sejam, ao mesmo tempo, direitos jurídicos, não implica que estejam destinados apenas aos legisladores; os juízes também são moralmente responsáveis por suas decisões e devem considerar os direitos morais das pessoas.)

Assim, a defesa dos direitos humanos não é, contra o que se supôs muitas vezes, um monopólio do jusnaturalismo. O positivismo metodológico não nega absolutamente a sua existência, enquanto forem vistos como direitos morais (que são, em suma, os que interessam para justificar uma ação ou decisão). O que o positivismo rejeita são as proposições sobre direitos subjetivos jurídicos que não sejam verificáveis de modo empírico com base em normas jurídicas positivas.

Há outras correntes do pensamento que, embora não derivem os direitos subjetivos jurídicos de um ordenamento supraempírico, os consideram como algo que o direito positivo não cria, mas que reconhece ou protege.

Rudolf von Ihering (em *O espírito do direito romano*) opina que os direitos subjetivos são interesses juridicamente protegidos. Afirma que a "utilidade, o bem, o valor, o gozo, o interesse, tal é o primeiro elemento do direito. Mas esses bens não são só materiais; há outros bens de maior valor: a personalidade, a liberdade, a honra, os laços de família etc. O direito atende uns e outros; o direito privado existe para assegurar a um homem um bem qualquer, socorrer suas necessidades, defender seus interesses, ajudá-lo a cumprir os objetivos de sua vida". Mais adiante, acrescenta que o segundo elemento do direito subjetivo é a proteção jurídica do interesse; um interesse é protegido quando se concede ao que o possui, uma *ação* para que possa recorrer juridicamente contra as violações do direito.

A tese de Von Ihering é impugnada por Kelsen. O autor da *Teoria pura* defende que não é possível identificar o direito subjetivo com um suposto fato psicológico, como o interesse. Pode haver direito subjetivo sem interesse; por exemplo, tem-se o direito à propriedade, inclusive sobre coisas que não nos interessam; pode haver interesse também sem direito, como o que ambiciona uma coisa alheia.

Segundo Kelsen, deve ser eliminado o dualismo entre direito objetivo e subjetivo.

Os enunciados que se referem a direitos subjetivos jurídicos são equivalentes a certos enunciados que versam sobre o direito objetivo.

Isso não quer dizer que a expressão "direito subjetivo" é sinônima de "direito objetivo" e que seja possível substituir uma pela outra. A ideia é que as orações em que a primeira aparece podem ser traduzidas para orações diferentes nas quais aparece a segunda.

Como afirma Kelsen, falar em termos de direitos subjetivos jurídicos não é mais do que descrever a relação entre o ordenamento jurídico e determinada pessoa.

Como pode ser feita a tradução das orações que versam sobre direitos subjetivos jurídicos para orações que descrevem o que um sistema jurídico objetivo dispõe?

Isso depende do significado com que é usado "direito subjetivo", já que essa expressão é notoriamente ambígua na linguagem dos juristas.

Kelsen propõe distinguir os sentidos de "direito subjetivo" (jurídico) que analisaremos a seguir.

1) *"Direito" como equivalente a "não proibido"*. Esse é o sentido da palavra "direito" em frases deste teor:

"Tenho direito de me vestir como quiser."

"João tinha direito de vender esse produto."

"Os bancos têm direito de não fazer empréstimo aos que não dão garantia."

"Temos direito de fumar na classe."

Segundo Kelsen, esse tipo de orações é traduzível para outras que afirmam que um certo direito objetivo *não proíbe* a conduta em questão: isto é, em termos kelsenianos, *não há no sistema uma norma que estabelece uma sanção para a ação de que se trata* (Von Wright também distingue um sentido equivalente do termo "permissão", ao qual, para diferenciá-lo de outros, denomina "permissão fraca").

De acordo com essa regra de tradução, o primeiro enunciado apresentado como exemplo poderia ser assim reformulado: "Não há nenhuma norma jurídica que estabelece uma sanção contra quem se veste de determinada maneira."

Há contextos em que a tradução deve ser um pouco mais complexa, já que, em alguns casos, a expressão "ter direito a..." não quer dizer que não haja uma norma proibindo certo comportamento, e, sim, que essa norma existe, mas é inválida, porque quem a formulou não tinha competência ou autorização para tal.

Desse modo, quando se diz, por exemplo: "tenho direito de fumar na classe", muitas vezes acontece a situação em que alguém, no caso, o professor, tenta proibir isso, ou seja, pretende formular uma norma proibindo tal conduta. O que o aluno, no exemplo, quer dizer com "tenho direito de fumar" é que o professor não é competente para estabelecer essa norma proibitiva. Ou seja, aqui não é descrita a ausência de uma norma proibitiva, mas sim a falta de uma norma de competência autorizando a proibir a conduta em questão. Nesse caso, é equivalente dizer "tenho direito a X" e dizer "você não tem direito de me proibir X".

> Porém, é possível deduzir que temos direito de realizar determinada ação, a partir da ausência ou invalidade de uma norma que a proíbe?
>
> Poder-se-ia objetar às traduções precedentes que do fato de um sistema normativo não conter uma norma proibindo um tipo de conduta não é possível inferir que o sistema permite tais condutas.
>
> Pode ocorrer uma ordem normativa que não contenha normas proibitivas nem permissivas em relação a um tipo de ações. Nesse caso, estaríamos diante do que passou a ser chamado uma *lacuna normativa*, ou seja, a situação em que um

sistema não prevê nenhuma solução para determinado caso. Em uma situação como essa, aparentemente, seria tão pouco legítimo dizer que temos direito a realizar a conduta não regulamentada, quanto afirmar que tal ação é proibida para nós, pois falta a base normativa que tornaria verdadeira uma ou outra dessas afirmações.

No entanto, Kelsen exclui a possibilidade de esses casos se apresentarem, negando que os ordenamentos jurídicos tenham lacunas.

Segundo a *Teoria pura*, qualquer ação tem uma solução normativa, permissiva ou proibitiva, em todo sistema jurídico positivo.

Isso ocorre, segundo Kelsen, porque toda ordem jurídica inclui um princípio, o chamado *princípio de clausura*, que estabelece que "tudo o que não é proibido, é permitido". De tal maneira que se não houver uma norma proibindo certa conduta, não será necessária uma norma permissiva expressa para que o caso esteja solucionado normativamente, pois a regra geral mencionada atribui a ele tal solução.

De acordo com Kelsen, o princípio de clausura é uma regra necessária de todo ordenamento jurídico e deve ser considerada como implícita mesmo que não esteja formulada expressamente pelo legislador.

Os professores Carlos E. Alchourrón e Eugenio Bulygin (em *Introducción a la metodología de las ciencias jurídicas y sociales*) demonstraram a falácia do raciocínio precedente, com argumentos que resumirei brevemente, omitindo certos tecnicismos.

O princípio de clausura, como todo enunciado, só pode ser considerado necessário se for interpretado como um enunciado analítico; por exemplo, se nele "permitido" significasse nada além de "não proibido", substituindo-se uma expressão por outra, o princípio diria a seguinte trivialidade: "tudo o que não é proibido, não é proibido", o que, sem dúvida, é vagamente verdadeiro para todo sistema normativo (ou seja, o princípio é necessário).

Por outro lado, se o que se quer é que o princípio de clausura tenha algum conteúdo relevante, é preciso conceder ao termo "permitido" um significado diferente do que designa meramente a ausência de proibição, por exemplo, qualquer um dos demais significados de "direito subjetivo" que veremos aqui. Se adotarmos esse caminho, o princípio de clausura deixa de ser tautológico, o que supõe que é um enunciado contingente, cuja presença em um sistema depende de que, de fato, o legislador tenha permitido – em um sentido positivo diferente de, simplesmente, deixar de proibir – todas as condutas que não proibiu expressamente.

A conclusão de Alchourrón e Bulygin é que ou o princípio de clausura é necessário, como diz Kelsen, e então é tautológico e não serve para preencher as lacunas normativas (pois não fornece nenhuma solução nova para as condutas não proibidas, reiterando apenas que não são proibidas) ou é contingente, ou seja, sua verdade depende de o legislador ter, de fato, determinado uma norma permitindo tudo o que não é proibido. Se o legislador não determinou uma norma semelhante, o sistema pode, sem dúvida, ter lacunas; ou seja, pode haver condutas que não são nem proibidas nem permitidas pelo direito.

Em relação a nosso tema, a relevância dessa questão é a seguinte: se "direito subjetivo" fosse usado como equivalente a "não proibido", teríamos que ser consequentes e admitir que seu significado se limita a isso e que, quando dizemos, nesse sentido, que temos direito de fumar, de sentar em um banco, de nos vestirmos como gostamos etc., estamos afirmando apenas que essas ações não foram proibidas para nós, mas não, por exemplo, que os outros são obrigados a nos deixar fazê-las ou que devem nos ajudar a executá-las ou, ainda que podem nos aplicar sanções pelo fato de as realizarmos.

É claro que se o sistema normativo que nos serve de marco contiver (tal como ocorre na maioria dos sistemas jurídicos contemporâneos) uma norma permitindo tudo o que não está expressamente proibido pelas demais normas, ou seja, o princípio de clausura, então, o enunciado "Fulano tem direito a X" não descreverá apenas a ausência de uma norma proibitiva de X; descreverá, além disso, a existência da norma que permite toda conduta não proibida de modo expresso.

Aparentemente, um sentido de "direito subjetivo" limitado a descrever *a ausência de uma norma proibitiva* (sem que isso implique que a ação em questão está autorizada ou que é proibido aplicar-lhe sanção ou interferir nela) é muito pouco usado na linguagem comum e na jurídica, e se a expressão fosse usada com esse significado, seria difícil evitar os equívocos provocados pela fama de permissibilidade que o termo "direito" tem nos usos centrais.

2) "Direito" como equivalente à autorização. Em muitas ocasiões, a expressão "direito subjetivo" é usada em frases como estas:

"A prefeitura outorgou a Pedro o direito de montar estabelecimento nesta esquina."

"O professor nos deu direito de interromper a aula."

"O patrão concedeu-me o direito de entrar no trabalho mais tarde."

"Tenho direito de inspecionar a fábrica."

Essas frases descrevem a *existência de normas que permitem ou autorizam os comportamentos mencionados*. Por exemplo, uma tradução adequada da primeira oração seria: "o prefeito instituiu uma ordem que autoriza Pedro a montar estabelecimento nessa esquina".

Kelsen, em sua última versão da *Teoria pura*, admite esse significado da palavra "direito". Tal admissão é curiosa já que, como foi dito, esse sentido supõe a existência de normas permissivas, o que contradiz a exigência do autor de que todas as normas de um sistema jurídico tenham um caráter proibitivo (mediante a estipulação de uma sanção para certa conduta).

De acordo com o sistema de normas primárias proposto por Kelsen, as únicas autorizações jurídicas possíveis são, como já vimos, as destinadas aos órgãos para a aplicação de sanções (e isso só se o "dever ser" for interpretado como autorização).

De modo que, em sua última obra geral, Kelsen reconhece que seu esquema de normas jurídicas é insuficiente e que devem ser incluídos outros tipos de normas, como as que conferem autorização para realizar certas condutas.

    Von Wright também distingue esse sentido de "direito subjetivo", mesmo que o relacione com o termo mais genérico "permissão".

Von Wright chama "permissão forte" à que depende da existência de uma norma autorizando um certo comportamento, ao contrário da permissão em sentido fraco, que designa, como foi visto, a mera ausência de proibição. Mas até essa permissão forte, também denominada "simples tolerância", deve ser distinguida dessas outras permissões, que têm inclusive um grau maior de força e que correspondem a outros sentidos da expressão "direito subjetivo", os quais analisaremos depois, seguindo a classificação de Kelsen (nessa graduação, a permissão mais forte envolve logicamente as mais fracas).

O autor finlandês questiona se a permissão que consiste em uma mera tolerância pode ser reduzida a algum dos outros caracteres normativos, "proibido" e "obrigatório". Afirma que a questão não é clara considerando que, quando uma autoridade declara que vai tolerar certo ato, nem sempre proíbe sua alteração ou obriga a facilitar sua execução. A ausência dessa obrigação ou daquela proibição é justamente o que distingue essa permissão de outras que têm ainda mais força.

Em que consiste, então, declarar que um ato será tolerado, ou seja, autorizado? Von Wright não dá uma resposta categórica, mas assinala duas possíveis interpretações. De acordo com a primeira delas, tolerar um ato seria manifestar que se tem a *intenção* de não interferir na realização do ato; se assim fosse, ao se permitir algo, nesse sentido, não se estaria estabelecendo uma norma, já que as declarações de intenção não são normas. A segunda interpretação sugere que aquele que autoriza certo ato está formulando uma *promessa* de não interferir na execução do ato; cabe ver esse tipo de permissões como normas, pois, em geral, entendem-se às promessas como normas autônomas, ou seja, normas que alguém estabelece para si mesmo, com o sentido de obrigar-se a determinada conduta.

3) *"Direito" como correlato de uma obrigação ativa.* Com o significado da epígrafe, são ditas frases como estas:
"Tenho direito a que você tome conta de minha casa."
"Diego tem direito de que seu devedor lhe pague."
"O Estado tem direito de receber os impostos necessários para seu desenvolvimento."

"Pelo preço que pagamos, temos direito a uma refeição diária."

Como nos casos anteriores, segundo Kelsen, esses enunciados podem ser traduzidos para proposições sobre o direito objetivo.

Essa tradução não precisa romper o esquema kelseniano das normas jurídicas como juízos que imputam sanções a certos atos e admitir normas que autorizam expressamente determinadas condutas. Isso porque Kelsen atribui a frases como as mencionadas um significado equivalente ao de outras que descrevem o *dever jurídico* de alguém.

Tínhamos visto que, na teoria kelseniana, alguém tem um dever jurídico de executar um ato, quando há uma norma jurídica que dispõe uma sanção para a conduta oposta.

Entretanto, algumas vezes a conduta obrigatória tem uma certa pessoa como destinatário. Por exemplo, eu sou obrigado a pagar o aluguel ao dono de minha casa, a dar de comer a meus filhos, a ministrar aulas na universidade. Em tais casos, a *mesma relação jurídica* pode ser descrita acentuando a situação do beneficiário do dever jurídico, em vez de centralizando a situação do sujeito obrigado. Nesses casos, descrevemos a relação jurídica em termos de "direito", em vez de usarmos a palavra "dever"; no entanto, nos referimos à mesma situação.

Por isso Kelsen diz que o direito subjetivo, nesse sentido, é mero "reflexo" ou "correlato" de um dever jurídico. No lugar de dizer, por exemplo, "Fulano tem a obrigação de me pagar", dizemos, às vezes, "eu tenho direito a que Fulano me pague". A expressão "direito subjetivo" não denota, ao contrário do que os jusnaturalistas defendem, nenhuma situação distinta da mencionada pela palavra "dever".

Kelsen esclarece que essa forma de falar da situação em que alguém tem uma obrigação é limitada por certas concepções correntes, em relação a quem pode ser titular de direitos. Por exemplo, quando alguém tem uma obrigação para com um animal, como a de alimentá-lo, não se costuma dizer que o animal tem o direito correlativo, não porque haja algum inconveniente conceitual, mas porque se opõe a certos preconceitos arraigados na origem dos direitos. (No caso dos direitos morais, cada vez é mais frequente falar dos direitos dos animais.)

4) *"Direito" como correlato de uma obrigação passiva.* Esse significado é análogo ao anterior, com a única diferença de que, aqui, o direito subjetivo não é um correlato de uma obrigação de fazer, mas sim de um dever de não fazer, de omitir.

Por exemplo, dizemos:

"Tenho direito a descansar com tranquilidade."

"João tem direito de que não seja instalado um negócio concorrente no mesmo quarteirão."

"Roberto tem direito de que o vizinho não encubra a passagem de sol com uma parede."

Em todos esses exemplos, as frases podem ser traduzidas por outras equivalentes, que falam do dever de alguém ou de todos de não perturbar o descanso, não instalar um comércio ou não levantar uma parede.

A relevância particular dessa modalidade de direito subjetivo consiste em que Kelsen inclui nesse tipo um dos direitos mais controversos do ponto de vista teórico e político, o de propriedade.

De fato, entre os direitos subjetivos correlatos de obrigações passivas (o mesmo vale para as ativas), Kelsen distingue dois grupos: os relativos e os absolutos. Os direitos relativos são os correlacionados ao dever de uma determinada pessoa ou de um conjunto de determinadas pessoas; os absolutos são reflexo de uma obrigação de todas as outras pessoas. O direito de que o vizinho não construa uma parede é relativo; o direito de descansar é absoluto.

Segundo Kelsen, o direito de propriedade não passa do correlato de uma obrigação passiva de todos os demais de não interferir no uso, gozo etc. de uma coisa.

Desse modo, o autor da *Teoria pura* enfrenta a pesada herança da dogmática civil tradicional, consistente em distinguir entre direitos pessoais e reais. Os primeiros constituirão relações entre indivíduos, os últimos, dentre os quais estaria o direito de propriedade, são vínculos entre indivíduos e coisas. Kelsen afirma, com evidente sensatez, que não há laço mágico entre os indivíduos e as coisas que permita falar de "direito"; os direitos sempre consistem em relações entre indivíduos, e, no caso do direito que mencionamos, a única situação que a palavra "propriedade" descreve é uma obrigação de toda a sociedade perante certo indivíduo, consistente em não alterar seus atos sobre determinada coisa.

No entanto, o tema do direito de propriedade será objeto de maior análise em outra seção.

5) *"Direito" como ação processual.* Às vezes dizemos coisas deste teor:

"Tenho direito de conseguir que o inquilino desocupe minha casa."

"João tem direito de ser indenizado por Roberto pelos danos que causou a seu carro."

"O comprador tem direito a reivindicar a escritura do imóvel."

Nesses exemplos ocorre, como nos dois casos anteriores, um dever jurídico do qual o direito é um correlato. No entanto, nesses enunciados, sugere-se um elemento adicional que distingue esse uso de "direito" dos precedentes: a possibilidade de recorrer à organização judicial para obter o cumprimento da obrigação correlativa ou para fazer que seja imposta a sanção prevista para o descumprimento da obrigação. Essa possibilidade é chamada na linguagem jurídica de "ação" (no sentido processual). Assim, se diz: "o senhor pode mover uma ação para fazer com que os intrusos desocupem sua propriedade"; "aquele que for prejudicado em seu patrimônio pode mover uma ação de ressarcimento" etc.

A esse significado de "direito" Kelsen denomina sentido *técnico* ou *estrito*, porque, ao contrário dos anteriores, não é redutível ao conceito de dever jurídico, constituindo uma *noção autônoma*.

Porém, o fato de o direito, em sentido técnico, ser um conceito autônomo não significa que seja independente do direito objetivo. Pelo contrário, as ações processuais são condições mencionadas nas normas primárias como antecedentes das sanções que elas estabelecem.

Foi visto que o ato antijurídico não é a única condição que descreve o antecedente das normas primárias kelsenianas; há, em geral, várias outras condições e muitas vezes entre elas está a ação processual. Por exemplo, uma norma civil pode dizer: "Se, (*a*) duas pessoas firmarem contrato, (*b*) uma não cumprir o acordado e (*c*) a outra a demandar, deve ser imposta execução forçosa contra a que não cumpriu. Uma norma penal, por sua vez, pode dispor: "Se (*a*) alguém matar e (*b*) o promotor o acusar, deve ser aplicada pena de dez anos de prisão para o homicida." As condições assinaladas com (*b*) em ambas as normas constituem um direito subjetivo em sentido técnico ou "ação processual".

Ou seja, dizer que alguém tem um direito, nesse sentido, consiste em afirmar que sua conduta está mencionada em uma norma entre as condições para que seja aplicada uma sanção.

Kelsen salienta que o fato de particulares poderem mover ações para requerer a aplicação de sanções é uma técnica particular utilizada por algumas ordens jurídicas, mas não por outras. No direito penal, em geral, não é usada, sendo as ações processuais monopolizadas por certos funcionários públicos. No direito civil, essa técnica é típica dos sistemas capitalistas, nos quais se confere aos particulares a faculdade de pactuar seus negócios e a de demandar, ou não, os que não os cumprirem de acordo com seu interesse; em contrapartida, nos sistemas socialistas, sua vigência é muito restrita.

Ao se conferir aos particulares esse tipo de direitos, faz-se com que participem da criação da ordem jurídica, pois o exercício da ação processual tem por objeto a determinação de uma sentença judicial, que é uma norma jurídica particular; ou seja, mediante a execução dos direitos subjetivos em sentido técnico, os particulares colaboram na criação do direito objetivo.

6) *Direito político*: A palavra "direito" também é usada em frases deste tipo:

"O povo tem direito de eleger seus governantes."

"A liberdade de expressar suas ideias na imprensa é um direito de todo cidadão."

Essas duas frases correspondem a dois novos sentidos da expressão "direito subjetivo", os quais estão vinculados a questões de organização política. (Como vimos, quando se fala desses direitos, muitas vezes está-se fazendo alusão a direitos *morais* e não jurídicos, ou seja, direitos que o Estado tem o dever moral de transformar em direitos jurídicos.)

Vejamos o primeiro dos sentidos mencionados.

Nos sistemas democráticos, é permitido aos cidadãos participar da criação de normas gerais, autorizando-os a sancionar eles mesmos tais normas – democracia direta – ou a eleger os órgãos encarregados de determiná-las – democracia indireta.

O direito eleitoral é do mesmo tipo que o direito subjetivo em sentido técnico analisado antes, pois, em ambos os casos, a vontade do indivíduo é uma condição necessária para ser determinada uma norma jurídica, geral, no caso do direito político, e particular, no da ação processual.

> No entanto, Kelsen destaca uma diferença importante entre os dois tipos de direitos: enquanto a ação processual tem sempre como objetivo requerer o cumprimento de um dever jurídico ou uma sanção por seu descumprimento, no caso do direito eleitoral, não há tal vinculação com um dever jurídico. Pode muito bem haver um dever correlativo ao direito político, como o do funcionário público obrigado a receber o voto do eleitor, mas o direito eleitoral não tende ao cumprimento desse dever, assim como a demanda também

não tem por objeto o cumprimento do dever de acolhê-la por parte do juiz.

O outro sentido do direito político relaciona-se com os chamados "direitos e garantias fundamentais", como os consagrados pela Constituição argentina nos arts. 14 a 18.

Esses direitos protegem os indivíduos contra a sanção de certas normas que contradizem outras de nível superior.

Vamos supor, por exemplo, que o Congresso estabelece uma lei restringindo a liberdade de imprensa; o que pode fazer um indivíduo afetado por essa lei? Recorrer aos tribunais reivindicando a anulação dessa lei por ser contrária ao que foi disposto pela Constituição (no sistema argentino, só é possível obter a anulação da norma para o caso particular proposto, não sua derrogação judicial para todos os casos).

Assim, esse direito político é análogo ao direito em sentido técnico, ou ação processual, quando consiste em uma faculdade de pôr em movimento o mecanismo judicial. No entanto, o objetivo da ação em ambos os casos é diferente: no caso do direito em sentido técnico, consiste em obter uma sentença que imponha uma sanção a quem não cumpriu com um dever jurídico; no da garantia fundamental, o propósito é obter uma sentença anulando uma norma que contradiz outra de nível superior.

De qualquer maneira, em todos esses casos de direitos subjetivos, descreve-se o fato de a vontade dos particulares ser considerada por determinadas normas como condição de certos efeitos jurídicos.

> O jurista norte-americano W. N. Hohfeld, em um famoso ensaio (*Some Fundamental Legal Conceptions as Applied to Judicial Reasoning*), distinguiu diferentes sentidos de "direito subjetivo", que concordam apenas parcialmente com os que mencionamos aqui.
> Os sentidos que Hohfeld distinguiu foram denominados por ele "pretensão", "privilégio", "potestade" e "imunidade".

Um aspecto interessante da explanação de Hohfeld consiste em caracterizar cada um desses conceitos por seus *opostos jurídicos* (ou seja, os conceitos que se referem à situação jurídica em que se encontra uma pessoa quando não está na situação que o conceito em questão denota) e por seus *correlativos jurídicos* (isto é, os conceitos que se referem à situação jurídica em que se encontra aquela outra pessoa sobre a qual alguém tem um direito, nos diferentes sentidos expostos).

a) Um indivíduo tem *pretensão* sobre alguém quando essa pessoa está na situação correlativa de ter um *dever* para conosco (por exemplo, um credor tem uma pretensão sobre quem lhe deve uma quantia em dinheiro). Quando não temos certa pretensão, pode-se classificar nossa situação como de *não direito*.

b) Uma pessoa tem um *privilégio* sobre alguém quando esse indivíduo está na situação correlativa de *não direito* a certa conduta (por exemplo, uma pessoa tem o privilégio de entrar em um imóvel quando ninguém tem o direito de nos impedir de entrar). Por outro lado, o oposto da situação de privilégio é a de *dever* (se alguém não tem o privilégio de entrar em um imóvel é porque tem o dever de não entrar).

c) Uma pessoa tem uma *potestade jurídica* sobre alguém quando pode modificar suas relações jurídicas (é o caso, por exemplo, de um mandatário em relação a seu mandante ou de qualquer funcionário público no âmbito de sua competência). Se alguém tem uma potestade jurídica sobre outro, está na situação correlativa de *sujeição jurídica* ao primeiro. Por outro lado, o oposto da potestade é uma situação de *incompetência* (ou seja, o que não pode modificar certas relações jurídicas não tem competência nesse aspecto).

d) Alguém tem *imunidade* perante outro quando esse outro está na situação correlativa de *incompetência* para alterar seu *status* jurídico (é o caso, por exemplo, do proprietário de uma casa perante outro que quisesse vender ou alugar a casa). Por sua vez, a imunidade implica ausência de *sujeição*, que é o conceito oposto.

Essas relações entre os diferentes sentidos de "direito subjetivo" que Hohfeld destaca e seus conceitos correlativos e opostos podem ser expostas no quadro seguinte:

OPOSTOS

CORRELATIVOS		
	pretensão	não direito
	dever	privilégio
	privilégio	dever
	não direito	pretensão
	potestade	incompetência
	sujeição	imunidade
	imunidade	sujeição
	incompetência	potestade

b) *O direito de propriedade em particular*

Convém prestar um pouco mais de atenção ao tema do direito de propriedade, dado que apresenta uma série de complicações teóricas, muitas das quais originadas nas conotações ideológicas presentes na maior parte das discussões sobre a questão e no fundo místico subjacente à ideia de propriedade.

Foi dito que a concepção tradicional sobre os direitos reais e, particularmente, sobre o direito de propriedade, caracteriza-os como um vínculo direto entre uma pessoa e uma coisa. Típica dessa ideia é a definição de "domínio" (termo equivalente a "propriedade") dada pelo art. 2.506 do Cód.

Civil argentino, ao afirmar: "*O domínio é o direito real em virtude do qual uma coisa se encontra submetida à vontade e à ação de uma pessoa.*"

Essa concepção da propriedade como uma relação não entre pessoas, mas entre uma pessoa e uma coisa, não é aceita, em termos gerais, pela teoria do direito contemporânea.

Em que consiste essa relação homem-coisa, em virtude da qual é definida "propriedade"? Alguém poderia dizer que se trata de um conjunto de atos de uso, usufruto e disposição que um indivíduo exerce sobre um objeto. Porém, uma coisa é realizar esses atos e outra é ter direito de fazer isso. O proprietário pode não usar um imóvel, apesar de ter direito a tal uso, e alguém que não é proprietário pode usar uma casa, sem ter direito a fazer isso.

A propriedade não é, então, uma relação fáctica de uma pessoa com uma coisa, mas, de qualquer modo, um direito de estar nessa relação fáctica. Porém, quando tentamos analisar o que quer dizer "ter direito a exercer atos de uso, usufruto e disposição sobre um bem", logo deparamos, entre outras coisas, com normas que estabelecem a proibição de todos os outros indivíduos alterarem esses atos. Isto é, faz parte essencial do conceito de propriedade uma certa relação normativa entre um indivíduo e os demais.

A ideia de que há uma espécie de vínculo de fato entre o indivíduo e a coisa da qual é proprietário, independentemente da relação normativa do primeiro com os outros homens – considerada uma mera consequência –, foi tratada em especial pelos realistas escandinavos como um resquício do pensamento mágico primitivo. Hägerströn diz sobre isso:

> Parece, então, que o que se quer indicar por direito de propriedade e pretensões legítimas é que são forças reais, que existem com total independência de nossos poderes naturais; forças que pertencem a um mundo diferente do da natureza, e que a legislação ou as outras formas de criação do direito simplesmente liberam. A autoridade do Estado se limitaria a prestar sua ajuda para fazer que essas forças, na medida do

possível, incidam na realidade, mas elas existem antes de essa ajuda ser prestada. Dessa forma, podemos entender por que alguém batalha melhor quando acredita que um direito lhe assiste. Sentimos que há aqui forças misteriosas, na essência das quais podemos obter apoio.

Os autores fizeram várias tentativas para superar o ponto de vista metafísico, que, consciente ou inconscientemente, identifica o direito de propriedade com um vínculo sobrenatural entre uma pessoa e uma coisa.

Já foi feita referência à tentativa de identificar a propriedade com fatos verificáveis empiricamente, como, por exemplo, atos de uso, gozo e disposição que um indivíduo exerce sobre um bem. Vimos que essa caracterização não esgota o significado do termo "propriedade". Tampouco conseguem elucidar completamente esse significado outras teses que, da mesma forma, identificam a propriedade com fatos de várias espécies, por exemplo, a previsão de certas consequências fácticas, a prova do título etc.

A concepção de Kelsen, já analisada, que considera o direito de propriedade como o simples correlato de uma obrigação geral de omitir certos atos, é, sem dúvida, esclarecedora de alguns usos do termo "propriedade"; mas, apesar disso, não fornece uma tradução adequada para todas as orações em que "propriedade" aparece. Por exemplo, na frase muito frequente: "se alguém é proprietário, então pode dispor livremente da coisa", muito dificilmente pode-se substituir "proprietário" por uma descrição de um conjunto de obrigações dos demais homens.

Um enfoque profícuo foi experimentado por vários realistas escandinavos, em especial Alf Ross e Karl Olivecrona. Esses autores defendem a tese de que "propriedade" não tem referência semântica alguma, ou seja, não denota nenhum fato empiricamente verificável nem, é claro, supraempírico.

O pensamento de Ross (exposto em seu livro *Sobre o direito e a justiça*) pode ser sintetizado da seguinte maneira:

Há proposições da ciência jurídica em que o termo "propriedade" aparece em seu consequente, por exemplo:

h_1: "Se uma pessoa está em poder de uma coisa por transferência de seu antigo dono, então é proprietário dela."
h_2: "Se uma pessoa esteve em poder de uma coisa durante vinte anos, então é proprietária dela."
h_3: "Se uma pessoa recebeu uma coisa por herança, então é proprietária dela."

Há outras proposições jurídicas nas quais a palavra "propriedade" aparece em seu antecedente, por exemplo:

c_1: "Se uma pessoa é proprietária de uma coisa, então tem permissão de vendê-la."
c_2: "Se uma pessoa é proprietária de um imóvel, então pode mover ação para despejar os intrusos."
c_3: "Se uma pessoa é proprietária de uma coisa, então pode receber seus frutos."

Se considerarmos a conjunção desses dois tipos de enunciados, teremos então enunciados complexos deste teor:

a: "Se alguém adquiriu uma coisa por transferência ou por prescrição de vinte anos ou por sucessão, então é proprietário e, por consequência, pode vender a coisa, despejar os intrusos e receber seus frutos."

Vejamos isso em um esquema apresentado por Ross, usando "H" para indicar os fatos condicionantes que tornam alguém proprietário (herança, prescrição, transferência), "P" para a situação de ser proprietário, e "C" para as consequências de ser proprietário:

$$\begin{array}{l} H_1 \searrow \\ H_2 \rightarrow P \rightarrow C_1, C_2, C_3 \\ H_3 \nearrow \end{array}$$

Como se observa no esquema, a relação que os fatos condicionantes têm entre si é diferente da que vigora entre as consequências. Os fatos condicionantes estão em *disjunção*, porque basta apenas um deles para que alguém seja proprietário; em contrapartida, as consequências jurídicas estão em *conjunção*, visto que a propriedade implica o conjunto delas.

Essa exposição sugere a ideia tradicional de que a propriedade é um estado que ocorre *entre* certos fatos condicionantes e determinadas consequências jurídicas, distinguindo-se tanto dos primeiros como das últimas. Uma coisa seriam os fatos que tornam alguém proprietário e outra o fato de ser proprietário, e também seria diferente o fato de ser proprietário das consequências que esse *status* acarreta.

A tese de Ross consiste em rejeitar esse ponto de vista tradicional.

O escritor dinamarquês afirma que nos enunciados do tipo *a*, dado como exemplo, bem como no esquema simbólico apresentado em seguida, a menção da qualidade de proprietário é totalmente supérflua.

Poderia ser formulado o seguinte enunciado, *a'*, que tem exatamente o mesmo significado que *a*:

a': "Se alguém tem uma coisa por transferência ou por prescrição de vinte anos ou por sucessão, então pode vendê-la, despejar os intrusos e receber seus frutos."

O que é representado pelo esquema:

$$H_1 \searrow$$
$$H_2 \rightarrow C_1, C_2, C_3$$
$$H_3 \nearrow$$

Como se observa, a única diferença entre *a* e *a'* é que no segundo desapareceu a cláusula "...então é proprietário...". Se admitirmos que, apesar disso, *a* tem o mesmo significado que *a'*, a conclusão é que a cláusula mencionada é supérflua. Em outras palavras, a frase "é proprietário" não descreve nenhuma situação diferente da descrita pelas frases precedentes e subsequentes. Em *a* o termo "propriedade" não tem nenhuma referência semântica; é, como diz Olivecrona, uma palavra "vazia", ou seja, uma palavra que não denota nenhum tipo de fato.

Essa conclusão não deve fazer pensar que a palavra "propriedade" não cumpre nenhum papel efetivo na linguagem jurídica e que as frases em que aparece não designam proposição significativa alguma.

Olivecrona, que concorda com Ross na explanação precedente, ressalta que em nossa linguagem comum há um conjunto bastante amplo de palavras "vazias", que não denotam fato algum e que, no entanto, têm uma importante função técnica. Dá como exemplo o caso dos termos que designam unidades monetárias, "peso", "dólar", "libra" etc. Essas palavras atualmente não denotam nem uma quantidade de metal, como ocorria em outras épocas, nem determinadas cédulas de papel (visto que o termo "peso", por exemplo, é o que permite, justamente, a equivalência entre certos conjuntos de cédulas). Entretanto, essas palavras cumprem uma função técnica relevante nas transações econômicas.

Qual é a função técnica correspondente ao termo "propriedade"?

Ross e Olivecrona concordam em uma explicação do seguinte teor:

Vamos prestar atenção às orações h_1, h_2, h_3, que foram apresentadas anteriormente como exemplo. Observemos que em seu consequente consta a frase "é proprietário".

Se quiséssemos eliminar essa cláusula em tais enunciados, poderíamos fazer isso sem inconvenientes conceituais. Mas o que teríamos que colocar no lugar de tal cláusula? A resposta óbvia é que seria preciso enunciar o conjunto de consequências jurídicas mencionadas no enunciado *a*. Assim, em vez de h_1, teríamos que formular, por exemplo, o seguinte enunciado h'_1: "Se uma pessoa está em poder de uma coisa por transferência de seu antigo dono, então pode dispor da coisa, despejar os intrusos e receber seus frutos."

Se considerarmos que há muitas outras consequências jurídicas além das mencionadas no exemplo, em qualquer direito positivo moderno, percebemos a economia de palavras obtida ao usar o termo "propriedade" e a vantagem de apresentação que h_1 tem sobre h'_1.

Agora vamos comentar as orações c_1, c_2 e c_3. Nelas também a cláusula "é proprietário" pode ser eliminada sem que se altere o sentido do enunciado. Para isso, nesse caso devemos substituir essa cláusula pela enunciação dos fatos condicionantes mencionados na oração a. Desse modo, em vez de c_1, por exemplo, teríamos o seguinte enunciado c'_1: "Se alguém está em poder de uma coisa por transferência ou por herança ou por prescrição, então pode dispor da coisa."

Como também nesse caso as ordens jurídicas modernas não se limitam a estabelecer os três fatos condicionantes mencionados no exemplo, outra vez percebemos o poder de síntese da palavra "propriedade".

Vale dizer que a função técnica do termo "propriedade" consiste em substituir a menção de uma conjunção de consequências jurídicas em frases que indicam um fato condicionante e em substituir a menção de uma disjunção de fatos condicionantes em orações que mostram uma certa consequência. Isso sem que o termo "propriedade" denote a disjunção de condições, nem a conjunção de consequências e nem outro fato qualquer ou estado que esteja entre os primeiros e as últimas. Nem sequer é possível afirmar que a palavra "propriedade" tem denotação, embora ela seja ambígua, já que denotaria, algumas vezes, a disjunção de fatos condicionantes e, outras vezes, a conjunção de consequências. Se fosse assim, seria admissível dizer "se alguém é proprietário (em um sentido), então é proprietário (no segundo sentido)", o que soa estranho na linguagem ordinária, mesmo considerando a suposta ambiguidade de "propriedade".

>Essa que acabamos de assinalar não é a única função do termo "propriedade". Olivecrona indica mais duas funções, além da técnica, com uma explicação que reconstituímos sucintamente a seguir.

>Há um grupo de expressões da linguagem comum que dificilmente podem ser classificadas nas categorias correntes de descrições, diretivas, exclamações etc. Essas expressões, estudadas em especial por J. L. Austin, foram denominadas "realizativas" ou "operativas", porque têm a característica de que, pronunciá-las em um contexto adequado e sob certas condições, supõe *realizar a ação* mencionada pela expressão.

Um exemplo característico desse tipo de expressões é "prometer"; dizer "eu prometo", em determinadas condições, não consiste em descrever algo nem em prescrever alguma coisa, mas, sim, em realizar uma certa ação, precisamente a ação de prometer. Do mesmo modo, dizer em certo contexto "eu te batizo com tal nome" é batizar; dizer "eu os declaro marido e mulher" é formalizar um casamento; dizer "aceito", em certo contexto, é aceitar.

O termo "propriedade" pode, às vezes, fazer parte de uma expressão realizativa.

Quando um juiz diz: "declaro Fulano proprietário deste bem", está transformando alguém em proprietário e não descrevendo ou prescrevendo algo. Quando se anuncia: "cedo a propriedade desta casa para Fulano", está cedendo a propriedade.

Formular esse tipo de frases não é relevante pelo significado descritivo que por acaso possuam (inclusive, como no caso de "propriedade", pode-se tratar de palavras vazias), mas sim porque o fato de pronunciá-las é condição para determinadas normas serem aplicáveis. Alguém dizer, em certo contexto, "cedo minha propriedade a Fulano" é condição para que determinadas regras estabelecendo certas consequências jurídicas sejam aplicadas a Fulano.

Olivecrona acrescenta que formular expressões realizativas, em certos contextos e de acordo com determinadas regras, produz nas pessoas efeitos psicológicos definidos. Dizer "isso é de sua propriedade" provoca uma sensação de permissibilidade, como uma espécie de luz verde permitindo a passagem; dizer "isso não é seu" provoca a sensação, oposta, de proibição, como uma luz vermelha que impede a passagem. O fato de produzir tais efeitos psicológicos nas pessoas é denominado por Olivecrona "função de signo das palavras vazias", pois trata-se de uma função determinada não pelo significado dessas palavras, mas por um hábito adquirido pelos homens, condicionado a ouvir certas palavras em um determinado contexto e de acordo com determinadas regras.

Olivecrona também atribui ao termo "propriedade" uma função informativa indireta.

Desde que "propriedade" não denota nada, quando se diz "Diego tem a propriedade desta coisa", não é possível que esteja sendo dada alguma informação. No entanto, as pessoas consideram frases semelhantes como informativas. Qual é a explicação dessa aparente discordância entre o senso comum e a tese de Ross e Olivecrona sobre a falta de significado descritivo de "propriedade"?

Olivecrona contesta deste modo: uma resposta fácil poderia ser que quando alguém diz "Diego é proprietário" está informando que Diego participou de algum fato condicionante, como, por exemplo, que possuiu a coisa por vinte anos. No entanto, essa solução não é satisfatória, porque quem diz isso não quer mencionar o fato que origina a propriedade – o qual pode considerar irrelevante e pode até ignorar –, mas algum suposto efeito que surge daquele fato. A resposta que Olivecrona acha admissível é que, independentemente do fato misterioso a que quer se referir aquele que formula a expressão "Diego é proprietário", isso é feito de acordo com certas regras; então, embora a expressão não descreva a aplicabilidade das regras em questão, como só é usada quando elas são aplicáveis, ao ouvir a expressão o interlocutor se informa, de modo indireto, de que certas normas se aplicam ao caso de Diego.

Um exemplo, até certo ponto análogo, pode esclarecer a explicação precedente de Olivecrona. Quando alguém exclama "ai!", não está *descrevendo* uma dor, mas *expressando-a* (ao contrário de dizer "estou com dor"). No entanto, como só se exclama "ai!" com sinceridade quando se sente dor, o interlocutor pode deduzir que quem diz isso se sente nesse estado; por isso "ai!", que não é um termo descritivo, fornece uma informação indireta quando é pronunciado em condições adequadas. Do mesmo modo, a frase "Diego é proprietário" não descreve nada; mas como é formulada somente quando certas regras são aplicáveis, o interlocutor pode deduzir a aplicabilidade de tais regras do fato de ter sido pronunciada.

As explanações que acabamos de ver sobre o conceito de propriedade não são, sem dúvida, concludentes e cabe esperar novas contribuições esclarecedoras em relação ao assunto. No entanto, constituem passos importantes para o objetivo de desmitificar uma noção que está fortemente vinculada aos resquícios do pensamento mágico e obscurecida por posturas ideológicas.

As teses expostas também não supõem um posicionamento na discussão de filosofia política sobre qual é o regime de propriedade mais justo. Pretendem esclarecer o esquema conceitual usado tanto nessas discussões como na análise do direito positivo. A única consequência indireta que as explicações teóricas precedentes podem ter, quanto à controvérsia ideológica sobre o regime de propriedade, consiste em desfazer as racionalizações de alguns mitos sobre as relações dos homens com as coisas, nos quais se fundamentaram algumas justificações de certos sistemas de propriedade.

7. Capacidade jurídica e competência

a) Capacidade

Na linguagem ordinária a palavra "capacidade" tem um significado relacionado com a possibilidade e a habilidade para agir. Inclusive dentro desse âmbito geral, no uso comum da linguagem, é possível encontrar vários sentidos diferentes, embora ligados entre si, de "capacidade". Não é a mesma coisa dizer "João é um homem capaz" e afirmar "João é capaz de escalar uma montanha", ou dizer "João é capaz de negar os fatos mais óbvios".

Quando, na linguagem ordinária, declara-se que um homem é capaz de algo, está sendo atribuída a ele uma propriedade de tipo disposicional.

> Gilbert Ryle (em *O conceito do mental*) estudou as propriedades disposicionais em relação aos atributos de tipo psicológico, muitos dos quais – por exemplo, saber como fazer algo – relacionam-se com a capacidade.
>
> Para explicar o que é uma propriedade disposicional, costuma-se dar o exemplo da solubilidade do açúcar. Quando se diz que certo torrão de açúcar é solúvel, não se está declaran-

do que tem, atualmente, alguma característica peculiar observável, tal como sua cor, sua consistência ou seu sabor; está-se declarando que se o açúcar for colocado na água, se dissolverá. Isso não significa que o torrão de açúcar será solúvel no futuro, e sim que *agora* é solúvel, porque se no futuro ocorrerem certas condições, vai se dissolver.

Igualmente, quando dizemos "Pedro é capaz de falar em francês", não estamos descrevendo, como diz Ryle, uma conduta atual de Pedro nem um processo psicológico que ocorre atualmente na mente de Pedro (pode ser que, no momento, ele não esteja falando em francês, nem pensando em francês); o que queremos dizer é, por um lado, que Pedro realizou certa aprendizagem de francês no passado e, por outro lado, que se no futuro ocorrerem as condições adequadas, como, por exemplo, ser dirigida a ele uma pergunta em francês, provavelmente Pedro agirá de determinada maneira apropriada, isto é, responderá nesse idioma.

Da mesma maneira, quando dizemos "Hugo é um homem capaz", não estamos descrevendo nenhuma constituição especial do cérebro de Hugo, mas sim considerando determinados comportamentos de Hugo no passado e declarando que, se no futuro, ocorrerem certas condições, por exemplo, a proposição de um problema, Hugo agirá de modo adequado, isto é, solucionando tal problema.

Considerar essa característica do conceito de capacidade no uso comum é útil quando se analisa o significado técnico de "capacidade" nos contextos jurídicos.

No direito civil é que o conceito de capacidade jurídica teve um desenvolvimento mais extenso.

A partir do art. 31 do Cód. Civil argentino surge uma definição de "capacidade" como faculdade para adquirir direitos e contrair obrigações.

Os civilistas classificam a capacidade em *de direito* e *de fato*.

A precedente definição do art. 31 corresponde ao conceito de capacidade de direito.

A capacidade de fato, em contrapartida, não se relaciona com a possibilidade de adquirir direitos e de contrair obrigações, mas com a possibilidade de fazer isso por *si mesmo*, sem a intervenção de um representante legal.

O princípio geral do direito civil é que todos são capazes, salvo se a lei os declarar expressamente incapazes para realizar certos atos jurídicos.

No direito civil contemporâneo, não há uma incapacidade *de direito* absoluta, isto é, não há homens que não possam adquirir algum direito nem contrair alguma obrigação. Sem dúvida, uma situação semelhante de direito limita-se a certos atos. Por exemplo, os cônjuges têm uma incapacidade de direito para realizar determinados contratos entre si (por exemplo, uma compra e venda); os pais não podem firmar contratos com seus filhos; os religiosos de congregações não podem, em geral, firmar contratos; os comerciantes em falência não podem vender os bens que eram seus, já que depois da falência estes pertencem a seus credores; certos parentes não podem casar entre si etc.

Pelo contrário, há incapazes *de fato* que são assim de forma *absoluta*; ou seja, há pessoas que não podem por si mesmas, isto é, sem a intervenção de um representante legal, adquirir nenhum direito subjetivo civil, nem contrair nenhuma obrigação.

No direito argentino, os incapazes absolutos são os seguintes (art. 54, Cód. Civil):

1º) *As pessoas que vão nascer* (uma vez que na legislação argentina a personalidade jurídica começa a partir da concepção, ou seja, uma criatura não nascida, mas concebida, pode, por exemplo, ser beneficiária de uma herança).

2º) *Os menores impúberes*, isto é, os que têm menos de 14 anos.

3º) *Os doentes mentais.*

4º) *Os surdos-mudos que não conseguem se fazer entender por escrito.*

Essas pessoas não podem realizar atos jurídicos civis (firmar contratos, fazer testamento, casar-se), salvo muito poucas exceções, se não por meio de seus representantes legais, que, conforme o caso, podem ser seus pais, tutores ou curadores.

São incapazes *relativos*, ou seja, não podem realizar por si mesmos muitos atos jurídicos, mas gozam de importantes exceções, os maiores de 14 anos e menores de 21, que são chamados pela lei "menores adultos".

Se um incapaz realizar um ato jurídico, esse ato será nulo. A extensão e os efeitos da nulidade dependem de a incapacidade ser de direito ou de fato e, nesse último caso, de ser absoluta ou relativa.

As incapacidades civis podem ser vistas como exceções à autorização genérica determinada pelo sistema jurídico aos particulares para realizar certos atos, como firmar contratos, contrair matrimônio, fazer testamento, adquirir a propriedade de coisas etc.

Poder-se-ia dizer que, sendo exceções a normas de autorização, as incapacidades supõem uma proibição. No entanto, a afirmação pode vir a ser enganosa, pois a proibição está relacionada à ideia de sanção ou, pelo menos, à ideia de condutas que o direito pretende desestimular. Isso não ocorre em relação aos atos civis realizados por incapazes; como diz Hart, esse tipo de atos não está submetido à sanção, pois a nulidade não pode ser considerada uma pena, e tampouco se pretende desestimular sua realização; para o direito é indiferente que sejam postos em execução ou não, ele simplesmente os priva de efeitos jurídicos.

Os atos não autorizados pelo direito, como os atos civis concretizados por incapazes, são atos inidôneos para satisfazer os fatos condicionantes de determinadas consequências previstas pelas normas do sistema. Uma venda subscrita por um menor de 14 anos, por exemplo, não satisfaz as condições que o Código Civil da Argentina requer para que ocorram os direitos e obrigações que surgem da compra e venda.

Nesse sentido, poderia haver certa analogia entre a capacidade de direito civil e o conceito de capacidade da linguagem ordinária. Como vimos, um indivíduo capaz de, por exemplo, escalar uma montanha é aquele sobre quem se pode prever que, em condições adequadas, realizará com sucesso uma ação desse tipo. Um sujeito civilmente capaz seria aquele sobre quem é possível prever que, em certas condições, terá sucesso em tornar aplicáveis certas consequências jurídicas.

Entretanto, a analogia assinalada é relativa, porque no caso da capacidade civil, esta não supõe uma previsão de fatos futuros (exceto em um enfoque realista, no qual as normas são substituídas por predições sobre as decisões judiciais), dependendo, sim, do que é disposto atualmente pelas normas que integram o sistema jurídico. É claro que as *condições* consideradas por essas normas para decretar uma incapacidade civil (como o fato de ser doente mental) podem constituir, elas mesmas, propriedades disposicionais.

O tema da capacidade também é relevante no direito penal. Para que uma pena seja aplicável a quem cometeu um delito, o sujeito deve ser capaz ou "imputável", como se diz, tecnicamente, na dogmática penal.

> Segundo os dogmáticos argentinos, o conceito de imputabilidade é definido *ao contrário* pelo art. 34, inc. 1º, do Cód. Penal daquele país. De acordo com essa norma, são imputáveis aqueles que no momento de cometer o delito podem compreender a criminalidade do ato e conduzir suas ações.
> Quem não é imputável? A dogmática, seguindo o texto da lei argentina, assinala estes casos:
> 1º) Os menores de 16 anos, pois a lei (neste caso a lei 21.338) presume que não têm a maturidade mental suficiente para compreender a criminalidade de um ato.
> 2º) Os que, apesar de serem maiores de 14 anos, não têm um grau suficiente de desenvolvimento de suas faculdades mentais, ou seja, os oligofrênicos.
> 3º) Os que têm uma alteração mórbida das faculdades mentais, ou seja, os psicóticos. Nessa categoria estão incluídos alguns casos de surdo-mudez, e a tendência moderna incorpora nela algumas psicopatias.
> 4º) Segundo alguns autores, são inimputáveis também os que agem em estado de inconsciência absoluta, por exemplo, por uma embriaguez profunda.

Em muitos casos de inimputabilidade, quando o juiz considerar necessário para a proteção do indivíduo ou da sociedade, pode aplicar-lhes uma medida de segurança, como a reclusão em um hospital psiquiátrico ou em um reformatório para menores. As medidas de segurança não têm finalidade repressiva, mas de proteção ou recuperação, de tal modo que são interrompidas quando desaparece o perigo ou é concluído o processo de reeducação.

A incapacidade penal, ou seja, a inimputabilidade, é semelhante à incapacidade civil no fato de, nos dois casos, não haver uma condição a ser satisfeita para que certas consequências jurídicas (a pena, em um caso, um conjunto de direitos e obrigações, no outro) sejam aplicáveis. Ambos os tipos de incapacidade são semelhantes também no que respeita aos dados fácticos considerados nos dois casos, doença mental, menoridade, que, em grande parte, são os mesmos.

No entanto, esgotam-se aqui as analogias. Por isso, parece absurdo o enfoque de Kelsen que leva muito mais longe a semelhança entre a incapacidade civil e a penal.

Kelsen parte do fato de que a capacidade civil supõe uma autorização para obter certos efeitos jurídicos, através de determinados atos.

Porém, bem rápido depara com o inconveniente de que sua teoria não admite normas de autorização (exceto quando cai em certas incoerências, como no tema de direito subjetivo), mas apenas normas proibitivas, ou seja, normas que dispõem sanções sob certas condições.

No contexto da *Teoria pura*, o que siginificará, então, dizer que um sistema jurídico "autoriza" determinada conduta? Kelsen tenta livrar-se da questão afirmando que uma conduta está autorizada quando é mencionada em uma norma como condição ou como consequência, ou seja, todas as condutas que as normas mencionam, por exemplo, a de firmar contrato, a de não cumprir o contrato, a de demandar a execução forçosa dos bens de quem não cumpriu o contrato e a de executar tais bens, são condutas autorizadas pelo direito, para obter certos efeitos jurídicos.

Como se conclui a partir desse exemplo, o ato antijurídico – não cumprir o contrato, no caso, ou, então, matar, roubar etc. – também seria uma ação autorizada pelo direito, pois está mencionada pelo antecedente de uma norma. Daí deriva a identificação da capacidade penal e da civil como consistentes, ambas, em autorizações para agir, gerando certos efeitos jurídicos. Um doente mental, por exemplo, não estaria autorizado nem para contrair uma obrigação civil, nem para receber uma pena.

Embora Kelsen esclareça que, nessa explicação, "autorização" é usada em um sentido amplo, não implicando aprovação, sua proposição é, de qualquer modo, inaceitável. No uso comum da linguagem, é contraditório dizer que uma conduta proibida está "autorizada". Por outro lado, normalmente entende-se que um indivíduo é autorizado para a obtenção de certo resultado que supõe-se que deseje ou que pode desejar; sem dúvida, seria muito estranho que o direito autorizasse a obtenção de uma consequência jurídica que consistisse em uma pena. Parece não haver nenhuma razão para se afastar do significado usual de "autorização", conferindo-lhe um sentido tão exótico que provocaria muitas confusões. Em resumo, a capacidade penal é análoga à civil enquanto se relaciona com certas exigências de maturidade e normalidade psíquica – que em grande parte constituem propriedades disposicionais –, necessárias para que uma consequência jurídica, nesse caso a pena, seja aplicável; mas não é razoável considerar a capacidade penal como uma autorização para atuar de modo que obtenha essa consequência, e sim, em todo caso, como uma autorização para certos servidores da justiça tornarem efetiva uma pena, quando um indivíduo mentalmente normal e desenvolvido agiu de forma antijurídica.

b) *Competência*

O conceito de *competência* parece, em contrapartida, manter analogia mais profunda com o de capacidade civil.

Tanto a competência quanto a capacidade podem ser consideradas como autorizações para determinar certas normas.

Alguém é capaz para modificar a própria situação jurídica; por outro lado, é competente para modificar a de outras pessoas (isso é o que Hohfeld chama "potestade jurídica").

A capacidade poderia ser considerada como uma faculdade limitada à auto-obrigação, ou seja, à determinação de normas autônomas. Isso é visto com clareza no caso de uma promessa. No caso de um contrato, a intervenção de cada indivíduo serve não só para obrigar a si mesmo, como também para obrigar o outro contratante; no entanto, o contrato pode ser reduzido a promessas recíprocas de dois indivíduos. O caso do testamento é mais difícil porque aparentemente o testador obrigou outras pessoas, fundamentalmente os herdeiros; no entanto, o testamento geralmente é considerado uma promessa que subsiste apesar da morte de quem a formulou.

A competência é, em compensação, uma capacidade para obrigar juridicamente outras pessoas; ou seja, para determinar normas heterônomas. Alguém é competente para determinar uma lei, uma sentença, uma ordem, que são normas jurídicas que não se referem, fundamentalmente, ao indivíduo que as determina.

Sem dúvida, a competência se atualiza não só estabelecendo normas que dispõem que certa conduta é obrigatória, como também quando são estabelecidas normas permitindo determinadas ações. No entanto, dificilmente se considerará que alguém é competente para autorizar certa conduta se não for competente também para proibi-la; ou seja, para declarar obrigatória sua oposta.

Sendo a competência a faculdade para regular, no aspecto jurídico, a conduta dos demais, é óbvio que está relacionada com a forma de organização política de uma sociedade. Isso supõe, pelo menos em sociedades medianamente desenvolvidas, a centralização da competência em certos indivíduos especialmente designados.

Enquanto todos os indivíduos são capazes no aspecto civil, exceto os expressamente excluídos – já que a faculdade de se auto-obrigar é descentralizada –, apenas determinados indivíduos são competentes no aspecto jurídico. A competência para determinar normas jurídicas heterônomas só está descentralizada em aspectos muito limitados da vida social; por exemplo, na relação do pai com seus filhos ou do patrão com seus empregados. Até mesmo esses casos são excluídos do âmbito jurídico por muitos juristas, em virtude de se considerar a centralização da competência como uma propriedade definidora de "direito".

Como a competência consiste em uma autorização para estabelecer normas destinadas a determinados indivíduos, é evidente que não se consideram, fundamentalmente, condições gerais, como o desenvolvimento mental no caso da capacidade, mas sim que tais indivíduos são nomeados de modo específico.

É claro que há normas gerais estabelecendo as condições mínimas que devem reunir os que ocupam uma função; por exemplo, o art. 97 da Constituição argentina em relação ao cargo de juiz. Há outras normas que dispõem o procedimento para sua designação, por exemplo, o art. 86, inc. 5º, da Const. Nacional, também em relação aos juízes; e, por fim, há outras que estabelecem o âmbito da autorização para determinar normas válidas. No entanto, essas normas têm que ser completadas por uma norma particular, pela qual se designa Fulano para exercer a função de que se trata.

Para que um indivíduo tenha competência para determinar normas válidas, em relação a um certo sistema jurídico, deve estar autorizado por uma norma válida desse sistema, ou seja, por uma norma determinada por outro funcionário competente, e assim sucessivamente. Naturalmente, chega-se a um ponto em que deparamos com um funcionário que, embora tenha conferido competência a outros de grau inferior, não é ele próprio competente, no sentido de que não foi autorizado por uma norma válida determinada por outro órgão competente. Essa questão originou complicados problemas na teoria do direito, aos quais nos referimos no capítulo anterior.

Por fim, deve-se esclarecer que a competência pode não se esgotar em uma permissão para determinar ou aplicar normas; também pode estar vinculada a um dever jurídico de fazer isso. Por exemplo, o carcereiro não está apenas autorizado a manter alguém preso, como também tem o dever de fazer isso se estiver disposto por uma sentença judicial.

8. O conceito de pessoa jurídica

A noção de capacidade civil está vinculada a de pessoa jurídica, a tal ponto que muitos autores as identificam.

Como foi visto, a capacidade é, segundo a dogmática civil, a aptidão para adquirir direitos e contrair obrigações; precisamente o Código Civil argentino define "pessoa jurídica", no art. 32, como um "ente suscetível de adquirir direitos e contrair obrigações" (o que, por acaso, não é muito esclarecedor, já que, como veremos em seguida, a questão reside em determinar que tipo de "ente" as pessoas jurídicas são).

Do que foi dito acima, resulta que declarar que um indivíduo é juridicamente capaz parece ser equivalente a afirmar que é uma pessoa jurídica.

No entanto, os problemas estudados pela dogmática sob o título "pessoa jurídica" são de índole diferente dos que foram vistos em relação à capacidade.

Aqui não se trata de analisar quais direitos e obrigações podem adquirir ou exercer certos indivíduos, mas se há entidades diferentes dos homens às quais as normas jurídicas também atribuam direitos, imponham deveres ou estabeleçam sanções.

Vale dizer que, embora haja concordância em que os homens capazes são pessoas jurídicas, a pergunta a que as teorias sobre a pessoa jurídica tentam responder é se pode

haver, também para o direito, pessoas que não sejam homens e, nesse caso, quais são.
Há dois fatos que parecem conflitantes.
Por um lado, efetivamente existem normas que parecem estabelecer faculdades, obrigações e sanções para sujeitos que não são homens. Conta-se que no direito medieval havia regras que dispunham penas para os animais que cometiam determinados danos. No direito contemporâneo, há muitas normas que se referem às chamadas pessoas "coletivas" ou "morais", tais como sociedades, associações, fundações, instituições governamentais, universidades, organismos internacionais etc.
Por outro lado, para o senso comum dos juristas é muito difícil imaginar que algo diferente de um homem possa exercer um direito, obedecer a um mandado ou sofrer uma pena.
O problema acontece, no direito moderno, em relação às *pessoas coletivas* (doravante, quando falarmos de "pessoas jurídicas", em geral, nos referiremos às pessoas coletivas).
Por exemplo, se o presidente de uma sociedade anônima adquire um imóvel, em certas condições, não faz isso para si, mas representando a sociedade. Isso significa que não poderá usar do imóvel ou receber seus frutos do mesmo modo que faz com um bem de sua propriedade, que não poderá transmiti-lo a seus herdeiros, que esse imóvel não poderá ser executado por um credor se deixar de pagar alguma dívida pessoal etc.
Em outra situação, se o presidente de uma sociedade anônima contrai uma obrigação em nome da sociedade, as consequências são diferentes do caso em que a tivesse contraído em seu próprio nome. Sobretudo, se não cumprir com a obrigação, a execução forçosa não recairá sobre seus bens pessoais, mas sobre os bens da sociedade.
Tudo parece ocorrer, então, como no caso do pai que representa o filho menor em um ato jurídico, pelo qual este último adquire algum direito ou contrai certa obrigação. Nesse caso, é o filho também, e não o pai, quem pode usar e receber os frutos do imóvel que o último comprou em seu

nome, e são os bens do filho, e não os do pai, que serão executados pelo descumprimento da obrigação.

No entanto, a analogia entre uma sociedade anônima e o menor, representados respectivamente pelo presidente da sociedade e pelo pai, parece não explicar o ponto que se pretende resolver. Porque se é fácil entender o que significa um menor ter se tornado proprietário de uma coisa (por exemplo, que os demais são obrigados a respeitar seus atos sobre ela), não é tão fácil compreender o que significa uma sociedade anônima ter se transformado em proprietária de um bem; que atos devem ser respeitados, e de quais pessoas?

Uma resposta possível seria que o presidente da sociedade representa os outros integrantes, os sócios, que ocupariam o lugar do menor na relação de representação. A propriedade que o representante da sociedade adquiriu corresponderia ao conjunto dos sócios, e as obrigações que, em nome da sociedade, o presidente contraiu deveriam ser cumpridas por eles.

Contudo, essa explicação não é satisfatória. Os sócios não são proprietários dos bens da sociedade da mesma forma que um conjunto de pessoas pode ter uma coisa em condomínio. Enquanto os condôminos podem usar o edifício ou vender sua parte na propriedade, os sócios não podem fazer isso do mesmo modo. Por outro lado, esse imóvel não se confunde com os demais bens dos sócios que podem ser executados pelo descumprimento de uma dívida pessoal.

Além disso, entende-se que uma sociedade continua sendo a mesma, ainda que mudem todos os sócios, seja por falecimento ou porque venderam as ações ou cotas sociais. Lembre-se de que há instituições ou sociedades que têm uma longevidade tal que supera amplamente o limite da vida de qualquer homem.

Por outro lado, a questão é ainda mais complicada no caso de outro tipo de pessoas coletivas, como o Estado, uma universidade ou a Igreja Católica. Quem seria o proprietário de um imóvel adquirido pela Universidade de Buenos Aires? O reitor? Os professores? Nenhuma dessas respostas é satisfatória, pelo menos se o termo "propriedade" for usado com o mesmo sentido de quando dizemos que João é proprietário da casa onde vive.

Vale dizer que não é fácil interpretar os direitos, obrigações e sanções estabelecidos pelas normas jurídicas em relação às pessoas coletivas como direitos, obrigações e sanções de certos homens.

Os juristas, perplexos diante da falta de uma resposta consensual sobre a questão, propuseram uma série de teorias sobre a possível denotação da expressão "pessoa jurídica".

1) *Teorias "negativas"*. Alguns autores defendem que não há pessoas jurídicas além dos homens, ou seja, não admitem a existência de pessoas coletivas.

Para explicar a referência feita pelas normas jurídicas a sociedades, associações etc., alguns deles afirmam que quando se fala de pessoas coletivas trata-se, na realidade, de um conjunto de bens sem dono que estão destinados a certo fim; outros defendem que se trata de um condomínio sujeito a regras diferentes das existente no condomínio ordinário etc. Todas essas concepções concordam em que quando se diz que uma sociedade ou instituição é proprietária de um bem ou celebrou um contrato, está-se declarando algo sobre certos *indivíduos* (que são os que firmaram contrato ou são proprietários do bem).

2) *Teorias "realistas"*. No extremo oposto, estão alguns juristas que supõem que, além dos homens, há outras entidades reais que são pessoas jurídicas; isto é, afirmam que as pessoas coletivas são constituídas por certos fenômenos que acontecem na realidade, sendo independentes da conduta de determinados homens.

Para alguns juristas, a entidade que constitui uma pessoa coletiva é uma vontade social que se torna independente da vontade de cada um dos integrantes da sociedade, surgindo como um elemento autônomo.

Segundo outros autores, as pessoas coletivas são instituições, definindo-se estas como "ideias forças" que são orientadas para certos fins e em torno das quais se reúne um grupo de homens interessados em sua concretização.

É claro que essas elucubrações incorrem em uma nítida fantasia ao postularem "realidades" não sujeitas a contraste empírico, sendo suas propostas, por outro lado, tão extremamente vagas que é impossível extrair delas algo mais que imagens pictóricas. Alguns vão tão longe a ponto de supor as pessoas coletivas como superorganismos cuja "cabeça", por exemplo, seria constituída pelos diretores da sociedade.

3) *A teoria "da ficção"*. Savigny é o criador dessa teoria. Segundo ela, do ponto de vista empírico, é evidente que as únicas pessoas são os homens; só eles têm capacidade de direito. No entanto, o ordenamento jurídico pode, considerando razões de utilidade, supor, de modo fictício, a existência de entidades que não são homens, como suporte de direitos e obrigações. Essas entidades não existem na realidade, mas os juristas fazem como se existissem, atribuindo-lhes uma vontade destinada ao cumprimento de certos fins jurídicos.

Nesse enfoque, e ao contrário do que defendem as teorias "realistas", o Estado tem absoluto arbítrio para criar ou dissolver pessoas jurídicas, visto que são meros artifícios técnicos; a capacidade das pessoas coletivas limita-se ao objeto de sua criação pelo direito e tais pessoas não podem cometer delitos, já que, para isso, seria necessário certa vontade, e a única vontade que o direito atribui às pessoas coletivas é a destinada a cumprir seus fins lícitos, sendo absurdo para o o direito supor uma vontade destinada a violá-la.

4) *A teoria de Kelsen*. Hans Kelsen propõe um enfoque original e profícuo sobre essa questão, que pode ser resumido nestas proposições:

1º) Não há diferença substancial entre a pessoa individual e a coletiva. As teorias tradicionais não podiam evitar diferenciá-las, pois identificavam a pessoa individual com o homem; no entanto, "homem" e "pessoa individual" não são expressões sinônimas.

O homem é uma entidade psicológica e biológica. A pessoa é uma entidade jurídica.

A pessoa, ao contrário do homem, é um conjunto de direitos e obrigações, ou seja, de normas jurídicas que constituem uma certa unidade.

2º) Tanto a pessoa individual quanto a coletiva *consistem em conjuntos de normas*. A diferença reside em que, enquanto no caso da pessoa individual as normas referem-se a um único homem, no da pessoa coletiva referem-se a um grupo de homens.

3º) Do que foi dito antes, deduz-se que os únicos que podem ser titulares de direitos e obrigações são os homens, não há outras entidades, nem reais nem fictícias, que possam ser sujeitos de relações jurídicas.

4º) No entanto, muitas vezes a ciência jurídica, por conveniência técnica na apresentação do direito, *personifica* os conjuntos normativos, imputando-lhes atos de exercício de direitos e cumprimento ou descumprimento de deveres realizados por certos homens. Assim, quando se diz "a sociedade X interpôs uma ação judicial", está sendo atribuído ao sistema de normas constitutivo da sociedade X o ato de um certo indivíduo.

Isso constitui uma técnica que permite fornecer uma explicação resumida de certos fenômenos jurídicos, já que, se não fosse usada, seria necessário descrever minuciosamente as normas que constituem a sociedade em questão e os atos de um conjunto muito amplo de indivíduos.

Entretanto, a técnica de tratar os conjuntos normativos como pessoas é prescindível, podendo-se descrever com perfeição a realidade jurídica, referindo-se apenas à conduta de certos homens.

5º) Para que o ato de um homem seja imputado a um sistema de normas, tal ato deve estar previsto por esse sistema.

Por exemplo, os atos do presidente de uma sociedade anônima só são atribuíveis à sociedade quando estão autorizados pelo seu estatuto constitutivo.

O *órgão* de uma pessoa jurídica é, então, o indivíduo cujos atos são atribuíveis ao conjunto de normas constitutivas dela, por estarem autorizados por essas normas.

6º) No caso das pessoas individuais, as normas estatais estabelecem não só um conjunto de direitos e obrigações –

elemento material –, como também quem são seus titulares – elemento pessoal. Quando se trata de uma pessoa coletiva, as normas estatais determinam apenas o elemento material, delegando a função de estabelecer quem são os sujeitos das relações jurídicas ao estatuto da sociedade.

7º) As sociedades, associações, universidades, fundações constituem ordenamentos jurídicos parciais. O conjunto das normas de um ordenamento jurídico nacional, quando está centralizado, constitui o Estado, que também é uma pessoa jurídica. Isso quer dizer que *"Estado"* e *"direito" se identificam* quando se referem a um sistema centralizado, pois ambas as expressões referem-se ao conjunto total de normas jurídicas nacionais. Quando se trata de um direito descentralizado, por exemplo, o direito primitivo ou o internacional, não se costuma falar de Estado.

A proposta de Kelsen contribui, efetivamente, para o esclarecimento do tema.

Por um lado, parte da suposição de que os únicos sujeitos de relações jurídicas são os homens; porém, sua explicação não se esgota em destacar esse fato evidente. Não se trata de substituir o nome de uma sociedade, nas proposições jurídicas em que aparece, pelo nome de um indivíduo. O que Kelsen afirma é que *as proposições sobre atos de pessoas coletivas são traduzíveis em proposições complexas em relação a condutas humanas mencionadas por certos sistemas normativos.*

Por outro lado, a tese de Kelsen não se identifica com a teoria da ficção, ainda que aparentemente esteja próxima dela. Embora o autor saliente que a técnica da personificação, não só no caso da pessoa coletiva, como também no da individual, é um recurso jurídico prescindível para explicar mais convenientemente certos fenômenos, não afirma que esteja sendo simulada uma entidade, como fazem os ficcionalistas. Segundo estes últimos, os juristas supõem que há alguém agindo, quando de fato não há ninguém; em contrapartida, para Kelsen, a expressão "pessoa jurídica" não denota uma espécie de homem imaginário, mas algo real, ou seja, um *conjunto de normas* às quais os juristas atribuem os atos dos indivíduos que agem de acordo com elas.

Contudo, esse último aspecto da teoria kelseniana é objetável. Não parece que o que os juristas personifiquem, quando falam de uma sociedade, seja uma ordem jurídica. Quando se diz que uma sociedade atua, nem sequer de modo inconsciente está-se supondo que age um sistema de normas. É compreensível que, em uma visão antropomórfica da realidade, se personifique animais, certas coisas ou determinados fenômenos; mas não tem sentido lógico anunciar a realização de condutas por um conjunto normativo (é quase como anunciar condutas dos números).

Além disso, entre as coisas que se atribuem às sociedades está a posse de certos direitos e obrigações; na verdade, seria um quebra-cabeça lógico supor que a um conjunto de normas são atribuídos direitos e obrigações que, precisamente, derivam delas. Não se corrige o absurdo esclarecendo que essa forma de falar é só um recurso técnico dos juristas e que, na realidade, os direitos e obrigações correspondem aos indivíduos.

Por fim, ao identificar as pessoas jurídicas com sistemas de normas, seria preciso condenar como uma incoerência (apesar de parecerem perfeitamente significativas) as normas que se referem justamente à sociedade, com as quais, segundo Kelsen, estariam identificadas.

O fato é que Kelsen parece aceitar o mesmo pressuposto errôneo das teorias que critica, quando pretende que a expressão "pessoa jurídica" tenha determinada denotação.

5) *O enfoque mais plausível: a pessoa jurídica como uma construção lógica*. As teorias que foram mencionadas têm em comum, como diz Hart, o fato de supor que um termo não tem função alguma em um sistema linguístico se não *se referir a alguma entidade*. As teorias que negam a existência de pessoas jurídicas chegam a tal conclusão com base em que não se pode determinar que fatos a expressão "pessoa jurídica" denota. A teoria da ficção concorda com a anterior em que a expressão em questão não tem denotação real, mas

defende que os juristas atribuem a ela uma denotação fictícia. As teorias "realistas" atribuem à "pessoa jurídica" uma referência a fatos não verificáveis de modo empírico. O próprio Kelsen sente-se obrigado a atribuir à expressão uma referência a certas entidades, ou seja, a sistemas normativos.

No entanto, há muitos termos que cumprem uma função eficaz na linguagem ordinária e na científica, sem que tenham *denotação alguma*, ou seja, sem que se refiram a nenhum fato ou objeto. Ao falar da expressão "direito subjetivo", ela foi comparada com termos tais como "peso" ou "dólar", que cumprem uma função técnica na linguagem das transações comerciais, apesar de serem palavras "vazias", conforme a denominação dada por Olivecrona. Também não têm denotação expressões tais como "homem médio", "elétron", "campo magnético" e, talvez, "inconsciente" e "intenção".

Alguns desses termos são chamados "teóricos" para distingui-los dos "observacionais"; outros, afirma-se, referem-se a "construções lógicas".

Esse tipo de palavras pode fazer parte de frases significativas contanto e enquanto tais orações sejam *traduzíveis para outras que falem sobre fatos observáveis*. Por exemplo, as proposições que se referem ao homem médio são equivalentes a enunciados sobre a maioria dos homens que integram uma sociedade; os que versam sobre elétrons são traduzíveis, em certos contextos, para enunciados que descrevem o aparecimento de uma determina linha em um espectro.

A tese de alguns escritores, entre os quais está Hart, é que a expressão "pessoa jurídica" pertence à categoria de termos descrita anteriormente, e que as dificuldades da teoria jurídica para determinar seu significado deriva de partir do *pressuposto equivocado de que deve haver alguma denotação para poder integrar enunciados significativos*.

O enfoque correto consiste em desistir de tentar definir a expressão "pessoa jurídica", de tal modo que ela denote algum tipo de entidade – sejam seres humanos, organismos supraindividuais ou entes fictícios –, e, em contrapartida, centralizar a análise nas funções que essa expressão cumpre em diferentes contextos, mostrando, em cada caso, como as frases em que ela aparece podem ser traduzidas para outras frases que se referem a fatos observáveis. Esse enfoque do conceito de pessoa jurídica é análogo ao que expusemos em relação ao conceito de propriedade: em ambos os casos, é inútil buscar no mundo certas coisas ou fatos que constituem a referência ou denotação desses conceitos; mas, em ambos os casos, tem sentido perguntar que função cumprem os respectivos conceitos em diferentes tipos de enunciado e quais são os enunciados sobre fatos observáveis equivalentes aos primeiros.

Se procedermos assim, observaremos que algumas dessas frases são equivalentes a enunciados sobre a conduta de certos homens em determinadas condições, outras são traduzíveis em enunciados que se referem a sistemas normativos etc. A confusão começa a surgir quando, dessa comprovação, pretende-se concluir que "pessoa jurídica" denota ou homens, ou conjuntos de normas, ou qualquer outro tipo de entidade.

Pode-se dar um exemplo que revela, com certa clareza, as dificuldades do ponto de vista tradicional e as consequências da proposta de Kelsen, Hart e de outros autores modernos.

Uma das questões que mais problemas criaram para a teoria jurídica se relaciona à possibilidade de as pessoas coletivas cometerem atos antijurídicos.

As teorias que negam a existência de pessoas jurídicas distintas dos homens defenderam que só os indivíduos podem cometer delitos, pois só a eles podem ser aplicadas penas. Em relação à pena de prisão e à de morte, sem dúvida, só é possível aplicá-las a um homem; em relação a outras penas, como a multa, os defensores dessas teorias afirmam que, ainda que aparentemente sejam recebidas por uma sociedade, em última instância, pesam sobre certos indivíduos.

A teoria da ficção também rejeita a possibilidade lógica de uma pessoa coletiva cometer um ato antijurídico. Além de adotar o argumento anterior, essa teoria defende que as pessoas coletivas carecem de um elemento imprescindível em todo delito, que é a vontade. Segundo essa teoria, isso ocorre porque, sendo as pessoas coletivas ficções do direito, sua vontade também constitui uma criação jurídica artificial, tornando-se evidente que o direito só atribui a elas uma intenção destinada a fins lícitos e não a violar o ordenamento jurídico.

As teorias "realistas", em contraposição às teses anteriores, afirmam que as pessoas coletivas podem ser sujeitos ativos de delitos, pois têm uma vontade real que é diferente da dos indivíduos que a integram e independente de qualquer atribuição por parte do Estado. Além disso, embora não possam ser objeto de penas de prisão, por uma impossibilidade empírica, podem ser submetidas, sim, a outro tipo de sanções, como as de multa, inabilitação para exercer certo tipo de atividade ou dissolução.

Hans Kelsen coloca a questão em termos muito mais claros que as teorias anteriores. Em primeiro lugar, afirma que é óbvio que quem realiza a ação antijurídica e quem sofre as sanções são apenas os homens. No entanto, isso não significa que tenham razão as teorias da ficção ou as denegatórias das pessoas coletivas. Porque assim como é imputado juridicamente a uma sociedade um contrato firmado por um homem, não há nenhum inconveniente em também imputar a ela um delito cometido por um indivíduo e a pena que esse mesmo indivíduo ou outros devam sofrer como consequência do delito.

Sem dúvida, esclarece Kelsen, para que a dogmática proceda à imputação de um delito ou de uma pena a uma pessoa coletiva, devem ocorrer certas condições exigidas pela técnica da personificação. A mais importante dessas condições é que o ato antijurídico atribuído à pessoa coletiva esteja previsto no seu próprio estatuto. Isso pode levantar o problema de que se um estatuto social autorizar os órgãos a cometer um delito, esse estatuto será nulo, de acordo com o ordenamento jurídico de quase todos os países. No entanto, Kelsen defende que, além de não haver necessidade de que o estatuto social seja válido para que os juristas procedam à utilização da técnica de atribuir certas condutas de indivíduos a uma associação, é possível que, segundo a dogmática, seja suficiente que o *cumprimento* de uma obrigação por parte de um órgão esteja previsto no estatuto da pessoa coletiva, para que se atribua a ela também o *descumprimento* de tal obrigação.

Em relação às penas, Kelsen afirma que não há nenhuma razão teórica para limitar as penas que uma pessoa coletiva pode receber à execução de bens e à multa. Se uma norma estabelecesse que no caso de um órgão de uma sociedade cometer um delito, os outros sócios deveriam ser executados ou presos – o que seria espantoso no direito penal moderno –, os juristas poderiam perfeitamente falar que a sociedade deve ser executada ou colocada na prisão. É claro que, de fato, só rolarão as cabeças de certos homens, e só esses, e não uma entidade fantasma, ocuparão celas na prisão. Porém, ocorre a mesma coisa com as sanções de multa ou execução de bens, que são aplicadas apenas às pessoas de carne e osso e, no entanto, parece razoável, usando a técnica da personificação, imputá-las a uma sociedade quando acontecem certas condições.

Hart também contribui para esclarecer a questão contestando o argumento da teoria da ficção de que as pessoas coletivas não podem cometer delitos porque não têm vontade. Segundo o professor de Oxford, o erro das teorias correntes, em relação às pessoas coletivas, consiste em não considerar que as expressões referentes a elas são usadas de acordo com regras diferentes e, portanto, têm um significado distinto de quando são utilizadas em proposições que se referem diretamente a indivíduos.

Desse modo, quando se diz que a sociedade X quis tal coisa, não significa que todos os seus membros tiveram uma certa intenção, como diriam as teorias céticas em relação às pessoas coletivas; nem que houve uma intenção independente da vontade de qualquer indivíduo, tal como defenderiam os "realistas"; nem que um suposto indivíduo teve uma intenção fictícia, segundo diria a teoria da ficção.

"Vontade", diz Hart, muda de significado quando aparece em um enunciado referente a uma sociedade, já que os fatos que o tornam verdadeiro são diferentes dos que comprovam um enunciado análogo que se refira a um homem. Nesse último caso, basta que o indivíduo de quem falamos queira algo; no primeiro caso, é necessário que haja certas normas jurídicas dispondo determinadas consequências para certos indivíduos, quando outro, relacionado com eles por um contrato social, tenha tido certo propósito.

Sintetizando a linha de pensamento de autores como Kelsen e Hart, um enunciado do tipo "Honestidade S.A. cometeu uma defraudação impositiva" (ou "firmou um contrato", ou "...adquiriu um bem") não pode ser traduzido para outros enunciados cuja única diferença do anterior consiste em que "Honestidade S.A." é substituído por uma longa lista de nomes próprios de indivíduos (como proporiam as teorias negativas); nem pela descrição de uma entidade fantasma que, sem ser um homem, age como os homens (como propugnariam as teorias realistas); nem tampouco pela descrição de um homem imaginário (tal como sugere a teoria "da ficção").

A tradução de uma proposição como a do exemplo é muito mais complexa, pois se deve fornecer um conjunto de enunciados que descrevam tanto a conduta de certos indivíduos quanto a existência de determinadas normas jurídicas.

Uma tradução muito simplificada de "Honestidade S.A. cometeu uma defraudação impositiva" poderia ser a seguinte:
"No direito do país está prevista a possibilidade de vários indivíduos exercerem certos negócios em comum, de tal modo que a responsabilidade patrimonial que assumem, como consequência deles, limite-se ao que cada um contribuiu para efetuar tais negócios e que os direitos de receber lucros e outros benefícios sejam documentados em instrumentos transferíveis, sem que seja relevante quem é o possuidor desses últimos. Está previsto que esses indivíduos podem decidir certas coisas importantes em assembleias gerais e outras questões por meio de uma diretoria que será nomeada em assembleia. Pedro, Diego, Miguel, Raul e Carlos decidiram negociar com a venda de imóveis, conforme as regras anteriores, e acordaram em usar o nome de 'Honestidade S.A.' em tais operações. Estabeleceram, em um estatuto o que pode ser feito e o que não pode, em cumprimento de seus propósitos comerciais. Lavraram instrumentos representativos de seus direitos e obrigações, alguns dos quais agora estão em outras mãos. Os que possuem tais documentos elegeram Carlos como presidente da diretoria por um ano. Há uma norma que obriga pagar ao Fisco 5% do produto de toda

venda de imóveis. Outra regra estabelece que quando uma pessoa com as funções de Carlos ocultar a venda de um imóvel para sonegar o imposto, deve pagar uma multa que valha o dobro do sonegado, podendo sacar os fundos das contribuições feitas pelos titulares das ações previstas no estatuto ou dos lucros que lhe caberiam. Carlos de fato ocultou a venda de um imóvel."

O exemplo imaginário que acaba de ser dado demonstra, por um lado, o erro das teorias tradicionais, que esperam que enunciados desse tipo possam ser traduzidos substituindo-se apenas a menção da pessoa coletiva pela de um grupo de indivíduos, de um superorganismo ou pela de um homem fictício; por outro lado, mostra também o poder de síntese da técnica da personificação jurídica, que justifica seu amplo uso entre os legisladores, juízes e juristas.

PERGUNTAS E EXERCÍCIOS – IV*

1. – Você pode indicar algumas diferenças entre o significado das palavras "obrigação" ou "direito" quando são usadas, por exemplo, na formulação de uma norma jurídica ou em uma proposição que descreve uma norma jurídica?
2. – Como você diferencia os seguintes fatos?
   a) Um homicídio da execução de uma pena de morte.
   b) Uma quarentena de uma pena de prisão.
   c) Um imposto por importação de mercadorias de uma multa por contrabando.
   d) A internação forçosa de quem cometeu o delito de posse de drogas – para ser submetido a tratamento para a cura de seu vício – da pena de prisão pela comissão desse delito.
3. – Assinale quais dos seguintes fatos poderiam ser considerados sanções jurídicas e quais dessas sanções jurídicas constituem penas:
   a) A esterilização dos delinquentes sexuais.
   b) A penhora e o leilão de bens de um devedor inadimplente.
   c) A prisão preventiva de quem está sob suspeita de ter cometido um delito.
   d) A publicação, à custa do condenado, da sentença condenatória pelo delito de injúrias.

---

* Algumas questões supõem o conhecimento da legislação argentina, mas o leitor poderá adaptá-las ao caso do Brasil. Mantivemos o texto original por respeito ao autor. (N. do E.)

e) A expulsão do país de um diplomata estrangeiro pela realização de atos de espionagem.
f) A sanção pecuniária estabelecida em um contrato para o caso de descumprimento de alguma obrigação.
g) O serviço militar obrigatório.
h) A prisão de uma pessoa à disposição do Poder Executivo em virtude do estado de sítio.
i) A suspensão da habilitação para dirigir por ter causado lesões a um pedestre, por negligência na condução do veículo.
j) A reparação dos prejuízos à vítima de um delito penal.
k) A internação de um doente mental que cometeu um delito.

4. – Uma multa de 50 reais imposta a um homem rico é considerada pena? Fornecer forçosamente abrigo e alimentação em uma prisão a um indigente é considerada pena?

5. – Por que não se define "sanção" como uma medida coativa que é consequência de um ato antijurídico?

6. – Qual das duas afirmações seguintes é correta segundo Kelsen?
a) Um ato é passível de sanção quando é um delito.
b) Um ato é um delito quando é passível de sanção.

7. – A distinção jusnaturalista entre atos *mala in se* e atos *mala prohibita* poderia ser resgatada pelo positivismo para diferenciar diversos tipos de atos imorais?

8. – Indique que circunstâncias teriam que ocorrer para que os seguintes atos constituíssem delitos em nosso país:
O incesto – a inadimplência de uma dívida – ser de raça negra – o fato de os juízes não imporem sanções aos que combatem em duelo – professar um culto religioso.

9. – Comente esta afirmação:
"Se um delito é uma condição necessária de uma sanção, construir uma prisão é um delito, já que constitui condição necessária para que sejam aplicadas penas de prisão."

10. – Determine qual seria, para Kelsen, o delito que cada uma das seguintes normas estabelece:
a) Se alguém injuriar outro e não se retratar, deve ser punido com seis meses de prisão.
b) Se for efetuado um contrato cujo objeto é contrário à moral e aos bons costumes, o contrato é nulo.

c) Se alguém firmar um contrato, não cumpri-lo e não reparar as perdas e danos causados, deve-se proceder à execução forçosa de seus bens para satisfazer a indenização de tais danos.
d) Se for realizada a venda de um bem com fraude contra os credores, a venda pode ser revogada.
e) Se alguém emitir um cheque sem fundos, o portador intimá-lo de forma fidedigna para que efetue o pagamento e o cheque não for saldado em 24 horas após essa intimação, esse alguém deve receber sanção de um ano de prisão.

11. – Segundo a definição de "delito" proposta por Beling e aceita pela dogmática penal contemporânea, o homicídio seria um *delito* na Inglaterra? (Nesse país, para condenar alguém por homicídio – *murder* –, não se exige que o agente saiba ou preveja que seu ato causará a morte de outro; basta que saiba ou preveja que lhe causará um dano corporal, e, por consequência, não é necessário que o agente cometa o ato antijurídico de *matar* outro de forma *culpável*.)

12. – Que diferença há entre exigir certa propriedade como condição para que um ato seja punível em um sistema jurídico e exigi-la como condição para denominar um ato de "delito"? A qual dessas categorias corresponde cada um dos elementos da definição de "delito" aceita pela dogmática penal?

13. – Comente esta hipotética defesa, que poderia aduzir um juiz que tivesse condenado alguém por um ato não típico, ou seja, um ato que não é declarado punível por uma lei anterior ao fato:
"O requisito de tipicidade defendido pela dogmática penal contemporânea é um elemento da *definição de delito*, ou seja, é uma condição para denominar um ato de "delito". Eu nunca disse que condenei o processado por um 'delito' – sempre me orgulhei de utilizar a linguagem com propriedade; declarei de modo expresso que condenava o processado por um ato imoral, que infelizmente não é um delito em nosso país."

14. – Comente este parágrafo de Joseph Raz (*The Concept of a Legal System*, p. 87 e 88):
"...enquanto Kelsen insiste em que o legislador deve manifestar sua intenção para prescrever a conduta de outras

pessoas e, assim, criar algum material jurídico oficial, ele considera essa mesma intenção completamente irrelevante para a interpretação do material jurídico criado desse modo... Em vez de se referir à 'intenção do legislador', à 'intenção oficial' ou ao 'propósito da lei', Kelsen define o delito simplesmente como 'a conduta daquele indivíduo contra quem se destina a sanção como consequência dessa conduta'. Essa definição não consegue distinguir entre fazer uma promessa e quebrar uma promessa. Faz que os dois atos sejam parte do delito..."

15. – Com que significado são usados os termos "responsável" e "responsabilidade" nas seguintes frases?
    a) Um infarto foi responsável pela morte de Pedro.
    b) Diego é um advogado muito responsável.
    c) A sentença do juiz responsabilizou Roberto pelo acidente de trabalho do operário Luis.
    d) Os escrivães têm a responsabilidade de descontar as quantias necessárias para saldar os ônus das operações efetuadas diante deles.
    e) O responsável pelo acidente foi o motorista do ônibus.
    f) Os peritos médicos determinaram que o homicida não é uma pessoa responsável.

16. – Quais dos seguintes casos são de responsabilidade indireta?
    a) A sanção imposta a uma pessoa por negligência no cuidado de um filho menor.
    b) A sanção imposta a uma pessoa pelos danos causados por seu filho menor.
    c) A execução dos bens de um fiador em um contrato de locação por falta de pagamento do aluguel.
    d) As represálias econômicas de um país contra outro que violou normas do direito internacional.
    e) A execução dos bens de um indivíduo para satisfazer a indenização dos danos causados por um animal de sua propriedade.
    f) A sanção imposta a um indivíduo por ter instigado outro a cometer um delito.
    g) A multa imposta a uma sociedade anônima pela falta de pagamento de certos impostos.

17. – Se o proprietário de um bar sabia que estava vendendo bebida alcoólica para um ébrio, mas a lei declara punível esse fato,

independentemente de o agente saber ou não que o cliente está alcoolizado, esse é um caso de responsabilidade *objetiva* ou *subjetiva*?

18. – Imagine uma situação em que seja adequado dizer que alguém "foi obrigado" a fazer algo, mas não que "tinha a obrigação" de fazer, e imagine uma situação em que ocorra o caso inverso.

19. – Comente esta tese hipotética:
"Apesar do que diz Hart, o conceito de dever jurídico está ligado com a probabilidade de sofrer uma sanção. Se não houvesse tal possibilidade, a norma que proíbe a conduta passível de sanção não teria vigência, e se essa norma não estivesse vigente, não haveria, então, um dever jurídico de abstenção da conduta em questão."

20. – Você considera que há alguma relação entre a definição de "obrigação jurídica" em termos de fatos psicológicos ou da probabilidade de interferência estatal e a concepção *realista* do direito que estudamos no capítulo I? Qual é a diferença entre a definição baseada na probabilidade da aplicação de uma sanção e a definição de Kelsen?

21. – Quais são os deveres jurídicos que, segundo a teoria de Kelsen, surgiriam das seguintes normas:
 a) Se alguém injuriar outro e não se retratar, deve ser punido com um ano de prisão.
 b) Não se deve cometer incesto.
 c) Se duas pessoas firmarem um contrato, uma não o cumprir, a outra demandar a indenização pelas perdas e danos causados, e a primeira não saldá-los, deve-se proceder à execução dos bens de quem não cumpriu o contrato.
 d) O testamento feito sem testemunhas é nulo.
 e) Os funcionários da polícia têm o dever de informar ao acusado de um delito que ele pode se negar a depor.

22. – Comente este parágrafo de P. M. S. Hacker (*Sanction Theories of Duty*):
"A principal falha geral das teorias que definem o dever em relação à sanção é, como sugeri, enfatizar demais a sanção e muito pouco o *standard* de conduta que o dever impõe. Porque um dever é um modelo para a ação, enquanto a

ameaça de uma sanção é um 'incentivo', e a primeira função deve ser usada prioritariamente em relação à segunda. O conceito de uma norma que impõe um dever pode ser ulteriormente analisado em termos de razões que justificam atos, dando, desse modo, maior ênfase à função de modelo que o dever tem..."

23. – Proponha alguns sinônimos parciais de "direito" em seus sentidos objetivo e subjetivo.

24. – Comente esta tese hipotética:
"O positivismo, ao negar a existência de direitos subjetivos não reconhecidos pelo sistema jurídico positivo, renuncia a uma das mais eficazes construções intelectuais elaboradas para promover a respeito à dignidade humana. De que outra forma, se não apelando para os direitos subjetivos essenciais à pessoa humana, pode-se exigir de um regime autoritário que adapte seu sistema jurídico a princípios civilizados? De que outra forma, senão invocando direitos que existem independentemente das leis positivas, um 'dissidente' pode se defender em um processo judicial, em um sistema totalitário? O positivismo só permite recorrer aos direitos subjetivos básicos quando isso é pouco necessário, ou seja, quando tais direitos já estão reconhecidos pelo sistema jurídico positivo."

25. – Basta que alguém tenha direito a realizar certa conduta – no sentido de não haver uma norma jurídica que a proíba – para que essa conduta não possa ser impedida ou sancionada pelos particulares ou pelas autoridades?

26. – Em que consiste a incoerência entre a aceitação de Kelsen de um sentido de "direito" equivalente a autorização e sua concepção sobre a estrutura das normas jurídicas?

27. – Formule duas frases de tal modo que em uma delas a palavra "direito" seja usada com o sentido de correlato de uma obrigação passiva, e na outra, como correlato de uma obrigação ativa.

28. – Por que o exercício de ações processuais implica, segundo Kelsen, a participação dos particulares na criação de direito?

29. – Em que se assemelham e em que se distinguem as ações processuais dos direitos políticos e das garantias constitucionais?

30. – Com que sentido a palavra "direito" (subjetivo) é empregada em cada uma das seguintes frases?
   a) Você tem direito de não ser demitido de seu emprego sem justa causa.
   b) A assembleia de sócios tem direito de nomear a diretoria da sociedade.
   c) Todos os habitantes do país têm, segundo a Constituição, o direito de entrar, permanecer e transitar no território nacional, bem como de sair dele.
   d) Tenho direito de fumar em uma via pública.
   e) Quem alugou um imóvel tem direito de usá-lo com exclusão de seu proprietário.
   f) O viúvo ou a viúva sobrevivente tem direito a uma parte dos bens do cônjuge, igual à que cabe a cada um dos filhos.
   g) O proprietário de uma fazenda tem direito a que nas fazendas vizinhas não sejam feitas escavações que possam afetar a segurança das construções existentes em sua propriedade, tendo direito também de reclamar a indenização pelos danos que forem causados.
   h) Cada província tem direito de eleger dois representantes para o Senado nacional argentino.
   i) A firma "Indigesta S.A." é a única que tem direito de vender alimentos nos estádios durante o campeonato.

31. – Comente os seguintes textos, considerando que os "direitos reais" são um gênero que abrange o direito da propriedade e outros direitos menos importantes:
   Art. 497, Código Civil argentino: "A todo direito pessoal corresponde uma obrigação pessoal. Não há obrigação que corresponda a direitos reais."
   Comentário de Vélez Sársfield (redator do Código Civil argentino) ao Título IV do Livro III: "... diremos, com Demolombe, que direito real é o que cria entre as pessoas e a coisa uma relação direta e imediata, de tal modo que não se encontram nela senão dois elementos, a pessoa, que é o sujeito ativo do direito, e a coisa, que é o objeto... Está-se diante do direito real quando entre a pessoa e a coisa que é o objeto não há intermediário algum e existe independente de qualquer obrigação especial de uma pessoa para com outra".

32. – Traduza estas frases para outras em que não apareçam os termos "propriedade" ou "proprietário".
   a) Se João assinou a escritura, então, é proprietário da casa.
   b) Se você é proprietário deste imóvel, pode despejar os intrusos.
   c) Quem toma posse de boa-fé de um imóvel durante dez anos adquire sua propriedade.
   f) Os proprietários de automóveis devem pagar um imposto especial.

33. – Seguindo o esquema de Hohfeld, se alguém tem imunidade em relação a outro, em que situação fica este último perante o primeiro, e em que situação ficariam ambos se não for certa a suposição precedente? Se alguém tem um dever para com outro, o que este último tem em relação ao primeiro, e em que situação ficarão ambos quando se extinguir o dever do primeiro indivíduo?

34. – Assinale quais das seguintes incapacidades são de "fato" e quais são de "direito" segundo o sistema jurídico argentino.
   a) A dos juízes em relação a transações sobre bens submetidos a julgamento em sua alçada.
   b) A das pessoas que vão nascer em relação à celebração de certos contratos.
   c) A incapacidade dos doentes mentais para contrair matrimônio.
   d) A dos cônjuges de firmar entre si um contrato de compra e venda.

35. – Quais são as analogias e as diferenças entre a capacidade civil e a competência?

36. – Kelsen admite que as normas que conferem competência são normas jurídicas independentes?

37. – Identifique a que teorias sobre pessoas jurídicas correspondem as seguintes descrições do professor Victor N. Romero del Prado (em sua atualização do *Tratado de derecho civil* de Raymundo M. Salvat, Bs. As., 1958, t. I) e exponha as observações que tais teorias lhe sugerem:
   a) "Savigny define a pessoa jurídica – parágrafo 85 – como um sujeito de direito criado artificialmente pela autoridade. Para os partidários dessa teoria, a pessoa jurídica é, em ge-

ral, um ser imaginário e fictício, um sujeito do direito de bens criado de modo artificial pela lei com a finalidade de facilitar a certas instituições e associações, convenientes ao bem público, o cumprimento de sua missão... [Acrescenta] Laurent: Na opinião do legislador, um ser nasce do nada e figura, em certo pé de igualdade, ao lado dos seres reais! Tudo é fictício nessa concepção; é necessário o poder soberano para chamar à existência um ser que não existe antes dessa declaração de vontade..."

b) "Para Planiol, sob o nome de pessoas jurídicas ou civis, é preciso entender a existência de 'bens coletivos'; não vê assim nelas mais que uma propriedade coletiva... [Para Ihering] a pessoa jurídica não é em si mesma a destinatária dos direitos que possui, mas sim as pessoas físicas encobertas por ela, vindo a ser assim a máscara sob a qual se ocultam os verdadeiros titulares de relações jurídicas... Os verdadeiros sujeitos de direito não são as pessoas jurídicas, e sim os membros isolados; elas são a forma especial mediante a qual os segundos manifestam suas relações com o mundo exterior, forma que não tem importância alguma para as relações dos membros entre si."

c) "Para [Gierke] a pessoa corporativa é uma pessoa real formada por seres humanos reunidos e organizados para a consecução de fins que ultrapassam a esfera dos interesses individuais, mediante uma força de vontade e de ação comum e única, que não é uma simples soma de vontades humanas, mas, pelo contrário, uma vontade nova e superior, com volições próprias, diversas das particularidades de seus membros e administradores, que são os órgãos necessários dessa vontade coletiva, por meio dos quais se manifesta e realiza."

38. – Kelsen é um partidário da teoria da ficção? O que denota a expressão "pessoa jurídica", segundo ele? Que relevância tem a concepção que adota das pessoas jurídicas sobre sua postura acerca da relação entre Estado e direito?

39. – Se a expressão "pessoa jurídica" não se refere a nenhum tipo de entidade, como podem ser verificados empiricamente os enunciados que falam sobre pessoas jurídicas? Como eles podem ser distinguidos dos enunciados que falam sobre animais mitológicos ou seres fantasmagóricos ou fabulosos?

40. – Você pode distinguir, entre os argumentos que negam a responsabilidade penal das pessoas coletivas, os que apelam para considerações lógicas ou ontológicas dos que invocam considerações valorativas? Dê exemplos de cada um desses tipos de argumento.

Capítulo V
A interpretação das normas jurídicas

1. Introdução

No segundo capítulo deste livro, buscou-se uma caracterização das normas jurídicas que as vinculasse com certos usos da linguagem.

Disso não se infere que para uma norma existir deva ter sido realizado necessariamente um ato linguístico.

Muitas vezes, as normas não são verbalizadas, mas sim pressupostas implicitamente quando se reage em certo sentido perante determinadas circunstâncias. Acontece assim com as normas consuetudinárias e em parte também com as jurisprudenciais. Por exemplo, para que entre os comerciantes vigore verdadeiramente uma norma que prescreve considerar o pagamento dentro de 30 dias como pagamento à vista, não é necessário que alguém tenha pronunciado a oração "o pagamento dentro de 30 dias a partir da transação deve ser considerado como pagamento à vista". Basta que os comerciantes reajam da mesma maneira diante de ambas as modalidades de pagamento e critiquem os que não fizerem assim. No entanto, qualquer norma é expressável mediante orações linguísticas, ainda que não tenha sido expressa de fato. Isso permite considerar as normas como o significado de certas orações, assim como as proposições constituem o significado de outras.

No caso da maior parte das normas jurídicas, a fim de promulgá-las, recorre-se à linguagem. Isso é próprio do direito criado deliberadamente, embora seja possível pensar em normas desse tipo que sejam divulgadas por meios não linguísticos. Poder-se-ia imaginar um direito primitivo no qual o legislador encenasse as condutas que desejasse obter dos cidadãos. E até no próprio direito moderno, basta lembrar muitas leis de trânsito que se tornam explícitas mediante placas nas quais só aparecem certas setas ou desenhos.

Quando as normas são sancionadas ou transmitidas não por meio da linguagem, mas por meio da exemplificação dos comportamentos ajustados a elas, é preciso determinar que aspectos de tais ações são regulados de modo normativo, o que pode envolver certas dificuldades. Hart dá o exemplo de uma criança a quem o pai ensina de forma ostensiva a regra que determina tirar o chapéu na igreja; observando seu pai, a criança pode hesitar se o que está prescrito é apenas tirar o chapéu ou fazer isso com a mão esquerda, ou com um trejeito particular etc.

Nas normas comunicadas por símbolos, linguísticos ou não, a determinação de qual norma foi sancionada pressupõe a atividade de *interpretar* tais símbolos, ou seja, de atribuir-lhes significado.

A tarefa de estabelecer que regra subjaz a uma regularidade de condutas ou a uma frase linguística é traçada de forma diligente quando se deve decidir, por um "sim" ou um "não", a aplicabilidade da norma a um caso concreto. Quando se cumpre essa tarefa, não basta dizer que existe uma norma prescrevendo tirar o chapéu na igreja; é preciso resolver, por exemplo, se a prescrição vigora também para os não crentes; não é suficiente concluir que a expressão "matar", utilizada pelo art. 79 do Cód. Penal argentino, significa tirar a vida de um homem; deveremos, sim, decidir, por exemplo, se ela abrange um caso como o de quem deixa de salvar a vida de outro, tendo o dever de fazer isso.

Todos nós, dia a dia, deliberamos sobre a aplicação de normas a certos casos, seja para planejar futuras condutas, seja para avaliar ações cometidas no passado.

No entanto, em relação às normas jurídicas, há um corpo de funcionários, os juízes, cuja opinião é privilegiada no que se refere à aplicação de uma norma a um caso, visto que o pronunciamento dessa opinião é condição para que se tornem efetivos os objetivos estabelecidos pelas normas.

Nos Estados modernos, os juízes geralmente enfrentam normas promulgadas através de uma linguagem e, na imensa maioria dos casos, da linguagem escrita.

Os legisladores utilizam uma linguagem natural, como o idioma falado pelos cidadãos de cada país, já que em geral estão interessados em comunicar suas diretivas na forma mais eficaz possível, o que obviamente não conseguiriam se empregassem um idioma estrangeiro ou uma linguagem particular.

A formulação de normas por meio da linguagem corrente faz que a expressão da intenção do legislador esteja limitada pelas falhas que, como veremos mais adiante, as linguagens naturais apresentam.

Além disso, o uso de uma linguagem natural compromete o legislador em decorrência de suas expressões serem interpretadas de acordo com o significado que lhes é atribuído pelos costumes linguísticos do grupo social ao qual as normas se destinam. É verdade que, como veremos depois, os símbolos linguísticos não têm por que ter outro significado além do que recebem de quem os usa. Entretanto, isso está condicionado, no direito, pela dificuldade de conhecer a intenção dos legisladores, aos quais muitas vezes suas normas sobrevivem, e pela convenção, vigente na dogmática atual, de que a intenção do legislador não é um critério decisivo para atribuir significado às suas palavras, tendo preferência sobre ele a determinação de como essas palavras seriam razoavelmente interpretadas por seus destinatários e as considerações sobre a relação que a norma em questão deve ter com outras que integram o sistema jurídico.

Assim, não é de todo exagerado afirmar que, no direito legislado, os juízes estão vinculados não por um conjunto de normas, mas por uma série de orações cujo significado é atribuído de acordo com certas regras semânticas e sintáticas, quer o próprio legislador as tenha considerado ou não.

Uma vírgula, talvez mal colocada, constitui um obstáculo muito mais grave para os juízes que a suposta intenção do legislador sobre o sentido de uma palavra, visto que os tribunais não podem alterar, apagando ou riscando, o que está escrito em um texto legal, mas podem, sim, adaptar o significado das expressões linguísticas a usos linguísticos diferentes dos seguidos pelo legislador.

Os legisladores também estão condicionados, na expressão de sua intenção, pelas leis e regras de inferência lógica. Uma análise lógica dos enunciados legislativos pode levar a desqualificá-los ou a mostrar consequências não previstas por seus autores. Deve-se considerar que as normas sancionadas por um legislador se inserem em um sistema integrado também por outras normas; por isso, da combinação das normas determinadas por um legislador com as outras, que já pertencem ao sistema ou que venham a fazer parte dele em um futuro, poderão derivar consequências não previstas talvez pelo referido legislador, ou surgir problemas lógicos – como contradições, lacunas, redundâncias – que não se apresentam nas normas isoladas, mas aparecem toda vez que entram em relação com o restante do sistema jurídico.

Na sequência serão mostrados alguns problemas de natureza semântica e sintática que a interpretação dos textos legais pode encontrar; depois, serão analisados outros de caráter lógico.

Antes de verificar as dificuldades de natureza linguística propostas pela interpretação jurídica, convém expor as características que as linguagens naturais apresentam.

2. Alguns aspectos da linguagem que falamos

a) As palavras e sua relação com a realidade

Como se disse muitas vezes nas introduções ao tema da linguagem, as palavras, assim como as notas musicais, as sirenes das ambulâncias, as luzes dos semáforos, as bandeiras dos navegantes etc., constituem *símbolos* para representar a realidade.

Os símbolos devem ser distinguidos dos *signos*, que têm uma relação natural ou causal com o objeto que representam: como o trovão em relação ao raio, a fumaça em relação ao fogo, o choro de uma criança pequena em relação à fome. Em contrapartida, os símbolos têm apenas uma relação convencional com os objetos representados; a representação não emana de uma ligação causal com o fenômeno representado, mas de convenções estabelecidas implicitamente pelos homens; isto é, de regras que permitem se referir a certos fatos, coisas, relações, usando determinadas figuras, ruídos, objetos etc.

A utilidade de considerar a distinção entre símbolos e signos e de observar que a linguagem é um sistema de símbolos evidencia-se quando percebemos que existe no pensamento comum uma tendência, racionalizada por alguma tradição filosófica de prestígio, de encarar as palavras como se fossem signos, ou seja, como se tivessem uma relação natural com aquilo que significam, independente da vontade dos homens.

Essa ideia já foi considerada em outras partes deste trabalho sob o rótulo "concepção mágica da linguagem", dado por Carnap, ou "realismo verbal", empregado por Kantorowicz.

Carnap diz que a criança que começa a falar sente-se inclinada a supor que as palavras que usa para se referir às coisas são as naturalmente apropriadas para isso, enquanto outras expressões, por exemplo, as de idiomas estrangeiros, são erradas ou estrambóticas. O adulto é mais tolerante com o fato de outros povos denominarem as mesmas coisas com outras palavras, porém, de qualquer modo, conserva-se sempre a impressão inconsciente de que o natural é chamar "casa", e não "*house*" ou "*maison*", ao que na realidade é uma casa.

O mesmo autor mostra como esse preconceito se reflete em filósofos e cientistas que deveriam ser isentos dele. Em particular, grande parte da resistência ao uso da linguagem quantitativa por parte da ciência tem sua origem, como mostra Carnap analisando certos argumentos nesse sentido, na ideia de que a forma natural de designar, por exemplo, uma determinada temperatura, é utilizar a palavra "frio" e não, situando um caso, com a expressão "0º".

A ideia de que o significado das palavras é determinado pela realidade, como se fosse um reflexo de algum aspecto importante dela, tem legitimação filosófica com o essencialismo. Essa postura, que admite muitas variantes e diferentes formulações, mas cujos traços fundamentais foram esboçados por Platão, defende, em suma, que há certas propriedades não empíricas que fazem com que as coisas sejam o que são; propriedades que, por consequência, se diferenciam das qualidades acidentais que as coisas podem ou não possuir, mas que devem se refletir no significado das palavras com as quais são denominadas.

Jorge Luis Borges menciona essa ideia com ironia, nestes deliciosos versos, várias vezes citados.

> "Se o nome é o reflexo da coisa
> (como diz o grego no Crátilo),
> nas letras de 'rosa' está a rosa
> e todo o Nilo na palavra 'Nilo'."

Segundo essa tradição filosófica, há um "verdadeiro" e "único" significado das expressões da linguagem, que deve ser captado investigando-se uma misteriosa realidade não empírica.

Perguntas como "O que é o homem?" "O que é o direito?" "O que é o bem?" são totalmente indiferentes a qualquer fato sobre a linguagem e devem ser respondidas expressando a "essência" ou "natureza" de tais entidades.

É importante lembrar que perguntas como essas são ambíguas.

Quando se indaga "O que é X?" ou "O que significa X?", pode-se solicitar tanto uma especificação do significado da expressão "X" (ou "homem", ou "direito", ou "bem") quanto uma informação sobre determinadas qualidades apresentadas de fato pelas coisas ou fenômenos denominados com tais palavras (o direito, os homens, as coisas boas etc.).

No primeiro caso, a pergunta é respondida mostrando em que condições se usa a expressão de que se trata; a resposta deve, então, consistir em uma informação sobre a linguagem, e não sobre a realidade mencionada por ela, exceto no aspecto óbvio de que definir uma palavra implica indicar os fatos aos quais a palavra se refere. No segundo caso, no qual se pressupõe um significado da palavra, e, por conseguinte, podem ser identificados os fatos que ela denota, responde-se assinalando algumas das propriedades que tais fatos apresentam na realidade.

Ambas as questões aparecem entrelaçadas em muitos trabalhos de juristas. Por exemplo, os criminalistas se perguntam "o que é o delito", e as respostas que dão a essa indagação incluem, em geral, de forma confusa, tanto uma enunciação das condições para o uso da palavra "delito" quanto uma descrição de algumas propriedades que os fatos designados por essa expressão apresentam, de acordo com as exigências contingentes de determinado ordenamento jurídico.

O fator que provoca a confusão entre os dois tipos de pergunta é a adesão à concepção essencialista. Se considerarmos que as condições para o uso de uma palavra são determinadas pela realidade e não por certas regras da linguagem convencionadas pelas pessoas, esclarecer o conceito de homem, por exemplo, necessitará não de um levantamento dos casos em que se aplica a palavra "homem", mas sim de detectar certas propriedades dos homens, do mesmo modo que se pergunta, ainda que usando procedimentos cognoscitivos diferentes, sobre a origem dos seres humanos ou sobre sua expectativa de vida.

Muitos dos problemas que parecem mais difíceis na filosofia e nas ciências (expressos em perguntas como: O que é na realidade o ser? Qual é o verdadeiro conceito de justiça? O que é a matéria?) perdem muito do mistério e da perplexidade que suscitam toda vez que são traduzidos para perguntas sobre o uso de certas expressões da linguagem.

O essencialismo conceitual também é demonstrado na preferência de muitos pensadores, entre eles os juristas, pela análise etimológica das palavras como meio para determinar seu significado. Se partimos da ideia de que as palavras possuem um único e verdadeiro significado, determinar o procedimento de formação das expressões linguísticas poderá servir de guia para detectar o conceito que quiseram captar os que deram origem à palavra, e que se supõe, deve manter-se incólume em seus usos futuros.

Porém, a análise etimológica constitui um padrão muito pouco confiável para estabelecer o significado das palavras, pois o procedimento seguido para inventar um som, um fonema ou uma grafia, mesmo que tenha sido feito por derivação ou combinação de outros sons, palavras ou traços, não determina necessariamente o uso que deverá ser dado de fato a tal som, fonema ou grafia. É como imaginar o quanto seria ineficaz ensinar a um estrangeiro o significado de "televisão" ou de "Argentina" baseando-se em uma análise etimológica: o pobre aprendiz chamaria provavelmente "televisão" a uma luneta, e "Argentina" a um país onde sobeja a prata.

Quando dizemos que a relação entre os símbolos linguísticos e a realidade é convencional e não natural, não declaramos apenas que a palavra que denota um tipo de objetos, designando propriedades comuns a eles, poderia ser substituída por outra, como de fato ocorre em vários idiomas. O que se quer dizer também é que o mesmo termo poderia ter um significado diferente do que possui na linguagem ordinária e que há liberdade para essa atribuição sem incorrer em falsidade (embora dificultando a comunicação).

A verdade ou falsidade está relacionada aos enunciados e não às orações. Ou seja, se expressarmos o mesmo enunciado com palavras diferentes das que costumam ser usadas para expressá-lo na linguagem habitual (por exemplo, se disséssemos "não tenho nenhum pão", usando a palavra "pão" com significado equivalente ao de "dinheiro"), o valor de verdade do enunciado não varia.

b) O significado das palavras

Quando se fala do significado das palavras, costuma-se mencionar tanto a sua *denotação* (ou extensão) – a classe de coisas ou fatos denominada pela palavra – quanto a sua *designação* (ou conotação ou intenção) – o conjunto de propriedades que as coisas ou fatos devem reunir para fazer parte da classe denotada pelo termo.

A designação e a denotação de uma palavra estão em função recíproca. Se a designação se amplia (por exemplo, porque antes eram exigidas as propriedades A e B para que um objeto integrasse a classe e agora são requeridas A, B e C), a denotação possível da palavra se restringe, porque há potencialmente menos objetos que reúnam um maior número de propriedades definitórias. Pelo contrário, uma exigência menor quanto à designação da palavra leva a uma extensão maior da potencial denotação dela.

O que dissemos refere-se às chamadas "palavras de classe". Essas palavras não se distinguem dos nomes próprios pelo fato de as palavras de classe denotarem muitos indivíduos, como às vezes se diz, enquanto os nomes próprios referem-se a apenas um (as expressões de classe, como "unicórnio", que não denotam nenhum indivíduo real, e os nomes próprios como "João da Silva", que designam uma grande quantidade de indivíduos demonstram que isso não ocorre). A distinção reside em que as palavras de classe, além de denotarem coisas, *designam* propriedades que tais coisas devem possuir para que sejam denotadas pela palavra correspondente; em contrapartida, os nomes próprios denotam sem designar: não há nenhuma propriedade comum com os outros João da Silva que o pai de um recém-nascido deva ter considerado para dar-lhe esse nome.

As palavras de classe supõem, então, uma classificação da realidade.

Classificar consiste em agrupar teoricamente coisas ou fatos, considerando certas propriedades comuns.

Se pensarmos bem, observaremos que qualquer par de coisas tem em comum alguma propriedade e poderia, portanto, ser incluído na mesma classe; e qualquer par de coisas tem alguma propriedade diferente, o que nos permitiria incluí-lo em classes distintas.

Portanto, a tarefa de fazer uma classificação supõe selecionar como relevantes certas propriedades em comum que determinadas coisas possuam, prescindindo de outros traços semelhantes e das propriedades diferentes que possam ter. Essa seleção também não é determinada pela realidade (as coisas não clamam: "leve em conta minha circunferência e não meu peso para me classificar!"), sendo feita apenas com base na necessidade que se quer satisfazer com a classificação. Sem dúvida, o fato de observar certas semelhanças entre as coisas para incluí-las na mesma classe, deixando de lado outras analogias e suas diferenças, não implica negar que essas outras semelhanças e diferenças ocorram na realidade. Supõe apenas o compromisso de não incluir em uma classe constituída a partir, por exemplo, da propriedade A, em consideração a certos fins, nenhum objeto que não reúna essa propriedade, independentemente de possuir ou não muitas outras analogias com as dos objetos que integram a classe.

Isso que parece tão simples, no entanto, é negado implicitamente por muitos. Algumas das impugnações ao pensamento "abstrato" expressam a contrariedade a que se classifiquem as coisas e se definam as palavras com que são denominadas considerando apenas algumas propriedades como relevantes e não todas as que acontecem na realidade. Exemplificando: muitos juristas supõem que definir a palavra "ação" sem considerar definitória a intenção do agente, conforme propõe a teoria causal da ação em direito penal, faz com que se negue que as ações sejam intencionais.

Pretender que todas as propriedades de uma coisa sejam definidoras das palavras com que são denominadas é um disparate teórico proveniente de uma confusão sobre o funcionamento da linguagem. Se essa ideia fosse levada a sério, teria que haver uma palavra para cada objeto; qualquer propriedade que anunciássemos sobre as coisas já estaria pressuposta pelo significado das palavras usadas para denominá-las, de tal modo que os nossos enunciados nunca diriam nada novo para quem usasse a mesma linguagem. O pensamento, tanto o corrente quanto o científico – inclusive o daqueles que advogam pelo pensamento "concreto" –, requer um esquema conceitual apoiado em classificações que considerem relevantes somente algumas propriedades das coisas para denominá-las com certas palavras, de modo que as palavras possam ser usadas depois para descrever as características contingentes com que se apresentam essas coisas na realidade.

Talvez isso seja mais bem compreendido se distinguirmos diferentes grupos de propriedades que as coisas podem ter em relação à linguagem. Algumas propriedades das coisas são *definitórias* das palavras com que são denominadas. São as características que constituem a designação de um termo; sua ausência em uma coisa ou fato torna a palavra em questão não aplicável a eles. É claro que uma propriedade que em certo momento é definidora de uma expressão linguística pode deixar de ser se o uso do termo mudar. Os enunciados que declaram uma propriedade definitória não são empíricos, não se referem à realidade, mas sim ao significado da palavra definida por essa propriedade. Por exemplo, se for dito "as canetas são objetos para escrever", não é dada nenhuma informação sobre as canetas – nem sequer é dito que existe no mundo algum objeto dessa natureza –, fala-se, sim, sobre o significado da palavra "caneta"; o que não pode ser adulterado por nenhum fato que ocorra no mundo (salvo se mudar o uso da palavra).

As propriedades de uma coisa, que não são definidoras da palavra com que é denominada, costumam ser classificadas de *concomitantes*. Sua presença não é necessária nem suficiente para o uso do termo.

Algumas das propriedades concomitantes são *contingentes*, no sentido de que alguns objetos da classe as possuem e outros não. Por exemplo, ser da raça branca é uma propriedade concomitante contingente na classe dos homens. Outras características concomitantes são *universais*, visto que efetivamente apareçam em todos os indivíduos da classe. Por exemplo, medir menos de quatro metros é uma propriedade que possuem todos os membros da classe designada com a palavra "homem". As propriedades concomitantes universais distinguem-se das definitórias pelo fato de, apesar de na verdade ocorrerem sempre juntas com as definitórias, não serem indispensáveis para o uso do termo; de tal modo que na hipótese de que surgisse uma coisa que reunisse as propriedades definitórias da palavra, mas não as universalmente concomitantes, a palavra seria aplicada da mesma maneira (como aconteceria se surgissem homens de mais de quatro metros de altura).

A ação e o resultado de estabelecer o significado de uma palavra é chamada de *definição*.

Costumam-se distinguir diversos tipos de definição, segundo vários critérios.

Um desses critérios considera relevante, por um lado, a finalidade de informar como as pessoas em geral ou alguém em particular usam uma palavra e, por outro lado, a finalidade de decidir, prescrever, recomendar certo uso de um termo.

No primeiro caso, trata-se de uma definição *informativa* ou *lexicográfica*, que será verdadeira ou falsa segundo sua correspondência ou não com o uso que pretende descrever (um exemplo desse modo de definição seria: "no Brasil a expressão *terno* é usada para se referir a uma vestimenta de paletó e calça comprida").

No segundo caso, temos uma definição *estipulativa*, que não pode ser verdadeira nem falsa, visto que com ela não se pretende descrever um uso linguístico, mas expressar uma decisão ou diretiva sobre o significado que deverá ser dado a uma palavra (por exemplo, "vamos usar o termo *delito* para nos referirmos apenas às ações punidas com prisão"). O parâmetro para avaliar as definições estipulativas é sua utilidade para a comunicação ou para a configuração de um esquema conceitual preciso.

Os dicionários pretendem formular definições informativas sobre o uso das palavras. No entanto, há certos dicionários, como o da Real Academia Espanhola, que não se limitam a descrever usos linguísticos, mas que tentam normatizá-los, formulando definições estipulativas que prescrevem que sejam seguidos alguns dos usos vigentes e não outros.

As definições também podem ser classificadas pelo *método* que empregam para transmitir os critérios do uso das palavras.

O método direto, embora mais difícil, é o de formular a *designação* do termo. Ou seja, são enunciadas as propriedades definitórias da expressão que se pretende definir. Por exemplo: "vamos usar a palavra *direito* para designar um sistema de normas entre cujas consequências esteja a permissão ou obrigação de um ato coativo"; ou ainda "o homem é um animal racional", ou "triângulo é uma figura fechada de três lados". Quando a definição pretende ser informativa, esse método não se torna simples, visto que os critérios para o uso de uma palavra são, em geral, seguidos de modo não consciente.

Outro método de definição, muito usado, consiste na menção de alguns componentes da *denotação* da palavra. Isso pode ser feito designando tanto subclasses da classe denotada, quanto indivíduos particulares. Por exemplo: "com a palavra *profissional* denominamos advogados, médicos, dentistas etc."; ou, então: "advogados são, por exemplo, Alberto Mansur, Norberto Spolansky e María Eugenia Urquijo". O problema desse modo de definição é que se pode fracassar na tentativa de comunicar com exatidão quais são os critérios para o uso do termo, levando, às vezes, a se considerar como definidoras certas propriedades que são contingentes aos exemplos mencionados (por exemplo, no caso da definição denotativa de "advogado" que fornecemos, poder-se-ia supor de forma errônea, a partir dos exemplos dados, que a lucidez intelectual fosse uma propriedade definitória de tal palavra).

Pode-se também definir uma palavra *ostensivamente*, isto é, pronunciando a expressão de que se trata e assinalando algum objeto denotado por ela. A diferença em relação à definição denotativa reside em que na ostensiva os exemplos da denotação não são mencionados de forma verbal, sendo, sim, mostrados de modo direto. Essa é a maneira mais frequente de ensinar as crianças a falar. A definição ostensiva tem o mesmo inconveniente que a feita por denotação, já que pode levar a confundir uma propriedade meramente concomitante com uma definitória. Apenas a multiplicidade e variedade de objetos indicados podem reduzir a margem de erro.

O último método de definição é o *contextual*. Nesse caso, comunica-se o significado de uma palavra incluindo-a em um contexto característico, de tal modo que a compreensão do conjunto da frase ou do parágrafo permita detectar o significado da palavra. Por exemplo: "no acidente de trânsito em que morreu o idoso, o motorista do veículo não agiu com *dolo*, mas com imprudência, pois, pelo visto, não tinha nenhum motivo para querer matar a vítima". O significado do termo *dolo*, como intenção de um ato jurídico, surge de modo implícito do contexto.

c) As orações e as proposições

Até agora falamos apenas das palavras. Porém, as palavras cumprem seu papel de comunicar ideias fazendo parte de orações, não isoladamente.

As orações são conjuntos de palavras ordenadas segundo certas leis gramaticais (como a que determina a necessidade de um verbo para constituir uma oração).

As orações podem ser usadas, como vimos no segundo capítulo, com finalidades muito variadas: para informar sobre algo, para motivar certas condutas, para solicitar informação, para expressar um sentimento etc. Esses são os que se costuma denominar *usos da linguagem* ou, em geral, *força das orações*.

É preciso distinguir a oração como entidade gramatical do que a oração significa, que também pode ser expresso por outras orações ou até por meios não linguísticos.

Quando uma oração é usada com a finalidade de descrever algo, seu significado costuma ser designado com o nome de *proposição* (embora existam muitas discussões filosóficas sobre a natureza das proposições). É sobre as proposições, e não sobre as orações, que se declara verdade ou falsidade, como demonstra o fato de o valor de verdade não mudar, ainda que sejam usadas orações diferentes, desde que elas tenham o mesmo significado (por exemplo, não pode ser verdadeiro o que é expresso pela frase: "João está à esquerda de Pedro" e falso o que é afirmado pela oração: "Pedro está à direita de João").

As proposições ou enunciados relacionam-se com os estados das coisas, assim como o significado das palavras se relaciona com as próprias coisas que denotam.

Há dois tipos de proposições, conforme o procedimento utilizado para determinar sua verdade ou falsidade.

As proposições *analíticas* são aquelas cuja verdade ou falsidade é determinada pela mera análise semântica ou sintática da oração que a expressa e, em última instância, pela aplicação das leis lógicas. Por exemplo, o enunciado: "os cães são mamíferos" é uma proposição analítica, visto que implica, segundo o significado da palavra "cão", que certos mamíferos são mamíferos, o que se torna verdadeiro pela simples aplicação do princípio de identidade. O enunciado: "Hoje é terça-feira e não é terça-feira" também é analítico, já que sua falsidade surge igualmente da aplicação do princípio de não contradição (em geral, os filósofos não chamam "analíticos" aos juízos contraditórios, limitando essa denominação aos juízos logicamente verdadeiros).

Os enunciados analíticos ou são eles próprios contraditórios ou seus opostos são contradições.

A verdade ou falsidade dos enunciados analíticos é *necessária*, visto que se mantém independentemente de como é a realidade e se é detectada *a priori* de toda verificação empírica.

Há concordância em que pelo menos a maioria dos enunciados de matemática e das proposições que simplesmente analisam uma definição pressuposta é analítica e necessária.

Os enunciados analíticos não servem para informar a realidade, já que são compatíveis ou incompatíveis com todo o mundo possível. A função dos enunciados analíticos verdadeiros consiste em permitir passar de certos enunciados não analíticos para outros também não analíticos. Assim, por exemplo, os enunciados analíticos "2 + 2 = 4" e "as peras e as bananas são frutas" permitem passar dos enunciados não analíticos "hoje comprei duas bananas" e "hoje comprei duas peras" para o enunciado não analítico "hoje comprei quatro frutas".

Os enunciados não analíticos são denominados *sintéticos*. São aqueles cuja verdade ou falsidade *não* é determinada pela mera análise do enunciado, nem pela aplicação de leis lógicas. Esses enunciados não são contraditórios, nem sua negação constitui uma contradição. Exemplos como "o cachimbo está aceso", "faz frio", "os corpos caem em direção ao centro da terra" pertencem a essa categoria de enunciados. Há concordância em que a maior parte das proposições das ciências empíricas é sintética.

Há uma antiga e complexa discussão filosófica sobre como se determina a verdade dessas proposições, já que não é suficiente a mera análise semântica e lógica.

A concepção empirista afirma que *todos* os enunciados sintéticos têm uma verdade *contingente*, já que dependem de que algo ocorra ou não na realidade, o que só pode ser estabelecido *a posteriori* de uma adequada verificação empírica (experiência). Para essa concepção os enunciados são ou analíticos e necessários ou sintéticos e contingentes.

Em contrapartida, o racionalismo filosófico, cujo expoente mais brilhante foi Kant, defende a tese de que *alguns* enunciados sintéticos contêm uma verdade *necessária*, que não depende dos acidentes que possam ou não acontecer na realidade e que é conhecida *a priori* de toda experiência sensível; por exemplo, pela intuição. Além dos enunciados da matemática, costuma-se afirmar o princípio segundo o qual todo acontecimento tem uma causa (chamado "princípio da causalidade") é, ao mesmo tempo, sintético e necessário.

Atualmente, pela influência de pensadores como W. O. Quine, tende-se a insistir menos na distinção entre enunciados analíticos e sintéticos. Sugere-se que o que é submetido à contrastação empírica é *todo um corpo de enunciados* e que só podemos distinguir entre aqueles enunciados do sistema que estamos mais dispostos a abandonar, para evitar que o sistema seja refutado pela experiência – esses seriam os enunciados comumente considerados sintéticos –, e os enunciados que são mais centrais ao sistema, porque estamos menos propensos a mudá-los perante provas empíricas que contradizem o sistema – esses seriam os enunciados comumente vistos como analíticos.

3. Os problemas de interpretação da linguagem jurídica

O significado das orações é determinado pelo significado das palavras que a integram e pela sua ordem sintática. Em muitas ocasiões, as palavras usadas em uma oração geram problemas quanto à determinação de seu significado, e em outras, o vínculo sintático entre os termos da oração origina equívocos.

Disso se deduz que muitas vezes não é simples determinar qual proposição corresponde a uma oração da linguagem.

A dificuldade nem sempre se deve ao fato de o autor da oração não ter querido comunicar uma ideia precisa, mas decorre, sim, do fato de a linguagem natural, à qual é preciso recorrer para se comunicar, sofrer de certas falhas endêmicas que dificultam a transmissão clara da mensagem. No entanto, também pode ocorrer que o uso de uma linguagem imprecisa para expor nosso pensamento o afete, de modo que, muitas vezes, a ideia que se deseja transmitir não tenha mais profundidade que o significado das expressões linguísticas utilizadas.

Quando aquele que formulou uma oração vaga ou ambígua está por perto, cabe solicitar a especificação do significado da frase, perguntando-lhe sobre sua intenção. Obviamente, nem sempre surgirá essa oportunidade, sobretudo quando se trata de um texto escrito; por isso, nesses casos não haverá outro remédio a não ser considerar elementos distintos dos próprios esclarecimentos do autor, para especificar o significado de uma oração que, de acordo com os usos linguísticos vigentes, é imprecisa, vaga ou ambígua.

Às vezes, o contexto linguístico no qual a oração aparece (as frases ditas antes ou depois) e a situação fáctica em que é formulada (o lugar, o momento etc.) são dados relevantes para bem determinar o significado de uma oração.

Alf Ross destaca duas tendências interpretativas diferentes que podem ser adotadas perante um texto linguístico. A primeira é constituída por centralizar a preocupação na intenção daquele que formulou a oração; essa é uma interpretação *subjetiva*. A outra se preocupa basicamente, não com o que o autor do texto quis ou não quis dizer, mas sim com o que de fato ele disse, segundo o significado que suas palavras realmente possuem na linguagem ordinária; trata-se, então, de uma interpretação *objetiva* (embora essa classificação não exclua a existência de um grau considerável de arbitrariedade).

Há a tendência de interpretar de forma objetiva, ou seja, independentemente da suposta intenção do autor, as obras artísticas e científicas. Também costuma haver situações da linguagem coloquial em que estamos interessados apenas em determinar como as pessoas poderão entender o que foi dito por alguém, qualquer que tenha sido a intenção do falante, como, por exemplo, quando alguém faz uma referência duvidosa a nós, em público. Como já dissemos, também a propósito da linguagem legal predomina a tendência interpretativa objetiva.

A INTERPRETAÇÃO DAS NORMAS JURÍDICAS 307

Os problemas de interpretação das orações linguísticas estendem-se também, naturalmente, às orações mediante as quais as normas jurídicas são formuladas, embora, como veremos no próximo capítulo, nem sempre os juristas reconheçam isso.

Em direito, ter dúvidas interpretativas sobre o significado de um texto legal supõe uma falta de certeza sobre a identificação da norma contida nesse texto; ou, o que dá na mesma, implica indeterminação das soluções normativas que a ordem jurídica estipulou para certos casos.

Em seguida, vamos expor alguns dos mais evidentes problemas de interpretação linguística e mostrar como eles se refletem em alguns textos correspondentes ao direito argentino.

a) Ambiguidades

Uma oração pode expressar mais de uma proposição. Isso pode ocorrer porque algumas das palavras que integram a oração têm mais de um significado ou porque a oração tem uma equivocidade sintática.

A ambiguidade semântica de algumas palavras (como, por exemplo, "cabo", "raio", "prenda", "mão" etc.) é um fato conhecido por todos. Se for dito "o cabo Horn é muito frio", pode-se ter dúvida se se está mencionando o clima de uma determinada região austral ou a falta de sensibilidade de um militar que tem sobrenome "Horn".

Há casos de ambiguidade semântica que não constituem uma simples homonímia acidental, ocasionando, sim, equívocos maiores, pelo fato de os vários significados da palavra terem uma profunda relação entre si. Isso ocorre com a chamada "ambiguidade de processo-produto", que acontece quando um dos significados da palavra se refere a uma atividade ou processo e o outro ao produto ou resultado dessa atividade ou processo. É o que ocorre com palavras como "trabalho", "ciência", "construção", "pintura".

Se alguém diz "gosto muito de pintura", pode-se duvidar se esse alguém gosta de pintar ou de contemplar quadros.

Também se ensejam ambiguidades confusas quando uma expressão tem um significado vulgar relacionado ao seu uso científico, mas diferente dele. Isso ocorre com termos como "sal" e "álcool", que são usados pelas pessoas comuns com uma denotação mais restrita do que a utilizada pelos químicos.

Muitas vezes, a ambiguidade semântica tem origem num uso metafórico de uma palavra, mas que, com o tempo, gera um significado independente do original. Isso aconteceu, sem dúvida, com o termo "artéria", aplicado às ruas de uma cidade; com a palavra "ramo", quando com ela é designada uma das divisões de uma ciência etc.

Os textos seguintes constituem exemplos de ambiguidade semântica no direito positivo argentino.

– O art. 2º da Constituição Nacional argentina declara: "*O governo federal defende o culto católico apostólico romano.*" A palavra "defende", utilizada na redação dessa norma, sofre de certa ambiguidade. Uma interpretação atribui a ela o significado de "professa", conferindo à norma o sentido de que o governo federal considera verdadeira a religião católica; em contrapartida, outra interpretação, defendida por Joaquín V. González com base no que foi discutido pelos Constituintes, atribui à palavra *defende* o significado de "mantém", "apoia" etc., concluindo que a norma estabelece apenas que o governo deve atender economicamente ao culto católico.

– Em sua redação original, o art. 186, inc. 3º, do Cód. Penal argentino, reprimia de forma agravante o ato de causar um incêndio, explosão ou inundação, quando "*houvesse perigo para um arquivo público, biblioteca, museu, arsenal, estaleiro, fábrica de pólvora ou de explosivo militar ou parque de artilharia*". Como dizia Soler, a palavra *arsenal* tem, em castelhano, dois sentidos: a) lugar onde se fabricam e consertam navios, e b) depósito de armas e petrechos de guerra. Soler mostra-se favorável à segunda alternativa, fundamentando-se em que o primeiro significado já estava coberto com a palavra "estaleiro"; no entanto, mesmo sendo esse um bom argumento,

não era de todo conclusivo, dado que, muitas vezes, as leis empregam sinônimos parciais para abranger o maior conjunto de casos possíveis.
– O art. 163, inc. 1º do Cód. Penal argentino, em sua redação anterior, agravava o furto quando, entre outras alternativas, fosse de *gado* grosso ou miúdo. A expressão *gado* foi interpretada de dois modos diferentes. Jofré afirmava que é um nome coletivo, assim como "rebanho", que se refere à uma pluralidade de animais, de modo que quem se apoderasse de uma única vaca não cometeria furto agravante; em contrapartida, Soler propugnava a opinião contrária, admitindo que um só e único animal de certas espécies pode ser considerado "gado" (a lei fala agora de "uma ou mais cabeças de gado").

Como dissemos, também pode ocorrer o caso de uma única oração ter vários significados em virtude de eventuais equivocidades na relação sintática entre as palavras que a integram.

Por exemplo, a conjunção "ou" é ambígua, visto que, às vezes, pode ser interpretada como uma disjunção excludente (de modo que o enunciado é verdadeiro apenas se ocorrer uma das alternativas que menciona, mas não as restantes), ou como uma disjunção não excludente (com o que, o enunciado é verdadeiro tanto se ocorrerem algumas das alternativas, quanto se ocorrerem todas elas). Se for dito: "é permitido viajar no avião com um casaco ou uma bolsa", o passageiro poderia duvidar se pode viajar com ambas as coisas ou só com uma delas.

O âmbito em que se aplica uma conjunção também costuma ocasionar ambiguidade sintática. Se em vez do que foi dito antes, um cartaz diz: "é permitido viajar no avião com um casaco ou uma bolsa e um guarda-chuva", o mesmo perplexo passageiro poderia hesitar entre se o guarda-chuva pode ser acrescentado apenas à bolsa ou se também pode ser levado juntamente com o casaco.

Alf Ross indica um problema semelhante em relação às frases de exceção ou condição.

Se um testador diz: "Lego a Joãozinho minhas borboletas e minha casa, desde que viva nela", pode haver dúvida se a condição vigora também para o legado das borboletas ou se se refere apenas ao da casa.

Os pronomes também podem originar equívocos sintáticos. Se um advogado diz a seu cliente: "o juiz pode decretar ao senhor a prisão preventiva e o embargo de bens; mas isso, entretanto, é passível de apelação", o consultante assustado talvez vá embora sem saber ao certo se a apelação se estenderá à prisão preventiva ou será permitida apenas no caso de embargo.

Naturalmente, o âmbito em que é aplicado um adjetivo ou uma frase adjetival também pode provocar equívocos. Se digo: "só vou convidar para meu casamento os parentes e os amigos que me derem um presente generoso", meus parentes poderão ficar em dúvida se a classificação os atinge ou se apenas se refere a meus amigos.

Vejamos agora alguns exemplos de ambiguidade sintática no direito argentino:

– O art. 179, 2.ª parte, do Cód. Penal argentino, diz: *"Será reprimido com..., quem durante o transcurso de um processo ou depois de uma sentença condenatória, maliciosamente destruir, inutilizar, danificar, ocultar ou fizer desaparecer bens de seu patrimônio ou fraudulentamente diminuir seu valor, e dessa maneira frustrar, em todo ou em parte, o cumprimento das correspondentes obrigações civis."*

Assim que essa norma foi sancionada, os juristas observaram com senso crítico que não se previra explicitamente o caso da venda dos bens, ou seja, o procedimento mais frequente com que os devedores costumam defraudar seus credores.

O doutor Enrique Bacigalupo propôs que se aproveite a suposta ambiguidade semântica da expressão *fazer desaparecer*, que em certos contextos é usada para denotar também a alienação de bens. No entanto, o doutor Enrique Paixão replicou, com razão, que tal uso da expressão é meramente figurativo e que se limita ao jargão dos advogados e leiloeiros.

Talvez a solução apareça se for observado que o artigo tem uma ambiguidade sintática na frase "ou fraudulentamente diminuir *seu* valor", podendo ser entendido como referindo-se ao valor dos bens, ou então ao valor do patrimônio em seu conjunto. Com essa segunda interpretação, a venda de bens estaria compreendida na figura, já que constitui uma forma nítida de diminuir o valor do patrimônio.

– O art. 186, inc. 3º, do Cód. Penal argentino, em sua redação original já citada para ilustrar um caso de ambiguidade semântica, também apresentava uma equivocidade sintática quando, ao enumerar os bens cujo incêndio, explosão ou inundação motivava um agravamento da pena, depois de mencionar os arsenais e estaleiros, dizia "fábrica de pólvora ou de explosivo *militar*".

Havia sido formulada a dúvida sobre se o adjetivo "*militar*" qualificava apenas as fábricas de explosivo ou também as de pólvora. Soler enfatizava que se devia interpretar que o adjetivo não se referia às fábricas de pólvora, visto que existe a mesma razão, constituída pelo extraordinário perigo produzido, para agravar um incêndio ou explosão tanto quando é ocasionado em uma fábrica de pólvora que seja militar, como quando é provocado em outra que não seja.

– O art. 184, inc. 5º, do Cód. Penal argentino, antes da reforma pela lei 21.338, agravava o delito de dano quando ocorriam estas circunstâncias: "Executá-lo em arquivos, registros, bibliotecas, museus ou em pontes, estradas, passeios ou outros bens *de uso público*..."

Foi proposta a questão sobre se a exigência de que fossem de uso público se referia a todos os bens enumerados ou apenas aos mencionados depois da disjunção. Soler tendia para a segunda alternativa, por não haver motivos para não proteger de igual maneira os arquivos, registros e bibliotecas, fossem privados ou públicos.

– O art. 163, inc. 1º, do Cód. Penal argentino, já mencionado, agrava o delito de dano "quando o furto for de uma ou mais cabeças de gado grosso ou miúdo ou de produtos separados do solo ou de máquinas ou instrumentos de trabalho, *deixados no campo*". Poder-se-ia hesitar sobre qual referência tem a frase "*deixados no campo*", ou seja, se se refere, por exemplo, a todos os elementos enumerados, como diz Soler, ou se, pelo contrário, abrange apenas as máquinas ou instrumentos de trabalho.

– O art. 2.614 do Cód. Civil argentino estabelece: "Os proprietários de bens de raiz não podem constituir neles direitos enfitêuticos, nem de superfície, nem impor-lhes censos, nem rendimentos *que se estendam a um prazo maior que cinco anos...*"

Foi discutido se a frase *"que se estendam a um prazo maior que cinco anos"* se refere a todos os direitos enumerados, como pensa Machado; se abrange só os rendimentos, como entende Llerena; ou se compreende apenas os censos e os rendimentos, como afirma Segovia.

b) *Imprecisões*

A proposição expressa por uma oração pode ser vaga, devido à imprecisão do significado de algumas das palavras que fazem parte da oração.

O caso mais comum de imprecisão é o exemplificado pelo significado de palavras como "alto", "vermelho", "pesado", "inteligente", "longe", "rico" etc.

Essas palavras se referem a uma propriedade que ocorre na realidade em graus diferentes, sem que o significado do termo inclua um limite quantitativo para a sua aplicação. Como muitas vezes foi dito, em relação às palavras vagas, a realidade pode ser classificada em três áreas: uma de clareza, constituída pelos fatos denotados com certeza pelo termo (por exemplo, as pessoas que medem mais de 1,80 m, em relação à palavra "alto"); outra de obscuridade, formada por fatos a respeito dos quais se sabe que a palavra, sem dúvida, não se aplica (por exemplo, as pessoas que medem menos de 1,65 m, em relação a "alto"); e a última, de penumbra, constituída por casos sobre os quais temos dúvidas em aplicar ou não o termo (as pessoas que medem entre 1,70 e 1,80 m, em relação a "alto").

Mas a falta de clareza gerada por propriedades que acontecem como um *continuum* não constitui o único caso possível, nem o mais complexo, de imprecisão semântica.

Ocorre que, nem sempre, a designação de uma palavra é constituída por propriedades que sejam, cada uma delas, consideradas isoladamente, necessárias para o uso do termo.

Às vezes, algumas das propriedades relevantes para o uso de certa palavra podem estar ausentes e, no entanto, esse termo é usado da mesma forma, dada a presença de outras propriedades relevantes (isso costuma ser chamado de *falta de clareza combinatória*).

Recorrendo a um exemplo de Wittgenstein, a palavra "jogo" não designa nenhuma propriedade que seja por si só necessária para seu emprego, como mostra o fato de que as atividades denotadas por ela – por exemplo, o xadrez, a amarelinha, a paciência, a loteria, o boxe, a roleta, o futebol etc. –, aparentemente, não têm nenhum elemento em comum (a diversão não acontece na loteria, o acaso não ocorre no xadrez), mas apenas certas propriedades entrecruzadas dos membros da categoria, de maneira análoga a como se entrecruzam, às vezes, os traços característicos de uma família.

Nesses termos (também são exemplos as palavras "ouro", "casa", "lousa", "ciência" etc.), há certas combinações de propriedades que nos dão a segurança de que a palavra é aplicável; há outras, perante as quais nos absteríamos de usá-la; e, por fim, há outras, ante as quais ficamos em dúvida de aplicar ou não a palavra sem ter critérios definidos para resolver a questão em um sentido ou em outro. Por exemplo, a roleta-russa é um jogo? A especulação na bolsa é um jogo? Podemos catalogar como jogo a prática de tiro ao alvo?

Uma espécie de imprecisão ainda mais intensa que as que acabamos de mencionar é constituída por palavras sobre as quais não apenas não há propriedades que sejam isoladamente indispensáveis para sua aplicação, como até é impossível dar uma lista completa e conclusa de propriedades suficientes para o uso do termo, visto que sempre fica aberta a possibilidade de aparecimento de novas características, não consideradas na designação, que autorizem o emprego da palavra.

Segundo Genaro Carrió, o adjetivo "arbitrária", que a Suprema Corte emprega para censurar algumas sentenças judiciais, constitui um caso dessa espécie de falta de clareza, visto que, além das situações centrais em que aquele qualificativo é usado pela Corte, fica aberta a porta para o aparecimento de novas circunstâncias por enquanto imprevisíveis, mas perante as quais poderia ser apropriado classificar de arbitrária uma sentença.

Provavelmente, sofram desse mesmo modo de imprecisão algumas expressões que denotam estados psicológicos, como "neurótico", "intenção" etc.

Uma última modalidade de imprecisão semântica, a chamada "*textura aberta*", é interessante demais, já que constitui um vício potencial que afeta todas as palavras das linguagens naturais.

Ocorre que até mesmo as palavras mais precisas podem suscitar dúvidas sobre sua aplicabilidade perante circunstâncias insólitas e imprevistas. Seguindo o modelo de outro exemplo proposto por Carrió, imaginemos que, depois de algum esforço, consigamos definir de maneira informativa a palavra "caneta" como um objeto que serve para escrever com tinta sobre uma superfície apta. Munidos dessa definição, aparentemente ficamos em condições de enfrentar o mundo, distinguindo os objetos que são canetas dos que não são. Porém, o que acontecerá se depararmos com um objeto que possui as propriedades que, segundo nossa definição, são suficientes para designá-lo com a expressão "caneta", mas possui, além disso, a propriedade concomitante de escrever em inglês o que queríamos expressar em castelhano, ou a de escrever um poema místico quando tentamos redigir um manual de introdução ao direito, ou a de se negar a escrever quando pretendemos rabiscar um palavrão? Sem dúvida, perante essas estranhas circunstâncias, revogaríamos a classificação primitiva do objeto em questão como caneta, atribuindo-lhe provavelmente outro nome *ad hoc*, mais apropriado.

Esse exemplo mostra que nunca podemos nos dar por satisfeitos de ter encontrado um conjunto de propriedades que seja suficiente para o uso de uma expressão, dado que deveríamos acrescentar a esse conjunto a exigência de que não ocorram certas circunstâncias insólitas, mas que teoricamente poderiam acontecer. Como é impossível prever todas as propriedades estranhas que possam se apresentar, a lista das circunstâncias que *não* devem acontecer para que uma palavra seja aplicável tem que ser aberta: deve terminar com um *"et cetera"*, e não com um ponto final.

Se a designação primitiva de um termo é *A, B* e *C* (na qual as letras equivalem a certas propriedades), depois de considerar a textura aberta a que está sujeito, devemos representar tal designação, por exemplo, como *A, B, C* e *-D, -E, -F*, etc.

Poderiam ser dados incontáveis exemplos de imprecisão efetiva na linguagem da lei. A seguir, apresentamos apenas alguns deles:

– O art. 184, inc. 2º, do Cód. Penal argentino, em sua redação prévia à lei 21.338, agravava o delito de dano quando consistisse em: *"Produzir infecção ou contágio em aves ou outros animais domésticos."*

É óbvio que um cão e um gato são animais domésticos, e um leão e uma girafa não são. No entanto, há animais perante os quais alguém poderia ter justificadas dúvidas sobre sua classificação. Por exemplo, são animais domésticos as moscas amestradas que um excêntrico guarda em uma caixa? E um sapo com o qual uma criança se diverte?

– O art. 85 do Cód. Penal argentino, como vimos, pune quem provoca um aborto.

Todos estamos de acordo em que matar um feto de cinco meses é aborto. Mas surgem dúvidas sobre se pode ser classificado como *aborto*, por exemplo, o fato de impedir que um óvulo já fecundado seja implantado no útero usando um meio intrauterino, em geral considerado contraceptivo. Também pode causar dúvida se constitui aborto – ou se está mais para um homicídio – matar o feto quando já estão sendo produzidas as contrações que iniciam o processo de sua expulsão natural.

– Quando o art. 81, inc. 1º, do Cód. Penal argentino atenua a pena para quem matar um outro encontrando-se em estado de *"emoção violenta"*, obviamente, faz surgir uma ex-

traordinária penumbra constituída por casos nos quais hesitamos sobre se a emoção de um sujeito teve ou não o grau suficiente para poder ser classificada de *violenta*.
– O art. 34, inc. 1º, do Cód. Penal argentino exime de pena quando o autor de um delito sofre de insuficiência ou de alteração mórbida das faculdades mentais. Qual é o grau de diminuição intelectual que exime de pena e qual a medida da alteração mental que a transforma em mórbida? Essa dúvida foi formulada na jurisprudência, sobretudo em relação a certas psicopatias.
– O art. 141 do Cód. Penal argentino reprime a ação de privar ilegalmente alguém de sua liberdade pessoal. Comete essa ação o motorista de um ônibus que, sabendo que um passageiro deseja descer em um ponto, não para o veículo até o ponto seguinte?
– O art. 1.198, pár. 2º, do Cód. Civil argentino dispõe: *"Nos contratos bilaterais comutativos e nos unilaterais onerosos e comutativos de execução diferida ou contínua, se a prestação a cargo de uma das partes se tornar* excessivamente *onerosa, por acontecimentos extraordinários ou imprevisíveis, a parte prejudicada poderá demandar a resolução do contrato."* Quando um acontecimento deixa de ser suficientemente comum e corrente para ser extraordinário? E quando uma onerosidade maior na prestação é *excessiva*?

Quanto à falta de clareza potencial, ou textura aberta, não tem sentido particularizar alguns casos de normas afetadas por ela, visto que poderia obscurecer o fato de *todas* as normas terem, de modo latente, essa falha. Por outro lado, talvez seja útil propor alguns exemplos de situações imaginárias que causariam dúvidas sobre a aplicação até mesmo das normas mais precisas.

– Imaginemos o caso de um cientista que tenha inventado uma técnica para ressuscitar os mortos, desde que não tivesse transcorrido mais de um dia após o falecimento. Como não possui a seu alcance material humano suficiente para os experimentos, recorre a sua esposa, que de bom grado, dada a cega confiança no marido, presta-se à experiência. Então, utilizando um gás letal, o cientista mata sua mulher; porém, depois de várias horas de infrutíferas tentativas, devolve-lhe a vida nas mesmas condições que antes. Visto que o médico cometeu a ação de matar sua esposa, deveríamos condená-lo em aplicação do art. 80 do Cód. Penal argentino, que pune com prisão perpétua o homicídio cometido contra o cônjuge?

– Suponhamos este outro caso: descobre-se a existência de uma tribo na floresta do Chaco, na qual, desde tempos imemoriáveis, existe o costume, apoiado em crenças religiosas, de que as mulheres devem opor tenaz resistência ao contato sexual com os homens, embora não seja repudiável que estes tentem vencer essa resistência. O juiz condenaria, de acordo com o art. 119, inc. 3º, do Cód. Penal argentino, todos os homens daquela tribo que tivessem tido contato carnal vencendo a resistência física das mulheres?

– O inc. 2º do art. 215 do Cód. Penal argentino pune com prisão perpétua quem comete o delito de induzir ou convencer uma potência estrangeira a entrar em guerra contra a República. Trata-se, sem dúvida, de um delito atroz, mas o que aconteceria se no país ocorresse algo semelhante ao sucedido na Alemanha nazista e muitos argentinos não vissem outra solução além de unirem-se a uma potência estrangeira para derrocar um governo que tivesse assassinado grande parte da população? Uma vez derrubado o regime, seria aplicada a tais cidadãos a mencionada norma?

– Como vimos, o delito de aborto consiste em matar um feto. Em um caso recente foi praticada a fecundação e gestação *in vitro*, unindo em um laboratório um espermatozoide com um óvulo feminino e conservando o ovo assim fecundado, por um tempo, em um meio apto, até ser implantado no útero materno. Suponhamos que um cientista, atormentado por dúvidas religiosas, decide, em um caso semelhante, cortar a eletricidade que garante a temperatura adequada do meio, matando o feto. Condenaríamos o cientista por aborto?

c) *A carga afetiva da linguagem*

Existem algumas palavras que servem apenas para expressar emoções ou para provocá-las nos demais. Expressões como "ai!", "hurra!", "viva!", "bravo!" não têm significado descritivo, limitando-se a veicular emoções.

Outras palavras referem-se a objetos ou fatos, porém, além disso, expressam certas atitudes emotivas que eles provocam em quem as usa. É o caso dos chamados "palavrões", que carregam uma carga afetiva da qual carecem outros termos com idêntico significado descritivo, mas que são usados em contextos emotivamente neutros. Do mesmo modo, têm um forte significado afetivo, além do cognitivo, palavras como "democracia", "ditadura", "idiota", "direito", "crime" etc.

A carga afetiva das expressões linguísticas prejudica seu significado cognitivo, favorecendo sua imprecisão, visto que se uma palavra funciona como uma condecoração ou como um estigma, as pessoas manipulam de maneira arbitrária seu significado para aplicá-lo aos fenômenos que aceitam ou repudiam. Desse modo, as definições que costumam ser dadas às palavras com carga afetiva são "persuasivas", segundo a terminologia de Stevenson, dado que são motivadas pelo propósito de orientar as emoções, favoráveis ou desfavoráveis, que provoca nos ouvintes o emprego de certas palavras para objetos que se quer elogiar ou desprestigiar.

Não é muito usual que em um sistema jurídico moderno sejam usadas palavras com carga afetiva. Os seguintes exemplos constituem alguns dos casos excepcionais que se podem encontrar no direito argentino.

> – O governo militar instalado em 1966 afastou-se dos costumes dos governos anteriores *de fato* ao denominar "decretos-leis" suas normas gerais, para indicar que tinham uma origem análoga a dos decretos, mas com o conteúdo e o alcance de leis do Parlamento. O regime de que falamos rompeu com aquele costume linguístico, chamando "leis" às suas normas, com o evidente propósito de se aproveitar da favorável carga afetiva da palavra "lei" em prestígio de suas prescrições.
>
> – O art. 128 do Cód. Penal argentino reprime quem publicar, fabricar etc. livros, objetos etc. *obscenos*. A palavra destacada sofre de uma forte falta de clareza, provocada, em grande parte, por seu significado afetivo desfavorável, o que faz com que seja usada de maneira muito livre, segundo as atitudes que cada um apoie em relação a certas obras ou objetos.

d) A força das orações

Já vimos que a linguagem pode ser usada com diferentes finalidades. Às vezes é usada para informar sobre algo que ocorreu, outras vezes para solicitar uma informação; é usada também para prescrever uma certa ação ou para realizá-la, se é que tal ação exige a formulação de certas palavras (para ver com mais detalhes essas funções da linguagem, pode-se consultar o Capítulo II).

Haverá ocasiões em que serão lançadas dúvidas não sobre o significado de uma oração, mas sobre sua força. Quem a escuta ou lê pode ficar em dúvida, por exemplo, se a oração expressa uma asserção, uma pergunta, uma ordem, um desejo etc. Algumas pessoas têm discrição suficiente ao formular a ordem para que se feche uma janela dizendo: "faz um pouco de frio no quarto", podendo ocorrer que alguém a interprete como mera asserção e, assim sendo, responda: "é verdade", sem fazer outro movimento sequer. Acontece a mesma coisa se alguém diz: "você poderia dar uma surra em Fulano, se quiser", pois essa oração poderia ser interpretada ou como asserção sobre a capacidade física do outro, ou como sugestão ou permissão para que castigue um terceiro.

No direito não são muito frequentes os casos de dúvida sobre a força das orações legais, dado que, como vimos, em geral elas expressam prescrições. Deixando de lado alguns casos mais complexos, como os mencionados por Carrió, por exemplo, os que provocam dúvidas interpretativas sobre se uma norma impõe uma obrigação ou um encargo, vamos ilustrar a questão com o seguinte problema:

> – O Código Penal argentino, como quase todos os códigos contemporâneos, está dividido em diferentes seções, cada uma das quais leva um título ou subtítulo. Por exemplo: "Delitos contra as pessoas", "Delitos contra a vida", "Delitos contra a honestidade", "Delitos contra a fé pública".
>
> Os títulos mencionados indicam o bem jurídico que as normas encabeçadas por eles tendem a proteger.

Os juristas discutem se esses títulos são obrigatórios para a interpretação das normas penais ou se têm um valor meramente classificatório. Por exemplo, se o fato de a norma que reprime a violação estar sob o título "delitos contra a honestidade" – e não entre os delitos que o legislador classificou como atentatórios contra a liberdade – tem incidência ou não, suponhamos, na determinação de quais serão os possíveis sujeitos passivos do delito (é punível a violação de uma prostituta?).

Em suma, a dúvida lançada refere-se à força da oração implícita no título. Quando o legislador escreve "delitos contra a honestidade", formula uma asserção que poderia ser expressa com a frase: "os delitos que a seguir são tipificados afetam predominantemente a honestidade", ou sanciona uma prescrição expressável como "interpretem as seguintes normas no sentido de que sua finalidade é proteger a honestidade"?

e) Dificuldades na promulgação das normas

Em muitas ocasiões, cabe ficar em dúvida sobre a mensagem que alguém quis transmitir porque se suspeita que não escolheu a frase adequada para expressá-la ou porque não se sabe bem que oração formulou (porque, por exemplo, não há evidência segura dela, mas apenas diferentes versões indiretas).

No caso das normas legisladas, isso ocorre com certa frequência.

Há vezes em que se torna notório que o legislador quis dizer algo radicalmente diferente do que disse, tendo caído em um simples *lapso* no uso de certas palavras ou notações sintáticas. Nesses casos, pode-se discordar sobre a necessidade de superar a letra da lei ou se submeter ao que está escrito.

Outras vezes, ocorre que a edição oficial reproduziu mal o texto legal ou há diferenças entre diversas edições de um mesmo texto legal.

Vejamos apenas três exemplos:

– O art. 2.161 do Cód. Civil argentino diz: "Se os direitos hereditários forem *legítimos*, ou forem cedidos como duvidosos, o cedente não responde pela evicção."

Apesar de nas edições oficiais do Código Civil de 1870 e 1883 a palavra *legítimos* figurar no artigo citado, os juristas concordam que o que o legislador quis dizer deveria ter sido expresso com a palavra *litigiosos*, e que o texto, tal como ficou redigido, não tem sentido.

– O art. 521 do Cód. Civil argentino, antes da reforma da lei 17.711, dizia o seguinte, segundo a edição do projeto de Vélez Sársfield e a edição oficial de 1882: "*Mesmo que a inexecução da obrigação resulte do dolo do devedor, as perdas e os lucros compreenderão apenas os que foram ocasionados por ele e os que o credor sofreu em seus outros bens.*"

Em contrapartida, nas edições oficiais de 1883, 1889, 1900 e 1904, o texto é notavelmente diferente, pois diz "e *não* os que o credor sofreu nos outros bens".

Segundo Segovia, Machado, Llerena etc., o texto que devia prevalecer é aquele no qual aparecia a negação. Por outro lado, Salvat, Bibiloni Lafaille etc. tendiam a que o artigo devia ser entendido sem o *não*.

– O art. 187 do Código Penal argentino, em sua redação original, punia o que causasse destruição por meio de, entre outras coisas, "inundação de uma mina". Porém, a lei de fé de erratas (n.º 11.221) acrescentou uma vírgula entre as palavras "inundação" e "de uma mina", resultando agora que é punível o que causar destruição por meio "de uma mina" (o que, segundo diz Soler, criticando essa reforma, "teve o efeito inesperado de transformar uma *mina* em uma bomba").

4. As falhas lógicas dos sistemas jurídicos

Os problemas de interpretação que estudamos até agora pressupõem dúvidas sobre as consequências lógicas que podem ser deduzidas de certos textos jurídicos, deixando de determinar a classificação normativa que eles estipulam para certos casos.

Esses problemas devem ser distinguidos de outros que não consistem em dificuldades para extrair consequências de normas jurídicas, mas que, pelo contrário, aparecem uma vez que tais consequências foram deduzidas.

No entanto, ambos os grupos de problemas têm em comum o fato de impedir que se possa justificar a solução de um caso concreto com base exclusivamente num sistema jurídico. Constituem imperfeições que o direito, às vezes, apresenta quando é aplicado para classificar de forma normativa certas condutas.

As falhas que analisaremos a seguir podem ser classificadas de "lógicas" em sentido extremamente genérico. Todas elas supõem a frustração de certos ideais racionais que devem ser satisfeitos por um sistema normativo e também por qualquer sistema de enunciados. Independentemente de atitudes valorativas, pretende-se que os sistemas de normas sejam coerentes, completos, econômicos e operantes.

a) As contradições entre normas jurídicas

Há uma contradição entre normas quando duas normas imputam ao mesmo caso soluções incompatíveis. Na formulação de Alchourrón e Bulygin, um sistema normativo é inconsistente quando correlaciona um caso a duas ou mais soluções, e faz isso de tal modo que a conjunção dessas soluções constitui uma contradição normativa.

A primeira condição, então, para que haja inconsistência normativa é que duas ou mais normas se refiram ao mesmo caso, que tenham o mesmo âmbito de aplicabilidade. A segunda condição é que as normas imputem a esse caso soluções logicamente incompatíveis.

Como dizem Alchourrón e Bulygin, as soluções normativas serão ou não incompatíveis, dependendo da lógica deôntica pressuposta.

No entanto, em geral, aceita-se que a proibição de uma ação é logicamente incompatível com sua permissão e com seu facultamento (ou seja, a permissão tanto da ação em questão quanto de sua oposta); que a obrigatoriedade é incompatível com o facultamento da ação e com sua proibição; e que a permissão de uma conduta é compatível com seu facultamento e com sua obrigatoriedade. Mostraremos essas relações no quadro seguinte, em que as letras "F", "P", "Ph" e "O" indicam, respectivamente, os operadores facultativo, permitido, proibido e obrigatório, e os símbolos "–" "/", a compatibilidade e a incompatibilidade lógica, respectivamente.

$$F - P$$
$$F / Ph$$
$$F / O$$
$$P - O$$
$$P / Ph$$
$$Ph / O$$

Algumas vezes, a inconsistência entre duas normas jurídicas não se mostra clara e é necessária uma análise cuidadosa para revelá-la. Vamos dar apenas este exemplo: suponhamos que exista uma norma penal que estabelece: "se alguém injuriar outro, devem ser aplicados a esse alguém *dois* anos de prisão", e que haja outra que estipula "se alguém injuriar outro, deve ser aplicado a esse alguém *um* ano de prisão". Em princípio, não parece que há contradição entre as duas normas, mas sim uma redundância, visto que ambas as normas estipulam a obrigatoriedade de duas ações que se encontram em uma relação de adição ou subtração entre si, como no caso de uma mãe que ordenasse ao seu filho tomar a sopa, enquanto o pai o mandasse tomar a sopa e comer o omelete. Aparentemente, obedecendo à norma que estipula aplicar dois anos de prisão ao que injuriar, também se satisfaz a norma que ordena aplicar-lhe um ano de prisão. No entanto, as normas penais devem ser interpretadas em conjunção com o art. 18 da Const. Nacional argentina, que consagra o princípio *nulla poena, sine lege*, no sentido de que obrigam a aplicação de uma certa pena e, além disso, *proíbem* a aplicação de uma pena maior. De modo que as duas normas do exemplo são contraditórias, dado que a primeira proíbe de forma implícita aos juízes aplicar, ao que injuriar, mais de um ano de prisão e a segunda os obriga, por outro lado, a fazer isso.

Dissemos que um dos requisitos da contradição normativa é que ambas as normas se refiram *às mesmas circunstâncias fácticas*. Isso pode ocorrer ou porque a descrição do caso feita por uma norma é equivalente à descrição feita por outra, ou porque uma das descrições implica logicamente a outra, ou, ainda, porque, apesar de ambas serem descrições independentes, há casos em que, de modo contingente, enquadram-se em ambas as descrições. Por exemplo, nos casos que os criminalistas classificam como de "especialidade" (furto e roubo, homicídio e parricídio etc.), há uma relação de implicação lógica entre as descrições de ambas as normas; em contrapartida, nos casos que a dogmática penal rotula como "concurso ideal" (por exemplo, atentado à autoridade e lesões, violação e contágio venéreo, desacato a um servidor da justiça e calúnias), as descrições das normas conflitantes são logicamente independentes, mas não excludentes, de modo que uma mesma ação pode se enquadrar em ambas as descrições.

Independentemente do tipo de relação que possa haver entre as diferentes descrições das normas cujas soluções são incompatíveis, também é possível fazer uma classificação de acordo com o grau de sobreposição entre essas descrições.

Alf Ross distingue, segundo esse critério, três classes de inconsistência:

A inconsistência *total-total*, que ocorre quando os âmbitos de referência de ambas as normas se sobrepõem de modo total: tais descrições poderiam ser esquematizadas como dois círculos absolutamente sobrepostos. Um exemplo seria constituído por duas normas, uma das quais estipulando, por exemplo, que a importação de tratores deve pagar uma sobretaxa aduaneira e outra estabelecendo que os tratores importados estão isentos de sobretaxas aduaneiras.

A inconsistência *total-parcial* configura-se quando o âmbito de referência de uma norma está incluído totalmente no de outra, porém esta última compreende, além disso, casos adicionais. Nesse caso, as referências de ambas as descrições podem ser esquematizadas como dois círculos concêntricos, um dos quais se situaria dentro do outro. Por exemplo: uma norma estabelece que a importação de veículos sofrerá sobretaxas aduaneiras e outra exime os tratores de tais sobretaxas.

Por fim, a inconsistência *parcial-parcial* ocorre quando as descrições de duas normas com soluções incompatíveis se sobrepõem parcialmente, mas ambas têm, além disso, âmbitos de referência autônomos. Essa inconsistência pode ser representada com dois círculos secantes. Um exemplo, na linha dos anteriores, poderia ser configurado por duas normas, uma das quais estabelecendo que os veículos importados estão sujeitos a sobretaxas aduaneiras e a outra estipulando que os instrumentos para a produção agrícola estão isentos delas; os tratores estão no campo de conflito de ambas as normas, os automóveis só estão compreendidos na primeira e os arados são regidos apenas pela segunda.

Como diz Alf Ross, os juristas e os juízes utilizam várias regras para resolver os problemas de contradição normativa.

Elas são constituídas, sobretudo, pelos princípios chamados *lex superior*, *lex specialis* e *lex posterior*.

O princípio *lex superior* indica que entre duas normas contraditórias de hierarquia diferente, deve prevalecer a de nível superior (por exemplo, uma norma constitucional tem prioridade sobre uma lei). A aplicação desse princípio é essencial para que a delegação do poder funcione, mas não faltam exceções. Conhecemos casos de leis evidentemente inconstitucionais ou de sentenças ilegais, cuja validade foi, no entanto, mantida pelos tribunais superiores.

Lex posterior estipula que a norma posterior prevalece sobre a promulgada com anterioridade. Esse princípio também tem uma aplicação muito geral – tanto que sem ele não seria possível a derrogação das normas de um sistema –, mas, apesar disso, também reconhece exceções, sobretudo em alguns casos de conflito com a *lex superior*.

O princípio *lex specialis* prescreve que seja dada preferência à norma específica que está em conflito com uma cujo campo de referência seja mais geral. Assim como as anteriores, nem sempre essa regra é observada, principalmente quando a norma geral for superior ou posterior em relação à particular.

Muitos juízes e juristas esperam que esses princípios sejam aplicados de modo mecânico, como se as inconsistências que eles ajudam a solucionar nunca tivessem existido. No entanto, não pode ser conferido a essas regras o caráter de leis lógicas, dado que sua aplicação, como vimos, está sujeita a avaliações pragmáticas, que originam exceções irregulares. Além disso, embora exista certa preferência entre esses princípios – por exemplo, *lex superior* tende a predominar sobre os restantes –, não há regras de segundo nível para resolver de modo mecânico os conflitos entre eles (sobretudo entre *lex posterior* e *lex specialis*). Por fim, há muitos casos de normas contraditórias nos quais essas regras são inaplicáveis porque as normas têm a mesma hierarquia, foram estabelecidas de forma simultânea (por exemplo, integrando um mesmo código) e têm o mesmo grau de generalidade. (Também são inaplicáveis algumas dessas regras, quando as normas em conflito não são reconhecidas, como é o caso dos princípios mencionados por Dworkin e que vimos no capítulo III, por derivarem de certa *origem*; os princípios *lex superior* e *lex posterior* referem-se à origem das normas.)

A seguir, veremos alguns exemplos de inconsistência normativa que ocorre no direito positivo, deixando de lado os casos em que, obviamente, se aplicam as regras já mencionadas.

– O Cód. Penal argentino prevê nos arts. 89, 90 e 91 diferentes penas para as lesões simples, graves e gravíssimas.

O art. 92 do mesmo Cód. Penal *agrava* aquelas penas quando as lesões acontecerem a um parente direto, com aleivosia ou crueldade, por pagamento, para consumar outro delito etc.

Por sua vez, o art. 93 do Cód. Penal argentino *diminui* as penas dos arts. 89, 90 e 91 quando as lesões forem causadas em estado de emoção violenta.

Curiosamente, antes da reforma pela lei 21.338, o legislador não tinha previsto nenhuma solução específica para aqueles casos de lesões nos quais se verificassem *de* modo *simultâneo* alguns dos agravantes do art. 92 com a atenuante do art. 93; por exemplo, quando alguém ferisse a esposa em estado de emoção violenta.

Não se tratava de um caso de lacuna normativa, visto que o problema não residia em que não houvesse uma solução para o caso, mas em que havia várias soluções logicamente incompatíveis. Tratava-se de uma inconsistência parcial-parcial.

Pensemos em um caso de lesões simples cometidas contra um familiar, com emoção violenta. Antes da reforma mencionada, de acordo com o art. 89, cabia a pena de um mês a um ano; segundo o art. 92, de seis meses a dois anos, e de acordo com o art. 93, uma pena de quinze dias a seis meses. Vamos supor que deixássemos de lado o art. 89, atendo-nos a *lex specialis*; de qualquer modo, nos restariam as normas contraditórias dos arts. 92 e 93, nenhuma das quais é superior à outra, nem posterior, nem mais específica.

Essa questão foi discutida pela Câmara Criminal e Correcional da Capital argentina na sessão plenária "Britos", de 29 de julho de 1944. Nesse julgamento, seis juízes decidiram-se pela aplicação atenuada do art. 93, um pelo enquadramento da agravada pelo art. 92, e dois pela aplicação das figuras simples, ou seja, conforme o caso, pelos arts. 89, 90 ou 91. Por consequência, prevaleceu a tese da aplicação da atenuante.

– Outro caso de inconsistência parcial-parcial acontece entre os arts. 156 e 277 do Cód. Penal argentino em conjunção com o art. 165 do Cód. de Procedimentos no âmbito Criminal da Capital Federal.

O art. 156 do Cód. Penal reprime quem, tendo conhecimento, por sua ocupação, emprego ou profissão etc., de um segredo cuja divulgação possa causar dano, revelá-lo sem justa causa; isto é, impõe a obrigação de guardar segredo profissional. O art. 277 reprime quem deixar de comunicar à autoridade o conhecimento que tiver sobre a comissão de um delito quando for obrigado a fazer isso por causa de sua profissão ou emprego. Por sua vez, o art. 165 do Cód. de Procedimento no âmbito Criminal obriga os médicos a denunciar em 24 horas os atentados pessoais em virtude dos quais tenham prestado os socorros de sua profissão.

Vamos supor o caso de um médico a quem vem pedir atendimento uma pessoa que foi ferida em um assalto do qual participou. De acordo com o art. 156 do Cód. Penal, o médico tem a obrigação de não denunciar o fato; por outro lado, considerando o art. 277 do Cód. Penal e o art. 165 do Cód. de Procedimento no âmbito Criminal, o profissional tem o dever de denunciá-lo. Trata-se de uma armadilha na qual, em princípio, qualquer atitude adotada pelo médico será punível.

Embora com algumas hesitações e exceções, a jurisprudência tende a fazer prevalecer a obrigação de guardar o segredo profissional sobre o dever de denunciar.

– O art. 2.401 do Cód. Civil diz: "*Duas posses iguais e da mesma natureza não podem coincidir sobre a mesma coisa.*" Por sua vez, o art. 2.409 do mesmo Código estipula: "*Duas ou mais pessoas podem tomar em comum a posse de uma coisa indivisível, e cada uma delas adquire a posse de toda a coisa.*"

Como se vê, uma norma proíbe que duas pessoas tenham a posse de uma coisa com o mesmo título, por exemplo, como proprietários, enquanto a outra permite a concorrência de posses sobre toda a coisa.

Apesar da inconsistência quase literal, os autores tornam compatíveis ambas as normas, distinguindo entre as relações que os possuidores podem ter entre si e com terceiros. Em relação aos terceiros, cada um dos possuidores pode reclamar a posse total da coisa; em contrapartida, um possuidor não pode reclamar a seu copossuidor a totalidade da posse dela.

– O art. 2.387 do Cód. Civil argentino estabelece: "Não é necessária a transferência da coisa, seja móvel ou imóvel, para adquirir a posse, *quando a coisa é tida em nome do proprietário, e este por um ato jurídico passa o domínio dela ao que a possuía em seu nome, ou quando quem a possuía em nome do proprietário começa a possuí-la em nome de outro.*" Por outro lado, o art. 2.381 do mesmo Cód. Civil diz: "*A posse das coisas móveis* é tomada unicamente pela transferência *entre pessoas capazes, consentindo o atual possuidor na transmissão da posse.*"

Os juristas civis tentam resolver a inconsistência entre ambas as normas interpretando que o advérbio *unicamente* refere-se ao requisito de que os que adquirem ou conferem a posse sejam capazes, e não à exigência de transferência.

As contradições normativas devem ser distinguidas de outras situações que poderíamos denominar contradições *axiológicas* e que, com frequência, os juristas confundem com as primeiras.

Há uma contradição axiológica quando a solução que o sistema jurídico atribui a um caso indica, segundo certos modelos valorativos, que outro caso deveria ter uma solução diferente da que o sistema prevê para ele. Aconteceria assim de forma evidente se, por exemplo, um direito estabelecesse uma pena de vinte anos para quem matasse outro e de apenas dez anos para quando a vítima fosse o cônjuge.

Vejamos dois exemplos do sistema positivo argentino:

– O art. 209 do Cód. Penal reprime com pena de prisão de dois a seis anos quem incitar publicamente a cometer um determinado delito, pela simples incitação. Essa figura jurídica requer que a incitação seja feita publicamente, mas não exige que o delito incitado seja executado de fato.

Por sua vez, o art. 45 do Cód. Penal argentino estabelece que o incitador de um delito terá a mesma pena que o autor dele. Essa incitação requer que o delito incitado seja cometido ou que se tente cometê-lo.

Pode perfeitamente acontecer que a incitação de um delito cometido de fato (como nas injúrias ou no furto) tenha pena menor que a estabelecida para a incitação desse delito no caso de não se chegar a cometê-lo.

Isso foi observado pelos juristas como uma contradição – valorativa – do Código Penal.

– Outro caso em que, com muito mais clareza ainda, os juristas percebem uma contradição axiológica é constituído pelo conjunto dos arts. 138 e 139, inc. 2º, do Cód. Penal argentino.

O primeiro artigo reprime com seis meses a dois anos de prisão quem alterar o estado da pessoa de outro, com o propósito de causar prejuízo.

A exigência de prejuízo permite que não se puna, segundo essa norma, os conhecidos casos em que, com finalidade generosa, se acolhe uma criança órfã e se faz constar como se ela fosse consanguínea.

No entanto, o art. 139, inc. 2º, pune com uma pena muito maior – de um a quatro anos – quem por um ato qualquer tornar incerto, alterar ou suprimir o estado da pessoa de um menor de 10 anos. Essa norma não exige prejuízo.

Desse modo, quando se quer beneficiar uma criança fazendo-a passar por filho, ter-se-ia uma pena muito maior que, por exemplo, quando se quisesse tornar alguém herdeiro, com exclusão dos herdeiros legítimos, alterando o estado da pessoa daquele.

b) A redundância normativa

Assim como a inconsistência, a redundância caracteriza-se pelo fato de o sistema estipular um excesso de soluções para os mesmos casos, porém, ao contrário do problema anterior, aqui as soluções não são só compatíveis, mas também reiterativas.

A redundância requer, por conseguinte, estas duas condições: primeiro, que ambas as normas tenham o mesmo campo de referência, que se refiram aos mesmos casos; segundo, que estipulem a mesma solução para eles.

Do mesmo modo que no caso das normas contraditórias, a redundância pode ser classificada em: *total-total, total-parcial* e *parcial-parcial*, conforme os âmbitos de aplicação das normas com soluções equivalentes se sobreponham totalmente, compreendam um ao outro e se refiram também a outros casos, ou se sobreponham parcialmente, mantendo cada um deles, além disso, referências autônomas.

Por si só, a redundância normativa não teria por que criar problemas para a aplicação do direito, visto que, ao ser seguida uma das normas redundantes, também seria satisfeito o que é prescrito pela outra. No entanto, a dificuldade da redundância reside, como diz Ross, em que os juristas e os juízes se recusam a admitir que o legislador tenha determinado normas supérfluas e, por conseguinte, se esforçam por conferir âmbitos autônomos às normas com soluções equivalentes. Isso ocorre, sobretudo, quando as descrições de duas normas com soluções idênticas mantêm entre si uma relação lógica de equivalência ou implicação; por outro lado, tal pretensão de reformular as normas não se apresenta com tanta frequência quando a redundância aparece pela circunstância contingente de que alguns casos se encaixam em duas normas com descrições logicamente independentes e soluções idênticas.

Vamos dar outros exemplos de redundância no direito argentino, correspondentes aos tipos que acabamos de mencionar:

– O art. 86, inc. 2º do Cód. Penal, antes de sua reforma pela lei 21.388, eximia de pena pelo delito de aborto quando "a gravidez provém de uma violação ou de *um atentado ao pudor* cometido contra uma mulher deficiente mental ou doente mental".

A expressão *atentado ao pudor* admitia dois significados conforme requeresse ou não contato sexual. O fundamento para não requerer contato sexual era que uma expressão análoga àquela – *"ultraje ao pudor"* – é usada pelo mesmo Código Penal para se referir a ataques sexuais que não implicam coito. No entanto, é estranho que uma gravidez provenha de um ato que não constitua contato carnal.

Portanto, a alternativa que restava era entender que a expressão *atentado ao pudor* supõe coito. Porém, ocorre que o contato sexual com uma mulher deficiente mental ou doente mental é, segundo o art. 119, inc. 2º, do Cód. Penal argentino, uma violação. Por conseguinte, havia no art. 86, inc. 2º, uma redundância, dado que a violação que ocasiona uma gravidez já estava prevista como causa de impunidade para o aborto. O afã de evitar essa redundância levou muitos juristas a voltar para a primeira alternativa interpretativa, imaginando casos insólitos e divertidos de gravidez sem coito.

Um exemplo de redundância contingente pode ser obtido de qualquer um dos casos em que a lei estabelece diferentes alternativas não excludentes que levam a uma mesma solução. Por exemplo, o art. 80 do Cód. Penal estipula uma pena de prisão ou reclusão perpétua para quem, entre muitas outras hipóteses, matar seu pai ou matar alguém com aleivosia. Se em algum caso, alguém matar seu pai e ainda com

aleivosia, sua conduta estará compreendida em duas normas que lhe imputam soluções equivalentes, as quais, naturalmente, não se acumulam.
– O art. 44 da lei 18.880 de locações dispunha:
"A presente lei deverá ser aplicada em caráter oficial aos processos que não tiverem sentença firme na data de entrar em vigor. Os processos fundamentados em causas que esta lei não prevê ou quando, tendo sido previstas, tiverem modificado os requisitos exigidos por sua procedência poderão sofrer desistência pelos interessados, sem impossibilitar seu direito a iniciá-los novamente, se for cabível. As custas do processo do qual se desistiu serão impostas na ordem em causa. *A presente lei não será aplicada a causas que na data de sua entrada em vigor tiverem encerrado com sentença firme."*

Como se percebeu facilmente, as frases destacadas são redundantes.

c) As lacunas do direito

As duas falhas anteriores têm em comum o fato de a ordem jurídica apresentar uma superabundância de soluções, sejam incompatíveis, sejam equivalentes, para um mesmo caso. Em contrapartida, há uma lacuna do direito quando o sistema jurídico não possui nenhuma solução normativa em relação a certo caso.

Como Alchourrón e Bulygin evidenciaram em um trabalho dificilmente superável sobre os sistemas normativos, não tem sentido falar de lacunas do direito sem se referir a um determinado sistema jurídico e a um determinado caso. Um caso pode não estar solucionado por um sistema, mas sim por outro; um sistema jurídico, por sua vez, pode não estipular soluções normativas para um determinado caso, mas, sem dúvida, conterá soluções para outros.

Os autores mencionados definem o conceito de lacuna normativa da seguinte forma (tomo a liberdade de evitar certos tecnicismos que exigiriam extensa explicação): *um certo caso constitui uma lacuna de um determinado sistema normativo, quando esse sistema não correlaciona o caso com al-*

guma classificação normativa de determinada conduta (ou seja, com uma solução).

Nessa definição, a palavra "caso" é utilizada em um sentido genérico, que se refere a tipos de acontecimento (por exemplo, quando falamos do caso de homicídio emocional), e não a fatos individuais (como o homicídio cometido por Pedro). Os casos considerados para determinar a existência das lacunas são os pertencentes a um *universo de casos* constituído a partir da presença ou da ausência de certas propriedades relevantes. Por exemplo, se tomarmos duas propriedades: 1) que haja erro e 2) que haja violência na elaboração de um contrato, os casos serão quatro, conforme haja violência e erro; erro, mas não violência; violência e não erro; ou que não haja nem violência nem erro. Quanto às soluções possíveis, é preciso partir da ação cujo enquadramento jurídico pretendemos determinar (por exemplo, a de executar judicialmente um contrato) e relacioná-la com as diferentes classificações normativas que ela e sua omissão podem receber [pode ser permitida a ação de que se trata e também a omissão dela – facultamento (F); ser permitida a ação, mas não sua omissão – obrigatoriedade (O); ou não ser permitida a ação mas sim sua omissão – proibição (Ph)].

Podemos ilustrar a definição desenvolvendo um exemplo que já introduzimos: se nosso problema é determinar em quais casos cabe a execução judicial de um contrato, sendo as propriedades relevantes que haja ou não erro ou que haja ou não violência (E e V, respectivamente), seriam configurados, como vimos, os seguintes casos (o sinal " " indica ausência da propriedade em questão):

$$-E \text{ e} -V$$
$$E \text{ e} -V$$
$$E \text{ e } V$$
$$-E \text{ e } V$$

Vamos supor que um determinado sistema jurídico x faculta a execução no primeiro caso, a proíbe no segundo e no terceiro, e não diz nada a respeito no quarto, ou seja:

– E e –V → (x) F execução
E e –V → (x) Ph execução
E e   V → (x) Ph execução
– E e   V → (x)

Teríamos, então, configurada uma lacuna normativa do sistema em questão (x), em relação a um determinado caso (– E.V) e a respeito de uma determinada conduta (a execução do contrato).

Uma vez exposto o conceito de lacuna normativa ou lógica, convém mencionar a recusa de muitos juristas e filósofos do direito em admitir esse tipo de lacunas nos sistemas jurídicos, ou seja, sua pressuposição de que as ordens são necessariamente completas.

Um paradigma dessa postura é a de Hans Kelsen. Esse autor afirma que o direito não pode ter lacunas, visto que para todo sistema jurídico é necessariamente verdadeiro o chamado princípio de clausura, ou seja, um enunciado que estipula que *tudo o que não é proibido é permitido*. Ou seja, quando as normas do sistema não proíbem uma certa conduta, de qualquer modo tal conduta recebe uma classificação normativa (sua permissão) em virtude do princípio de clausura que permite toda ação não proibida.

Como já adiantamos no Capítulo IV, Alchourrón e Bulygin fazem uma crítica perspicaz a esse raciocínio. Omitindo muitas distinções técnicas que dificultam a compreensão da crítica neste nível expositivo, o esboço das observações que os mencionados autores fazem sobre a opinião de Kelsen é o seguinte:

A palavra "permitido", que aparece no princípio "tudo o que não é proibido é permitido", pode ter dois significados diferentes. Um é equivalente a "não proibido", ou seja, implica que *não existe* no sistema uma norma que proíbe a conduta em questão. O outro se refere a uma autorização positiva ou, o que dá na mesma, requer a *existência* de uma norma que permite a ação de que se trata.

Se no princípio de clausura a palavra "permitido" é usada no primeiro sentido, isto é, como não proibido, o princípio deve ser lido assim: "tudo o que não é proibido, não é proibido". Sem dúvida, esse enunciado tautológico é necessariamente verdadeiro para qualquer sistema normativo, simplesmente por aplicação do princípio lógico de identidade. Mas também é óbvio que, assim interpretado, o chamado "princípio de clausura" não serve para completar um sistema, ou seja, para eliminar suas lacunas. Isso ocorre porque o que o princípio indica é a trivialidade de que se no sistema não há uma norma que proíba a conduta em questão, não existe uma norma que proíba tal conduta, do que, naturalmente, não se infere que exista outra norma que permita a ação. Sendo assim, essa interpretação do princípio de clausura não impede que aconteça um caso em que o sistema não contenha nem uma norma que proíba a ação de que se trata, nem uma norma que a permita, ou seja, que haja uma lacuna.

Com o segundo significado de "permitido", o princípio de clausura rezaria isto: "se em um sistema jurídico não há uma norma que proíba certa conduta, essa conduta é permitida por outra norma que faz parte do sistema".

De acordo com essa segunda interpretação, o princípio de clausura deixa de ser uma mera tautologia trivial, para se transformar em um enunciado de conteúdo empírico. No entanto, sua verdade é meramente contingente; não pode ser declarada *a priori* sobre todo sistema jurídico, pois depende de que, de fato, no sistema de que se trata, exista uma norma autorizando toda conduta não proibida. Inclusive, podem ser dados exemplos reais de muitos sistemas jurídicos nos quais esse princípio não é verdadeiro (sobretudo, os de Estados autoritários). Até nos direitos correspondentes a regimes democráticos, a autorização de toda conduta não proibida tem aplicação plena apenas no âmbito penal, sendo muito relativa nos demais âmbitos jurídicos.

Em síntese, se o princípio de clausura é necessariamente verdadeiro, só o é à custa de constituir uma tautologia que não elimina as lacunas. Se, em contrapartida, tem um conteúdo empírico que descreve a existência de uma norma permissiva de toda conduta não proibida, transforma-se em um enunciado contingente, que será verdadeiro apenas em relação a alguns sistemas jurídicos.

A única via para evitar essa alternativa rígida é conceder ao princípio de clausura o caráter de um enunciado sintético necessário.

Esse é o caminho seguido por Carlos Cossio. Afirma esse autor que a permissão de toda conduta não proibida ocorre necessariamente em todo sistema jurídico, visto que a conduta humana, que é o objeto do direito, contém sempre, como parte de sua essência, a liberdade de realizá-la. O direito pode impor restrições a essa liberdade, proibindo certas ações, mas quando não faz isso, ressurge a permissão da conduta, que é um componente ontológico dela.

Essa tese só pode ser admitida, como dizem Alchourrón e Bulygin, quando se está disposto a aceitar verdades metafísicas expressas em enunciados sintéticos necessários que descrevam supostas estruturas ontológicas da realidade. De qualquer modo, conforme esclarecem esses autores, não é necessário encarar essa discussão filosófica, dado que a postura de Cossio não supõe que não haja lacunas *no sistema jurídico*, defendendo, sim, que as *ações humanas* têm uma permissibilidade intrínseca, evidenciada quando o direito não classifica de forma normativa uma conduta.

Por fim, Alchourrón e Bulygin desautorizam também a postura defendida, por exemplo, por Del Vecchio e Recasens Siches, segundo a qual o direito não tem lacunas porque oferece meios para que os juízes possam eliminá-las.

De acordo com os autores mencionados, isso é tão ilógico quanto dizer que as calças compridas não podem ter buracos, porque sempre há costureiras que os remendam. Quer dizer, do fato de existirem recursos jurídicos para solucionar os casos de lacunas não se pode deduzir que estas não existam.

Convém dizer algumas palavras sobre a situação dos juízes perante as lacunas do direito.

O art. 15 do Cód. Civil argentino dispõe: "*Os juízes não podem deixar de julgar sob o pretexto de silêncio, obscuridade ou insuficiência das leis.*"

A pergunta que a leitura desse artigo sugere é como os juízes se viram para estabelecer sentença quando o direito não tem uma solução para um determinado caso.

Um dos recursos mais comuns utilizados em caso de lacunas é a interpretação por analogia, indicada pelo art. 16 do mesmo Cód. Civil.

A analogia consiste em assimilar o caso não classificado normativamente a outro classificado, com base em considerar relevante alguma propriedade que ambos os casos possuam em comum. Claro que esse procedimento não se aplica de forma mecânica e, quando é aplicado, deixa ao juiz uma ampla margem de arbítrio, já que todo caso imaginável será semelhante a outro em algum aspecto, e será diferente dele em muitos outros.

No direito penal moderno, a analogia é vedada, não se admitindo que os juízes estendam as normas penais a comportamentos não previstos por elas e que devem ser classificados como lícitos, em aplicação do princípio *"nullum crimen, nulla poena, sine lege praevia"* (estipulado, no sistema argentino, pelo art. 18 da Constituição Nacional).

Outros procedimentos aos quais os juízes costumam recorrer para preencher as lacunas dos sistemas jurídicos, como o apelo aos chamados "princípios gerais do direito", à "natureza jurídica de uma instituição" etc., serão estudados no capítulo seguinte. (Ver também Cap. VII, § 4 *d*.)

Vejamos a seguir alguns exemplos de lacunas normativas no direito positivo argentino:

– O art. 69 da Constituição Nacional dispõe que uma vez aprovado um projeto de lei pelo Congresso, deve passar para o Poder Executivo e, se este o aprovar, deverá ser promulgado como lei. Por outro lado, o art. 72 estabelece que o Poder Executivo pode vetar total ou *parcialmente* um projeto, devendo em tal caso encaminhá-lo ao Congresso para que o discuta outra vez.

Suscita-se um problema no caso de o Poder Executivo vetar parcialmente um projeto de lei. O Presidente pode promulgar como lei a parte do projeto que não foi vetada, encaminhando ao Congresso para sua revisão apenas a parte impugnada? Ou, por outro lado, deverá encaminhar todo o projeto ao Parlamento para que o revise em sua totalidade, abstendo-se de promulgar a parte não vetada? A Constituição guarda silêncio a esse respeito.

A discussão se atualizou há poucos anos por ocasião da lei 16.881, sancionada em 30 de março de 1966, que regulava o regime geral dos contratos de trabalho. O Poder Executivo a vetou parcialmente, promulgando quatro artigos da lei que se referiam à atualização dos valores de indenizações por demissão. A jurisprudência declarou inconstitucional a lei assim promulgada pelo Presidente, fundamentando-se, sobretudo, em que a promulgação de artigos isolados de uma lei rompia a estrutura do projeto que o Parlamento queria sancionar.

No entanto, em outros casos, como em alguns em que foram vetados parcialmente certos artigos de leis orçamentárias e o restante foi promulgado, admitiu-se a constitucionalidade daquele procedimento.

– O art. 131 do Cód. Civil argentino, segundo a reforma da lei 17.711, estipula que os menores de 21 anos, porém maiores de 18, poderão obter a maioridade (que com frequência se adquire aos 21 anos) se forem expressamente habilitados por seus pais ou, no caso de não terem os pais, mas estarem sob tutela, pelo juiz civil, a pedido do tutor ou do menor. O Código não estabelece nenhuma prescrição sobre se é cabível ou não a emancipação no caso de um menor que não tenha nem pais nem tutor designado.

– O art. 3.284 do mesmo Cód. Civil estabelece que os juízes competentes para julgar em um processo sucessório são os do último domicílio do causador (ou seja, da pessoa falecida cuja sucessão se quer tramitar). Constitui exceção a essa regra a circunstância de que o causador tenha tido o último domicílio no exterior, mas tenha bens imóveis no país, visto que, segundo o art. 10 do Cód. Civil argentino, os bens imóveis situados na República são regidos por nossas leis. Suscita-se um problema quando o causador tenha tido seu último domicílio no exterior e possua imóveis em distintas províncias do país.

Como se determina a jurisdição provincial em que deve tramitar o processo sucessório?
O Código não estabelece nenhuma solução a esse respeito. A doutrina entende que a sucessão pode ser tramitada em qualquer província onde existam bens.

– A legislação civil argentina não estabelecia nenhuma solução normativa em relação ao uso, por parte da mulher casada, do sobrenome do marido. Alguns juristas, como Borda, Spota, Llambías, Lafaille etc., entendiam que constituía tanto um direito quanto um dever, cujo descumprimento poderia constituir uma das causas de divórcio. Outros autores, como Cermesoni, Morello e Salas, afirmavam que o uso do sobrenome do marido era um direito da mulher, mas não uma obrigação. Uma sentença plenária da Câmara Civil da Capital Federal argentina, de 23 de dezembro de 1966, tinha decidido, por nove votos contra sete, que existe obrigação de usar o sobrenome do marido derivada dos costumes sociais. A lei 18.248 acolheu essa solução.

– A lei de sociedades comerciais 19.550 não estabelece, a respeito das sociedades de responsabilidade limitada, nenhuma prescrição direta em relação à maioria necessária para dispor um aumento do capital da sociedade.

Além do conceito de lacuna *normativa* que acabamos de explicar e exemplificar, devemos expor a noção de lacuna *axiológica* (valorativa), que muitos juristas confundem com o primeiro conceito.

Alchourrón e Bulygin caracterizam as lacunas axiológicas de acordo com este delineamento:

Quando o sistema normativo estabelece uma solução para um caso constituído a partir de certas propriedades, são irrelevantes, em relação à solução estipulada, as propriedades restantes que possam ocorrer, casualmente, junto às que configuram o caso.

Por exemplo, se o direito estipular uma solução para um caso constituído pelas propriedades E e V, a solução não variará, a menos que haja outra norma que estipule isso, diante de um caso que tenha, além de E e V, a propriedade R.

Uma propriedade é relevante para um sistema normativo se esse sistema imputar aos casos configurados por essa propriedade uma solução diferente da que cabe aos casos em que ela não ocorre. Pelo contrário, uma propriedade é irrelevante para um sistema normativo se este soluciona do mesmo modo os casos em que tal propriedade aparece e os casos em que ela não aparece.

No entanto, uma propriedade irrelevante para o direito pode ser relevante de acordo com certos critérios axiológicos. Se o direito estipular, por exemplo, a proibição da conduta s quando ocorrerem as propriedades E e V – sendo irrelevante para essa proibição que também ocorra a propriedade R –, pode-se divergir do que foi estipulado e pretender, em conformidade com certos critérios axiológicos, que se considere R como relevante, de tal modo que, em sua presença, deve-se prescrever a permissão de s. Nesse caso, haveria uma lacuna axiológica.

Uma lacuna axiológica aconteceria, então, quando um caso está correlacionado por um sistema normativo com uma determinada solução e há uma propriedade que é irrelevante para esse caso de acordo com o sistema normativo, mas deveria ser relevante em virtude de certos padrões axiológicos.

As lacunas valorativas não acontecem toda vez que o sistema jurídico estipula uma solução injusta para um caso, mas quando tal injustiça se fundamenta na consideração de que deveria ser adotada como relevante uma propriedade que não o é para o direito.

Como dissemos, as lacunas axiológicas muitas vezes se confundem com as lacunas normativas. No entanto, é óbvio que nos casos de lacunas valorativas o direito estipula uma solução. O que ocorre é que, como os juristas e juízes consideram que o legislador não teria estabelecido a solução que prescreveu se tivesse reparado na propriedade que não considerou, concluem que a solução estipulada – mas que acham ilógica ou injusta – não deve ser aplicada ao caso, constituindo-se uma lacuna.

A INTERPRETAÇÃO DAS NORMAS JURÍDICAS

Vamos mencionar alguns poucos casos em que foi considerada a existência de lacunas axiológicas no sistema jurídico argentino:

– A lei 13.252, que regulava o regime de adoção até sua substituição pela lei 19.134, proibia a adoção no caso de o adotante já ter filhos consanguíneos. Entendeu-se que o legislador não tinha previsto o caso de adotantes com filhos consanguíneos maiores de idade e que consentissem na adoção, situação na qual se supunha completamente ilógico aplicar a proibição da lei, criada em benefício dos filhos de sangue. Isso foi decidido por uma sentença plenária da Câmara Civil da Capital Federal argentina, de 16 de dezembro de 1959. O novo regime legal acolheu esse critério.

– Apesar de no direito penal moderno não existirem lacunas em virtude do princípio da reserva, que transforma em lícitos os comportamentos não proibidos, os criminalistas costumam falar, muitas vezes, de "lacunas", o que só pode ter um sentido axiológico.

Um dos casos em que se costumava observar uma lacuna no Código Penal argentino era dado pela combinação dos arts. 164 (roubo) – antes de sua reforma pela lei 21.338 – e 168 (extorsão). O primeiro reprimia quem, com força sobre as coisas ou *violência física* contra as pessoas, se *apoderasse* de uma coisa. O segundo punia quem com *intimidação fizesse que lhe fosse entregue* uma coisa. Muitos juristas haviam registrado que essas duas normas deixavam uma dupla lacuna: quem com intimidação (por exemplo, ameaçando com um revólver) se apoderasse de uma coisa alheia não cometeria roubo por não haver violência física, nem extorsão, porque teria se apoderado de uma coisa, não tendo obrigado a entregá-la; quem, com violência física, fizesse que lhe fosse entregue uma coisa também não cometeria roubo, por não haver apoderamento, nem extorsão, por não haver intimidação.

Não obstante a proibição, em geral, de aplicar a analogia no direito penal, a jurisprudência havia descartado a solução permissiva que surge do princípio da reserva, compreendendo a intimidação na expressão "violência física".

– Um célebre caso de lacuna axiológica no direito penal era a apresentada no Código de Tejedor*, em relação ao sequestro extorsivo de cadáveres. Estando vigente esse código, no século XIX, surgiu uma quadrilha, denominada "Os cavaleiros da noite", que se dedicava a roubar cadáveres pertencentes a famílias ricas, com a finalidade de exigir resgate. Não foi possível puni-los, visto que aquele código só reprimia a exumação de cadáveres com a finalidade de mutilá-los ou profaná-los.

A partir de 1887, a categoria do sequestro de cadáveres para obter resgate foi incluída nos sucessivos códigos penais.

– A propósito do caso anterior, o Código Penal argentino contém, segundo o pensamento de alguns autores, uma lacuna axiológica em relação aos cadáveres, dado que não prevê, como relevante para a proibição, o roubo, lesões ou mutilações deles.

d) A inoperância de certas normas jurídicas

É óbvio que muitas normas jurídicas são parcial ou totalmente ineficazes. Costuma-se apresentar como exemplo disso, no direito argentino, os casos da norma constitucional que prescreve o julgamento por júri e as normas do Código Penal que reprimem os duelos. Mas a ineficácia normativa não constitui um problema de aplicação de normas identificadas como pertencentes ao sistema, incidindo, sim, na própria pertinência ao sistema das normas de que se trata (ver sobre isso o Cap. III).

Em contrapartida, problemas de interpretação são suscitados pelos casos de normas que não *podem* ser aplicadas por razões independentes das de sua aceitação ou rejeição. Nesses casos, em geral surge a preocupação em atribuir a essas normas um significado diferente do original, proveniente da preocupação, por parte dos juízes e juristas – que

---

* Primeiro Código Penal da Argentina, elaborado pelo jurista e político Carlos Tejedor (1817-1903). [N. da T.]

analisaremos no próximo capítulo –, de que o legislador não pode ter determinado normas impossíveis de aplicar.

1) A impossibilidade de aplicar uma norma pode ser decorrente do fato de sua condição de aplicação poder não acontecer ou da circunstância de a conduta prescrita pela norma ser impossível de cumprir.

a) Em relação à *condição* da norma, sua impossibilidade pode ser lógica, empírica ou normativa.

É *logicamente* impossível que ocorra o antecedente de uma norma constituir uma contradição. Por exemplo, uma norma não poderia ser aplicada se estabelecesse algo tão disparatado quanto isto: "quando uma pessoa solteira cometer bigamia, deverá ser punida com a metade da pena correspondente ao caso de o autor ser casado".

A impossibilidade *empírica* de ocorrer a condição da norma se apresentará quando se tratar de um fato que esteja contra as leis naturais. Exemplificaria esse caso uma norma que expressasse: "quando o aborto for cometido depois do duodécimo mês de gravidez, deverá ser punido com 10 anos de prisão". Isso é o que Alf Ross chama uma "falsa pressuposição fáctica".

Por fim, a condição de uma norma é *normativamente* impossível de acontecer quando está em pugna com o disposto por outra norma. Isso ocorreria se uma norma do direito argentino afirmasse: "as pessoas menores de idade, que tenham adotado um filho, deverão fazê-lo conhecer seu próprio pai ou tutor"; essa norma seria de aplicação impossível porque a lei de adoção daquele país proíbe que os menores de 35 anos adotem. Essa falha é denominada por Ross "falsa pressuposição normativa".

b) A *conduta* que a norma prescreve realizar pode ser *logicamente* impossível, tornando a norma inaplicável, se for descrita de forma contraditória. Por exemplo, isso aconteceria se uma norma ordenasse: "pelas estradas do país deve-se trafegar pela mão direita, de modo que os veículos que vêm em sentido contrário possam passar pela direita do próprio veículo". Esses casos podem ser facilmente analisados como constituídos por duas normas contraditórias, por isso, o problema não é outro além da inconsistência normativa de que já falamos e que constitui um caso limite de inaplicabilidade de normas.

A obrigação pode se referir a uma conduta que é *empírica* ou tecnicamente impossível de realizar. Isso poderia ser exemplificado com uma norma que expressasse: "a demanda trabalhista deve sempre ser notificada ao demandado por telegrama autenticado", e se desse o caso de o serviço telegráfico não chegar até o domicílio do demandado. O mesmo aconteceria, sem dúvida, com as normas que prescrevem penas de prisão se ocorresse que, no lugar onde deveriam ser cumpridas, não houvesse prisões ou vagas disponíveis nelas.

Por fim, a impossibilidade *normativa* de executar uma ação ordenada ocorre quando o cumprimento dela requer alguma circunstância que é proibida por outra norma. Suponhamos que exista uma norma que obrigue, em todo contrato de locação, seja qual for seu valor, a formalizar um seguro na Caixa Econômica Federal, existindo outra norma que proíba essa instituição de efetuar contratos de seguro. Não se trata propriamente de uma inconsistência normativa, tal como a definimos, pois aqui a conduta ordenada e a proibida são diferentes, já que cabem a pessoas diferentes, embora a execução da primeira exija a cooperação da última.

2) Há casos em que uma norma é inaplicável, não pela impossibilidade de executar o comportamento ordenado, mas, pelo contrário, porque tal conduta é *necessária*. A norma é, então, supérflua.

O paralelo com a impossibilidade não se estende à condição de aplicação da norma cujo antecedente é necessário (por exemplo, "sejam ou não recebidos rendimentos, deve-se apresentar a declaração de renda"), porque tal norma é equivalente a uma norma categórica, perfeitamente aplicável.

A condição necessária de ser da conduta prescrita pode ser de caráter *lógico*. Esse caso ocorreria se uma norma afirmasse: "só devem ser punidas por adultério as pessoas casadas".

Também pode ocorrer que a ação ordenada seja *empiricamente* necessária. Isso aconteceria se, por exemplo, uma norma dispusesse: "os médicos deverão se abster de ressuscitar pessoas falecidas".

Por último, poderia ocorrer o caso de que a conduta que a norma obriga a realizar fosse necessária por razões *normativas*. Isso acontece, como caso limite, na redundância normativa, que já analisamos, e também em outros casos que não satisfazem estritamente a definição de "redundância", pois ambas as normas não se referem à mesma conduta. Por exemplo, se houvesse uma norma administrativa que proibisse aos servidores públicos receber requerimentos de particulares que não estivessem redigidos em papel ofício, seria supérflua outra norma que dispusesse a obrigação dos particulares de apresentar em papel ofício suas petições perante a administração pública.

Como terá sido observado pela natureza dessas incorreções, é muito difícil que em um direito relativamente elaborado sejam apresentadas falhas dessa índole. No entanto, podem ser encontrados alguns exemplos no direito positivo argentino:

– Ao falar de redundância, citamos o caso do art. 86, inc. 2º, do Cód. Penal, em sua redação original, que declarava impune o aborto quando a gravidez fosse proveniente de uma violação ou atentado ao pudor a uma mulher deficiente mental ou doente mental. Dissemos que a expressão *atentado ao pudor* podia ser entendida como implicando contato carnal – sendo redundante com *violação* – ou excluindo o coito. Nesse segundo caso, a norma resultante era inaplicável, já que é empiricamente impossível a gravidez sem coito.

– O art. 2.451 do Cód. Civil argentino estipula: "*Perde-se a posse quando o objeto que se possui deixa de existir, seja por morte, se for coisa animada, seja pela destruição total, se for de outra natureza ou quando houver transformação de uma espécie em outra.*" Em relação ao parágrafo destacado, Julio Dassen comenta: "Com razão Legón observa que a disposição é inoperante: é claro que se o objeto desaparecer, não poderá existir *relação possessória* por simples impossibilidade lógica e jurídica."

– O art. 4.031 do mesmo Cód. Civil estabelece em seu parágrafo primeiro:"*Prescreve-se também por dois anos a ação de nulidade das obrigações contraídas por mulheres casadas sem a autorização competente."*

Esse artigo tinha sentido em relação ao art. 55 do Cód. Civil original, que transformava a mulher casada em incapaz relativa, sendo nulas as obrigações contraídas sem a intervenção de seu representante legal, que era o marido. Já a lei 11.357 tinha restringido de modo considerável os atos jurídicos que a mulher casada não podia exercer por si mesma. Atualmente, a lei 17.711 reconhece a capacidade plena da mulher casada, por isso o art. 4.031, embora não tenha sido derrogado, não tem aplicabilidade.

5. A interpretação do direito jurisprudencial

As pressuposições e os problemas de interpretação que examinamos se relacionam com as normas jurídicas sancionadas através de orações linguísticas por órgãos legislativos. Como dissemos no começo deste capítulo, nem todas as normas juridicamente relevantes têm essa origem, procedendo muitas de costumes sociais e da atividade judiciária. Em relação a essas normas também são suscitados graves problemas de interpretação.

É conveniente dizer alguma coisa a propósito da interpretação do direito jurisprudencial. As normas de origem judiciária não só constituem o núcleo mais importante de alguns sistemas jurídicos – o chamado *common law,* vigente sobretudo na Inglaterra e nos Estados Unidos –, mas também têm uma vigência não desdenhável para a solução dos casos nos sistemas de tipo *continental europeu,* como o argentino. Poder-se-ia dizer que a distinção entre os sistemas do *common law* e os de tipo continental limita-se a uma questão de grau em relação à extensão das áreas cobertas pela legislação ou pelas normas jurisprudenciais e à maior ou menor força obrigatória atribuída a cada uma dessas espécies de normas (força obrigatória que, no caso dos precedentes, é denominada *stare decisis*).

Inclusive nas matérias que, no sistema continental, estão cobertas pela legislação, são originadas regras jurisprudenciais que servem para especificar uma interpretação dos textos legais.

A determinação das normas jurisprudenciais relevantes para solucionar um caso é feita por meio de um complicado processo que se fundamenta no chamado "raciocínio mediante exemplos", ou seja, na comparação entre casos, um dos quais já foi classificado sob certo conceito.

Edward Levy distingue três fases no raciocínio mediante exemplos. A primeira consiste em descobrir semelhanças entre o caso que se deve resolver e outros casos já resolvidos. Em segundo lugar, explicita-se a regra obedecida pela solução dos casos anteriores. Na última fase, aplica-se aquela regra ao caso proposto.

O primeiro passo do raciocínio apresenta grandes dificuldades. Quais casos anteriores devem ser considerados para obter uma regra aplicável ao que se deve resolver?

O principal critério para a seleção de precedentes é a *analogia* que devem ter os casos julgados com o que se pretende solucionar. Porém, não há regras para estabelecer entre os casos que semelhanças são relevantes e que diferenças são irrelevantes.

Uma descrição detalhada dos casos anteriores e do presente mostrará sem dúvida muitas diferenças. Apenas à medida que se avança para um alto nível de abstração na descrição dos casos, omitindo muitas circunstâncias, podem ser obtidas descrições equivalentes. Não há padrões para determinar até que grau de generalidade é permitido chegar à descrição dos casos com a finalidade de mostrar seus traços análogos.

Para a seleção dos precedentes, também são consideradas a hierarquia e antiguidade do tribunal do qual emanam. Um tribunal é considerado fortemente obrigado por suas próprias decisões anteriores e pelas dos juízes superiores. Em relação à antiguidade, à medida que os precedentes se distanciam no tempo, vão perdendo força vinculativa, embora nem sempre os juízes do *common law* reconheçam isso de modo explícito.

Quanto ao segundo passo do raciocínio mediante exemplos – a obtenção da regra a que se adaptaram os precedentes –, também apresenta dificuldades.

No *common law*, entende-se que os juízes não são obrigados pelas afirmações explícitas feitas pelos outros juízes (nem sequer pelas que eles próprios possam ter feito sobre a regra aplicável para a solução do caso), que são consideradas simples *obiter dicta*, isto é, afirmações que não são necessárias para fundamentar a sentença. O que os obriga é a *ratio decidendi* das sentenças anteriores, quer dizer, o princípio geral que explica as decisões adotadas. Ou seja, uma vez que tenham selecionado os precedentes, o que os juízes são obrigados a realizar (de acordo com seu próprio ponto de vista e não compelidos a aceitar o de seus colegas, que aplicaram sentenças anteriormente) é a formulação de uma regra que sirva para explicar as decisões que tenham adotado nos tais casos anteriores. Devem estipular um critério razoável do qual se deduzam as soluções dos precedentes, embora esse critério não seja o mesmo enunciado pelos juízes que deram aquelas soluções.

É evidente que nessa parte do raciocínio o juiz também goza de uma considerável liberdade. As mesmas decisões podem ser explicadas segundo regras que podem ter maior ou menor abrangência e diferentes exceções e condições.

Na terceira parte do raciocínio, a regra obtida é aplicada ao caso que deve ser julgado. É preciso decidir se esse caso entra ou não no âmbito de aplicação da regra, se constitui uma das exceções que ela prevê, ou se se enquadra melhor no campo de outra regra obtida através de uma linha jurisprudencial diferente da alegada. É óbvio que, em boa parte, a decisão será determinada pela descrição dada do caso que deve ser solucionado.

Uma vez aplicada a sentença ao caso, os juízes, que terão que decidir em futuros processos, contarão com um novo precedente, que, determinada a analogia com o que tenham que examinar, deverão incorporar ao conjunto de decisões que são obrigados a explicar mediante alguma regra jurídica.

Observa-se, portanto, que as normas jurisprudenciais variarão com os novos casos que devem ser resolvidos. Cada nova ocasião que se apresenta para aplicar a regra origina um enriquecimento dela, mediante novas determinações, condições e exceções a fim de tornar compatível a norma com a solução adotada para o caso proposto.

No sistema continental europeu, o raciocínio em relação aos precedentes é menos cuidadoso e complexo, visto que a regra *stare decisis* se aplica quase exclusivamente ao que foi resolvido pelo mesmo tribunal em outros casos ou por tribunais superiores, e ainda assim se procede com notórias franquias. Os juízes não se sentem tão obrigados a formular uma regra que explique as decisões dos outros juízes, juntamente com a própria, se sua decisão pode se fundamentar com uma razoável interpretação dos textos legais.

6. A interpretação das normas jurídicas e a administração de justiça

O que vimos neste capítulo refere-se aos problemas apresentados quando se pretende determinar quais normas jurídicas são relevantes para resolver um caso, seja tentando obter essas normas de textos dotados de autoridade legal ou de precedentes judiciais.

A menção desses problemas basta para desqualificar a concepção tradicional sobre a atividade judicial, originada na escola da exegese francesa e na jurisprudência de conceitos alemã, que caracteriza a tarefa dos juízes como consistente na aplicação mecânica de certas regras a determinados casos, sem que tenham a possibilidade – nem a função – de efetuar uma reelaboração de tais regras.

Foi dito muitas vezes que essa concepção clássica considera o raciocínio judicial como um *silogismo*, cuja premissa maior é a norma jurídica aplicável, a premissa menor viria a ser a descrição do fato que se julga, e a conclusão, a solução do caso.

Na verdade não há nada de mal em considerar o raciocínio judicial como um silogismo. O incorreto é pensar que as premissas do raciocínio judicial – as normas jurídicas relevantes e a descrição dos fatos decisivos – sejam obtidas por procedimentos mecânicos. Como destacaram Alchourrón e Bulygin, não é que os juízes não realizem um raciocínio dedutivo ao fundamentar uma decisão, mas sim que a escolha das premissas e das regras de inferência de seu raciocínio exige um verdadeiro trabalho criativo.

Esse ponto já foi mostrado ao longo das páginas anteriores em relação às premissas normativas do raciocínio judicial, cujo alcance deve ser, em boa parte dos casos, reformulado pelos juízes para evitar as imperfeições dos textos legais ou dos precedentes judiciais. Como vimos, a tarefa de tornar precisos os textos vagos ou ambíguos, eliminar as lacunas e as contradições, determinar os precedentes relevantes etc., em geral, não é guiada por regras precisas de segundo nível, e quando o é, ou seja, quando são aplicáveis princípios tais como o de *lex superior* ou o que indica que se apele para as soluções de casos análogos, não raro se tropeça em regras competitivas que trazem soluções divergentes.

Quanto à determinação das premissas fácticas do raciocínio dos juízes, é óbvio que ela também apresenta intensas dificuldades. O conhecimento dos fatos relevantes deve ser obtido por meio de complicados sistemas de provas e presunções que, a maior parte das vezes, dão aos juízes uma ampla margem de apreciação pessoal, originando, em muitos casos, descrições discordantes em relação às conclusões que se pretendem inferir dos mesmos dados empíricos.

Alf Ross apresenta um esquema interessante para entender a supersimplificação que a concepção tradicional faz em relação à atividade judicial. Ele parte da tese de Stevenson de que toda ação é a resultante de certas crenças e de determinadas atitudes (ou motivos, ou propósitos). A variação de um desses fatores, mantendo-se os demais, provoca uma ação diferente. Por exemplo, dois legisladores podem defender a mesma crença de que a pena de morte provoca uma diminuição da criminalidade, mas enquanto um deles adota uma atitude favorável à obtenção desse resultado a qualquer custo, o outro não está disposto a admitir que se disponha da vida como meio para conseguir aquele resultado; por conseguinte, o primeiro propugnará a pena de morte, enquanto o outro se absterá de impô-la. A mesma coisa aconteceria se, pelo contrário, ambos os legisladores estivessem dispostos a lutar contra o crime de qualquer maneira, mas um deles não acreditasse que a pena de morte é um meio eficaz, enquanto o outro estivesse convencido disso.

Com esse esquema, Ross afirma que a teoria clássica, em relação à administração de justiça, considerava as decisões judiciais como resultantes, exclusivamente, destes fatores: *a)* quanto às crenças, um conhecimento pleno das leis aplicáveis e dos fatos relevantes que devem ser julgados; *b)* no que concerne à atitude, uma esmerada consciência jurídica formal, isto é, o desejo de aplicar estritamente as leis sem nenhuma outra consideração.

Ross assevera que esse esboço constitui uma caricatura rudimentar do que ocorre na realidade, na qual as decisões dos juízes são o produto, pelo menos, destes elementos: *a)* em relação às crenças, não só o conhecimento, que em geral é imperfeito, pelo que já dissemos, das normas jurídicas vigentes e dos fatos expostos, mas também de toda uma série de circunstâncias de ordem política, social, econômica, que cercaram tanto a sanção das normas jurídicas como a produção do fato proposto para a análise do juiz; e *b)* quanto às atitudes, a consciência jurídica formal dos juízes concorre quase sempre com sua consciência jurídica material, ou seja, com o desejo de chegar a uma solução valorativamente aceitável, de modo que, não raro, os juízes se exponham ao dilema de aplicar de modo estrito a lei, originando uma solução injusta ou afastar-se dela, para decidir de forma satisfatória o caso proposto. (Como vimos no primeiro capítulo, os juízes são tão moralmente responsáveis quanto todos nós, e o simples fato de fundamentar suas decisões em normas jurídicas positivas não os exime da responsabilidade moral por essas decisões.)

Ross não apresenta esse quadro como algo desejável, mas sim como correspondente ao que de fato ocorre, inclusive nas épocas e nos âmbitos em que a concepção tradicional tinha maiores adeptos. A verdade é que em diferentes tempos e espaços o peso relativo das distintas crenças e atitudes pode variar, por exemplo, com os juízes abstraindo mais as circunstâncias que cercaram a sanção da lei e a produção do fato e dando maior predomínio à consciência jurídica formal do que à material; porém, essas variações nunca chegam ao extremo de satisfazer o esquema da teoria tradicional.

Em contrapartida, o que registra, sim, profundas diferenças é em que medida os juízes *reconhecem* que devem reelaborar as normas jurídicas dadas, que não são imunes à percepção da esfera social que envolve a sanção de tais normas e o caso proposto, e que estão dotados não só do desejo de se submeter às leis, mas também do de obter soluções axiologicamente satisfatórias. E é aí, quanto ao reconhecimento desses fatores, que podem ser percebidas enormes variações; desde uma negativa absoluta até uma admissão sem rodeios.

Em nosso âmbito, os juízes são, em geral, acentuadamente renitentes em admitir de modo explícito que, em muitas ocasiões, decidem, sob a influência de considerações de índole pragmática, sobre as consequências sociais de cada uma das soluções possíveis. Quando ocorre o contrário, a atitude do juiz torna-se sugestiva.

> Isso pode ser visto com clareza por meio de um exemplo (que foi comentado por Jorge A. Bacqué, e por este autor em um artigo): O Código Penal argentino agrava os delitos de roubo e dano quando são cometidos por *bando*. A palavra "bando" também aparece na descrição do delito de associação ilícita, que é punido de forma separada dos delitos que os

membros da associação possam cometer. Foi discutido se, para que haja bando na comissão de um roubo ou dano, devem ocorrer os requisitos da associação ilícita (em especial, que concorram três ou mais pessoas). No caso de resposta afirmativa, um indivíduo não poderia ser punido cumulativamente por ter cometido um roubo em bando e por fazer parte de uma associação ilícita, visto que sofreria pena duas vezes pelo mesmo fato. Por outro lado, se "bando" e "associação ilícita" são interpretados como expressões com significado diferente, poderão ser somadas as penas do roubo ou do dano em bando e as da associação ilícita.

A primeira tese foi acolhida por uma sessão plenária da Câmara Criminal da Capital, tendo tido particular relevância na decisão final, a opinião do vogal doutor Ernesto J. Ure.

Não obstante, em 1963 o mesmo tribunal modificou o critério, adotando a tese da cumulação de penas. É óbvio que o notável aumento da criminalidade organizada, produzido entre ambas as sessões plenárias, deve ter influenciado decisivamente a mudança de enfoque da Câmara, bem como a crença de que um aumento de penalidade poderia ser um recurso apropriado para combatê-la.

Porém, apesar daquela evidência, a consideração das consequências sociais das possíveis soluções não se destaca mais que a argumentação do doutor Ure que, de maneira expressa, menciona "a realidade social circundante" e a necessidade de defender a sociedade dos delitos realizados por vários indivíduos. Os demais juízes, inclusive um dos quais também mudaram sua opinião expressa na sentença de 1944, fundamentaram o novo critério em argumentos de caráter técnico e na suposta interpretação objetiva da lei.

O fato de a atividade dos juízes de reelaborar as normas jurídicas gerais manter-se em um plano não reconhecido torna difícil o controle público de suas decisões e dos critérios axiológicos em que as fundamentam. Isso pode constituir, às vezes, um grave obstáculo para as mudanças sociais, quando a ideologia do corpo judicial não coincide com os propósitos dos legisladores e da opinião pública que pretendem tais mudanças. Convém esclarecer um pouco mais essa questão.

7. Direito, administração de justiça e mudanças sociais

W. Friedmann destaca que há duas opiniões contraditórias em relação à habilidade do direito para servir como instrumento de mudanças sociais, que podem ser ilustradas com as posturas de dois grandes juristas: Savigny e Bentham.

Savigny, como expusemos no primeiro capítulo, expressava a concepção historicista sobre o direito. Segundo ele, o direito é descoberto, não feito. O direito está no espírito do povo, nos costumes sociais. A legislação só deve agir uma vez que os juristas tenham aceitado e articulado os padrões vigentes na sociedade. Propugnava, portanto, uma atitude passiva do direito perante as circunstâncias sociais, o que o induzia a ser denodado inimigo da codificação, que em sua época se difundia pela Europa. Seu ponto de vista influenciou de modo determinante outros juristas, como Ehrlich, para quem era preciso dar preferência ao "direito vivo do povo" sobre as normas coativas do Estado. Essas últimas deviam se limitar a regular questões relacionadas à organização militar, policial e tributária.

Bentham, em contrapartida, acreditava fervorosamente na capacidade do direito como instrumento de reforma social e se dedicou, ao longo de sua vida, a redigir códigos para diferentes países (desde a Rússia até algumas nações latino-americanas). Deve-se à sua prédica, em boa parte, a concepção moderna do parlamento como um corpo ativo que, por meio da legislação, pode efetuar mudanças sociais, seja respondendo a necessidades da sociedade, seja estimulando novas expectativas.

Embora a concepção de Savigny tenha tido uma acentuada influência entre os juristas e filósofos do direito, promovendo a ideia – que tem suas raízes no pensamento de filósofos gregos e juristas romanos – de que o direito está muito além de toda manipulação racional destinada a objetivos sociais, o ponto de vista de Bentham terminou impondo-se. Isso não foi causado tanto por uma conversão dos juristas, mas porque as intensas transformações sociais, por exemplo, as originadas na revolução industrial, na organização sindical dos trabalhadores e no processo de urbanização, que obrigaram a adotar medidas legislativas mais ou menos rápidas, evidenciaram a função instrumental do direito em relação à obtenção de objetivos sociais.

Hoje em dia é muito difícil negar a influência recíproca entre o direito e as circunstâncias sociais e econômicas.

As mudanças produzidas na sociedade se refletem, mais cedo ou mais tarde, no ordenamento jurídico e este, por sua vez, costuma fomentar novos padrões sociais (o que não se concilia facilmente com a ideia marxista de que o direito faz parte da "superestrutura" de uma sociedade, e como tal, limita-se a refletir e proteger o sistema de produção existente e os interesses da classe dominante).

Isso não quer dizer que haja sempre uma coordenação plástica entre as circunstâncias sociais e as normas jurídicas vigentes.

São frequentes os casos em que acontece um atraso da legislação em relação às demandas da opinião pública, seja por impermeabilidade dos legisladores, seja pela existência de poderosos grupos de pressão em sentido contrário, seja, enfim, porque o processo de reforma legislativa, às vezes, é lento e complicado.

Na Argentina, isso pode ser ilustrado com a falta de resposta legislativa para os incontáveis casos de famílias irregulares por causa da inflexibilidade da legislação matrimonial.

Também são comuns as situações inversas, em que a população recusa-se a aceitar reformas promovidas pela legislação.

Alguns filósofos jurídicos, como Hart e Lon Fuller, indicaram certas precauções mínimas, formais e materiais, que o direito deve satisfazer para ter alguma probabilidade de ser eficaz, como propiciar aos cidadãos a possibilidade de conhecer as normas jurídicas ou dispor algumas limitações para os ataques contra a vida humana.

Sem chegar a esses extremos, a legislação costuma, às vezes, ser ineficaz perante os hábitos profundamente arraigados na população.

Por exemplo, foram realizadas pesquisas sociológicas sobre o influxo da implantação da legislação ocidental na Turquia, demonstrando-se que enquanto as normas que se referiam a aspectos instrumentais, como as atividades comerciais, conseguiram uma aplicação eficaz, as relacionadas às questões afetivas ou crenças primárias, como a vida familiar e o casamento, só conseguiram alterar de forma limitada os padrões sociais aceitos.

Em nosso meio, isso ocorreu de modo evidente, por exemplo, com as normas referentes ao duelo, praticado no passado de maneira despreocupada por certos grupos sociais, apesar das severas sanções do Código Penal; e com as normas relativas ao aborto, que não conseguem refrear a expansão dessa prática na sociedade, gerando um grave problema moral.

Os sociólogos jurídicos costumam formular algumas condições necessárias para que uma norma jurídica possa ter êxito em seu empenho por alterar os hábitos arraigados em uma sociedade. Por exemplo, W. M. Evan assinala as seguintes condições: *a)* que a norma jurídica em questão emane de uma autoridade prestigiosa (o autor aponta que nos Estados Unidos percebe-se menor resistência potencial às novas normas legislativas que às jurisprudenciais); *b)* que a nova norma possa se fundamentar como compatível com ideias jurídicas, culturais etc. já aceitas; *c)* que se permita às pessoas visualizar modelos práticos de cumprimento da norma; *d)* que se faça uso consciente do fator temporal para permitir que vá cedendo, paulatinamente, a resistência à norma; *e)* que os agentes encarregados de aplicar a norma se comprometam, pelo menos externamente, a cumpri-la, sem dar mostras de hipocrisia, corrupção ou privilégio; *f)* que sejam empregados prêmios e castigos adequados para motivar o cumprimento da norma, e *g)* que seja oferecida proteção efetiva àqueles que forem afetados pelo descumprimento da norma.

As mudanças que o direito introduz na sociedade podem ser classificadas, como sugere Y. Dror, em diretas e indiretas. O direito produz mudanças sociais diretamente quando as condutas que regula significam, por si mesmas, alguma alteração das condições sociais preexistentes (por exemplo, se for proibida a poligamia em um país onde ela antes vigorava); pelo contrário, as mudanças são produzidas de forma indireta pelo direito quando este cria algum modo de proteção, instituição, autoridade administrativa etc., que, com o tempo, pode ir ocasionando condutas inovadoras (por exemplo, se for criada uma lei de proteção às patentes de invenção que acabe promovendo uma intensa renovação tecnológica).

O estudo da possibilidade de promover mudanças sociais por intermédio do direito concentrou-se, em geral, na criação de normas jurídicas pelos órgãos legislativos. No entanto, a aplicação que os juízes fazem das normas jurídicas a casos concretos não tem menor relevância quanto às possíveis consequências sociais.

Os problemas de interpretação que vêm sendo analisados ao longo deste capítulo são demonstrativos de que os legisladores têm limitações para prever todos os casos possíveis e determinar-lhes solução.

De fato, parte do poder legislativo é transferida de modo implícito ao corpo judiciário, que, como vimos, com muita frequência tem que reelaborar as normas que o legislador lhe apresenta, antes de aplicá-las aos casos concretos.

Essa tarefa de reformulação das normas gerais normalmente tem diante de si, como também dissemos, diferentes alternativas. Em muitos casos, a escolha de uma ou outra interpretação por parte dos juízes tem consequências sociais relevantes.

A necessidade de resolver casos particulares faz que a magistratura perceba, em muitos casos, com mais facilidade que os legisladores, efeitos sociais inconvenientes de uma disposição legal, razão pela qual procede à realização de uma interpretação corretiva daquela para impedir tais consequências.

Mas também costuma dar-se o caso de um corpo judiciário de tendência conservadora, que frustre, com interpretações limitadas, os propósitos de mudança social do legislador. Foi famosa, nesse sentido, a atitude da Suprema Corte norte-americana perante as disposições, que implicavam uma acentuada transformação social e econômica, inspiradas no presidente F. D. Roosevelt.

Nesses casos, os juízes se refugiam no argumento de que suas soluções se apoiam na "verdadeira" e "única" interpretação da Constituição ou da lei, ignorando as demais alternativas interpretativas que os textos legais podem oferecer-lhes.

Um remédio adequado para reduzir a frustração dos propósitos legislativos através da interpretação judicial pode ser um maior realismo dos legisladores quanto ao reconhecimento das imperfeições das leis que sancionam para resolver, univocamente, todos os casos futuros; além disso, não deveriam se limitar a prescrever aos juízes o emprego de meras técnicas formais de interpretação, que, como no caso da analogia, em geral, podem servir para justificar soluções díspares. Em contrapartida, talvez os legisladores pudessem ter mais eficácia na concretização de seus propósitos se formulassem regras materiais de interpretação, indicando a preferência das soluções que tivessem determinadas consequências sociais ou que promovessem certos objetivos ou valores.

Os juízes têm influência nas mudanças sociais, refreando-as ou estimulando-as, não só por meio da reformulação das normas jurídicas gerais, como também mediante o controle dos procedimentos judiciais.

> Uma decisão que poderia ter efeitos sociais inadmissíveis, na opinião do juiz, pode, às vezes, ser evitada tirando proveito de irregularidades processuais cometidas pela parte demandante.
>
> Nos países latinos, e, sobretudo, nos de origem hispânica, o procedimento judicial costuma ser difícil, cheio de formalidades solenes e em geral elusivo ao controle por parte da opinião pública.
>
> Observam-se ainda nesses espaços, resquícios de uma atitude mágica perante o procedimento judicial, segundo a

qual pronunciar certas palavras ou cumprir certas fórmulas é condição necessária e suficiente para obter determinados efeitos jurídicos.

Esses obstáculos no procedimento judicial são, sem dúvida, regressivos em relação à capacidade do direito de influenciar a realidade social. Criam uma atitude ritualista e medrosa nos advogados e nas pessoas em geral, que terminam por ver o processo judicial como um jogo do qual sairá vencedor quem superar todos os obstáculos e fizer a outra parte cair no maior número possível de armadilhas, em vez de enfatizar a discussão sobre os interesses que constituem o pano de fundo do pleito e sobre sua compatibilidade com princípios de moralidade social.

Por fim, um procedimento judicial formalista demais, sobretudo quando exige, como na Argentina, a escritura, impede o adequado controle por parte da opinião pública dos processos e das decisões judiciais. Não só por causa do âmbito reservado em que se desenvolvem os julgamentos, mas principalmente porque se ocultam os interesses em jogo e o significado social da decisão adotada por trás das discussões sobre a satisfação das formas processuais.

Todos esses fatores incidem de forma evidente em que, muitas vezes, as mudanças sociais propugnadas pelos órgãos legislativos não podem ser concretizadas através do aparato judicial.

Essas observações não devem dar a impressão de que a magistratura desestimule, sempre, de modo deliberado as reformas sociais e ande a reboque dos legisladores em seus propósitos reformistas. A questão, sem dúvida, é contingente, conforme a composição dos corpos legislativo e judiciário em diferentes épocas e espaços e a matéria de que se trate (e a avaliação da atitude dos diferentes órgãos perante as mudanças sociais dependerá, é óbvio, da avaliação de tais mudanças sociais). Não raro os juízes propendem para a adequação das normas gerais às circunstâncias sociais, antecipando-se aos legisladores e evitando, com maior facilidade, as pressões que seriam exercidas contra uma reforma legislativa. Por exemplo, os juízes argentinos observaram que as normas que reprimem o aborto eram aplicadas quase com exclusividade às mulheres pobres que, tendo sofrido lesões em virtude das manobras abortivas, precisavam ser internadas em um hospital público, cujos médicos se consideravam obrigados, como servidores estatais, a denunciar o delito. A Câmara Criminal da Capital, em uma sessão plenária de 1966, decidiu que os processos penais assim iniciados são nulos, porque a mulher processada – não os cúmplices – está em uma condição análoga à de quem é obrigado a depor contra si mesmo. Desse modo e sem descartar a possibilidade de manter a avaliação negativa desse tipo de conduta, condicionou-se radicalmente a punição do aborto, antes que nenhum legislador tivesse se revelado sensível às circunstâncias sociais que obrigavam as mulheres sem recursos primeiro a decidir a abortar, depois a fazer isso em condições perigosas e, por último, a recorrer a um hospital público, onde, provavelmente, seriam denunciadas.

O que indica de fato a explanação anterior é que há certos obstáculos objetivos para que o corpo judiciário, independentemente das propensões de seus integrantes, seja, de forma adequada, permeável às transformações sociais propugnadas pelos órgãos políticos.

Das diferentes dificuldades que salientamos, a mais interessante é a que se refere à escolha de uma alternativa interpretativa das normas legisladas, justificando-a com razões distintas das considerações valorativas a favor das diversas opções e contra elas, e encobrindo o fato de essas opções se apresentarem.

A essa altura é conveniente perguntar a que tipo de justificações os juízes recorrem para fundamentar suas decisões, se é que não se apoiam predominantemente na justificação moral de cada uma das soluções possíveis; e como fazem para manter em segundo plano a circunstância de, em muitas ocasiões, terem diante de si diversas alternativas de interpretação das normas legais.

A resposta é que o corpo judiciário tem a seu alcance um admirável complexo de pressupostos e técnicas de argumentação fornecidos pela "ciência jurídica", que lhe permite cumprir a função de reelaborar as normas gerais e, ao mesmo tempo, fazer isso de forma não manifesta.

O próximo capítulo será dedicado, precisamente, a examinar tais pressupostos e técnicas de argumentação que a ciência do direito desenvolve e oferece aos juízes.

PERGUNTAS E EXERCÍCIOS – V*

1. – Qual é a diferença entre signos e símbolos? Por que se diz que a linguagem é um sistema de símbolos? Proponha três exemplos de signos e três de símbolos.

2. – Comente brevemente esta passagem do renomado jurisfilósofo argentino Carlos Cossio (*El derecho en el derecho judicial*), Buenos Aires, 1959, p. 45):
   "Bem, se nos perguntássemos o que é uma norma, sem dúvida não nos interessaria saber o que é uma norma no sentido tautológico que nada define, trazido pelo dicionário, quando diz que a norma é uma regra de conduta. A questão nos interessa no sentido de captação da essência. Isto é, gostaríamos de saber e esclarecer o problema de o que é que faz uma norma ser uma norma, em que consiste sua normatividade."

3. – Comente o seguinte parágrafo de Ludwig Wittgenstein (*Philosophical Investigations*, Oxford, 1953, § 116, p. 343):
   "Cada vez que os filósofos usam palavras como 'conhecimento', 'ser', 'objeto', 'eu', 'proposição', 'nome', tentando apreender a essência da coisa, é preciso se perguntar: Por acaso essa palavra é usada realmente assim na linguagem, nessa linguagem onde tem sua morada? Vamos retroceder as palavras do uso metafísico para a linguagem cotidiana."

---

* Algumas questões supõem o conhecimento da legislação argentina, mas o leitor poderá adaptá-las ao caso do Brasil. Mantivemos o texto original por respeito ao autor. (N. do E.)

4. – Estabeleça se as seguintes perguntas indagam sobre o significado de certas palavras ou solicitam uma informação sobre as coisas ou os fenômenos denotados pelas palavras em questão:
   a) O que é o delito?
   b) O que é a justiça?
   c) O que realmente significa a enfiteuse?

5. – Indique, mesmo que de forma parcial e aproximada, qual é a denotação (ou extensão) e qual a designação (ou intenção) dos seguintes termos:
   a) "homem" b) "direito" c) "propriedade" d) "delito" e) "país".

6. – Você poderia incluir na mesma categoria conceitual um homem gordo, uma girafa amarela, as marés e a teoria da relatividade?

7. – Comente esta crítica hipotética: "Neste livro de Introdução ao direito, o autor apresenta uma imagem tão distorcida do direito que constitui uma rudimentar caricatura do que é o direito na realidade. O direito é caracterizado como um sistema normativo que se distingue de outros pelas propriedades de coatividade e institucionalização. Essa suposta definição despe o direito de tudo o que constitui sua verdadeira essência e infunde a ele vida e transcendência: seus fins e funções, as relações de poder que levaram a determinar suas normas, os conteúdos ideológicos destas, sua vinculação com valores permanentes, suas dimensões socioeconômicas. Esse 'direito' que nos é apresentado aqui nunca poderá ser encontrado no mundo real; pertence a um mundo abstrato de ideias e formas: ao mundo da lógica."

8. – Distinga entre propriedades definitórias universalmente concomitantes e contingentemente concomitantes em relação ao significado das seguintes palavras:
   a) "direito" b) "casa" c) "gato" d) "sinfonia".

9. – Que vantagens tem uma definição por designação sobre os outros tipos de definição?

10. – Dê um exemplo de uma oração que expresse várias proposições e outro de uma proposição expressa por várias orações.

11. – Quais dos seguintes enunciados seriam os mais sérios candidatos a constituir casos de juízos analíticos?

a) Todos os corpos caem em direção ao centro da Terra.
b) Se todos os homens são mortais e Sócrates é homem, então Sócrates é mortal.
c) Todos os homens são mortais.
d) Tudo o que não é proibido é permitido.
e) O quadrado da hipotenusa é igual à soma dos quadrados dos catetos.
f) O atual rei da França é calvo.
g) Hoje está frio e não está frio.
h) Se João é irmão de Pedro e Pedro é irmão de Roberto, então João é irmão de Roberto.
i) Se João é amigo de Pedro e Pedro é amigo de Roberto, então João é amigo de Roberto.
j) Todo efeito tem uma causa.

12. – Se você tivesse que interpretar um testamento de uma pessoa falecida, adotaria uma interpretação subjetiva ou objetiva? Por quê?

13. – Dê um exemplo de uma norma equívoca pela ambiguidade de alguma de suas palavras e de outra pela ambiguidade de alguma ligação sintática.

14. – Em que consiste a ambiguidade desta norma: "Esta lei só será aplicada de ofício aos processos de despejo que não tiverem sentença firme na data de sua entrada em vigência" (art. 39, lei 20.625 de locações urbanas)?

15. – Explique em que consiste a imprecisão das seguintes normas:
   a) "Será reprimido com... o funcionário público que impuser aos presos que guardar severidades, vexações ou coações ilegais" (art. 144 bis, inc. 3º, Código Penal argentino).
   b) "Será reprimido com... quem publicar, fabricar ou reproduzir livros, textos, imagens ou objetos obscenos..." (art. 128, Código Penal argentino).
   c) "As convenções particulares não podem deixar sem efeito as leis em cuja observância estejam interessados a ordem pública e os bons costumes" (art. 21, Código Civil argentino).
   d) "São declaradas incapazes por distúrbio mental as pessoas que, por causa de doenças mentais, não tenham apti-

dão para orientar sua pessoa ou administrar seus bens" (art. 141, Código Civil argentino).

16. – O que você diria do motorista de um ônibus que, apontando um cartaz que diz "proibido viajar com animais", impede o acesso ao veículo de um respeitável senhor que está com uma mosca pousada em seu chapéu?

17. – Tente formular uma definição persuasiva da palavra "lei".

18. – Com quais caracteres normativos é compatível e com quais é incompatível a proibição de uma conduta.

19. – Indique quais dos seguintes pares de normas são constituídos por normas contraditórias entre si; indique também que tipo de inconsistência ("total-parcial", etc.) ocorre em cada caso:
   a) "Aquele que pagar no prazo o imposto de renda será beneficiado com um desconto de 10%" – "Aquele que incorrer em mora no pagamento do imposto de renda sofrerá uma sobretaxa de 20%."
   b) "Aquele que matar será punido com 8 a 25 anos de prisão" "Aquele que matar em legítima defesa não é punível".
   c) "Os estrangeiros têm os mesmos direitos que os naturais do país" – "O presidente da Nação deverá ter nascido no território nacional."
   d) "Aquele que se apoderar ilegitimamente de uma coisa alheia sem usar de intimidação ou violência será reprimido com 6 anos de prisão" – "Aquele que mediante o uso de armas, se apoderar ilegitimamente de uma coisa que não lhe pertence cumprirá 4 anos de prisão."

20. – Por que a redundância normativa pode constituir um problema de interpretação?

21. – Um sistema constituído pelas normas a seguir apresentaria alguma lacuna em relação à legislação aplicável a um possível caso de sucessão?
   a) "A sucessão deverá ser regulada pela legislação nacional se o último domicílio da pessoa falecida e do suposto herdeiro que interpõe a sucessão ficam no país."
   b) "Se todos os bens imóveis da sucessão estão situados no exterior e o último domicílio da pessoa falecida também estiver, não serão aplicadas à sucessão as leis do país."

c) "Estando todos os bens imóveis da sucessão estabelecidos no país, ela será regulada pelas leis do país."
d) "Se a sucessão contar com alguns bens imóveis situados no país e localizar-se no país ou o último domicílio da pessoa falecida ou o domicílio do suposto herdeiro que interpõe a sucessão, esta será regulada pela legislação nacional."

22. – Dê um exemplo de lacuna axiológica. Explique como se distingue um caso de lacuna normativa de qualquer outro caso em que haja uma solução injusta ou inadequada.

23. – Se tudo o que não é proibido é permitido, como é possível que existam situações não reguladas pelo direito? O fato de nenhum sistema jurídico provavelmente ocupar-se, por exemplo, da ação de mover três vezes o dedo mindinho, implica que todos os sistemas jurídicos têm pelo menos uma lacuna?

24. – Quais das seguintes normas são inoperantes por serem necessariamente inaplicáveis ou supérfluas? Indique em cada caso que tipo de falha tem a norma em questão.
a) "Quem desenhar um quadrado redondo terá uma recompensa de um milhão de pesos."
b) "Se uma pessoa jurídica coletiva cometer uma fraude, deverá ser reprimida com dois anos de prisão."
c) "As pessoas que vão nascer têm capacidade absoluta de fato."
d) "A propriedade do solo estende-se a toda sua profundidade e a todo o espaço aéreo sobre ele em linhas perpendiculares."
e) "Os que cometerem o delito de rebelião, tendo êxito ou não em sua consumação, serão punidos com 10 anos de prisão e com inabilitação perpétua para ocupar cargos públicos."
f) "Quando se tratar de maiores de idade, o incesto entre pessoas que não tiverem entre si parentesco legítimo ou natural não é punível."
g) "É proibido o casamento entre pessoas do mesmo sexo."
h) "O primeiro homem que gestar uma criança será recompensado com um ducado pela rainha da Inglaterra."
i) "Quem tentar matar um cadáver será reprimido com dois anos de prisão."
j) "Os proprietários de um imóvel têm direito de expulsar dele qualquer intruso."

k) "É proibido o nascimento de crianças que não sejam de raça ariana."
l) "Todo aquele que consciente e voluntariamente prejudicar seus próprios interesses será reprimido com prisão de um mês a um ano."
m) "A violação desta norma será reprimida com uma multa de cem mil pesos."

25. – Prepare um breve ensaio, analisando e adotando uma posição em relação à seguinte discussão, que sintetiza a controvérsia sobre a linguagem jurídica, protagonizada pelos professores Sebastián Soler e Genaro R. Carrió.

S. Os conceitos jurídicos têm certa analogia com os conceitos matemáticos, em especial com os de geometria. Tanto uns quanto outros são conceitos dados ou apresentados como hipótese, e são integrados por um determinado número de elementos necessários. Assim como o conceito de triângulo é composto de certas características necessárias e suficientes, não existindo triângulo se faltar alguma delas, ocorre o mesmo com os conceitos jurídicos, como o de compra e venda. Tomando-o como exemplo, esse conceito requer consentimento, entrega de coisa e entrega de preço; se não há consentimento, não há compra e venda, mas sim fraude; se não há entrega de dinheiro, há doação de coisa, não compra e venda; se não há entrega de coisa, não há compra e venda, mas doação de dinheiro.

C. É verdade que os juristas, legisladores etc. foram formando uma linguagem técnica que é mais precisa que a linguagem vulgar. No entanto, essa linguagem continua tendo as falhas próprias de toda linguagem natural, ou seja, sobretudo a ambiguidade, o caráter vago e a textura aberta. S toma como exemplo o conceito de compra e venda; é verdade que exige consentimento, entrega de coisa e entrega de preço, mas, por exemplo, qual preço? Porque se a entrega de dinheiro é ínfima em relação ao valor da coisa, haverá uma doação encoberta da coisa e, se o preço for exorbitante em relação à coisa, haverá uma doação encoberta de dinheiro. Parece haver aqui uma apreciável área de penumbra, como nas palavras "alto" ou "calvo" e ao contrário de "triângulo".

S. A simples inserção de uma palavra da linguagem vulgar no contexto jurídico a transforma em uma expressão técnica, o que basta para corrigir suas imperfeições. Isso acontece através de vários procedimentos implícitos na legislação; por exemplo, o fato de as leis só servirem para mandar, e não para outros efeitos, exclui as possíveis dúvidas sobre a força da expressão; também ocorre que as leis quantificam o qualitativo, de modo que, em vez de falar, por exemplo, de "jovem", falam de "menor de 21 anos"; por outro lado, as leis criam sua própria terminologia técnica. O exemplo de C sobre o preço da compra e venda não é demonstrativo de que haja um caráter vago; evidentemente, se em vez de *preço* há *falso preço*, não há compra e venda, mas doação. Também não há textura aberta, visto que o que a lei não colocou como nota relevante é juridicamente indiferente.

C. Insisto em que quando um conceito jurídico deve ser usado para resolver um caso concreto, com frequência são propostos os mesmos problemas de penumbra que nas expressões da linguagem vulgar. As características que, segundo S, a legislação possui e conferem precisão a suas palavras nem sempre são operativas. Por exemplo, não é verdade que o direito sempre manda, e, mesmo que o faça, muitas vezes, manda de forma imprecisa; nem sempre se qualifica o quantitativo, como quando se fala de "diminuição das faculdades mentais". Quanto ao exemplo de "compra e venda", a questão não se resolve com o conceito de falso preço, visto que podem subsistir graves dúvidas sobre quando há "preço" e quando há "falso preço", dúvidas que configuram precisamente a penumbra de que falava antes. Há muitas ocasiões em que o legislador não considerou uma certa propriedade como relevante, talvez simplesmente porque não achou a possibilidade de que ela se apresentasse, e a prática judicial, perante a pressão de coisas concretas, se vê obrigada a não considerá-la juridicamente indiferente.

S. A controvérsia com C foi esclarecida o suficiente para reduzi-la à questão de aceitar ou não que as palavras da lei podem ter uma àrea de penumbra. Admito que em certos casos seja assim, mas afirmo que quando isso ocorre é um recurso técnico do legislador para que o juiz, em cada caso, possa adaptar a solução aos valores implícitos em que a norma se fundamenta. Nem mesmo nesses casos o juiz cria direito: exerce uma função que a lei lhe encomenda, como quando tem que determinar certa pena entre um máximo e um mínimo estabelecido legalmente.

(A polêmica foi desenvolvida através destas obras: Soler, *La interpretación de la ley*, Barcelona, Ariel, 1962, e *Fe en el derecho*, Buenos Aires, Tea, 1956; Carrió, *Notas sobre derecho y lenguaje*, Buenos Aires, Abeledo-Perrot, 1968; Soler, *Las palabras de la ley*, México, Fondo de Cultura Económica, 1969; Carrió, *Algunas palabras sobre las palabras de la ley*, Buenos Aires, Abeledo-Perrot, 1971; Soler, *El juez y el súbdito*, LL, 142-1094. É interessante, também, a análise feita sobre essa polêmica por C. E. Alchourrón e E. Bulygin em *Introducción a la metodología de las ciencias jurídicas y sociales*, Buenos Aires, Astrea, 1974.)

26. – Suponha que você é juiz em um âmbito onde vigora a regra *stare decisis*, como no *commom law*, e lhe é proposto o problema de qualificar como roubo ou como furto (o que implica uma substancial diferença de pena) o caso de quem se apoderou de um quadro de grande valor, quebrando a moldura que sustenta a pintura e que está afixada na parede. O caso não está, na hipótese, resolvido pela legislação, mas existem os seguintes precedentes:

a) Em um caso julgado em 1918, decidiu-se que é furto e não roubo o fato de cortar com um machado partes de uma árvore, visto que o roubo requer que a força nas coisas deve ser exercida sobre *meios defensivos* do objeto e deve empregar métodos contrários aos normais para obter a coisa.

b) Há outro caso, julgado em 1922, em que se decidiu que apoderar-se de um cofrinho e quebrá-lo depois para obter seu conteúdo não é roubo, mas furto.

c) Em um caso julgado em 1929, decidiu-se que a quebra da janelinha de uma porta como meio para introduzir a mão e abri-la, apoderando-se de objetos da casa, constitui a *força nas coisas* característica do roubo.

d) Em 1934 decidiu-se que é roubo apoderar-se de um farol fixado em um automóvel por meio de suportes e parafusos, pois desparafusar o suporte requer não só *esforço*, mas o uso de instrumentos adequados.

e) Em outro caso de 1940, decidiu-se que o corte de um alambrado para se apoderar de parte do arame constitui roubo.

f) Também em 1940 decidiu-se que cortar o rabo e as crinas de um cavalo com a finalidade de se apoderar delas não constitui roubo, mas furto, pois isso implica apenas a *força natural* para se apoderar de tais coisas e não constitui uma força suplementar.

g) Em 1952, considerou-se que não constitui roubo, mas furto, apoderar-se do dínamo de um carro desparafusando-o previamente, pois os parafusos não são colocados por razões de *segurança*, mas para permitir o funcionamento daquele aparelho.

h) Em 1964, decidiu-se que constitui roubo cortar parte de uma lona para levá-la. Foi dito que a força nas coisas relevantes para o roubo não se refere à superação de *defesas* da coisa, consistindo, sim, em uma força *anormal* em relação ao destino da coisa; o que acontecia no caso, pois a lona não estava destinada a ser vendida ou utilizada de modo fracionado.

i) Em 1973, estipulou-se que constitui furto e não roubo quebrar a fechadura de um vagão de trem para se apoderar de seu conteúdo. O fundamento foi que as fechaduras eram colocadas não para segurança, mas para *controle*.

Você deve tentar resolver o caso proposto para sua análise mediante uma regra geral que sirva também para explicar as decisões adotadas nos casos precedentes citados.

27. – Pode-se reconstruir como um silogismo o raciocínio judicial? Nesse caso, que tipos de enunciado apareceriam como premissas e como conclusão do raciocínio? A possibilidade de tal reconstrução implicaria que a atividade judicial é puramente mecânica?

28. – Se o direito é um conjunto de normas, ou seja, de juízos de dever ser, como ele pode estar em relação causal com fatos de natureza social que pertencem – segundo a terminologia de Kelsen – ao mundo do "ser"?

30. – Para a filosofia social marxista, o direito – assim como a moral, a religião etc. – faz parte da "superestrutura" de uma sociedade, ou seja, o conjunto de normas que, por um lado, são determinadas pelas relações de produção vigentes nessa so-

ciedade e, por outro lado, expressam os interesses das classes dominantes, servindo para preservá-los. Prepare um ensaio em que analise essa tese, tentando determinar até que ponto ela é confirmada pelos fatos, em que medida é compatível com uma concepção do direito como instrumento para obter mudanças sociais, se é ou não adequada a analogia proposta entre o direito e, por exemplo, a moral positiva etc.

Capítulo VI
A ciência do direito

1. Alguns modelos possíveis de ciência do direito

Nos capítulos anteriores foram estudadas algumas caracterizações de diferentes propriedades que distinguem os sistemas jurídicos, isto é, o objeto de estudo da ciência do direito.

Agora é oportuno dizer alguma coisa sobre a própria ciência jurídica que, como vimos, costuma ser denominada com a mesma palavra "direito", que designa o que constitui sua matéria de investigação, ocasionando infelizes equívocos.

Os autores da teoria geral do direito não se ocuparam de forma sistemática em elaborar uma caracterização minuciosa dos pressupostos e das funções da atividade desenvolvida de fato pelos juristas em torno dos distintos sistemas jurídicos.

Pelo contrário, na maioria dos casos, os filósofos do direito limitaram sua preocupação em propor modelos sobre como deveria ser constituída uma genuína ciência do direito positivo, sem prestar muita atenção ao grau em que os propósitos e as funções da atividade que os juristas desempenham de fato se adaptam aos modelos propostos ou se afastam deles.

Com esse enfoque limitado, os modelos de ciência jurídica propostos por teóricos como Kelsen ou Ross são muito simples.

Segundo Kelsen, como já dissemos reiteradamente, a ciência jurídica, para ser assim, deve estar purificada, tanto de elementos extranormativos – sociológicos, econômicos etc. – quanto de fatores valorativos ou ideológicos.

A ciência jurídica, no modelo de Kelsen, é uma ciência normativa não porque *formula* normas, mas porque sua função é, exclusivamente, *descrever* normas; isto é, seu objeto de estudo são as normas jurídicas válidas em um determinado âmbito.

Kelsen denomina "proposições jurídicas" os enunciados que a ciência jurídica formula descrevendo normas. Cada proposição dá conta de uma certa norma jurídica. Na realidade, quanto ao seu conteúdo e estrutura lógica, as proposições jurídicas kelsenianas são um decalque das normas jurídicas que descrevem: por exemplo, um enunciado que diz "se alguém matar deve ser punido com dez anos de prisão" tanto poderia ser uma norma jurídica como uma proposição jurídica. Contudo, o que distingue um tipo de enunciado do outro é a função linguística que cumprem: as normas jurídicas são prescritivas, enquanto as proposições jurídicas constituem proposições descritivas.

Alf Ross faz uma abordagem diferente da que acabamos de ver.

Em primeiro lugar, critica a estrutura lógica que Kelsen atribui às proposições jurídicas. Ocorre que, apesar de atribuir uma função descritiva aos enunciados da ciência jurídica, Kelsen defende que são enunciados do "dever ser", como as normas jurídicas, e não do "ser", como os enunciados, também descritivos, das ciências naturais. Ross aponta de forma correta a incoerência desse esquema, já que se as proposições jurídicas constituem juízos descritivos, necessariamente têm que ser enunciados que declarem que algo é, por mais que o descrito, por sua vez, constitua uma norma, ou seja, um juízo do dever ser.

Esclarecido esse ponto, Ross afirma que as proposições de uma genuína ciência do direito devem ser *asserções sobre qual é o direito vigente*. Como, segundo a tese do professor dinamarquês, o direito vigente é o conjunto de diretivas que provavelmente os tribunais considerarão em suas decisões judiciais, as proposições da ciência do direito constituem, em última instância, *previsões* sobre quais diretivas serão aplicadas pelos juízes. Para formular tais previsões, os juristas podem recorrer às contribuições de outras ciências, como a sociologia ou a psicologia, que podem fornecer dados sobre o contexto social, econômico etc. que cerca os juízes, permitindo maior certeza nos juízos de probabilidade relativos a suas futuras decisões.

Alchourrón e Bulygin propõem um modelo de ciência jurídica consideravelmente mais sofisticado do que o apresentado por Ross.

Esses autores distinguem com brilhantismo dois tipos de tarefas ou operações que a ciência jurídica desenvolve. Em primeiro lugar, a tarefa *empírica* de determinar quais enunciados constituem a base de uma ordem jurídica (essa é, em suma, a mesma tarefa que Ross considera como a atividade central da ciência jurídica). Em segundo lugar, as operações *lógicas* de sistematização do direito.

Alchourrón e Bulygin mostram que a sistematização do direito consta de dois passos. No primeiro deles, extraem-se as consequências lógicas dos enunciados que constituem a base do sistema, empregando certas regras de inferência; isso permite mostrar as falhas lógicas (lacunas, contradições e redundâncias) que o sistema pode ter. Em uma segunda etapa da sistematização, tenta-se substituir a base original do sistema por uma mais econômica, porém equivalente a ela, isto é, por um conjunto menor de princípios que sejam os mais gerais possíveis, desde que tenham as mesmas consequências lógicas que as normas que substituem (por exemplo, se há duas normas que dizem "os cidadãos do sexo masculino podem votar a partir dos 21 anos" e "as mulheres que forem cidadãs podem votar a partir dos 21 anos", obviamente, elas podem ser substituídas pela norma "todos os cidadãos podem votar a partir dos 21 anos"; porém não pode ser substituída pela norma "todos os habitantes do país podem votar a partir dos 21 anos", sem, com isso, modificar o sistema).

Essas elaborações são destinadas a apresentar um modelo de atividade teórica perante o direito que se atenha aos cânones de "cientificidade" comumente aceitos no contexto de outras disciplinas. Sem dúvida, tais modelos reúnem um importante aspecto da atividade que os estudiosos do direito desenvolvem e pretendem desenvolver. No entanto, provavelmente, muitos juristas não se sentiriam de todo satisfeitos com as limitações impostas por esse tipo de modelo.

Sempre que e enquanto esses modelos implicarem que não faz parte da atividade "científica" perante o direito *resolver* as indeterminações (lacunas, contradições, falta de clareza etc.) que o sistema pode apresentar, mas apenas *evidenciá-las*, haverá prostestos de juristas alegando que seu compromisso central consiste precisamente em superar tais indeterminações, orientando quem deve aplicar o direito sobre qual é a interpretação correta ou adequada. Alguns juristas dirão que essa última tarefa faz parte da descrição e sistematização do direito; outros aceitarão um conceito de descrição e sistematização como o utilizado por Ross ou Alchourrón e Bulygin e dirão, por conseguinte, que eles não se limitam a descrever e sistematizar o direito, realizando também um trabalho reconstrutor. Tanto uns quanto outros concordarão que, ante as lacunas, contradições e ambiguidades que o direito pode, aparentemente ou efetivamente, apresentar, a chamada "ciência do direito" ficaria na metade do caminho no que diz respeito às expectativas de quem recorre a ela – como, por exemplo, os juízes e advogados – se se limitasse a mostrar a ausência, a superabundância ou a imprecisão das soluções do sistema, em vez de fundamentar a escolha de determinada solução.

Alguns filósofos jurídicos admitirão que isso é, de fato, o que os juristas fazem na prática, mas dirão que esse aspecto da atividade teórica perante o direito não constitui uma tarefa *científica*, pois não consiste em explicar ou descrever uma área da realidade, e, sim, em propor padrões para sua modificação ou aperfeiçoamento.

A CIÊNCIA DO DIREITO

Para evitar que o que doravante vamos expor seja perturbado pela preocupação com a cientificidade da investigação jurídica, convém que digamos algo sobre o conceito de ciência e sobre a inquietação com o caráter científico da atividade dos juristas.

Se partirmos da base, já justificada no capítulo anterior, de que não há uma essência ontológica a ser descoberta na elucidação de um conceito, mas sim a investigação do uso de uma certa expressão linguística, reconheceremos que a palavra "ciência" apresenta no uso comum algumas dificuldades.

"Ciência" é, em primeiro lugar, uma palavra ambígua. Não sofre de uma mera homonímia acidental, mas da chamada "processo-produto". Consequentemente, podem surgir dúvidas sobre se, em determinado contexto, a expressão é usada para descrever uma série de atividades ou procedimentos científicos ou o conjunto de proposições que constituem o resultado de tais atividades.

Porém, a falha mais grave que a palavra "ciência" apresenta na linguagem ordinária é seu caráter vago.

Max Black mostra como se apresenta a imprecisão do termo "ciência":

> "Nem a observação, nem a generalização, nem o uso hipotético dedutivo de asserções, nem a mensuração, nem a utilização de instrumentos, nem a construção, nem todos eles juntos podem ser considerados como essenciais para a ciência. Porque podem ser encontrados ramos científicos nos quais esses critérios não são usados ou têm pouca influência. A astronomia não faz experimentação, a matemática não faz observação, a astronomia dificilmente é descritiva, a arqueologia raras vezes recorre a mensurações, muitas taxonomias não necessitam de generalizações abstratas, e a biologia com grande esforço mal está começando a utilizar a idealização matemática e a generalização. Os caracteres mencionados não são nem necessários nem suficientes, mas podem estar presentes em maior ou menor grau e contribuir para caracterizar o que reconhecemos como científico. Seu desaparecimento conjunto retira o caráter científico de uma atividade; sua pre-

sença em alto grau cria condições reconhecidas como preeminentemente científicas. Essa linha de pensamento nos obriga a abandonar a busca de uma essência atemporal e imutável em favor de um sistema de critérios interatuantes."

A citação precedente nos mostra as razões pelas quais não é possível dar uma resposta rápida e simples à pergunta sobre o caráter científico da jurisprudência. Não havendo, como no caso da palavra "jogo", um conjunto de propriedades necessárias e suficientes para o uso do termo "ciência", mas sendo as atividades reconhecidas como científicas caracterizadas por ter, em diferentes graus, distintas propriedades de uma extensa série, o termo "ciência" tem uma denotação notoriamente imprecisa, que deixa uma área de penumbra constituída por atividades às quais hesitaríamos em aplicar ou não o termo, por não haver elementos para decidir se o grau em que algumas das propriedades do conjunto se apresentam é ou não suficiente para caracterizá-las como científicas.

Provavelmente a atividade que os juristas realizam de fato se encontra na área de penumbra da aplicabilidade do termo "ciência". Se for assim, qualquer decisão tomada sobre se a incluímos ou não na denotação desse termo se apoiaria em uma definição estipulativa de "ciência", e não na mera descoberta de que reúne ou não certas propriedades relevantes, conforme o uso ordinário, para denominá-la com essa palavra.

De qualquer modo, é conveniente perguntar sobre a utilidade de se empenhar demais na tarefa de adotar uma decisão a propósito de descrever ou não como científica a atividade dos juristas.

Afinal incluir ou não um fenômeno em uma certa categoria depende da necessidade de satisfazer determinados propósitos.

Não parece haver outro propósito mais importante no esforço para colocar a jurisprudência ao lado das atividades reconhecidas como científicas – como a física, a biologia, a sociologia etc. –, que o seguinte: atrair para a atividade dos juristas o halo de prestígio e aprovação que cerca qualquer atividade que pode ser designada com a palavra "ciência".

De fato, como Black também assinalou, o termo "ciência" tem uma carga afetiva favorável. Sua aplicação a uma atividade é uma espécie de condecoração que atrai para ela o respeito e o apreço das pessoas.

Se observarmos que a discussão sobre o caráter científico da atividade dos juristas é motivada em grande parte por esse anseio de apropriação de um título laudatório, podemos nos desinteressar da disputa. Em última instância, a suposta importância da jurisprudência deverá ser determinada não mediante essa ou aquela manipulação verbal, mas a partir das necessidades sociais que satisfaça, para o que será necessário detectar quais funções cumpre.

Isso nos sugere a conveniência de que a tarefa de propor modelos de ciência jurídica seja precedida de uma investigação das funções, métodos e pressupostos da atividade desenvolvida efetivamente pelos juristas, com a finalidade de determinar se o método proposto pode satisfazer as mesmas funções que essa atividade, porém recorrendo a métodos e pressupostos mais eficazes. É bom pontualizar que não basta que um certo modelo responda aos cânones científicos para que sua materialização constitua uma atividade socialmente relevante; e é desnecessário dizer que nem toda atividade socialmente relevante deve satisfazer exigências de cientificidade.

Na sequência, se tentará caracterizar brevemente alguns dos traços que distinguem a chamada "dogmática jurídica", ou seja, a modalidade da teoria jurídica desenvolvida atualmente nos países de tradição jurídica continental europeia.

2. A dogmática jurídica

Não é possível fazer generalizações universais quando se pretende caracterizar a atividade teórica desempenhada pelos juristas em relação às ordens jurídicas vigentes.

Sem dúvida, há diferenças profundas entre o modo de atividade cumprida pelos juristas do Império Romano, pelos glosadores da Idade Média e pela investigação jurídica moderna.

Da mesma forma, são notáveis as diferenças que permeiam a investigação realizada pelos juristas dos países do *common law* e a desenvolvida pelos estudiosos do direito do sistema continental europeu.

Por fim, também há grandes diferenças entre as investigações jurídicas realizadas nos diversos ramos do direito; por exemplo, as efetuadas pelos civilistas e as executadas pelos especialistas do direito político.

O que será caracterizado a seguir é a modalidade de investigação jurídica que costuma ser denominada "dogmática jurídica".

A dogmática jurídica é típica dos países em que predomina o direito legislado – os do continente europeu e os hispano-americanos, entre outros –, não tendo sido difundida, por outro lado, no âmbito do *common law*. Embora muitos de seus traços já tenham se insinuado desde a época da Roma imperial, provavelmente não adquiriu pleno desenvolvimento, como logo veremos, até a segunda metade do século XIX. Por fim, as características da dogmática jurídica ocorrem plenamente nas investigações sobre alguns ramos jurídicos, por exemplo, o direito penal e o direito civil, apresentando-se muito mais atenuadas em outras matérias, como, por exemplo, o direito constitucional e o direito trabalhista, e estando quase completamente ausentes em outras elaborações jurídicas, por exemplo, as que cabem ao direito administrativo.

Essa modalidade de ciência jurídica caracteriza-se por certas atitudes ideológicas e ideais racionais quanto ao direito positivo, por determinadas funções que cumpre em relação a ele e por certas técnicas de justificação das soluções que propõe.

Alguns desses traços serão examinados nas seções seguintes.

a) A adesão dogmática ao direito positivo

O qualificativo de "dogmática", com que se costuma designar o tipo de investigação jurídica que viemos analisando, constitui um indício de uma atitude que pode ser considerada típica dessa modalidade de ciência jurídica: a aceitação dogmática da força obrigatória do direito positivo.

Antes de estudá-la, falaremos um pouco sobre o conceito de dogma.

O conhecimento científico desenvolve-se a partir de certas exigências para aceitar a verdade de uma proposição, exigências que, sem dúvida nenhuma, variaram com o progresso das ciências. Como vimos em outra parte deste livro, a ciência moderna requer que suas proposições sejam demonstráveis de modo empírico ou, pelo menos, que derivem ou sejam inferidas de outras proposições verificáveis mediante a experiência (a menos que se trate de enunciados analíticos).

Costuma-se classificar de "dogmática" a crença na verdade de uma proposição que não esteja aberta à corroboração intersubjetiva e ao debate crítico sobre se ocorrem ou não, em relação a ela, as exigências do conhecimento científico. Uma crença dogmática fundamenta-se exclusivamente na convicção subjetiva, ou fé, de quem a defende, à margem de considerações racionais.

É óbvio que não podem ser defendidas *crenças*, racionais ou dogmáticas, em relação à aceitação das normas, como, por exemplo, as que integram o direito positivo, pois não se trata de enunciados suscetíveis de serem classificados de verdadeiros ou falsos. Porém, pode-se, sim, falar de *atitudes*, dogmáticas ou racionais, quanto à aceitação de tais normas.

É possível dizer que se aceita racionalmente uma norma se a adesão for justificada pelo cotejo do conteúdo da norma com o de outras normas ou por certos critérios valorativos de justiça, conveniência etc.

Em contrapartida, poderia ser classificada de dogmática a aceitação de uma norma que não se baseasse em tais critérios materiais, mas, por exemplo, na autoridade que estabeleceu a norma, na eficácia da referida norma etc.

Apesar de a maioria dos juristas dogmáticos se declarar partidário do jusnaturalista, quando enfrentam as soluções do direito positivo adotam uma atitude que parece ser francamente positivista (em um dos sentidos dessa palavra ambígua). Mesmo que considerem a solução inadequada, os juristas alegam que sua missão é descrever o direito *de lege lata* e não propor soluções *de lege ferenda*, que devem expor as leis tais quais são, independentemente das próprias preferências axiológicas.

Isso implica uma incoerência entre os ideais jusnaturalistas que os juristas dizem professar e suas atitudes práticas? Provavelmente não. Para demonstrar isso será conveniente falar um pouco da história.

Em geral, quando se pensa na concepção jusnaturalista, centraliza-se a atenção na corrente teológica. No entanto, o jusnaturalismo que deu um caráter determinante ao pensamento jurídico dogmático foi de orientação racionalista.

Como sabemos, paralelamente ao movimento iluminista dos séculos XVII e XVIII em termos políticos e filosóficos, desenvolveu-se uma concepção jurídica que consistia em defender a existência de um direito universal e eterno, não fundamentado na vontade de Deus, mas sim na natureza da razão humana.

Os juristas racionalistas buscaram construir grandes sistemas jurídicos, análogos aos que constituíam os sistemas axiomáticos da geometria, cuja base fosse integrada por certos princípios evidentes por si mesmos para a razão humana. Daqueles princípios se deduziriam normas para todos os casos juridicamente relevantes, constituindo-se assim sistemas precisos, completos e coerentes.

Esses sistemas imaginados pelos racionalistas teriam um evidente contraste com o direito positivo vigente na época, integrado de modo fundamental pelos *coutumes* de cada condado ou pelas arbitrárias e circunstanciais ordenações dos príncipes e senhores, constituindo um corpo normativo extremamente confuso e irracional.

Como diz Ross, o racionalismo levou os juristas a uma absoluta desatenção ao direito positivo, que era desprezado tendo em conta os considerados genuínos sistemas jurídicos racionais.

No entanto, as especulações dos juristas racionalistas e suas críticas às normas jurídicas vigentes tiveram uma decidida influência na reforma do direito positivo e originaram, juntamente com outros fatores, o movimento de codificação que se difundiu na Europa, a partir de meados do século XVIII e durante todo o século XIX, culminando com o Código Civil francês de 1804.

De fato, os novos códigos que foram sendo sancionados satisfaziam muitos dos ideais racionalistas. Eram corpos dotados de um grau de precisão muito superior ao direito antigo; sua completitude também era considerável; as incoerências eram poucas, comparadas com o caos das normas que vigoravam anteriormente; a autoridade que os determinava era identificável, e quase sempre explicavam-se os propósitos das normas que os integravam. Por outro lado, e isto não é o menos importante, o conteúdo dos novos códigos correspondia à ideologia liberal burguesa dos juristas racionalistas.

Aqueles códigos exerciam um fascínio real entre os homens do direito, a ponto de os mais tenazes contestadores da ordem antes existente se transformarem nos mais severos conservadores dos novos corpos legais.

O próprio Napoleão determinou uma atitude de apreensão diante de qualquer alteração de seu código, exclamando, segundo contam, perante o primeiro comentário doutrinário feito sobre ele: *Mon Code est perdu*! Os juristas posteriores à codificação francesa manifestaram em seguida uma adesão absoluta ao novo sistema jurídico.

Aquela atitude de reverência para com os textos legais e a decidida autolimitação que a ciência jurídica se impunha quanto à faculdade de encontrar soluções jurídicas contrastavam de forma evidente com as atitudes e funções das elaborações doutrinárias anteriores, as quais, como vimos, ao mesmo tempo que mostravam um claro desdém pelo direito positivo, assumiam amplas funções para propor soluções jurídicas, aproveitando a imprecisão, incoerência e confusão do direito vigente, que lhes permitia justificar praticamente qualquer solução.

Assim, foi se desenvolvendo na França a chamada *escola da exegese*, caracterizada por considerar que a legislação é a única fonte legítima de direito e que o único caráter válido para interpretar a lei é dado pela intenção do legislador.

Posteriormente, impulsionada sobretudo por Von Ihering em sua primeira fase, desenvolveu-se na Alemanha a chamada escola da *"jurisprudência de conceitos"*, parente próxima da anterior, sendo alguns de seus postulados os seguintes: 1. adesão ao direito legislado como fonte quase exclusiva do direito; 2. suposição de que o direito legislado é preciso, completo e coerente; 3. adoção do método chamado de "construção", que consiste na combinação de certos conceitos jurídicos fundamentais, mediante os quais podem ser encontradas regras contidas de modo implícito no direito legislado; e 4. limitação da tarefa do juiz a uma atividade puramente cognoscitiva, dispensando avaliações das consequências práticas de suas decisões, as quais devem ser inferidas, de maneira mecânica, das regras obtidas no direito legislado, pelo método de construção.

Essas concepções caracterizaram para sempre a ciência jurídica continental europeia, estabelecendo uma clara ruptura com o tipo de elaborações jurídicas feitas anteriormente.

É verdade que a exegese e o conceptualismo alemão sofreram críticas muito duras, de diferentes origens, que sem dúvida nenhuma fizeram seus pressupostos enfraquecerem. No campo político, foram considerados instrumentos da ideologia liberal em matéria econômica. No plano especificamente jurídico, surgiram escolas, como a do "direito livre" e da "jurisprudência de interesses", que evidenciaram as imprecisões, lacunas e incoerências do direito legislado, a necessidade de prestar atenção a outras fontes do direito, e a relativa liberdade com que devem contar os juízes – e que, como vimos no capítulo anterior, de fato possuem – para avaliar os interesses em conflito e as consequências sociais das decisões que adotam.

Indubitavelmente, todos esses embates influenciaram de modo decisivo a ciência jurídica posterior – por exemplo, no abandono da confiança na vontade do legislador como único critério para determinar o significado da lei –, mas, apesar disso, não alteraram de forma substancial a adesão da dogmática jurídica à legislação como fonte principal do direito, que se manifesta no repúdio a qualquer decisão judicial que desconsidere, abertamente, a lei e na convicção de que a legislação não tem imprecisões, lacunas e contradições.

Essa atitude de adesão à legislação e a crença em suas qualidades formais foram adotadas de forma dogmática pela ciência jurídica contemporânea.

Quanto à crença na precisão, coerência e completitude dos corpos legais, enquanto na exegese ela surgia de um efetivo contraste com o direito antigo, na dogmática atual constitui um pressuposto, não sujeito à prova, ou seja, imune à comprovação das lacunas, contradições e falta de clareza de que, de fato, muitas vezes a legislação sofre.

Em relação à adesão à legislação como fonte primigênia do direito, no caso da exegese, constituiu uma aceitação racional, fundamentada na coincidência dos novos códigos com os ideais formais e axiológicos dos sistemas propugnados pelos filósofos jurídicos. Em contrapartida, na ciência jurídica atual é uma adesão dogmática apoiada não na aceitação valorativa do conteúdo das normas vigentes ou em suas qualidades de caráter lógico, mas no fato de que tais normas foram sancionadas por certos órgãos dotados de eficácia geral.

Isso explica a aparente incoerência entre os ideais jusnaturalistas manifestados pelos dogmáticos e suas afirmações de natureza supostamente positivista, quando encaram a tarefa de propor soluções jurídicas.

Na realidade, como sugeriram Ross e Carrió, a dogmática jurídica vigente está intensamente impregnada da ideologia que analisamos no primeiro capítulo, chamada por Ross "pseudopositivismo" e por Bobbio "positivismo ideológico", que consiste em reconhecer força obrigatória em todo direito positivo pelo simples fato de existir ou de ser o que é. Essa ideologia que, como vimos, constitui uma espécie de jusnaturalismo conservador, apesar do rótulo de "positivista", que com frequência lhe é atribuído, se expressa no lema *Gesetz ist Gesetz* [a lei é a lei], cujo significado é que a lei positiva deve ser obedecida e aplicada pelos juízes independentemente de qualquer divergência axiológica em relação a ela, a qual, em todo caso, deverá ser orientada para propor sua reforma por meio legais.

É claro que, apesar dessa evidente atitude de adesão dogmática ao direito legislado, a dogmática jurídica cumpre uma importante função, certamente incoerente com ela: a de reformular esse direito, propondo exatidão para seus termos vagos, completando suas lacunas, resolvendo suas incoerências e ajustando suas normas a determinados ideais axiológicos; dessa forma, a dogmática jurídica presta seu mais importante serviço à administração de justiça.

No entanto, a característica distintiva da dogmática é que, assim como no caso dos juízes, essa função de reconstrução do direito se realiza não de modo aberto, mas de modo encoberto, utilizando um aparato conceitual retoricamente eficaz que cumpre a função de fazer surgir as soluções originais por ela propostas como se derivassem, de alguma maneira, às vezes misteriosa, do direito positivo. Algumas dessas técnicas são interessantes demais e as indicaremos nos parágrafos seguintes; em geral, elas cumprem a importante missão de adaptar o direito a certos ideais racionais e axiológicos, ao mesmo tempo que dão a sensação de preservar a segurança jurídica ao permitirem afirmar que as soluções propostas não supõem modificação alguma do direito positivo, derivando, sim, implicitamente dele.

> A ideologia dogmática que acabamos de descrever se refletiu até em obras muito lúcidas de filosofia jurídica, como a de Hans Kelsen.

Em primeiro lugar, é notório como Kelsen obstinava-se na ideia de que o direito não tem lacunas; e são curiosas suas argúcias para fundamentar a ausência de contradições nos sistemas jurídicos.

Em segundo lugar, Ross mostra como Kelsen não é imune à ideologia pseudopositivista vigente na dogmática.

Como vimos no Capítulo III, o conceito de validade de Kelsen parece estar associado à ideia da força obrigatória do direito. Isso é sugerido em várias passagens da obra kelseniana, nas quais se identifica, de modo explícito, a validade com a força obrigatória, e nas quais se afirma que uma norma válida é uma prescrição "objetiva" ou "verdadeira" que deve ser obedecida, ao contrário de um mero mandado, que é um ato de vontade subjetivo.

Do que depende a força obrigatória das normas de maior hierarquia do sistema? Segundo é possível interpretar a partir de afirmações de Kelsen, o dever de obedecer à primeira Constituição surge da norma fundamental pressuposta. E quando os juristas pressupõem uma norma fundamental que prescreve acatar uma Constituição? A resposta é: quando a Constituição em questão for eficaz, isto é, quando de fato for obedecida.

Desse modo, a norma fundamental de Kelsen, no fundo não refletiria mais que um padrão moral aceito de modo implícito pelos juristas, que outorga força obrigatória a todo direito eficaz. (No entanto, o fato de, na teoria kelseniana, a norma básica ser aceita pelos juristas apenas de forma *hipotética* permite a Kelsen afirmar que a aceitação de tal norma – ou seja, a força obrigatória de um sistema eficaz – não implica um compromisso ideológico substantivo por parte dos juristas.)

Assim, temos manifestada na teoria kelseniana a ideologia dogmática consistente em tornar-se adepto dos legisladores que têm êxito em conseguir obediência para suas normas. É claro que não se trata de o próprio Kelsen tornar-se moralmente adepto de todo direito eficaz, mas sim de acolher em sua teoria, como um pressuposto epistemológico de tipo kantiano, o que na realidade seria uma atitude ideológica dos juristas perante o direito.

Essa propriedade da obra kelseniana lhe confere um inestimável valor: o de ter racionalizado, no sentido psicológico da palavra, os pressupostos muitas vezes latentes da dogmática jurídica, constituindo sua obra uma espécie de lente de extraordinária nitidez para avaliar essa modalidade de investigação jurídica, que é a dogmática. Isso também significa, como destacou Carrió, que a teoria pura fica relativizada ao constituir uma teoria de uma modalidade contingente de ciência do direito.

b) O modelo dogmático do legislador racional

Uma das técnicas que permitem à dogmática reformular o direito positivo adequando-o a determinados ideais, embora fazendo essa reformulação aparecer como uma mera descrição de soluções que o direito encerra de modo latente, é a atribuição ao legislador de certas propriedades de racionalidade – ou que servem para garanti-la – que estão muito longe de caracterizar os legisladores reais.

Os juristas falam do legislador como se fosse um *único* indivíduo que tivesse estabelecido todas as normas que integram a ordem jurídica, enquanto, na realidade, as normas jurídicas de um sistema moderno são estabelecidas por um grande número de homens diferentes.

Também mencionam um legislador *imperecível*, que mantém com sua vontade a validade das normas, inclusive as estabelecidas muito tempo atrás, por homens que talvez estejam mortos.

Do mesmo modo, pressupõem que o legislador é sempre *consciente* das normas que sanciona, apesar de muitas vezes os legisladores reais se limitarem a levantar a mão em uma sessão do parlamento, sem ter ideia precisa da lei que estão votando.

Por outro lado, os juristas acolhem a ficção de que o legislador é *onisciente*, atribuindo-lhe o conhecimento de todas as circunstâncias fácticas, às vezes infinitas, compreendidas nas normas que estabelece.

Imaginam também que o legislador é sempre *operante*, não estabelecendo normas que não tenham aplicabilidade alguma, o que é falso, como vimos no capítulo anterior.

Os juristas atribuem ainda ao legislador a propriedade de ser, geralmente, *justo*, imputando a seus propósitos as soluções interpretativas axiologicamente mais adequadas, coisa que muitas vezes dista bastante da realidade.

A dogmática também supõe que o legislador é *coerente*, visto que sua vontade não pode contradizer-se a si mesma. Já vimos que o contrário pode ocorrer, ocasionando inconsistências.

Além disso, o legislador imaginado pelos juristas é *onicompreensivo*, pois não deixa nenhuma situação jurídica sem regulamentar, enquanto na realidade, como vimos, qualquer direito tem numerosas lacunas.

Por fim, o legislador, para os juristas dogmáticos, é sempre *preciso*, no sentido de que sua vontade possui sempre uma direção unívoca, independentemente das imperfeições da linguagem que por acaso utilizar. Sabemos, em contrapartida, que o legislador real, com frequência, é vítima das falhas das linguagens naturais.

Qual é a função cumprida por esse modelo fictício do legislador racional, pressuposto de modo implícito em muitas elaborações dogmáticas?

Já insinuamos a resposta anteriormente: pressupondo a racionalidade do legislador, os juristas dogmáticos podem atribuir-lhe as soluções propostas por eles para adequar o direito a certos *standards* axiológicos vigentes, preencher suas lacunas, eliminar suas contradições, tornar precisos seus termos vagos, prescindir das normas supérfluas etc., sem que apareçam como uma modificação da ordem jurídica positiva, mas como se fossem uma descrição do direito vigente, tal como genuinamente deve ter sido pensado pelo legislador. Essa técnica, sem dúvida, não é empregada de forma cínica ou especulativa pelos juristas, mas sim na maioria dos casos, com honestidade científica, obedecendo a hábitos teóricos herdados por tradição e cujos resultados soam como satisfatórios ao permitir compatibilizar o desejo de segurança jurídica com o de adequação da ordem jurídica a padrões de racionalidade e de justiça.

Alguns parágrafos de um artigo do jurisfilósofo polonês Leszek Nowak ilustram bem claramente as funções cumpridas pela ficção da racionalidade do legislador nas elaborações dogmáticas:

> "O traço característico do método dogmático jurídico (isto é, aplicado na ciência chamada dogmática, a ciência do direito civil, penal etc.) de interpretação dos textos legais é tender para uma 'otimização' da lei, ou seja, para reconstruir, a partir de prescrições legais, as melhores normas possíveis do ponto de vista da exigência da doutrina moral e política dominante. Parece que o modo de admitir o princípio da racionalidade do legislador real, por parte da jurisprudência, permite lançar certa luz sobre isso."

Mais adiante o autor mencionado afirma que a racionalidade do comportamento das pessoas estudadas é um princípio característico de todas as ciências humanas. Dá como exemplo a economia, que supõe a racionalidade das previsões e decisões econômicas dos indivíduos. "O economista aceita essa hipótese como uma questão que precisará ser comprovada pelos fatos e, por consequência, está disposto a abandoná-la se eles a desautorizarem. O jurista tem uma atitude diferente. A racionalidade do legislador é uma quase hipótese que se aceita dogmaticamente, sem submetê-la à verificação empírica. Não é uma tese metodológica, mas um padrão normativo que prescreve que os juristas interpretem o direito como se o legislador real fosse racional."

Segundo Nowak, os juristas não só pressupõem a racionalidade do legislador, como também atribuem a ele, como vimos, determinados conhecimentos e certas preferências valorativas: a saber, os conhecimentos fornecidos pela ciência contemporânea ao jurista e não ao legislador, e as valorações morais e políticas vigentes na época do jurista. Essas atribuições também são formuladas de maneira dogmática.

Nowak termina dizendo:

"Pelas particularidades da interpretação jurídica – o fato de considerar sem reservas o princípio da racionalidade do legislador, de atribuir-lhe os conhecimentos mais justificados e as preferências 'mais generosas' (do ponto de vista do intérprete) –, esta [a tal interpretação] encontra sua analogia com toda interpretação dogmática doutrinária, a qual consiste mais em respaldar as concepções do intérprete com o nome de uma autoridade, do que em reconstruir as consequências reais de uma dada autoridade filosófica, política ou teológica. Porém, embora essa operação, por exemplo, quando tenta interpretar textos filosóficos, não tenha base cognoscitiva, a interpretação dogmática de um texto legal é um instrumento necessário e indispensável para a adaptação das prescrições legais às exigências da vida social. Ela é de fato um meio eficaz para a realização das funções, a bem da verdade não epistemológica, da jurisprudência."

O modo como o modelo do legislador racional permite cumprir as funções da dogmática, mencionadas por Nowak, é mediante a formulação de certas regras que servem de guia para a interpretação da lei e que seriam inferidas das propriedades que deveriam constar de um direito originado em um legislador racional.

A título de exemplo, podem ser mencionadas as seguintes regras interpretativas relacionadas com a pressuposição da racionalidade do legislador:

1. A pressuposição dogmática de que o direito legislado é coerente encerra, na realidade, uma prescrição que poderia ser formulada assim: "Não é uma conclusão interpretativa admissível o fato de duas normas jurídicas serem inconsistentes."

Para a satisfação dessa prescrição, a dogmática formula toda uma série de regras técnicas, como os princípios *lex superior*, *lex specialis* etc., já analisados, que permitem resolver as contradições da ordem jurídica, apresentando-as como se tivessem sido solucionadas de antemão e não como resultado da interpretação dogmática.

2. Sob a forma de asserção sobre a necessária operatividade de todas as normas de um certo direito, a dogmática

formula uma série de recomendações interpretativas, cuja enunciação genérica pode ser exposta com as seguintes palavras de Soler: "Entre duas interpretações do mesmo complexo de preceitos, é melhor a que dá conteúdo às palavras da lei do que a que se vê forçada a negar isso."

Dessa regra geral podem ser inferidas subprescrições que, por exemplo, proíbem uma interpretação que indique como referência de uma norma um fato impossível em termos empíricos, ou que conclua que duas normas são redundantes, ou que atribua a uma norma um significado que a torne axiologicamente tão inaceitável que seja improvável sua aplicação etc.

3. O postulado de que a ordem jurídica é completa encobre uma proibição de concluir, como resultado de uma interpretação, que a ordem jurídica não oferece nenhuma solução para um determinado caso.

Para satisfazer a prescrição, são oferecidas, como ajuda ao jurista, várias regras técnicas, algumas delas de sentido oposto, como as que indicam a utilização da analogia ou da interpretação *ao contrário*, que permitam encontrar soluções para casos não resolvidos pelo direito, apresentando a solução como se estivesse contida de forma implícita na ordem jurídica.

4. Por trás da asserção de que as normas que integram a ordem jurídica são sempre precisas, encontra-se a regra que veda concluir uma interpretação com a afirmação de que a linguagem da lei é vaga ou sofre de ambiguidades semânticas ou sintáticas.

Para eliminar ou reduzir a imprecisão dos termos legais, atribuindo à lei o significado reconstruído, os juristas costumam recorrer à busca da "verdadeira" natureza ou essência de uma instituição jurídica ou a definições "reais", que permitem apresentar definições estipuladoras como se consistissem em descobertas de aspectos ontológicos que o legislador teve que, necessariamente, pressupor.

5. Com a asserção de que o direito positivo em geral se adapta aos ideais axiológicos vigentes, emite-se a recomendação de que se deve escolher aquela solução interpretativa que tenha consequências preferíveis do ponto de vista valorativo.

Essas regras para a otimização das normas legais, que pretendem justificar-se com o pressuposto da racionalidade do legislador, podem estar, em certos casos, em conflito. Por exemplo, a prescrição de evitar as incoerências do sistema é incompatível com o postulado de operatividade, visto que as contradições só podem ser eliminadas reduzindo ou anulando o âmbito de aplicabilidade de uma ou de ambas as normas contraditórias.

Boa parte das polêmicas dogmáticas reside na importância que se deve dar a cada uma das prescrições interpretativas que derivam do modelo do legislador racional

Por exemplo, no caso do art. 86, inc. 2.º, do Cód. Penal argentino em sua redação original, citado várias vezes no capítulo anterior, a interpretação a ser dada à expressão "atentado ao pudor" dependerá de a preferência ser dada ao ideal de economia, evitando uma redundância, ou ao de operatividade, impedindo que a norma pressuponha uma condição empiricamente impossível.

Poucas vezes os juristas mencionam de modo expresso o modelo do legislador racional. No entanto, a adesão a ele seria evidente assim que perguntássemos aos cultores da dogmática qual é a razão de duas normas não poderem se contradizer, por que a linguagem da lei é precisa, por que uma lei não pode ser obsoleta em relação a novos fatos ou novas valorações etc.

De vez em quando os próprios juristas fazem algumas referências sugestivas ao conceito do legislador que pressupõem.

Assim, o mais notável e brilhante expoente da dogmática argentina, o professor Sebastián Soler, critica a pretensão da exegese de identificar o legislador com os indivíduos de carne e osso que assinam as leis, formulando frases tão ilustrativas como a seguinte: "...legislar, então, não é tarefa de psicologia; apenas colocando-se no plano espiritual em que o direito se encontra, isto é, elevando-se, o legislador se torna de fato legislador. *Isso ocorre, então, à custa de se despersonalizar*".

Por sua vez, outro grande criminalista, Luis Jiménez de Asúa, torna explícita em parte a ideia do legislador racional, com estas palavras: "Hoje, nas democracias, a lei não surge de um autocrata, de uma única pessoa, cujo 'espírito' e 'vontade' é, de qualquer maneira, muito difícil de encontrar. O legislador é atualmente uma abstração, ou melhor, uma função."

c) *Outras técnicas dogmáticas para justificar soluções originais*

Além da pressuposição da racionalidade do legislador, a dogmática utiliza uma variada gama de ferramentas argumentativas para apresentar como compatíveis sua adesão ao direito legislado e sua função de reformulá-lo, evitando suas imperfeições formais e adequando-o aos *standards* valorativos vigentes.

Uma dessas técnicas ocorre no exercício de uma das funções mais relevantes desempenhadas pela dogmática em relação ao direito legislado.

Os juristas se ocupam de sistematizar a ordem jurídica, substituindo conjuntos de normas por princípios mais gerais e pretensamente equivalentes a elas. Desse modo, obtém-se maior economia do sistema, apresentando-o como um conjunto de poucos princípios, cujas consequências lógicas é mais fácil determinar.

Essa atividade não implica uma modificação do sistema jurídico, desde que se limite a formular enunciados com um alcance equivalente aos sancionados originalmente pelo legislador. No entanto, não é raro que os juristas dogmáticos ultrapassem esse limite, propondo princípios gerais em substituição a várias normas do sistema, mas que, ao mesmo tempo, tenham um campo de referência maior que o do conjunto de normas substituídas, permitindo derivar desses princípios novas normas não incluídas no sistema original e preenchendo, desse modo, possíveis lacunas de tal sistema. As novas normas são introduzidas praticamente de forma imperceptível, até para os próprios juristas que as propõem, pois aparecem como meras consequências lógicas das normas substituídas por um princípio, aparentemente equivalente a elas.

Essa técnica tem um uso extenso sobretudo no direito civil, no qual a grande profusão de normas legais que regulam detalhes minuciosos em relação a uma única situação básica constitui um campo propício para a sistematização de tais normas e, ao mesmo tempo, para que surja a necessidade de cobrir os frequentes interstícios que elas deixam sem regular.

Uma técnica relacionada com a anterior, porém mais sofisticada, consiste na formação das chamadas "teorias", que constituem uma das modalidades mais destacadas em que se manifesta a atividade dogmática.

Alguns exemplos de teorias dogmáticas são as do abuso de direito em direito civil; a do ato de comércio no direito comercial; a dos governos *de facto* em direito constitucional; a da relação de trabalho em direito trabalhista; a do "reenvio" em direito internacional privado; a teoria geral do delito em direito penal etc.

O que caracteriza as teorias dogmáticas é que se apresentam como *descritivas* de algum aspecto importante da realidade social ou do *status* ontológico de alguma instituição ou conceito. Desse modo, aparece como se sua aceitação ou rejeição dependesse de sua verdade ou falsidade empírica ou transcendente.

Entretanto, as teorias dogmáticas são constituídas – o que nem sempre fica claro – por enunciados de natureza normativa, conforme evidenciam as funções que tais teorias cumprem.

Por um lado, as teorias da dogmática jurídica servem para justificar normas legisladas inferidas daquelas. Assim, por exemplo, os civilistas recorrem à teoria do enriquecimento sem causa para explicar uma série de normas do Código Civil, como as que se referem ao pagamento indevido.

Por outro lado, as teorias dogmáticas cumprem a função muito mais importante de permitir a inferência de novas normas não pertencentes ao direito legislado.

Essa capacidade das teorias de permitir derivar tanto normas pertencentes ao sistema legislado quanto novas normas, unida a sua aparência descritiva, é o que fundamenta sua imensa utilidade para a criação do direito por parte dos juristas, sob a roupagem de uma explicação do direito positivo ou da realidade que o cerca.

Em certo sentido, as teorias dogmáticas apresentam uma analogia com as teorias, estas, sim, descritivas, das ciências empíricas.

Como diz Carnap, as leis teóricas, como a da relatividade, apresentam um nível de abstração e generalidade consideravelmente maior do que as leis observacionais, e cumprem a dupla função de permitir explicar leis observacionais conhecidas provenientes delas, como novas leis até então desconhecidas, que também são inferidas das teorias.

O exemplo de teoria dogmática mais refinada e desenvolvida é talvez a "teoria geral do delito", no âmbito do direito penal.

> Durante mais de meio século, com o impulso inicial de precursores como Beling e Von Liszt, um grande número de criminalistas, sobretudo alemães, italianos e espanhóis, foi desenvolvendo e aperfeiçoando essa teoria, até levá-la a uma minuciosidade admirável. Os padrões gerais da teoria do delito, sem impossibilitar eventuais dissidências particulares, são para os juristas tanto ou mais vinculativos que as próprias normas legais.
>
> A chave da teoria que comentamos é constituída pela definição de "delito" (que, em geral, é formulada, com pequenas diferenças, como "uma ação típica, antijurídica e culpável"). Essa definição, que é apresentada como uma genuína elucidação conceitual, constitui na realidade uma série de estipulações sobre quais requisitos os legisladores devem considerar e os juízes verificar para aplicar sanções penais a certos comportamentos (pelo menos no que concerne a requisitos como o de tipicidade e culpabilidade).
>
> A prescrição geral apresentada como definição de "delito" se completa com uma infinidade de regras secundárias destinadas a estabelecer em que condições devem se dar por verificados os elementos que a "definição" exige. Muitas dessas regras são objeto de intensas controvérsias e motivaram o

aparecimento de diferentes subteorias: quanto ao requisito de ação, a teoria causal e a finalista; em relação à antijuricidade, a teoria objetiva e a subjetiva; no que se refere à culpabilidade, a teoria psicológica e a normativa etc.

A teoria geral do delito serve para explicar uma grande quantidade de normas que integram os códigos penais; porém, sua fecundidade é constituída pelo grande número de regras novas que permite inferir, apresentando-as como se estivessem contidas de modo implícito no sistema legal. São surpreendentes, por exemplo, as sutilezas que a teoria do delito obteve em relação ao tratamento do erro, que parece muito distante da forma quase ingênua como o tema é considerado na maior parte dos códigos penais, apesar de ser apresentado para as soluções dogmáticas como se proviessem da lei positiva ou dos aspectos ontológicos subjacentes a ela.

O caráter descritivo atribuído à teoria geral do delito faz com que o critério considerado adequado para avaliar as soluções propostas seja, além da coerência sistemática, o da verdade ou da falsidade, em geral consideradas não empíricas, e não o critério da justiça ou conveniência, como caberia às soluções de natureza normativa.

O "realismo verbal", segundo expressão de Kantorowicz, do qual é adepta a dogmática, possibilita também introduzir soluções originais. A busca de essências, de estruturas ontológicas, da "natureza jurídica" de certas instituições, da formulação de definições "reais" permite aos juristas estabelecer soluções normativas com a pretensão de esclarecer conceitos jurídicos que, supostamente, refletiriam aspectos transcendentes da realidade, apreensíveis por meios não empíricos.

A captação da natureza jurídica de certos institutos, como o contrato, a letra de câmbio, a sociedade comercial etc., constitui uma preocupação constante dos juristas, que foi analisada de modo crítico pelos professores Bulygin e Carrió, entre outros. Não se trata nem da investigação do uso de certa expressão linguística – a palavra "contrato", por exemplo –, nem da descrição de determinadas propriedades empíricas ou normativas que possam, eventualmente, apresentar as situações designadas com tal expressão, mas sim de uma elusiva terceira alternativa, que se enquadra em um essencialismo de caráter platônico e que consiste em supor que há uma realidade transcendente à experiência que determina necessariamente o significado das expressões da linguagem.

Por trás da busca da natureza das instituições jurídicas está, na maioria dos casos, o propósito de situar certo caso dentro de um determinado marco normativo proposto originalmente para outras situações. Por exemplo, decidir que a natureza jurídica do acordo da guarda de veículos consiste em ser um contrato de depósito tem como consequência estender à primeira situação as regras do Código Civil que se referem ao depósito. Recorrer à determinação da "natureza jurídica" serve para encobrir a extensão analógica das normas do sistema, o que implicaria modificar seus alcances, mostrando, por outro lado, como se houvesse uma "essência" comum às situações expressamente previstas pelo legislador e os novos casos que vão sendo apresentados, por isso esses últimos tiveram que, necessariamente, ser considerados, implicitamente, por aquele.

Esses aspectos metodológicos da dogmática jurídica, assim como sua adesão à legislação, originam-se na atitude adotada pelos juristas racionalistas perante o movimento da codificação desenvolvido, sobretudo, no século XIX.

Como afirma Felipe González Vicén, em uma monografia muito interessante, o jusnaturalismo racionalista, que tinha construído uma ciência jurídica fundamentada em axiomas autoevidentes e universalmente válidos, deparou de repente com um direito positivo, vale dizer contingente, que a ciência jurídica não poderia evitar incorporar a seu campo de pesquisa. "A ciência do direito deixa de ser construtiva para se tornar reflexiva, para se constituir em conhecimento de algo – os direitos históricos – que lhe é dado de fora como ponto de partida absoluto. A ciência jurídica devia deixar de ser criadora para se transformar em reelaboradora."

Segundo González Vicén, a resposta da ciência jurídica racionalista ao desafio constituído pelo enfrentamento entre seus pressupostos e métodos de concepção abstrata e metafísica e um objeto positivo foi "tentar apreendê-lo com o método e as premissas do racionalismo abstrato". O mesmo autor afirma: "Todo o processo é destinado a encontrar no direito positivo elementos permanentes que permitam transformá-lo em 'objeto do conhecimento', no sentido do racionalismo, isto é, elementos que sejam suscetíveis de uma conceituação abstrata. O objeto da ciência dogmática do direito não é constituído exclusivamente por uma realidade histórica concreta, mas sim por um *compositum*, como uma justaposição de elementos díspares – um elemento variável e contingente constituído pelos conteúdos normativos e outro permanente e idêntico constituído pela estrutura formal da normalização."

Essa estrutura formal do direito positivo é o que constitui o objeto em sentido estrito da dogmática, o que lhe outorga qualidade científica e confere um caráter universalmente válido a suas proposições, muito além dos devaneios dos legisladores. Isso induz à elevação das "partes gerais" à condição do núcleo da ciência jurídica.

Do mesmo modo, a busca de instituições, de essências ontológicas ou estruturas lógico-objetivas, de princípios gerais do direito, a formulação de teorias etc. expressam aquela postura teórica que consiste em pretender conhecer o direito positivo por meio de um arcabouço conceitual permanente, próprio da metodologia jusnaturalista. Novamente, nos dizeres de González Vicén: "Para a apreensão dessa estrutura está direcionado o pensamento jurídico, o qual, por isso, tem que penetrar através da aparente diversidade das normas de cada ordenação até chegar ao sistema de conceitos e relações que acontecem nele como sua 'verdadeira natureza.'"

É claro que nessa metodologia não ocorre a avaliação das possíveis consequências sociais, econômicas etc. das soluções jurídicas, e tampouco sua estimativa valorativa. O autor que analisamos descreve assim essa atitude: "Nada de natureza histórica, sociológica ou econômica, nenhuma consideração ética ou teleológica ocorre nesse mundo fechado de conceitos; o essencial é apenas a consequência lógica, a concatenação formalmente correta"; e, em seguida, ilustra esse ponto citando Laband: "todas as considerações históricas, políticas e filosóficas... não têm importância para a dogmática de um material jurídico concreto e servem com muita frequência para ocultar a falta de trabalho construtivo".

3. Rumo a uma nova "ciência" do direito?

A dogmática jurídica cumpriu durante sua extensa vigência uma função social extraordinariamente relevante. Independentemente de sua atividade de sistematizar o direito legislado, fornece aos juízes, seus principais destinatários, sistemas de soluções jurídicas muito mais coerentes, completos, precisos e adequados em termos axiológicos do que o material criado pelos legisladores, sem abdicar por isso de sua adesão à legislação. Desse modo, mantém-se, aparentemente, o ideal da divisão de poderes, e os tribunais, diante de possíveis lacunas, contradições e ambiguidades da legislação, veem seus problemas interpretativos reduzidos, podendo justificar suas sentenças fundamentando-as em interpretações pretensamente autênticas de tal legislação, e não em sua própria opinião.

É notória a influência que alguns juristas de prestígio exercem sobre as decisões judiciais, possuindo suas opiniões um peso quase comparável ao das cortes de apelação, por isso os advogados recorrem avidamente a elas para fundamentar suas alegações.

Há uma inter-relação entre os hábitos teóricos dos juízes e as técnicas de justificação de soluções adotadas pela dogmática jurídica. Em grande parte, a atividade judicial desempenhada nos países do sistema continental europeu é moldada pela ciência jurídica que neles se desenvolve. Por sua vez, a dogmática vê suas funções e possibilidades argumentativas limitadas pelos hábitos teóricos dos juízes, reduzindo-se sua influência à medida que os juristas se afastam das técnicas canônicas de justificação das soluções propostas.

A dogmática tem uma considerável influência até na legislação, fixando-se legislativamente muitas das soluções interpretativas propugnadas pela dogmática.

Em suma, nos países com a nossa tradição jurídica é equivocado considerar um código ou uma lei como parte do direito *de maneira isolada* das construções teóricas que foram desenvolvidas em torno deles. Aquele que pretendesse se orientar, em termos relativamente complexos, pelos textos legais, sem considerar as elaborações dogmáticas de tais textos, provavelmente se sentiria um pouco desorientado perante decisões e justificações que não parecem ser determinadas por esses textos.

Apesar dessa extraordinária influência, a dogmática jurídica está começando a ser questionada, sendo objeto das reivindicações que se proceda a uma revisão profunda de seus pressupostos e de seus métodos de justificações de soluções.

Cada vez fica mais evidente a tensão que a dogmática jurídica sofre entre, por um lado, os ideais de proporcionar uma descrição objetiva e axiologicamente neutra do direito vigente professados de modo explícito por seus partidários e, por outro lado, a função, cumprida de forma latente, de reconstruir o sistema jurídico positivo, de modo que se eliminem suas indeterminações. É óbvio que aqueles ideais são incompatíveis com essa função, visto que a tarefa de eliminar as indeterminações do sistema exige escolher uma solução entre as várias alternativas oferecidas pelo sistema jurídico; e isso não decorre da mera descrição das normas positivas, nem pode ser realizado sem tomar partido sobre a maior ou menor adequação axiológica de cada uma das possíveis alternativas.

Por outro lado, a forma como a dogmática jurídica resolve, ao que parece, a tensão mencionada entre seus ideais explícitos e sua função latente é, de fato, insatisfatória, por mais que alguns dos recursos empregados com esse objetivo sejam admiravelmente engenhosos. O fato de se encobrirem o que na realidade são propostas de natureza normativa, como se decorressem de uma mera descrição de certo material dado, faz com que o produto obtido seja imperfeito como descrição do sistema e como reconstrução deste.

A *descrição* que a dogmática jurídica faz do direito não constitui, em geral, uma reprodução fiel de seu objeto de estudo, visto que não costuma evidenciar com clareza as diferentes alternativas que podem ser apresentadas na interpretação das normas jurídicas (tendendo-se a apresentar uma delas como a única interpretação possível), e se apresenta como parte do sistema jurídico que descreve certos princípios, distinções conceituais, teorias etc., que são, na realidade, o produto da elaboração da própria dogmática. Por outro lado, a tarefa de *reconstrução* do sistema também é insatisfatória, já que, ao não ser apresentada como tal, mas como descrição do que está implícito no sistema positivo, os princípios valorativos em que se baseiam as soluções originais propostas pela dogmática não são articulados. Isso determina, em primeiro lugar, que não haja uma discussão exaustiva e aberta sobre a *justificação* desses princípios, e, em segundo lugar, que não haja uma tentativa séria de formular um sistema *coerente* dos princípios que estão por trás das soluções propostas pela dogmática para reconstruir o sistema.

Perante a crescente conscientização sobre os aspectos insatisfatórios da dogmática jurídica, muitos teóricos do direito pressionam para que se resolva a tensão entre os ideais explícitos dos juristas e a função latente da atividade que desenvolvem, favorecendo a materialização daqueles ideais de realizar uma descrição e uma sistematização do direito, verificável por procedimentos objetivos e valorativamente neutros e à custa de abandonar a função da atual dogmática jurídica de reconstruir o sistema jurídico positivo.

No entanto, não há razões importantes – exceto preconceitos contra toda tarefa teórica que não se adapte a cânones de "cientificidade" – que justifiquem esse abandono da função latente que a dogmática satisfaz. Visto que os órgãos de decisão jurídica devem, de modo inevitável, assumir posturas valorativas para justificar a aplicação de certa norma jurídica a um determinado caso e a atribuição de uma determinada interpretação a essa norma, dentre várias possíveis, é ilógico pretender que os juristas acadêmicos renunciem a assisti-los em sua tarefa. Os teóricos do direito estão, em vários sentidos, em melhores condições que os juízes para explorar problemas de fundamentação axiológica de soluções jurídicas. Enquanto uma sentença judicial não pode se estender em especulações filosóficas sobre as possíveis justificações dos princípios morais e políticos que – por intermédio ou não de uma norma jurídica – determinam a decisão do caso, os juristas acadêmicos não são compelidos pela necessidade de resolver o caso presente e podem deter-se a analisar diferentes justificações dos princípios relevantes, explorando suas consequências em distintas situações reais ou hipotéticas.

Nesse sentido, as seguintes passagens de Roscoe Pound (em *Las grandes tendencias del pensamiento jurídico*), referentes ao contexto anglo-saxão, têm validade geral:

> "Costuma-se afirmar que a jurisprudência é a ciência do direito. Porém, é necessário que consista em algo mais que a organização e sistematização de um corpo de regras de direito... Temos de confiar, cada dia mais, nos juristas para levar a termo a obra criadora de que o direito anglo-americano precisa. Os órgãos legislativos – embora sejam, em certo aspecto, os mais qualificados – apenas de modo intermitente podem prestar atenção a um trabalho construtivo de criação do direito para os fins da ordem jurídica. Os juízes trabalham em condições que, cada dia, tornam mais difícil que sejam os oráculos viventes do direito, exceto enquanto conferem autoridade ao que foi formulado por escritores e professores. Uma interpretação que estimule a atividade jurídica nos países do *common law*, que impulsione nossos escritores e mestres a orientar tribunais e órgãos legislativos, em vez de segui-los com uma tarefa de simples ordenação, sistematização

e de análise conciliadora, terá cumprido devidamente sua missão. No mínimo, terá feito para a próxima geração um trabalho não inferior ao que as interpretações do século XIX fizeram para seu tempo."

Por outro lado, não é arriscado dizer que se a dogmática jurídica se ativesse às exigências implícitas nos diferentes modelos do que constituiria uma genuína ciência do direito, ela se transformaria em uma atividade sem dúvida útil, mas que não teria nem a complexidade teórica nem a relevância social das disciplinas que classificamos de "científicas" (nos países anglo-saxões, onde os juristas acadêmicos limitam-se, fundamentalmente, a descrever e sistematizar as regras jurídicas vigentes, não é usual considerar que essa atividade seja constitutiva de uma "ciência" jurídica). Deve-se destacar que, por exemplo, a tarefa de determinar quais normas jurídicas estão vigentes – que é, segundo Ross, a atividade central da ciência jurídica – não é realizada efetivamente, exceto se houver alguma dificuldade especial, pelos teóricos do direito, mas sim pelos editores das publicações especializadas em que aparecem tais normas. De modo que, paradoxalmente, quanto mais a dogmática jurídica se aproximar de algum dos modelos de atividade científica que foram propostos para o direito, menos inclinados estaremos a considerá-la uma verdadeira ciência.

No caso da teoria jurídica é aplicável, por razões que serão esclarecidas em seguida, esta observação de Kurt Baier (em *The Moral Point of View*) referente à moral:

> "Parece, então, que não há salvação para a moralidade a menos que seja transformada em uma ciência. Porém, aqui nos aguarda a maior das frustrações: a moralidade parece ser incapaz de tal transformação. Parece logicamente impossível introduzir a definição cuidadosa das palavras empregadas, os mais avançados *standards* para verificar e testar hipóteses, o uso prodigioso da experimentação, que são as marcas distintivas da ciência. Assim que introduzimos o método matemático experimental na moralidade, automaticamente, e em

virtude disso, a transformamos em algo diferente. Não estamos fazendo melhor o que fazíamos antes, estamos, sim, fazendo outra coisa."

Obviamente, há outro modo de resolver a tensão entre o que os juristas dizem fazer e o que de fato fazem, que é realizar ambas as coisas mantendo uma clara distinção (como propõe o positivismo metodológico) entre o que é apenas uma descrição e sistematização da ordem jurídica e o que é uma reformulação desta, com o objetivo de eliminar sua indeterminação com soluções axiologicamente aceitáveis.

Uma clara distinção entre essas duas dimensões da teoria jurídica exige a plena consciência dos diferentes métodos e técnicas de justificação e dos diversos objetivos que se buscam em cada uma delas.

1) Quanto a sua dimensão descritiva e sistematizadora, a teoria jurídica deveria começar determinando quais normas têm de fato vigência em certo âmbito, para o que, teria que deixar de lado certos conceitos prévios sobre as "verdadeiras" fontes do direito e analisar, fundamentalmente através das decisões judiciais, quais são os padrões que recebem real aplicação. Esse enfoque, seguramente, mostraria que muitas das normas consideradas válidas não são objeto de reconhecimento por parte dos órgãos de aplicação e que, em contrapartida, outros padrões, em geral informais, têm uma recepção generalizada. Sobretudo, prestar-se-ia atenção aos critérios, quase sempre implícitos, originados de modo espontâneo na própria atividade judicial e desenvolvidos a partir da necessidade de resolver a múltipla variedade de casos particulares expostos aos juízes, sem que todos eles possam ser previstos por normas gerais pré-constituídas (um magnífico exemplo desse tipo de trabalho é o estudo de Genaro R. Carrió sobre a jurisprudência da Suprema Corte da Nação argentina em matéria de sentença arbitrária).

Vinculada a essa função encontra-se a de atribuir significado às normas vigentes, para o que deveriam ser consideradas as regras interpretativas utilizadas pelos órgãos de aplicação e os usos linguísticos vigentes. Essa atividade deveria ir se desprendendo dos mitos derivados do "realismo verbal" passando a considerar as modernas técnicas de análise semântica e sintática. Desse modo, se determinaria o âmbito de imprecisão das normas e as possíveis ambiguidades de seu significado, problemas aos quais nos referimos no capítulo anterior.

Em terceiro lugar, deveria ser acentuada na teoria jurídica a preocupação pela realização de uma genuína sistematização do direito vigente. Para isso, é possível recorrer, cada vez com maior interesse, às técnicas fornecidas pela lógica deontológica, de desenvolvimento recente, que contribuem para determinar com clareza as consequências lógicas dos enunciados normativos do sistema. Teriam que ser feitas tentativas mais sérias de reformular o sistema jurídico, num sentido mais econômico, substituindo amplos conjuntos de enunciados, muitos deles redundantes, por princípios independentes com consequências equivalentes. Assim, seriam detectadas com maior facilidade as lacunas e contradições do sistema, como mostraram, brilhantemente, Alchourrón e Bulygin no trabalho anteriormente citado.

Depois, como foi dito, seriam mostradas as diversas alternativas que os juízes têm diante de si para resolver as eventuais contradições da ordem jurídica, preencher suas possíveis lacunas, limitar a textura aberta das normas e decidir entre seus diversos significados, no caso de se apresentarem ambiguidades. Fundamentalmente, os juristas também deveriam encarar a tarefa de mostrar as consequências de natureza social, econômica etc., que se deduzem de cada uma das possíveis alternativas interpretativas, para o que deveriam dispor de recursos teóricos fornecidos por diferentes ciências sociais, como a sociologia, a psicologia, a economia etc.

2) As tarefas que acabam de ser assinaladas, não obstante serem intrinsecamente valiosas, adquirem maior relevância como prolegômenos da atividade central da teoria

jurídica, que é, como já foi dito muitas vezes, assistir sobretudo aos juízes em seu propósito de alcançar soluções que sejam axiologicamente satisfatórias para casos particulares, mesmo nas situações em que o direito positivo não ofereça uma solução unívoca.

Essa dimensão da teoria jurídica não passa de uma *especialização do discurso moral* (essa é outra das possíveis vinculações entre direito e moral, vistas no primeiro capítulo, e afirmar que exista essa ligação não é incompatível com o positivismo metodológico ou conceitual).

Assim como no discurso moral ordinário, essa modalidade de teorização perante o direito busca justificar os juízos valorativos sobre a solução correta para certos tipos de casos, mostrando que eles derivam de um sistema coerente de princípios gerais. Isso exige explicitar algumas das consequências lógicas dos diferentes princípios, cuja validade se discute, para determinar se elas são aceitáveis e se não estão em conflito com as consequências de outros princípios (a sistematização de que falam Alchourrón e Bulygin em relação às normas jurídicas positivas é, talvez, uma atividade ainda mais relevante quanto a esses princípios valorativos que permitem justificar e completar tais normas).

Do mesmo modo que no discurso moral não jurídico, os juízos de valor particulares formulados no contexto da teoria jurídica também estão submetidos à restrição de que devem ser *universalizáveis* (com a importante limitação de que, entre as circunstâncias fácticas que condicionam a universalização, é preciso considerar aqui a vigência de certas normas jurídicas). Isso quer dizer que não é válido nenhum juízo valorativo formulado em relação à uma situação particular se não estivermos dispostos a estender o mesmo juízo a qualquer outra situação que não se distinga da primeira em aspectos moralmente relevantes (não posso dizer, por exemplo, que minha ação de mentir é correta, mas que a ação de mentir não seria correta se fosse realizada por outro, exceto se puder mostrar diferenças moralmente relevantes entre a minha situação e a dos demais).

Como em todo discurso moral, o desenvolvido pela teoria jurídica em sua dimensão normativa se distingue de outros discursos, como o teológico, pelo fato de excluir a possibilidade de recorrer, como justificação *última* de certa solução, a um argumento de *autoridade*. Em outras palavras, os princípios últimos de qualquer sistema moral não são reconhecidos, enquanto princípios *morais*, em razão de derivarem de certa origem ou fonte (mesmo que, como no caso da moral cristã ou muçulmana, se afirme que têm determinada origem ou fonte), mas sim porque seu conteúdo é considerado válido ou adequado (isto é, independente da questão de se poderem justificar racionalmente esses princípios últimos).

Porém, ao contrário do discurso moral ordinário, o discurso valorativo da teoria jurídica desenvolve-se em *dois níveis* diferentes:

Em um *primeiro nível*, tenta-se justificar as normas de um certo direito positivo, determinando-se se elas são aceitáveis à luz de princípios básicos de filosofia política e moral. Nessa avaliação, não se considera apenas o conteúdo das normas em questão, mas também a legitimidade dos órgãos que as estabeleceram, sua relação com outras normas justificadas, a necessidade de garantir um mínimo de certeza e previsibilidade das decisões dos órgãos primários, a necessidade de manter a ordem e a paz social etc. Em certos casos, mas não em todos, essas considerações podem determinar a conclusão de que uma norma é justificada e tem, portanto, força obrigatória moral, apesar de seu conteúdo ser injusto (é claro que não basta mostrar que o legislador podia ter estabelecido uma norma melhor do que a de fato estabeleceu, para privar essa última de força obrigatória moral).

Em um *segundo nível*, se pressupõe um certo marco de normas positivas moralmente justificadas (é nesse nível que pode ter algum sentido a ideia de Kelsen de que, em sua tarefa, os juristas pressupõem a força obrigatória do sistema do qual se ocupam), e se tenta buscar soluções axiologicamente satisfatórias para casos particulares e, ao mesmo tempo, compatíveis com as normas positivas consideradas válidas.

É óbvio que essas duas últimas exigências podem entrar em certo conflito, pois, como vimos, uma norma jurídica positiva pode estar justificada no aspecto moral, apesar de seu conteúdo ser valorativamente insatisfatório. Esse conflito é talvez a maior dificuldade que a jurisprudência normativa enfrenta. Sua solução requer ou buscar a solução menos insatisfatória entre as diversas alternativas compatíveis com as normas positivas, ou rever o pressuposto de que as normas em questão são moralmente válidas.

O fato de o discurso valorativo da teoria jurídica ter que se desdobrar nesses dois níveis, e, no segundo deles, se apresentar o tipo de conflito que acabamos de mencionar, é o que distingue esse discurso do discurso moral ordinário. Quando, às vezes, os juristas distinguem entre a solução *jurídica* de um caso controverso (à qual atribuem, no entanto, força obrigatória moral) e a que seria a solução *moral* desse mesmo caso, estão na realidade distinguindo entre as conclusões de *dois tipos de raciocínio moral*: o que considera a existência de normas jurídicas positivas, que se pressupõem moralmente justificadas, e o que procede como se essas normas não existissem. É claro que esse último é um raciocínio moral imperfeito, porque as normas em questão existem e só podemos deixá-las de lado se concluirmos que não têm força obrigatória moral. Não há, por conseguinte, uma genuína oposição entre razões jurídicas que *justificam* uma decisão e razões morais.

Esse modelo de um tipo de teoria jurídica que já começa a ser vislumbrado em algumas áreas e que satisfaz as funções principais da atual dogmática jurídica, sem incorrer em sua confusão característica entre descrição e reformulação do sistema jurídico, requer, sem dúvida, que os juristas tenham uma preparação teórica bastante complexa. Eles devem manejar ferramentas conceituais e lógicas relativamente sofisticadas, estar familiarizados com elaborações das ciências sociais concernentes a sua área de estudo e, sobretudo, ter uma boa formação em filosofia política e moral.

No próximo capítulo, trataremos precisamente de algumas questões de filosofia política e moral relevantes para uma atividade teórica voltada para o direito, que responda ao modelo sugerido: ou seja, uma atividade que não só se ocupe em descrever e sistematizar o direito, como também encare *abertamente* – sem estar obstaculizada por excessivas preocupações sobre o caráter científico – a reformulação da ordem jurídica, de modo que forneça fundamentalmente aos juízes um sistema de soluções axiologicamente satisfatório e mais completo, coerente e preciso que o oferecido pelo material jurídico original.

PERGUNTAS E EXERCÍCIOS – VI*

1. – Segundo Kelsen, em que sentido a ciência do direito é normativa? Para ele, o que é uma proposição jurídica?

2. – Na teoria de Ross a ciência jurídica constitui uma ciência formal – como a lógica ou a matemática – ou uma ciência empírica – como a física ou a sociologia? Como Ross caracteriza as proposições da ciência do direito?

3. – Escreva um breve ensaio confrontando a tese de Ross sobre a ciência jurídica com esta afirmação do professor Sebastián Soler: "A dogmática não se ocupa de fatos, do que alguém faz, seja quem for, um cidadão, um juiz ou um ministro. Ocupa-se sempre do que os juízes *devem fazer* conforme as leis" (*El juez y el súbdito*, LL, 142-1099).

4. – Tente sistematizar – no sentido de substituir por um princípio mais geral, porém logicamente equivalente – as seguintes normas:
   a) "As pessoas de 18 anos nascidas na Argentina deverão fazer o serviço militar."
   b) "As mulheres estão dispensadas de cumprir o serviço militar."
   c) "Os estrangeiros que adquirirem a cidadania argentina depois dos 18 anos não são obrigados a cumprir o serviço militar."

---

* Algumas questões supõem o conhecimento da legislação argentina, mas o leitor poderá adaptá-las ao caso do Brasil. Mantivemos o texto original por respeito ao autor. (N. do E.)

d) "Nenhuma pessoa maior de 18 anos pode ser obrigada a fazer o serviço militar."

e) "As exceções ao serviço militar não vigoram quando o país estiver em estado de guerra."

5. – Que tipo de imprecisão possui o termo "ciência"? Há critérios objetivos para decidir se a atividade dos juristas é ou não uma ciência? Que aspecto da palavra "ciência" faz com que o fato de classificar ou não de ciência a atividade teórica dos juristas não seja visto como uma mera questão verbal?

6. – Comente esta tese hipotética: "Se a questão sobre se a atividade dos juristas é ou não uma ciência fosse uma mera questão verbal, sem maior transcendência, também não teria importância determinar se, por exemplo, a astrologia é uma ciência e se pode ser distinguida, por exemplo, da astronomia. Não haveria possibilidade de distinguir as disciplinas que contribuem para o avanço do conhecimento humano das zombarias e de atividades que buscam outros fins, já que toda distinção seria baseada em uma questão verbal."

7. – Explique de forma sucinta em que se diferencia a aceitação *racional* da aceitação *dogmática* de uma norma.

8. – Em que sentido é "positivista" a atitude de adesão à legislação subjacente à dogmática penal?

9. – Indique quais pressupostos sobre a racionalidade do legislador estão subjacentes nestes parágrafos do professor Sebastián Soler (*Derecho penal argentino*, Buenos Aires, 1951, t. IV):

a) "Porém, quando a lei [o art. 145, Cód. Penal argentino] refere-se ao fato de levar uma pessoa para fora das fronteiras com o propósito de submetê-la ilegalmente ao *poder de outra*, é forçoso entender que não se trata de uma sujeição que constitua servidão ou condição análoga à servidão, porque essa última hipótese já está considerada pelo art. 140, e punida com pena consideravelmente maior" (p. 48).

b) "Esse resultado demonstrativo da diferença entre a situação do art. 34, 3º, e o art. 152 [do Cód. Penal argentino] corresponde, além disso, a uma interpretação correta da lei, porque é pouco razoável supor uma repetição perfeita e inútil do mesmo conceito. Admitir o contrário supõe que a lei, nesse caso, não quis dizer nada" (pp. 105-6).

c) "A ameaça com armas, acompanhada da exigência de deixar-se revistar ou de entregar imediatamente uma coisa, constitui roubo e não extorsão. A prova terminante disso... encontra-se no art. 167, inc. 1º, de acordo com o qual o roubo fica qualificado quando é cometido em local deserto e com armas. É evidente que ali a lei não se refere à arma já empregada causadora de lesões, porque a existência de lesões ou constitui um delito especial, art. 166, ou colabora materialmente com o roubo. A lei refere-se simplesmente ao emprego de armas, como, por exemplo, um revólver, mesmo que não se dispare ou fira alguém. Se essa conclusão não fosse admitida, o resultado seria o da quase total inaplicabilidade do referido agravante, porque o puro fato de ameaçar com armas continuaria sendo extorsão..." (pp. 266-7).

10. – É típico da dogmática jurídica este tipo de raciocínio? "O art. 34, inc. 1º, do Código Penal argentino é ambíguo sobre se o erro de direito exime ou não de pena (contém uma ambiguidade sintática, pois quando diz que não são puníveis os que agirem em estado de 'inconsciência, erro ou ignorância de fato não imputável', a expressão 'de fato' pode se referir ao erro ou à ignorância ou apenas a essa última). É preciso aproveitar essa ambiguidade para escolher a solução axiologicamente preferível, ainda que não tenha sido pensada pelo legislador. Não há dúvida de que a solução mais justa é a que perdoa quem cometeu um delito acreditando que sua conduta era lícita (ou seja, incorrendo em um erro de direito), visto que a imposição de uma pena a um indivíduo só é justificada moralmente quando esse indivíduo agiu sabendo que sua conduta era punível. Só assim se garante que a pena não constitua uma interferência imprevista nos projetos de vida dos indivíduos."

11. – As teorias dogmáticas descrevem alguma coisa, como a teoria geral do delito? Que funções cumprem? Quais são suas semelhanças e diferenças com as teorias das ciências naturais?

12. – Que função se pretende satisfazer com a determinação da "natureza jurídica" de uma certa instituição? Como se descobre tal natureza jurídica?

13. – Como afetaria o sentimento de segurança jurídica (ou seja, a ideia de que podemos saber de antemão qual é o nosso *sta-*

tus jurídico em cada situação) o fato de a dogmática jurídica mostrar abertamente as indeterminações apresentadas pelo direito positivo?

14. – Comente esta tese hipotética: "A ideia de que os teóricos do direito têm como propósito a reformulação do sistema jurídico, de modo que proporcione aos juízes um conjunto mais completo e coerente de soluções adequadas do ponto de vista valorativo, segue de mãos dadas com a ideia de que os juízes são competentes para criar direito, decidindo questões de natureza ideológica e política. Essa última ideia desconhece o princípio de divisão de poderes, que é um dos fundamentos do sistema democrático ao reservar apenas aos órgãos representativos do povo a missão de tomar partido em matéria valorativa. A função dos juízes é apenas técnica – a de aplicar a legislação vigente –, e a ciência do direito deve se limitar a assisti-los nessa função, fornecendo uma descrição objetiva dessa legislação."

15. – Prepare um breve ensaio analisando estas palavras do professor Eugenio R. Zaffaroni (*Teoría del delito*, Buenos Aires, 1973).
"Perante um conjunto de disposições legais, o jurista encontra-se na mesma situação que o físico: deve colher os dados, *analisá-los* (*dogmas*), estabelecer as semelhanças e diferenças e *reduzir* o que opera igual sob uma aparência pré-analítica de diversidade. Depois deve elaborar uma teoria (*construção*) em que cada um deles encontre sua posição e explicação. Por último, deve propor hipóteses com o intuito de verificar se essa teoria funciona conforme a totalidade, se não há elementos que não encontram explicação adequada; ou seja, se alguma parte do 'todo' a contradiz (em outras palavras: a teoria – construção – não pode estar em contradição com os textos legais)... As leis e os elementos que deduzimos de sua análise adequada são os 'fatos' do mundo jurídico. Assim como na física a matéria é uma construção – porque o que nos é dado não é a 'matéria' em si mesma, e, sim, uma quantidade de fatos 'copresentes' –, o mesmo acontece no direito com a lei: temos uma quantidade de disposições 'copresentes'. Essas precisam ser elaboradas em um sistema de proposições universais que, além de serem válidas

(de ter sentido), devem ser verificadas (*estabelecer seu valor de verdade: verdadeiras ou falsas*)" (pp. 22-3).

É conveniente que em seu ensaio você se proponha estas perguntas: Em que tipo de ciência se inclui a dogmática jurídica nesse texto (ver pergunta 2)? Em que se assemelha e se distingue esse modelo de ciência jurídica do proposto por Ross? Quais são os "fatos" que constatariam as proposições da dogmática jurídica: o fato de terem sido estabelecidas certas leis e de elas estarem vigentes ou o *conteúdo* dessas leis (ou seja, por exemplo, que o homicídio deva ser punido com prisão de 8 a 25 anos)? Como deveriam ser os enunciados da ciência jurídica, em um e em outro caso, para que fossem verificados em cada um desses tipos de "fatos"?

16. – A "doutrina dos autores" (ou seja, a dogmática jurídica) é em geral mencionada como uma fonte de direito; como se concilia esse caráter da dogmática com a função puramente descritiva que em geral é atribuída a ela?

17. – Em meados do século XIX, o promotor alemão Julius von Kirchmann proferiu uma conferência com o título "A jurisprudência não é ciência"; um de seus argumentos para defender a conclusão enunciada no título era que o objeto da "ciência" do direito – ou seja, as leis – não tem a regularidade e perdurabilidade dos fenômenos estudados pelas ciências naturais: "três palavras retificadoras do legislador transformam bibliotecas inteiras em lixo". Qual sua opinião sobre essa tese?

18. – Roscoe Pound concebe a ciência jurídica como uma parte do que denomina "engenharia social"; isso implica que a ciência jurídica tem por finalidade determinar de que forma a ordem jurídica pode ser utilizada para eliminar atritos sociais, conciliar pretensões contrapostas e satisfazer, na medida do possível, as necessidades humanas. A atual dogmática jurídica faz isso? Essa função é compatível com o caráter científico da "ciência jurídica"? Você acredita que o que Pound indica pode ser um propósito legítimo dos juristas teóricos?

19. – A admissão de que não há razões para que a teoria jurídica se limite a descrever o direito positivo e de que também é parte importante de seu propósito a discussão de princípios valorativos que justifiquem certa reformulação do sistema não

implica, por acaso, uma simples e fácil adesão à concepção jusnaturalista? Como é possível dizer que aquela admissão é compatível com o positivismo metodológico?

20. – Tente formular um princípio geral que substitua as normas enunciadas no exercício 4, mas que, ao contrário do princípio que você deve ter formulado nesse exercício, não seja equivalente a tais normas, permitindo, sim, resolver o caso – não previsto explicitamente por elas – de quem, tendo nascido no país, perdeu a cidadania argentina.

Capítulo VII
A valoração moral do direito

1. Introdução

O desenvolvimento de uma jurisprudência normativa – ou seja, de uma atividade intelectual voltada para o direito que não se limite a descrevê-lo e sistematizá-lo, mas que também encare de forma aberta a justificação de suas regulações e a proposta de interpretações valorativamente satisfatórias – deve enfrentar dois problemas filosóficos fundamentais.

O primeiro problema é se existem procedimentos racionais para justificar a validade dos juízos de valor, isto é, se há algum meio de demonstrar que um juízo de justiça ou bondade moral é verdadeiro ou válido, de tal modo que essa demonstração seja, em princípio, acessível a qualquer pessoa normal que estiver nas condições adequadas. Se a resposta a essa questão for negativa – como muitos céticos da categoria de Kelsen defenderam com firmeza –, então a suposta jurisprudência normativa não só não será uma ciência (coisa que, em si mesma, não nos deve preocupar especialmente), como também não será sequer uma atividade teórica racional. Será, na melhor das hipóteses, algo parecido com a poesia, que não pretende ampliar nosso conhecimento intersubjetivo (seja especulativo, seja prático), mas aguçar ou comover nossa sensibilidade.

O segundo problema é determinar quais são os princípios de justiça e moralidade social que permitem julgar as regulações e instituições jurídicas e quais são as implicações desses princípios sobre assuntos específicos (como o alcance dos direitos individuais básicos, a justificação da pena, os limites do paternalismo estatal etc.).

O primeiro problema mencionado – ou seja, a possibilidade de justificar racionalmente os juízos de valor – é o objeto de estudo do ramo da filosofia que se convencionou chamar *metaética* ou *ética analítica*. Nesse nível teórico, analisa-se o tipo de significado que caracteriza os termos éticos – como "bom", "justo", "correto" e seus opostos – e o significado dos juízos de valor – como "a pena de morte é injusta" –, já que a possibilidade de justificar racionalmente os juízos valorativos depende de qual classe de juízo eles são e que significado têm as expressões usadas de forma típica para formulá-los.

O segundo problema – ou seja, determinar os princípios básicos de justiça e moralidade e suas consequências específicas – é encarado no plano do que se denomina *ética normativa*. Aqui não se trata de analisar o caráter lógico dos juízos morais e o significado de "bom" ou "justo", mas de formular e justificar (supondo que isso seja possível) juízos morais e determinar quais ações ou instituições são boas ou justas.

Além desses dois níveis diferentes em que podem ser encaradas questões éticas, há um terceiro nível constituído pela chamada *ética descritiva* ou *sociológica*. Nele não se discute o caráter dos juízos de valor e o significado dos termos éticos (como faz a metaética), nem são formulados juízos de valor, determinando-se quais coisas são justas ou boas (como faz a ética normativa); são descritos, sim, os juízos de valor formulados em certa sociedade em determinada época, dando conta de quais coisas os membros dessa sociedade *consideram* justas ou boas.

Desses três planos do discurso ético, nos ocuparemos a seguir dos dois primeiros, que são os que têm relevância direta para o desenvolvimento de uma jurisprudência normativa.

A VALORAÇÃO MORAL DO DIREITO

Na próxima seção, apresentaremos de forma sucinta as diferentes teorias propostas para explicar o significado dos termos éticos e o caráter lógico dos juízos de valor (o que, como dissemos, é destinado em última instância a esclarecer a questão da demonstrabilidade de tais juízos).

Na seção subsequente, serão apresentadas algumas das concepções gerais de justiça ou moralidade que têm mais influência no pensamento atual.

Por fim, a última seção do capítulo será dedicada a analisar alguns problemas valorativos específicos que se apresentam em relação às instituições jurídicas.

2. Teorias sobre o significado dos conceitos e juízos morais (metaética)

As principais teorias propostas sobre o significado dos termos éticos (como "bom", "justo" etc.) e a respeito do significado dos enunciados valorativos (como "é injusto punir alguém pela conduta de outro") podem ser agrupadas (com certa liberdade e por razões de conveniência expositiva) como mostra o seguinte quadro:

Teorias descritivistas
- naturalismo ético
  - subjetivista
  - objetivista
- não naturalismo ético
  - subjetivista
  - objetivista

Teorias não descritivistas
- emotivismo ético
- prescritivismo ético

Outras posturas

a) As teorias descritivistas

Essas teorias defendem que os juízos de valor constituem enunciados descritivos de algum tipo de fato. Por conseguinte, afirmam que tais juízos, e também os termos éticos que aparecem neles, têm significado cognoscitivo. Tem sentido, portanto, atribuir verdade ou falsidade a um juízo moral e, em princípio, esses juízos podem ser justificados de forma racional.

No entanto, não há acordo entre os descritivistas sobre os fatos a que se referem os juízos morais e como se determina sua verdade ou falsidade. Esse desacordo origina as concepções que vamos examinar agora de maneira resumida.

1) O naturalismo

Como diz Nakhnikian (em *O direito e as teorias éticas contemporâneas*), essa concepção se caracteriza por defender que as palavras éticas designam propriedades observáveis e que os juízos de valor são verificáveis de forma empírica.

Contudo, os naturalistas divergem quanto a quais fatos observáveis são descritos pelos juízos de valor.

A posição naturalista *subjetivista* afirma que os juízos éticos se referem a sentimentos, atitudes etc. de alguém que pode ser – segundo as diferentes versões – o próprio falante, a maioria dos membros de determinado grupo social e assim por diante.

Para algumas dessas correntes, dizer, por exemplo, "embriagar-se é ruim" seria equivalente a dizer "o ato de embriagar-se suscita em mim uma atitude de desaprovação".

Essa postura foi objeto de intensas críticas. Uma dessas críticas é que ela não permite a existência de desacordos éticos genuínos, o que vai contra a impressão de senso comum de que tais desacordos são reais. De fato, segundo essa postura, se uma pessoa diz, por exemplo, "a pena de morte é injusta", e outra responde "a pena de morte é perfeitamente justa", não há nenhuma discordância entre elas, visto que uma está dizendo que a pena de morte provoca *nela* um sentimento desfavorável, enquanto a outra informa o sentimento favorável que a pena de morte suscita *nela*. É óbvio que ambas as coisas podem ser certas, por isso não haveria contradição entre os juízos que cada uma dessas pessoas formula e não se justificaria nenhum debate entre elas.

 Esse mesmo exemplo evidencia outro ponto fraco dessa concepção ética: ela faz os juízos morais aparecerem como enunciados puramente autobiográficos. Se eu digo que mentir é errado, que o casamento é uma boa instituição social, que a existência de um sistema de previdência social é uma exigência de justiça, não estou falando – segundo essa teoria – nem de mentir, nem do casamento, nem da previdência social; em todos esses casos estou falando, igualmente, de mim! (ou seja, do que eu aprovo ou desaprovo). Por exemplo, se um ladrão fosse descoberto por alguém que lhe dissesse: "roubar é moralmente incorreto, você não deve fazer isso", essa concepção dá margem a uma resposta deste cunho: "Quem se importa com o que você aprova ou desaprova? O que eu tenho a ver se meu ato provoca em você uma atitude desfavorável? De qualquer modo, agradeço a informação que você me deu sobre suas inclinações psicológicas e retribuo informando que esse tipo de atos provoca em mim um sentimento decididamente favorável. Sobre gostos, não há nada escrito."

 Outra versão da teoria naturalista subjetivista evita alguns desses inconvenientes afirmando que os juízos valorativos não descrevem os sentimentos ou atitudes do falante, mas sim os da maioria dos indivíduos de certo grupo social; "X é bom" vai querer dizer "a maioria das pessoas nessa sociedade aprova X". Essa versão permite a existência de genuínos desacordos éticos (que deveriam ser resolvidos por uma espécie de "pesquisa Gallup") quando se toma como ponto de referência o mesmo grupo social, mas não dá lugar a desacordos reais quando menciona diferentes grupos sociais. Por outro lado, não fica claro qual é o grupo social que deveria ser tomado como ponto de referência. Observe-se, por último, que, segundo essa concepção, se a sociedade estiver dividida sobre a justiça ou injustiça de certa instituição social, como, por exemplo, a pena de morte, a minoria estará necessariamente equivocada ao afirmar, digamos, que a pena de morte é injusta (pois se "justo" quisesse dizer "o que a maioria aprova", a pena de morte seria *justa* nessa sociedade). Sob essa concepção, seria impossível, por falta de linguagem apropriada, que um membro da minoria tentasse convencer a maioria da validade de sua opinião moral por meios racionais.

Algumas concepções naturalistas são de caráter *objetivista*, pois defendem que os juízos valorativos descrevem fatos verificáveis de forma empírica, que não consistem meramente em atitudes ou sentimentos de certas pessoas.

O utilitarismo – ou seja, dito de modo rudimentar, a doutrina de que se deve fazer o que leva a aumentar a felicidade da maioria – é uma teoria moral *normativa*, e como tal será estudada mais adiante, mas, às vezes, esteve combinada com essa teoria *metaética* (embora também tenha sido defendida por filósofos que adotam concepções não naturalistas ou não descritivistas sobre o caráter lógico dos juízos de valor). Quando o utilitarismo está associado ao naturalismo objetivista, *identifica-se*, por exemplo, o significado de termos como "bom" ou "correto" com "o que provoca um aumento da felicidade geral". P. B. Perry (em *Realms of Value*) afirma, por exemplo, que "moralmente correto" significa "ser conducente a uma felicidade harmoniosa", e acrescenta que, com essa definição, os juízos morais aparecem como enunciados sobre fatos observáveis e são, por conseguinte, *empiricamente verificáveis*. Há, sem dúvida, algumas outras variantes, diferentes da que se combina com o utilitarismo, da tese de que os juízos de valor descrevem fatos observáveis que não consistem em atitudes de aprovação ou desaprovação de certas pessoas.

O naturalismo em geral e o naturalismo objetivista em particular foram objeto de críticas muito intensas.

Uma delas, originada em G. E. Moore, objeta ao naturalismo o cometimento de uma falácia, chamada por esse autor, precisamente, a "falácia naturalista". Há várias interpretações sobre qual seria a falácia que, segundo Moore, cometeriam os naturalistas. De acordo com uma dessas interpretações, tal falácia consistiria em confundir o plano dos fatos empíricos com o plano dos valores (isso foi interpretado por outros filósofos como uma transgressão da suposta condenação de Hume de toda tentativa de passar do "ser" para o "dever ser"). No entanto, como mostrou W. Frankena (em *The Naturalistic Fallacy*), a acusação de que os naturalistas cometem essa "falácia" pressupõe exatamente o que se quer demonstrar com tal imputação – ou seja, que o naturalismo é falso –, já que se se partisse da tese naturalista, não haveria nenhum "abismo lógico" entre o plano valorativo e o plano dos fatos empíricos (visto que o primeiro se reduz ao segundo), e não se cometeria nenhuma falácia ao identificar enunciados do primeiro tipo com enunciados do segundo tipo. Portanto, essa crítica de Moore ao naturalismo depende, na realidade, da validade da que mencionaremos a seguir.

Moore afirmou que o naturalismo, em qualquer uma de suas variantes, não reflete de forma correta o significado que em geral é atribuído aos termos éticos. Para justificar essa asserção, ele recorreu ao argumento denominado em geral de "a pergunta aberta": defendia que, seja qual for a propriedade natural proposta como parte do significado de um termo como "bom", sempre cabe a possibilidade de concordar em que um objeto tenha a propriedade natural em questão e, não obstante, perguntar de modo significativo "mas é verdade que o objeto é bom?" (por exemplo, se "bom" for identificado com "o que aumenta a felicidade geral", podemos dizer: "Já sei que a pena de morte tem consequências que causam mais felicidade do que infortúnio para a maioria das pessoas, mas, apesar disso, é boa?"). Segundo Moore, o fato de sempre podermos racionalmente fazer esse tipo de pergunta, qualquer que seja a propriedade natural com que se pretende associar o significado dos termos éticos, mostra que tais termos não podem designar propriedades naturais; do contrário, dizer que algo tem a propriedade natural em questão, mas que não é bom, seria contraditório.

Os naturalistas tentaram responder a esse argumento assinalando o caráter vago e a ambiguidade de palavras como "bom" ou "correto" na linguagem ordinária, que é o que, segundo eles, dá sentido a perguntas como as indicadas por Moore. No entanto, essa resposta lança mais indagações do que soluções, pois obriga a perguntar o que fazem os naturalistas quando definem as palavras éticas em relação a propriedades naturais (se é que tais definições não pretendem refletir fielmente o uso comum da linguagem) e como justificam as definições propostas.

2) O não naturalismo

As sérias falhas que G. E. Moore (juntamente com muitos outros filósofos) observou nas teorias descritivistas naturalistas levaram-no a adotar uma postura não naturalista, que, por razões que veremos mais adiante, também é chamada intuicionista. Essa postura afirma que os juízos de valor são descritivos – podem ser verdadeiros ou falsos –, porém não são verificáveis de modo empírico, visto que os fatos que descrevem não são "naturais".

Moore defendia que o fracasso das definições naturalistas de termos como "bom" mostra que os termos éticos são *indefiníveis*, não sendo possível representar seu significado com palavras não éticas.

Uma das razões que Moore alegava a favor da indefinibilidade de termos como "bom" é que eles expressam conceitos *simples*, não analisáveis. Para que uma palavra possa ser definida, ela tem que representar um conceito complexo que possa ser decomposto em propriedades mais simples. "Bom" parece com palavras como "amarelo" no fato de designar propriedades simples, que não podem ser analisadas em termos de outras; assim como não é possível definir verbalmente "amarelo", também não é possível definir "bom".

Porém, embora seja verdade que não se pode dar uma definição verbal de "amarelo", pode-se apresentar o que chamamos no capítulo V de "definição ostensiva"; podemos indicar diversos objetos amarelos com a esperança de que o aprendiz do idioma abstraia a propriedade que eles têm em comum. A palavra "bom" pode ser definida ostensivamente? Parece que não da mesma forma que "amarelo", já que, segundo Moore, "bom" se distingue de "amarelo" por se referir a uma propriedade simples e, além disso, *não natural*. Enquanto a amarelidez de um objeto é determinada pela observação dos sentidos, a bondade de um ato só é captada, de acordo com Moore, por uma mera *intuição* intelectual. Moore fundamentava sua asserção na ideia de que, apesar da multiplicidade de aplicações de um termo como "bom", quando as pessoas pensam no que é bom têm um único objeto em sua mente.

Autores como Sidgwick, Pritchard, Ross, Hartmann etc. também defenderam uma postura intuicionista. D. Ross, em especial, apresentou uma teoria intuicionista bem elaborada que, ao contrário da de Moore (que defendia o utilitarismo como postura de ética normativa), não é *consequencialista*, isto é, não faz a correção ou incorreção dos atos depender de suas consequências, mas de certas propriedades intrínsecas. Para Ross, segundo expõe W. D. Hudson (em *A filosofia moral contemporânea*), um ato é obrigatório *prima facie* quando tem uma tendência a ser reto de acordo com algum componente de sua natureza; em contrapartida, é obrigatório "a seco" quando é reto de acordo com sua natureza inteira. Um ato é justo ou obrigatório quando sua justiça ou obrigatoriedade *prima facie* supera sua injustiça ou não obrigatoriedade *prima facie*. Como é feita essa comparação entre os aspectos do ato que determinam cada uma das propriedades mencionadas? Ross responde que por *intuição*; todo aquele que tem uma consciência moral desenvolvida percebe em que medida a justiça de um ato ultrapassa sua injustiça.

A pretensão de que há certa faculdade intelectual – a intuição – que nos permite *conhecer* certa realidade moral diferente da realidade empírica foi objeto de severas críticas. Em geral tais críticas admitem que, para que se possa dizer de maneira legítima que se conhece a verdade de X, devem ocorrer três condições: *1)* deve-se acreditar em X, *2)* X deve ser verdade e *3)* deve-se *justificar* essa crença mostrando que ela está fundamentada em provas aceitáveis; a pessoa deve *ter direito* de defender a crença em questão (do contrário, se diria que quem acreditou no que se tornou verdadeiro não *soube* disso, mas sim "adivinhou"). Quando à pergunta como alguém conhece X se responde "por intuição", pretende-se justificar sua crença na verdade de X, porém, na realidade, o que se diz não passa de outra forma de expressar que se acredita em X, que se tem certeza da verdade de X (o que constitui uma condição necessária, mas não suficiente, do conhecimento).

Por outro lado, como se distingue uma intuição verdadeira de uma falsa? Se temos o "palpite" de que um cavalo vai ganhar certa corrida, saberemos que essa intuição foi acertada ou não através de *observações empíricas* posteriores; mas como podemos fazer essa distinção em âmbitos nos quais se defende que a única maneira de adquirir conhecimento é por meio da intuição? Se não confiamos cegamente na intuição em âmbitos onde ela compete com a observação empírica (só um louco cobraria o prêmio por um cavalo que ele viu, com seus próprios olhos, chegar em último, mas que sua intuição lhe disse que ganharia a corrida), por que deveríamos confiar na intuição quando não podemos recorrer à experiência empírica como última corte de apelação sobre a verdade de uma proposição?

A teoria do *mandado divino* também é uma teoria descritivista não naturalista – porém, ao contrário da anterior, não *objetivista*, mas sim *subjetivista*. Essa é a teoria de que "bom" ou "correto" *significam* "ordenado por Deus", e "mau" ou "incorreto", "proibido por Deus". Ou seja, dizer, por exemplo, que mentir é mau é o *mesmo* que dizer que foi proibido por Deus.

Essa teoria deve ser cuidadosamente diferenciada, como diz Frankena, da teoria que afirma que Deus *revela* aos homens o que é moralmente correto e incorreto, sem que isso implique afirmar que "moralmente correto" seja *equivalente* a "ordenado por Deus". (Alguém pode afirmar que o fato de algo ser bom depende, em última instância, dos desígnios divinos, sem que isso implique identificar o significado de "bom" com "ordenado por Deus".)

Como veremos depois, filósofos religiosos da competência de Santo Tomás de Aquino rejeitaram a teoria do mandado divino como explicação dos conceitos e juízos éticos.

Além dos inconvenientes de toda teoria não naturalista, já mencionados, essa teoria em particular tem que enfrentar a conhecida dificuldade que já foi evidenciada por Sócrates no *Eutífron*, quando perguntava a seu interlocutor: "Algo é correto porque Deus ordena, ou Deus ordena algo porque é correto?" Se alguém responder, como deve responder quem acredita na bondade absoluta de Deus, que Deus ordena algo porque isso é bom ou correto, então deve abandonar a teoria de que "bom" ou "correto" significa apenas ordenado por Deus. Em contrapartida, se alguém responde que algo é bom ou correto porque Deus ordena, então não tem sentido dizer que Deus é bom, já que isso significaria apenas que Deus faz o que Ele mesmo ordena.

> Por outro lado, se "bom", "justo" etc. significassem "ordenado por Deus", seria preciso concluir que quando um ateu formula juízos morais ou é incoerente com seu ateísmo ou está usando os termos éticos com um significado diferente do habitual. Não haveria possibilidade de discussão moral com alguém que não tem fé religiosa, não porque sua moral fosse equivocada, mas porque, segundo essa concepção, ele não pode empregar a linguagem da moral.

Todas as teorias descritivistas, sejam naturalistas ou não naturalistas, se tornaram objeto de outra crítica geral, além das objeções específicas que fomos mencionando em cada caso: Se o significado dos termos éticos for identificado com certos *fatos* – sejam empíricos ou metafísicos, subjetivos ou objetivos –, então não fica completamente explicada a "dimensão prática" ou o caráter " dinâmico" dos juízos de valor, isto é, o fato de tais juízos apelarem para a *ação* ou para a *escolha*. Há certa inconsistência prática entre dizer que algo é bom ou correto e a não realização da conduta ou a não escolha do objeto em questão. Se os termos éticos só se referissem a certos fatos, não haveria nada de estranho na afirmação do mentiroso consuetudinário que diz: "eu estou totalmente de acordo que mentir é ruim". Se além de mentiroso, o tachamos de hipócrita, é porque percebemos que a formulação de juízos valorativos, como "mentir é ruim", implica adotar certo compromisso ou atitude em relação a agir de determinada maneira e não a mera descrição de determinados fatos. Por outro lado, a formulação de juízos morais também parece estar destinada a influenciar o comportamento de outros. Uma das formas de motivar as pessoas a adotarem certo rumo de ação é, precisamente, indicando-lhe o que é moralmente correto ou incorreto.

Essa dimensão prática do discurso moral, que parece não ser explicada pelas teorias que defendem que os juízos valorativos descrevem certos fatos, é um dos fenômenos que se propõem, sobretudo, esclarecer as teorias metaéticas que analisaremos a seguir.

b) As teorias não descritivistas

Essas teorias diferem das expostas antes por afirmarem que os juízos de valor se caracterizam por não serem *essencialmente* descritivos de certos fatos. Isso está vinculado com a ideia de que os termos éticos não têm – ou não têm de forma exclusiva – significado cognoscitivo: eles não designam de modo característico propriedades fácticas, sejam objetivas ou subjetivas, empíricas ou supraempíricas. A implicação dessa concepção dos juízos morais é que eles não podem ser verdadeiros ou falsos. Não são formulados com o propósito de transmitir informação sobre como é a realidade, mas com outros propósitos, por exemplo, o de influenciar a conduta das pessoas. Obviamente, isso gera dúvidas radicais sobre a possibilidade de justificar de modo racional nossos juízos de valor, por isso o não descritivismo em geral é acompanhado de um ceticismo, que pode ser mais ou menos extremo, em relação ao papel da racionalidade em matéria ética.

Das diferentes teorias não descritivistas que foram formuladas, mencionaremos aqui a teoria emotivista de Stevenson e a prescritivista de Hare.

1) O emotivismo

A teoria emotivista em matéria ética tem diversos antecedentes, tais como algumas explanações do chamado "positivismo lógico" – sobretudo por parte de A. J. Ayer. Porém, quem fez uma formulação mais articulada dessa concepção foi Charles Stevenson (em *The Emotive Theory of Ethics*).

Segundo Hudson, Stevenson observa três traços distintivos do discurso moral: *primeiro*, que ocorrem genuínos acordos e desacordos éticos; *segundo*, o fato de os termos morais terem certo "magnetismo", ou seja, conterem um apelo à ação; *terceiro*, o fato de o método empírico de verificação não ser suficiente na ética.

Quanto ao primeiro traço do discurso moral, Stevenson distingue entre acordo ou desacordo de *crenças* e acordo ou desacordo de *atitudes*. Na adoção de uma postura moral perante certa questão, incidem tanto nossas crenças sobre os fatos relevantes como nossas atitudes de aprovação ou desaprovação em relação a esses fatos. Em uma controvérsia moral, podemos estar de acordo nas crenças, mas ter atitudes divergentes, ou, ao contrário, ter as mesmas atitudes, mas diferir em nossas crenças fácticas (por exemplo, podemos ser contra alguém que diz que a pena de morte é justa porque divergimos de sua crença em que ela diminui a criminalidade ou porque, mesmo compartilhando essa crença, temos uma atitude desfavorável ao fato de o Estado privar alguém da vida, quaisquer que sejam os benefícios sociais de tal medida).

Segundo Stevenson, os juízos morais têm a dimensão prática ou dinâmica, apontada como segundo traço, porque seu uso principal não é informar sobre fatos – nem sequer, como pensavam os naturalistas subjetivistas, *descrever* atitudes –, mas sim *expressar* atitudes e *provocá-las* nos outros. Esse significado emotivo dos juízos morais é, de acordo com Stevenson, seu traço distintivo, sem impedir que os juízos morais também tenham para ele um significado descritivo, que ocorre junto com o anterior. O significado emotivo expressa a atitude e o significado descritivo representa a crença. (Para distinguir a expressão da descrição, considere-se a diferença entre as palavras "ai" e "dor".)

> Essa ideia do significado emotivo de um juízo moral ou de um termo ético supõe, como diz Hudson, adotar uma concepção *causal* sobre o significado das palavras. Isso implica passar da concepção do significado como o *sentido* e a *referência* das palavras (ou seja, as propriedades que designam e as coisas que denotam) para a concepção do significado como o *uso* das palavras. Implica também a concepção que caracteriza esse uso não por *regras* ou *convenções* linguísticas, mas pelos *processos psicológicos que causam ou são causados* pelo uso das palavras. O significado de uma palavra é, segundo Stevenson, a propriedade disposicional que essa palavra tem para causar, ou ser causada por, certos processos psicológicos no ouvinte ou no falante, respectivamente.

De acordo com Stevenson, um juízo moral como "isto é bom" poderia ser traduzido como "eu aprovo isto, aprove você também". A primeira parte teria significado descritivo, ou seja, *informa* sobre a atitude de quem fala, enquanto a segunda parte – "aprove você também" – teria significado emotivo, ou seja, tenta *provocar* uma atitude no ouvinte. (No entanto, Stevenson alerta que isso é uma supersimplificação, visto que tanto o significado descritivo quanto o emotivo podem adquirir uma grande variedade de formas – por exemplo, já vimos que o significado emotivo pode consistir em *expressar* uma atitude.)

Em relação ao terceiro traço, constituído pelo fato de o método empírico não ser suficiente para o discurso moral, Stevenson destaca que só no que concerne ao desacordo de crenças podem ser dadas razões a favor de uma ou outra postura moral. Não podem ser oferecidas *razões* a favor da adoção de certa atitude ou contra ela; a única coisa que pode ser feita é criar *causas* para influenciar tal atitude. Uma das formas de determinar causalmente as atitudes das pessoas é por meio do que Stevenson chamou de *"definição persuasiva"*, ou seja, como já vimos no Capítulo V, uma definição que altera o significado descritivo de uma palavra para que seu significado emotivo se destine a objetos diferentes dos que se destinava antes (por exemplo, como a palavra "democracia" tem um significado emotivo favorável, alguém poderia tentar redirecionar as atitudes de aprovação das pessoas para uma forma de organização social diferente da que a palavra usualmente denota, dizendo "a verdadeira democracia é o governo dos mais capazes a serviço de todo o povo").

A teoria emotivista – chamada às vezes, pejorativamente, teoria do *"boo-hurrah"*, porque parece identificar a linguagem moral com exclamações de agrado ou desagrado – foi objeto de distintas objeções.

Uma dessas objeções é que ela destrói a moralidade, visto que se o significado do discurso moral é sobretudo emotivo, não há como decidir de forma racional entre juízos morais contrapostos.

> Hudson responde a essa crítica dizendo que a teoria emotivista, como teoria metaética, não tem nada a ver com a adoção ou não de certas posturas morais, e destaca o fato de que alguns emotivistas – como A. Ayer e Bertrand Russel – foram firmes defensores de certas causas morais e ideológicas. No entanto, essa resposta não é muito satisfatória, visto que se pretendemos que nossa conduta seja racional, não dá na mesma defender uma postura moral acreditando que há razões para apoiá-la e fazer isso sabendo que há apenas uma atração emotiva por ela, que talvez fomos induzidos a adotar e poderíamos conseguir, por meios não racionais, que outros

a adotem. Seja ou não coerente com suas convicções teóricas, sem dúvida quando Bertrand Russell defendia sua postura pacifista pretendia dar *razões* que a apoiassem e não meramente exercer uma influência causal sobre seus ouvintes, como poderia ter tentado fazer recorrendo a técnicas de propaganda subliminar ou hipnotizando seus interlocutores. Se, por exemplo, estar a favor da pena de morte ou contra ela fosse apenas uma questão de atitude emocional – como sentir-se ou não atraído pelas paisagens montanhosas, pelas mulheres de olhos verdes ou pelas sinfonias de Brahms – e os "argumentos" que pudéssemos dar a favor de nossa postura estivessem no mesmo plano (salvo no que se refere às possíveis crenças envolvidas) que os diferentes meios que podem ser empregados para exercer influência causal sobre as pessoas, muitos concluiriam que discutir sobre a moralidade, por exemplo, da pena de morte vale tanto a pena quanto gritar "Boca!" ou "River!" no campeonato argentino de futebol.

A resposta à crítica de que o emotivismo mina a moralidade não parece ser que não faz isso – porque *faz* –, mas sim que o fato de uma teoria metaética ter efeitos morais perniciosos não constitui nenhuma razão para pensar que a teoria é inválida (como dizia Hume, não há pior argumento contra uma teoria do que o que destaca as consequências daninhas que sua adoção generalizada acarretaria).

A crítica mais comum e plausível é a que acusa Stevenson de confundir o *significado* de um enunciado ou expressão com os *efeitos* que pode causar o uso de tal enunciado ou expressão. Como diz Hudson, o significado de uma palavra é determinado por regras e convenções linguísticas; em contrapartida, os efeitos psicológicos que pode ter o emprego de certa expressão é uma questão fáctica contingente.

Desse modo foi salientado, contra o emotivismo, que uma oração pode ter efeitos psicológicos muito diferentes em diversas pessoas e ocasiões, sem que por isso seu significado seja alterado. A oração "pegou fogo" não muda de significado porque às vezes pode ocasionar alarme, outras vezes uma atitude de curiosidade e outras, ainda, uma sensação de alívio pelo êxito obtido em uma experiência de laboratório.

Esse exemplo mostra também que o fato de que, ao empregar uma oração, se expressem ou provoquem emoções não exclui o caráter descritivo da oração em questão. G. J. Warnock (em *The Object of Morality*) destacou também que teorias que explicam o significado da linguagem ética pelos efeitos do emprego de tal linguagem não dão conta do discurso moral realizado em solilóquio. Muitas vezes discorremos mentalmente sobre qual é o rumo de ação correto, sem pretender dar corda a nossas emoções, nem gerá-las nos demais.

A teoria que veremos a seguir tenta superar alguns desses inconvenientes do emotivismo, preservando ao mesmo tempo suas principais vantagens, ou seja, o fato de abrir espaço para a dimensão prática ou dinâmica do discurso ético, explicar – de maneira mais eficaz que o intuicionismo – por que o significado das expressões éticas não parece se esgotar na designação de certas propriedades naturais e dar conta do que há em comum nos usos tão diversos de termos como "bom".

2) O prescritivismo

A teoria metaética prescritivista foi formulada e desenvolvida por R. M. Hare (sobretudo em *El lenguaje de la moral*).

Segundo Hare, os termos valorativos são usados para dar conselho ou orientação para ações e escolhas. Se se pressupõe que o significado principal desses termos é descritivo, desaparece essa função que os termos valorativos têm, pois ao dizer, por exemplo, que algo é bom, estaríamos apenas atribuindo-lhe certas propriedades e não *recomendando* o objeto por ter essa propriedade.

Isso não quer dizer, destaca Hare, que o uso dos termos valorativos não tenha relação com as propriedades dos objetos. Pelo contrário, uma das características das valorações é que elas dependem das propriedades fácticas das coisas; não tem sentido valorar de modo diferente dois objetos ou ações, se não é possível indicar diferenças fácticas entre eles. Porém, isso não quer dizer que quando valoramos tais objetos descrevemos essas propriedades; a referência a elas faz parte do critério em que nos baseamos para recomendá-los, e é nessa recomendação que consiste a valoração. Os critérios considerados para a valoração constituem o significado *descritivo* dos termos valorativos, mas o que os distingue como tais é seu significado *prescritivo*.

Por conseguinte, segundo Hare, os juízos de valor são *prescrições*. Isso quer dizer que dos juízos de valor podem ser deduzidos imperativos, e que assentir com sinceridade em um juízo de valor implica assentir no imperativo que se deduz dele (o que implica, por sua vez, estar disposto a agir, se ocorrerem as condições, em conformidade com o imperativo em questão). Por exemplo, do juízo de valor "não se deve fumar", se deduz o imperativo "Não fume!". No entanto, isso não significa que os juízos de valor sejam *equivalentes* a imperativos. Perante um juízo de valor, mas não necessariamente perante um imperativo, é sempre legítimo reclamar pelas *razões* que o apoiam, e essas razões estão vinculadas a critérios que, como vimos, referem-se a dados fácticos (como diz Hare, seria absurdo que alguém se queixasse de que os vagões de um trem, nos quais há um cartaz com o imperativo "não fumar", não diferem em nada dos vagões nos quais não há essa indicação; porém, em compensação, se um amigo nos formula o juízo valorativo "neste vagão não se deve fumar", tem sentido perguntar-lhe qual é a diferença entre esse vagão e os demais – talvez a diferença seja que nesse vagão está o cartaz "não fumar", ou que ali viajam muitas crianças etc.).

Outra diferença importante, vinculada com a anterior, entre os juízos de valor e os simples imperativos é que os juízos de valor são suscetíveis de serem *universalizados*. Segundo Hare, os juízos de valor são *prescrições universalizáveis*. Isso quer dizer, em termos sucintos, que o que um juízo moral subscreve assume logicamente o compromisso de estender o mesmo juízo moral a todas as situações que tenham as mesmas propriedades fácticas relevantes para o juízo moral em questão. Por exemplo, se alguém diz "devo processar

Fulano porque me deve dinheiro", está logicamente comprometido a aceitar a conclusão de que, se ele próprio devesse a outro, deveria ser processado, exceto se estivesse em circunstâncias especiais que eximissem qualquer pessoa de ser processada. De acordo com Hare, a recomendação de um objeto ou de uma ação envolve necessariamente a recomendação de todos os objetos e ações que são similares nos aspectos relevantes.

O fato de os juízos morais e os valorativos em geral serem universalizáveis é, para Hare, uma característica sumamente relevante do discurso moral e um dos traços que determinam sua racionalidade (ou seja, isso permite que no discurso moral possam ser apontadas *razões*). Esse autor defende que há uma certa analogia entre a lógica do raciocínio moral e o método "hipotético-dedutivo" proposto por K. Popper como reconstrução da lógica da investigação científica. Segundo Popper, no âmbito científico, de uma hipótese geral, juntamente com um enunciado que se refere à ocorrência de certas condições iniciais, se deduz uma previsão que deve ser comprovada de maneira empírica (se ela for refutada, a hipótese da qual deriva deve ser rejeitada). Hare estende esse esquema ao raciocínio moral, dizendo que nele também se parte de uma hipótese universal – como, "todos os devedores devem ser processados" – junto com um enunciado sobre condições iniciais – como, "eu sou um devedor" – e se deduz uma prescrição particular – como, "eu devo ser processado". No plano moral não se trata de comprovar de forma empírica uma *previsão* para ver se a hipótese geral é mantida, mas de determinar se poderíamos aceitar uma *prescrição* particular (no caso real ou hipotético de que nos fosse aplicável), para ver se é mantido o juízo valorativo universal. Para fazer essa determinação devemos, segundo Hare, apelar para a imaginação (devemos nos imaginar na situação de cada um em que a prescrição particular seria aplicável) e considerar as inclinações e interesses das pessoas que podem ser nossos interlocutores em uma controvérsia ética (se, por exemplo, queremos convencer alguém da invalidade de um certo juízo moral, podemos mostrar-lhe que, uma vez devidamente universalizado, surge como consequência lógica uma prescrição que ele não está inclinado a aceitar). De acordo com Hare, o fato de os juízos morais serem universalizáveis e de isso implicar a contemplação dos interesses de todos os afetados – "colocando-se no lugar" de cada um e vendo se alguém aceitaria, nesse caso, as prescrições correspondentes – fornece apoio lógico à teoria normativa utilitarista segundo a qual cada um tem direito à mesma consideração.

> Hare afirma, ao contrário de Stevenson, que em matéria moral é possível oferecer *razões* e não somente gerar *causas* de atitudes, porque, como vimos no parágrafo anterior, ele supõe que pode haver relações lógicas entre prescrições. Para mostrar isso, Hare distingue em toda oração entre o que ele chama "frástico" e "nêustico". O *nêustico* é o que expressa o fato de a oração ser usada no modo imperativo, indicativo etc. (ou seja, para informar sobre algo, para ordenar certa conduta etc.). O *frástico* é o que, por exemplo, têm em comum uma ordem como "João, abra a janela" e um enunciado indicativo como "João abrirá a janela", ou seja, é a representação de um certo estado de coisas, estado de coisas que em um caso é ordenado e no outro é afirmado. Segundo Hare, as relações lógicas entre orações acontecem em virtude de seus frásticos e não de seus nêusticos; isso é o que torna possível que de uma combinação de prescrições e juízos indicativos possam ser deduzidas prescrições.

A teoria de Hare foi objeto de um extenso e profundo debate nos países de língua inglesa, no transcurso do qual lhe foram formuladas muitas objeções; a teoria foi bravamente defendida por seu autor.

Uma das críticas mais difundidas é que essa teoria confunde o *significado* com a *força* das orações valorativas (ver essa distinção no Capítulo V), ou seja, o que alguém *diz* com essas orações com o que alguém faz ao empregá-las em certos contextos. Nesse sentido, Warnock defende que o prescritivismo incorre em um equívoco semelhante ao do emotivismo. Enquanto essa última concepção concentrava-se nos *efeitos* que as pessoas procuram obter com a linguagem ética, o prescritivismo pretende que a chave para identificar os juízos de valor esteja no que as pessoas *fazem* quando formulam tais juízos; mas as pessoas podem fazer com a linguagem moral uma variedade de coisas que não são privativas dessa linguagem – exortar, aconselhar, condenar, insultar, apenas descrever etc. Segundo Warnock, não há nada de particular na *linguagem* moral, se não for a matéria de que trata.

Na mesma linha de argumentação, Kurt Baier defende que é completamente equivocado supor que pelo fato de as prescrições, ordens etc. terem relação com o que se deve fazer, a pergunta "que devo fazer?" possa ser respondida com uma ordem. Quando alguém faz essa pergunta não busca, em geral, receber uma ordem, um pedido ou uma súplica; procura saber qual é o melhor rumo de ação; busca o conhecimento e não a autoridade de outro. Por outro lado, acrescenta esse autor, é totalmente errado supor que uma oração não pode ser ao mesmo tempo imperativa e verdadeira ou falsa (dá como exemplo o caso em que alguém diz a quem senta a seu lado no banco de um trem: "Aqui não se pode fumar!").

Outro tipo de crítica é que o prescritivismo de Hare, na realidade, não vai muito mais longe do que o emotivismo de Stevenson ao explicar como é possível o debate racional em matéria ética. O único avanço nesse sentido sobre o emotivismo consiste em ter destacado o fato de os juízos morais serem universalizáveis. Essa é, em suma, uma exigência de coerência um pouco mais extensa que a que surge do princípio lógico de não contradição. Porém, pode-se ser coerente na defesa de juízos valorativos insólitos. Como Hare reconhece, pode haver um fanático que defenda o juízo universal "todos os mulatos devem ser exterminados", mesmo depois de se imaginar na situação hipotética de ele mesmo ser mulato, e assentir com sinceridade na prescrição particular de que ele deve ser exterminado. Nesse caso, esse juízo seria um juízo moral, já que para esse tipo de enfoque os juízos morais se distinguem por sua *forma* e não por seu *conteúdo*. Isso é rejeitado pelas correntes de pensamento que supõem que o conteúdo dos genuínos juízos morais pode ser detectado atendendo, por exemplo, ao objeto da moral ou adotando o ponto de vista moral.

c) Outras posturas

Nesta seção trataremos sucintamente de algumas concepções metaéticas que foram desenvolvidas em época mais recente e que não são classificadas de forma satisfatória nas categorias precedentes.

Embora essas teorias estejam mais próximas do descritivismo do que do prescritivismo, já que defendem que há fatos empíricos que são relevantes para resolver as questões de valor, é conveniente, por razões didáticas, explicá-las à parte, visto que elas não *identificam* o significado dos termos éticos com certas propriedades específicas; afirmam, a bem dizer, que os fatos que os enunciados valorativos verificam são fatos empíricos complexos de natureza bem diversa, que adquirem relevância para verificar tais juízos por causa de certas características constitutivas do discurso moral. Essas concepções também defendem que a circunstância de os juízos morais poderem ser verdadeiros ou falsos por sua concordância ou discordância com certos fatos não é obstáculo para que se possa formular tais juízos com uma variedade de propósitos, entre os quais está o de orientar o comportamento dos demais.

Entre as várias concepções que se desenvolveram ultimamente com esses traços gerais, vamos mencionar duas.

1) A teoria do "ponto de vista moral"

Essa teoria foi exposta principalmente por Kurt Baier (em *The Moral Point of View*) e por W. Frankena (em *Ethics*).

Baier afirma que os juízos valorativos podem ser verificados de forma empírica. A verificação desses juízos é feita em relação a fatos complexos, que são relevantes segundo diferentes critérios para comparar e hierarquizar valorativamente diversos tipos de coisas. Nesse aspecto, as comparações e hierarquizações valorativas (ou seja, quando dizemos, por exemplo, que algo é melhor do que outra coisa ou que é bom) não diferem das comparações e hierarquizações fácticas (ou seja, quando dizemos, por exemplo, que um carro é mais rápido do que outro ou que é um carro veloz). A diferença importante entre os dois tipos de juízos é que, no caso dos valorativos, precisamos validar ou justificar os próprios critérios que nos permitem fazer as comparações e hierarquizações. A técnica de validação dos critérios referentes a objetos que envolvem propósitos (como no caso dos carros) baseia-se na satisfação desses propósitos.

A pergunta moral "que devo fazer?" se reduz à pergunta "o que é o *melhor* que posso fazer?". A questão é, então, determinar os critérios para julgar qual dos diferentes rumos de ação abertos ao agente é o melhor. O melhor rumo de ação é o que está apoiado nas melhores *razões*.

As razões são certos *fatos* que contam a favor de ou contra uma linha de ação, segundo determinadas crenças ou regras. Essas crenças ou regras "constitutivas de razões" não só estabelecem quais fatos são razões, como também determinam uma ordem hierárquica de razões.

> Kurt Baier descreve as crenças ou regras constitutivas de razões que estão vigentes na sociedade contemporânea, para depois se perguntar em que medida tais crenças são verdadeiras. Entre as regras *individuais* de razão que ele menciona estão as que indicam o fato de que algo é agradável para nós, que o desejamos ou que satisfaz nosso interesse a longo prazo ou que é agradável para outros constituindo razões para realizá-lo (dando-se preferência, quando são da mesma magnitude, às razões referentes a si próprio sobre as razões referentes a outros). Entre as regras *sociais* de razão, Baier menciona as que estabelecem que o direito, os costumes sociais, as regras de etiqueta etc. fornecem razões para agir (ou seja, que se algo está, por exemplo, proibido pelo direito, isto é uma razão

para não fazê-lo). As regras *morais* de razão são as que expressam as convicções morais vigentes em nossas sociedades.

Em seguida, Baier se pergunta se essas crenças ou regras de razão são verdadeiras. Afirma que não há dúvida de que as regras individuais de razão são verdadeiras, como se evidencia assim que percebemos quais seriam as consequências de aceitar suas opostas ou contrárias – por exemplo, o fato de algo ser agradável para nós seria uma razão para *não* fazê-lo. Que isso é absurdo fica claro se considerarmos que o propósito do "jogo do raciocínio" (ou seja, determinar qual rumo de ação está apoiado nas melhores razões) consiste em maximizar as satisfações e minimizar as frustrações. A questão de se preferimos satisfazer ou frustrar nossos desejos ou interesses não é uma questão de gosto; se alguém prefere frustrar de modo sistemático seus desejos ou interesses (não para satisfazer algum outro interesse ou desejo próprio ou alheio) seria visto como um louco.

Baier defende que se pode demonstrar que as razões morais são superiores às de autointeresse. Se as regras individuais de razão prevalecessem, isso nos mergulharia na situação que Hobbes chamou "estado de natureza", ou seja, uma situação em que cada um tentasse pela força fazer triunfar seus interesses. A própria razão de ser da moralidade é fornecer razões que prevaleçam sobre as razões de autointeresse naqueles casos em que se todas as pessoas buscassem seu próprio interesse, todas se prejudicariam. As pessoas devem ter moral porque a observância das regras morais é um benefício de todos por igual naqueles casos em que a busca do interesse de cada um geraria situações de conflito. Isso não quer dizer, é claro, que ter moral satisfaz o autointeresse de cada um em cada caso; se não houvesse conflito entre as razões morais e as de autointeresse, a moral seria desnecessária.

Por qual teste devem passar as convicções morais das pessoas para serem verdadeiras? Segundo Kurt Baier, esse teste é que elas se tornem aceitáveis uma vez que alguém adote o *ponto de vista moral*. Alguém adota esse ponto de vista quando não assume uma postura egoísta, age com base em *princípios* (o que implica que não faz exceções não previstas nos mesmos princípios), está disposto a universalizar esses princípios, e, ao fazer isso, considera o bem de todos por igual.

W. F. Frankena torna ainda mais explícita essa ideia dizendo que um juízo moral é verdadeiro quando for aceitável para qualquer pessoa que adotasse o ponto de vista moral. Segundo esse autor, alguém adota o ponto de vista moral quando: *a)* faz juízos normativos sobre ações, desejos, disposições, intenções, motivos, pessoas ou traços de caráter; *b)* está disposto a universalizar seus juízos; *c)* suas razões para tais juízos consistem em *fatos* sobre quais efeitos as coisas julgadas têm na vida dos seres sensíveis, em termos de promoção e distribuição de benefícios e prejuízos não morais; *d)* quando o juízo é sobre nós, nossas razões se referem aos efeitos de nossas ações ou disposições de outros seres sensíveis.

Frankena acrescenta que alguém tem uma moralidade apenas quando faz juízos normativos e age em conformidade com eles. Os juízos morais exigem de forma implícita um consenso de outros, um consenso não efetivo, mas hipotético, de todos os que, livremente e com pleno conhecimento dos fatos relevantes, adotaram o ponto de vista moral.

Como veremos em seguida, analisando a teoria *normativa* de justiça de John Rawls, esse filósofo seguiu essa mesma ideia de maneira mais elaborada, ao construir uma situação hipotética – que chama "posição originária" – de tal modo que os princípios aceitos por quem estivesse em tal situação seriam os verdadeiros princípios de justiça. Estar na posição originária de Rawls é equivalente à adoção livre e consciente do ponto de vista moral de que falam Baier e Frankena.

2) A teoria do "objeto da moralidade"

Segundo G. J. Warnock (em *The Object of Morality*), toda valoração tem um certo objeto, uma determinada função. Detectar qual é esse objeto ou função é essencial para determinar como deve ser feita a valoração em questão. Por exemplo, para estabelecer como devem ser valoradas as provas dadas aos alunos, devemos saber qual é o objetivo dessa valoração.

O objeto da valoração moral de ações de seres racionais (que são a matéria principal de tal valoração) consiste em contribuir para aliviar, através dessas ações, a dificuldade básica que a condição humana apresenta (o que esse autor chama *"the human predicament"*). Isso leva Warnock a tentar esclarecer, em primeiro lugar, qual é essa dificuldade básica e, segundo, de que forma a moralidade pode contribuir para aliviá-la.

A dificuldade básica da vida humana é dada, como vimos antes, pelo fato de os recursos serem escassos para satisfazer as necessidades das pessoas; os interesses dos indivíduos poderem estar em conflito; a informação e a inteligência serem limitadas; e também por ser limitada a racionalidade das pessoas para cuidar de seus próprios interesses; cada indivíduo ser dependente dos demais e vulnerável a agressões dos outros – apesar de que, considerando que as simpatias de cada indivíduo em relação aos interesses, necessidades e sentimentos dos outros também são limitadas, nem sempre os seres humanos estejam dispostos a cooperar com objetivos comuns e a prestar reciprocamente a ajuda de que precisam, sendo, sim, propensos a interferir, às vezes de forma hostil, na satisfação dos interesses dos outros. Desse modo, como Hobbes observava, se fosse deixado que as coisas seguissem seu curso "natural", a situação dos seres humanos tenderia a ser má, não "moralmente" má, porém má no sentido de que os homens teriam grandes dificuldades para obter a maior parte do que querem e precisam.

Warnock defende que o objeto geral da moralidade – cuja compreensão nos permite entender as bases da valoração moral – é contribuir para aliviar, ou pelo menos para não piorar, a dificuldade humana básica, não, evidentemente, fornecendo recursos ou aumentando o conhecimento, a inteligência ou a racionalidade, mas *expandindo as simpatias das pessoas pelos interesses e necessidades dos demais*.

De que forma a moralidade age para expandir as simpatias das pessoas pelos outros seres humanos?

Warnock defende que é ingênuo pensar, juntamente com os utilitaristas, que isso é feito infundindo de modo direto a inclinação para considerar os interesses, desejos e necessidades de *todos* (se cada um, particularmente, considerasse que rumo de ação seria mais benéfico para todos, possivelmente o resultado global não seria o mais benéfico para o conjunto; tal seria o caso de um exército em que cada soldado decidisse por conta própria qual rumo de ação é mais eficaz para ganhar uma batalha). Esse autor também não acredita que a moralidade atue através da imposição de um sistema de *regras* (porque seguir uma regra implica não levar em conta certas considerações especiais que podem surgir em casos particulares, e o raciocínio moral exige, pelo contrário, alcançar o melhor juízo com base na apreciação mais completa dos méritos de cada caso em particular). Warnock afirma que a moralidade, ao contrário do direito, também não atua através da coerção.

A moralidade atua, segundo esse autor, gerando nas pessoas *"boas disposições"*, ou seja, inclinações para agir voluntariamente de forma desejável e se abster de agir de forma prejudicial. As virtudes morais são aquelas disposições cuja tendência consiste em compensar de modo direto a limitação da simpatia humana para com os outros, e cujo exercício é benéfico para pessoas diferentes do agente.

Segundo Warnock, a consideração das diversas formas pelas quais a falta de simpatia para com os outros agrava a dificuldade básica da condição humana nos permite determinar quais são as *virtudes morais*. Os homens naturalmente podem agir de maneira prejudicial com os outros ou não prestar-lhes a ajuda de que eles precisam, podem ser parciais ou não equitativos perante as reclamações de diferentes pessoas ou enganar os demais; de todas essas formas, manifesta-se a falta de simpatia para com os demais, que é um ingrediente fundamental da dificuldade básica da vida humana. As virtudes ou disposições morais que compensam essas manifestações de falta de simpatia são as de *não maleficência, equidade, beneficência* e *veracidade*. A cada uma dessas virtudes corresponde um princípio moral, que é o que guia a conduta de quem possui a virtude em questão. Os princípios morais não determinam, de acordo com Warnock, como as pessoas devem viver; a moralidade é compatível com formas de vida muito diferentes; o que a moralidade faz é estabelecer um marco geral dentro do qual devem ser desenvolvidos os diversos planos de vida para não agravar a dificuldade básica da condição humana.

Warnock declara que os juízos morais podem ser verdadeiros ou falsos como todos os demais. Isso não quer dizer que há "qualidades morais" jazendo no mundo e prontas a serem descobertas pelos homens, mas sim que muitas questões morais podem ser definitivamente estabelecidas.

> Por exemplo, se um ditador fica sabendo que um grupo de professores idealistas, horrorizados pela crueldade e pelo caráter opressivo de seu regime, está buscando um meio de destituí-lo de maneira não violenta, e, para impedir o plano, o ditador trama um estratagema que consiste em mandar matar um embaixador de seu governo, acusar outro país desse fato, entrar em guerra com esse país, para despertar, assim, um violento sentimento nacionalista na população e aproveitar esse sentimento para liquidar os críticos, acusando-os de traidores, não há dúvida de que essa conduta é moralmente incorreta (ela viola praticamente todos os princípios morais destacados antes). Evidentemente que, diz Warnock, alguém poderia negar essa conclusão (as pessoas podem negar qualquer coisa); porém, nesse caso, temos direito a perguntar-lhe o que ele entende por "moralmente incorreto". Do mesmo modo que se alguém negar que a neve é branca, podemos duvidar de que conhece o significado de "branca"; se alguém afirmar que uma conduta como a descrita não é "moralmente incorreta", isso sugeriria que não conhece o significado de "moralmente incorreta". A palavra "moral" não é uma palavra vazia de significado, que pode receber, por consequência, qualquer sentido particular que nos venha à mente.

Já mencionamos a réplica que Warnock dirige a quem pensa que a linguagem da moral tem um uso que não é descritivo, mas emotivo ou prescritivo: não há nenhum "uso" peculiar da linguagem moral; essa linguagem pode ser usada com uma infinidade de propósitos – exortar, condenar, insultar, descrever etc. –, e nenhum desses "usos" é incompatível com o fato de que a proposição enunciada possa ser verdadeira ou falsa.

d) Uma breve nota sobre o relativismo e o ceticismo ético

Um dos obstáculos mais poderosos contra a tentativa de encarar racionalmente questões morais é a opinião muito difundida de que "os juízos morais são *relativos*".

É importante observar que o relativismo ético tem um caráter muito diferente, conforme é defendido nos diversos planos do discurso moral que distinguimos no começo deste capítulo: o da ética descritiva ou sociológica, o da ética normativa, e o da ética analítica ou metaética.

No plano da *ética sociológica,* o relativismo ético consiste em afirmar que distintas sociedades, grupos humanos ou pessoas divergem ou divergiram no que consideram bom ou justo e nos padrões morais que observam. É bem provável que essa tese sociológica ou antropológica seja verdadeira em seus traços principais, embora convenha considerar que, em muitos casos, as diferenças nos juízos morais não são motivadas por diferenças nos princípios valorativos básicos adotados, mas por diferenças nas circunstâncias fácticas relevantes ou nas crenças sobre quais são essas circunstâncias fácticas. De qualquer modo, o relativismo defendido no nível da ética sociológica, mesmo que seja verdadeiro, não dá apoio a quem interromper um debate ético dizendo "os juízos morais são relativos": o fato de as sociedades ou os indivíduos divergirem ou terem divergido em suas convicções morais não implica que todas essas convicções sejam válidas ou verdadeiras por igual (as pessoas também divergem em suas crenças fácticas e isso não nos impede de afirmar que algumas dessas crenças são verdadeiras e outras são falsas).

No plano da *ética normativa*, o relativismo ético consiste em afirmar que o que é bom ou justo para um indivíduo ou sociedade não é bom ou justo para outro, mesmo que estejam nas mesmas circunstâncias relevantes. Nessa afirmação bastante comum fica obscuro o que se quer dizer com "bom para um indivíduo": se significa, por exemplo, que uma ação pode ser boa quando é executada por um indivíduo e má quando é executada por outro indivíduo nas mesmas circunstâncias, então a afirmação em questão viola a exigência de universalização inerente a todo juízo moral. Se quando se diz "essa ação é boa *para mim*, mas não necessariamente para outro", significa algo que, em contrapartida, poderia ser traduzido por "essa ação é boa, mas alguém poderia pensar, justificadamente, que é má", sendo, então, violada a exigência de consistência, visto que se eu afirmo que algo é bom, afirmo de modo implícito que não é mau e que qualquer um que afirmasse que é estaria enganado. Como diz Bernard Williams (em *Morality*), esse tipo de relativismo pressupõe um desdobramento entre a postura de alguém que formula juízos morais e a postura de quem se mantém imparcial entre seus juízos morais e os juízos morais contrapostos de terceiros; esse desdobramento é impossível: ou nos abstemos de formular juízos morais, ou, se os formularmos, estamos comprometidos a rejeitar os juízos morais opostos.

Às vezes, uma postura relativista adentra no plano da ética normativa como uma expressão do princípio de tolerância para com opiniões morais diferentes das nossas. No entanto, isso implica uma considerável confusão: uma coisa é defender o direito irrestrito de expressar opiniões morais, mesmo que sejam errôneas, e a liberdade de agir, até certo ponto, de acordo com elas; e outra coisa muito diferente é afirmar que a correção de uma ação depende de quem a executa ou de quem a julga (a tolerância nos obriga a *escutar* as ideias de outros, não a *aceitá-las*). Também não se deve confundir uma aceitação cautelosa e não dogmática das ideias morais com a atitude de considerar corretas as ideias contrapostas por outros, apenas porque são de outros. Por fim, quando se defende o princípio de tolerância, isso não é feito como um princípio relativo que só vale para quem o aceita; os que propugnam a tolerância não consideram igualmente válida a postura oposta que favorece a intolerância.

Aquele que defende que "os juízos morais são relativos", quando é pressionado a articular sua postura, geralmente, acaba caindo no plano da *metaética* e afirmando ou que dois juízos morais aparentemente opostos na realidade não são e ambos podem ser válidos, ou que não há forma racional de determinar qual de dois juízos morais opostos é válido.

A primeira alternativa implica adotar a teoria metaética subjetivista. O relativista que adota essa postura não é cético sobre a possibilidade de demonstrar os juízos de valor; pelo contrário, para ele todo juízo moral pode ser verificado de forma empírica, examinando as atitudes ou sentimentos de quem o emite. Como vimos, essa tese é muito pouco plausível: é absurdo pensar que ao emitirmos juízos éticos sobre ações, instituições, pessoas etc., estamos, na realidade, falando sempre sobre nós mesmos e que não existam divergências com quem emite juízos valorativos dessemelhantes.

A segunda alternativa supõe aceitar alguma das teorias metaéticas de natureza não descritivista. Na realidade, o único tipo de relativismo que deve ser seriamente considerado é esse que se manifesta no plano da metaética e implica uma postura cética sobre a possibilidade de justificar de modo racional os juízos de valor, em virtude do caráter lógico atribuído a tais juízos.

Mesmo que alguns argumentos do não descritivismo ético permaneçam de pé e continuem causando discordância entre os filósofos, essa postura perdeu parte de sua força inicial quando se evidenciou que a chamada "falácia naturalista" não é uma verdadeira falácia, e que a linguagem da moral cumpre muitas outras funções além de expressar emoções ou prescrever condutas (sendo possível que uma oração seja, ao mesmo tempo, verdadeira ou falsa e tenha força emotiva ou prescritiva).

Por outro lado, embora as teorias que expusemos, do tipo das de Baier e Warnock, deixem ainda uma série de aspectos vulneráveis aos ataques da facção cética, elas parecem estar bem encaminhadas em sua tentativa de mostrar que o rótulo de "moral" não é uma etiqueta aplicável a qualquer juízo ou opinião que satisfaça certos traços formais muito gerais, mas sim que, provavelmente, se refere a juízos emitidos a a partir de certa perspectiva específica e em função de determinados objetivos.

> Evidentemente, uma vez que se associa à palavra "moral" um conteúdo que exclui como morais certos juízos e princípios (como o princípio egoísta de que é bom tudo o que me beneficia), dá-se origem a este tipo de réplicas: "Muito bem, posso admitir que o princípio egoísta não seja denominado 'moral' – afinal isso é apenas uma questão de palavras –, mas por que eu não posso considerá-lo como o princípio fundamental para regular minha conduta? Por que devo observar o que vocês chamam de princípios morais, quando ser moral vai contra meus interesses?" Porém, como mostram autores como S. Toulmin e J. Hospers, quem formula esse tipo de indagações, coloca-se fora dos limites do discurso racional, visto que não há nenhum tipo de razão que poderia satisfazer suas inquietações: sem dúvida, não podemos lhe dar razões *morais* para ser moral, nem razões de *autointeresse* para não buscar seu próprio interesse.

Mas independentemente de quais considerações dessa natureza possam ou não fornecer certas bases para a justificação dos princípios morais últimos, a verdade é que na filosofia moral contemporânea existe acordo em que a razão tem um papel relevante no discurso moral.

Em primeiro lugar – como até Stevenson reconhecia –, muitos juízos morais dependem de crenças fácticas cuja verdade ou falsidade é demonstrável de forma empírica (é notável quantas controvérsias morais têm sua origem não só em crenças fácticas divergentes, como também em atitudes irracionais sobre como avaliar a informação fáctica).

Em segundo lugar – como evidenciou Hare –, uma das formas de fornecer razões contra um juízo moral consiste em mostrar que, uma vez universalizado, ele produz consequências que o autor de tal juízo não está disposto a aceitar.

Em terceiro lugar, argumenta-se também de modo racional quando se mostra que certo princípio moral defendido por alguém tem consequências contraditórias em relação às consequências de outro princípio que ele defende.

Por último, muitas posturas morais que as pessoas defendem são determinadas por confusões conceituais e lógicas que podem ser racionalmente esclarecidas.

> Algumas das confusões mais frequentes que podem ser observadas nas discussões morais correntes são as seguintes: *1)* A confusão entre a explicação e a justificação de uma conduta ("é verdade que Pedro bateu na mulher, *mas* estava muito irritado por problemas no trabalho, e desde menino sempre reage violentamente contra alguém quando está em estado de tensão nervosa"). *2)* A confusão entre a justificação de uma conduta e a desculpa do agente que a realizou em certas circunstâncias ("João não fez nada de *mau*; ele pensou que esse pobre diabo ia atacá-lo e só por isso atirou-lhe a faca; não tinha má intenção"). *3)* O argumento de que "todos fazem isso" como justificação espúria de uma conduta ("é verdade que não é muito edificante um funcionário público receber 'favores' por seus serviços, mas quem não faz isso?"). *4)* A suposta irrelevância de diferenças quantitativas ("é verdade que no Camboja foram mortas, desterradas e presas milhares de pessoas por razões políticas, mas todos os países são igualmente culpáveis por esse tipo de violações dos direitos humanos; você não ficou sabendo que a Grã-Bretanha foi condenada pela Corte Europeia de Direitos Humanos por submeter a certas opressões alguns presos por atos terroristas?"). *5)* A confusão entre a justificação ou validade de um juízo moral e o fato de que quem o formula ser con-

denável de acordo com esse ou outros juízos morais ("você me diz que enganar as pessoas é moralmente incorreto, mas quem é você para afirmar tal coisa? Pensa que me esqueci de seus antecedentes? Você está incluído entre as testemunhas legais e não pode opinar a respeito"). *6)* A confusão entre a justificação ou validade de um juízo moral e a explicação de por que quem o formula defende essa postura ("você argumenta contra a pena de morte, mas seus argumentos não passam de racionalizações de tendências emocionais que são determinadas por um trauma infantil não resolvido e refletem, além disso, os interesses da classe à qual você pertence"). *7)* A confusão entre a justificação ou validade de um juízo moral e os perigos que seu reconhecimento generalizado acarretaria ("seus argumentos a favor da correção moral de certa espécie de mentira poderiam ser válidos, não fosse pelas consequências negativas que ocorreriam se todo o mundo pensasse como você").

Uma vez que se determine a verdade das crenças fácticas relevantes, se tornem explícitas as consequências dos princípios universais subjacentes a nossos juízos morais, se mostre que os diferentes princípios são coerentes entre si e se superem as possíveis confusões conceituais em nossa argumentação, é improvável que subsista um desacordo ético entre pessoas da mesma comunidade cultural. Se não for assim, será necessário explorar terrenos mais escorregadios, perguntando qual é o objeto da valoração moral de instituições, ações e indivíduos, quais são as regras do jogo desse tipo de exercício, qual é a relação entre os princípios morais e certas concepções gerais sobre a natureza humana etc. Existe a possibilidade de que, mesmo assim, não consigamos acabar com a controvérsia. Mas a tentativa não terá sido em vão, pois, como diz John Rawls (em *Uma teoria da justiça*), será um avanço muito frutífero se conseguirmos alcançar um "equilíbrio reflexivo" entre um sistema consistente de princípios gerais e nossas convicções mais firmes, desqualificando como "preconceitos" aquelas convicções que não podem ser justificadas com base em princípios plausíveis.

Talvez a reflexão em matéria moral busque apenas a obtenção desse tipo de equilíbrio, e os céticos sobre a "objetividade" das conclusões obtidas se enganem ao exigir algo diferente de nossas convicções básicas para conceder tal objetividade aos juízos de valor (esses céticos poderiam dizer que nossas convicções básicas são "irracionais" e podem ser produto de uma série de influências causais; porém, o objeto da deliberação moral é exatamente transformar tais convicções em racionais, mostrando que elas são justificadas por um sistema coerente de princípios gerais; uma vez que nossas convicções fiquem racionalizadas, é completamente irrelevante que elas estejam causalmente condicionadas por certos fatores; ocorre a mesma coisa com muitas de nossas *crenças* racionais).

Nesse sentido, são esclarecedoras estas palavras de Hilary Putnam (em *Meaning and the Moral Sciences*):

"O fato é que uma vez que percebemos que o raciocínio moral não ocorre em um vazio cartesiano, e que ocorre, sim, em um contexto no qual as pessoas tentam responder a críticas sobre seu caráter e no contexto das pessoas que tentam justificar formas de vida perante os outros, e de criticar formas de vida dos outros etc., criando razões que tenham algum tipo de força de convicção geral, vemos, então, que a questão da objetividade da ética surge de um modo totalmente diferente e aparece sob uma luz completamente nova. A questão de se há uma moralidade objetivamente melhor ou um número de moralidades objetivamente melhores – que, espera-se, coincidem em muitos princípios e na solução de muitos casos – é apenas a questão de se, dados os *desiderata* que automaticamente surgem quando empreendemos a tarefa de dar uma justificação aos princípios de vida que tenham força de convicção *geral*, ocorrerá que esses *desiderata* selecionam uma moralidade melhor ou um grupo de moralidades que concordam, em uma parte significativa, sobre um número de questões relevantes. Em uma terminologia empregada por John Rawls, a questão é se há um grupo de moralidades ou uma única moralidade que possa superar o teste de um 'equilíbrio reflexivo amplo'..."

É possível que a moral, como diz John Mackie (em *Ethics. Inventing Right and Wrong*), não seja algo que *descobrimos*, mas que *fazemos*; porém, em todo caso, é algo que devemos fazer satisfazendo uma série de exigências dadas pela natureza do discurso moral (o fato de apelar para a consciência ou para as convicções de qualquer pessoa racional e não recorrer a outras formas de persuasão, nem se destinar a grupos de pessoas mais circunscritos) e pelas necessidades que o fato de contar com uma moralidade comum satisfaz. Essas exigências determinam que haja sistemas morais que são, objetivamente, melhores que outros, no sentido de que são mais suscetíveis de coincidir com as convicções dos que adotam o ponto de vista moral, e são mais eficazes, no caso de serem aceitos em geral, para atingir os objetivos almejados com a formulação e difusão de um sistema moral.

3. Algumas teorias de justiça e moralidade social (ética normativa)

Nesta seção vamos nos ocupar de umas poucas teorias de ética normativa, ou seja, teorias que tratam não do que significam "bom" ou "justo" – como as teorias metaéticas que estudamos até agora –, mas de quais instituições, práticas sociais ou ações são moralmente boas, corretas ou justas. Há uma relativa independência entre as teorias de ética normativa que vamos examinar e as teorias de metaética que já analisamos. O utilitarismo, por exemplo, foi defendido por naturalistas, intuicionistas e prescritivistas; pode-se dizer a mesma coisa de outras teorias normativas, embora existam algumas que parecem mais firmemente ligadas a certas concepções metaéticas (por outro lado, os autores que desenvolvem teorias de justiça e moralidade em geral, como veremos, incursionam em considerações metaéticas sobre a forma de justificar os juízos morais).

As teorias normativas que serão examinadas a seguir constituem apenas uma seleção das concepções de justiça e moralidade social que mais influenciaram e influenciam o pensamento ocidental. Há omissões muito notórias que são explicadas por diferentes razões. Não se pretende fazer uma história da filosofia moral e política, mas apresentar, em linhas gerais e rápidas, alguns dos principais esquemas de raciocínio que orientam na atualidade as elaborações intelectuais desenvolvidas nesse tema.

Na exposição seguinte das teorias de justiça e moralidade social, adotaremos uma classificação comumente aceita: a que as divide em *teorias teleológicas* e *deontológicas*. As primeiras são as que fazem prevalecer o bom sobre o moralmente correto; ou seja, julgam as ações não por certas qualidades intrínsecas, mas pelo modo como elas e suas consequências contribuem para alcançar certa meta valiosa ou para realizar ou maximizar certo estado de coisas intrinsecamente bom. As teorias deontológicas (também chamadas "formalistas") dão, em contrapartida, prioridade ao moralmente correto sobre o bom, julgando, sobretudo as ações por suas qualidades intrínsecas que as tornam objeto de direitos e deveres e considerando apenas sua contribuição para satisfazer certos objetivos valiosos no âmbito desses direitos e deveres. (É claro que essa classificação implica uma supersimplificação: as teorias que correspondem a cada um desses tipos diferem de modo radical em outros aspectos, e raramente uma teoria de um tipo deixa de conter traços relevantes do outro tipo.)

a) Teorias teleológicas

1) Santo Tomás e a perfeição do homem

Santo Tomás de Aquino foi, sem dúvida, um dos maiores filósofos de todos os tempos. Seu pensamento, sobretudo no plano ético, é inspirador, inclusive para quem não compartilha seus pressupostos fundamentais.

Toda a filosofia de Santo Tomás, incluindo sua filosofia moral, está extremamente influenciada pelo pensamento de Aristóteles, e, em certo sentido, sua construção teórica constitui uma brilhante tentativa de conciliar a filosofia aristotélica com a teologia cristã.

A pretensão de Santo Tomás foi exatamente harmonizar as elaborações da teologia com as da filosofia, de modo que o teólogo e o filósofo cheguem às mesmas conclusões a partir de seus diferentes pontos de vista.

Na área específica da filosofia moral, Santo Tomás estabelecia com clareza essa distinção com a teologia dizendo, quando fala de pecados e vícios, "o teólogo considera o pecado como uma infração contra Deus, enquanto o filósofo moral o considera como contrário à razão" (*Suma teológica*, I-II, c. 6, ad 5). Conforme diz o padre F. C. Copleston (em *Aquinas*, pp. 212, 218), para Santo Tomás a lei moral não depende da escolha arbitrária de Deus; as ações contrárias à lei moral não são incorretas porque Deus as proíbe; Deus as proíbe porque são incorretas. Desse modo, Santo Tomás rejeita a teoria do "mandado divino", que mencionamos antes.

Copleston também destaca outro traço geral da teoria moral de Santo Tomás: assim como a de Aristóteles, é uma doutrina *teleológica*, visto que a ideia do bom tem prioridade sobre a ideia do moralmente correto ou obrigatório; para ambos os filósofos, os atos humanos adquirem qualidade moral por sua relação com o bem final do homem. Os atos obrigatórios são, para Santo Tomás, uma subespécie dos atos bons: são aqueles atos bons cuja omissão é moralmente ruim (coisa que não ocorre no caso de todos os atos moralmente bons).

A justiça tem na filosofia tomista, segundo assinala G. Granéris (em *Contribución tomista a la filosofía del derecho*), duas dimensões: uma é a da justiça como virtude pessoal, e a outra é a da justiça como qualidade da ordem social (é pela existência dessa segunda dimensão que a justiça, ao contrário das demais virtudes, pode ser satisfeita – embora de forma imperfeita – pelo mero comportamento externo, não acompanhado da intenção correspondente). Santo Tomás refere-se à justiça como virtude quando a define, seguindo Ulpiano, como "a perpétua e constante vontade de dar a cada um o seu". Em contrapartida, a justiça como qualidade da ordem social está relacionada com a concepção tomista do *direito natural*. É essa concepção que deve ser analisada para compreender a filosofia moral de Santo Tomás.

Antes de proceder a essa análise, convém fazer o seguinte esclarecimento: a doutrina do direito natural de Santo Tomás é uma concepção particular da moralidade que pode ser compartilhada sem a necessária adesão à tese *jusnaturalista* (que Santo Tomás também defendeu) de que a ordem positiva que não se adapta aos princípios morais básicos *não é direito* (ver cap. I). Ao contrário, há muitos pensadores que aceitam essa tese jusnaturalista, sem que por isso pensem que a moralidade a que o direito positivo deve se adequar, para ser reconhecido como tal, tenha as características do que Santo Tomás chamava "direito natural". Por isso, uma coisa é adotar uma postura jusnaturalista, e outra é supor que os princípios morais configuram uma espécie de direito natural.

Santo Tomás concebia a moral como um direito natural porque a supunha intrinsecamente relacionada à natureza humana.

Segundo Santo Tomás, Deus criou as coisas com inclinações inatas para o aperfeiçoamento de suas potencialidades. As *"inclinações naturais"* são as disposições de toda coisa para agir de acordo com sua essência. A essência de uma coisa é o que a faz ser o que é; ela é apreendida por *intuição*. Uma coisa é boa na medida em que realiza de fato suas potencialidades (Deus é absolutamente bom porque é todo ato e nenhuma potência; realizou absolutamente suas potencialidades). O conceito de mau é, em compensação, uma noção negativa: algo é mau na medida em que não tem bondade.

O homem, como todas as outras coisas, também tende naturalmente a agir de acordo com sua essência, aperfeiçoando-se ao atualizar suas potencialidades. Como as coisas inanimadas, o homem busca sua preservação, e como os animais, a procriação; porém, a essência do homem está em ser racional, e seu fim último está vinculado a sua natureza racional.

Assim como Aristóteles, Santo Tomás afirma que todo ato humano voluntário tem uma *finalidade*, destina-se a algo que é considerado ou apreendido como bom. A vontade humana está necessariamente orientada para o bem último do homem como tal, cuja consecução implica o aperfeiçoamento pleno da natureza humana, satisfaz todos os desejos e oferece uma felicidade completa.

Para Aristóteles, o objetivo final da atividade humana era a felicidade (*eudaimonía*) e ele se materializava na atividade contemplativa do filósofo. Santo Tomás adota uma postura diferente: descarta como possível fim último os prazeres sensoriais (porque satisfazem apenas uma parte da pessoa), e também o poder (porque pode ser mal utilizado – e é inconcebível que algo que seja o fim último possa ser mal empregado) e, ainda, a aquisição de conhecimento (porque também satisfaz apenas uma parte da pessoa). O único bem último possível, que satisfaz toda a pessoa e pode ser alcançado por todos, é a visão de Deus na outra vida (*beatitudo*). Para alcançar esse fim, o homem deve levar uma vida virtuosa; porém, essa é uma condição necessária e não suficiente; deve ser, além disso, beneficiado com a graça.

Tendo sido examinada a concepção de Santo Tomás sobre a natureza humana, é possível compreender sua ideia do direito natural.

O direito natural é uma espécie do gênero lei. Para Santo Tomás, toda lei é uma ordenação da razão para o bem comum, feita e promulgada por quem tem o cuidado da comunidade. Distingue quatro espécies de lei: a lei *eterna*, a lei *natural*, a lei *divina* e a lei *humana*.

A *lei eterna* é o plano divino que conduz todas as coisas para a busca de seus fins; é o tipo ou ordem ideal do universo que preexiste em Deus. Enquanto as outras coisas e animais não podem se separar da lei eterna (porque a seguem de modo inconsciente ou por instinto), o homem – como ser racional – pode, sim, fazer isso, e, por conseguinte, deve conhecer a lei eterna para se adaptar a ela. Mas não pode conhecê-la de forma direta, visto que não pode ter acesso ao plano divino do universo. No entanto, não é necessário que Deus a revele ao homem, uma vez que o homem, por meio da razão, pode detectar parte dessa lei eterna em suas próprias tendências e necessidades. A parte da lei eterna que é cognoscível de forma intuitiva e inata pelos seres racionais é o *direito* ou *lei natural*; o direito natural é a participação das criaturas racionais na lei eterna. Como a razão do homem pode às vezes estar perturbada demais pelas paixões para determinar de modo correto certos preceitos morais, Deus revelou-lhe alguns deles, como no caso dos Dez Mandamentos; essa é a *lei divina*. Por último, está a *lei humana* positiva, que deve se adaptar aos preceitos da lei natural. A lei humana para ser lei deve ser compatível com os preceitos do direito natural, e deve ser deduzível desse direito ou se limitar a completá-lo, estabelecendo os detalhes que ele deixa indeterminados (isso é visto como duas formas de derivação da lei humana a partir da lei natural, que são denominadas, respectivamente, "conclusão" e "determinação").

Santo Tomás chama *sindérese* à disposição natural dos homens que lhes permite detectar os princípios mais gerais do direito natural; essa é uma capacidade inata e o conhecimento adquirido através dela é infalível. Isso significa que os primeiros preceitos do direito natural são autoevidentes para a razão humana.

Para Santo Tomás, há uma profunda ligação entre moralidade e razão. Ele distingue entre a *razão especulativa*, que está orientada para a apreensão das coisas, e a *razão prática*, que está orientada para determinar quais ações devem ser realizadas. Os principais preceitos do direito natural são os princípios básicos do raciocínio prático.

Santo Tomás diz que o primeiro princípio do raciocínio prático (ou seja, um preceito primário do direito natural) é que "o bem deve ser feito e o mal, evitado". Sugere que os demais preceitos derivam desse. Os preceitos do direito natural correspondem às inclinações naturais do homem; assim, a razão do homem – refletindo suas inclinações – promulga os preceitos de que a vida deve ser preservada, a espécie propagada e os filhos educados, que o homem deve viver em sociedade e que deve buscar a verdade, sobretudo acerca de Deus. A razão pode, além disso, derivar desses preceitos gerais outros mais específicos (assim, do preceito sobre a propagação da espécie e a educação dos filhos deriva, segundo Santo Tomás, o preceito que impõe o casamento monogâmico).

Os princípios mais gerais de direito natural são universais e imutáveis; os preceitos secundários podem variar com as circunstâncias e ser modificados em casos extraordinários.

Para Santo Tomás, a bondade de um ato depende da medida em que ele contribui para o avanço do homem rumo a seu objetivo final, ao seu pleno aperfeiçoamento. Todo ato concreto deve ser necessariamente bom ou mau (não acontece a mesma coisa com os atos genéricos, que podem ser também indiferentes). Do mesmo modo, para um ato ser bom é condição necessária que seja acompanhado de uma boa intenção; mas uma boa intenção não basta para justificar um ato ruim.

Segundo Santo Tomás, o homem precisa naturalmente da sociedade, e o governo é uma instituição natural. Esse último existe para cuidar do *bem comum*. Uma lei humana é injusta quando sua determinação não está sob a competência do governo ou quando impõe aos cidadãos obrigações que não são equitativas ou exigidas pelo bem comum. De acordo com Copleston, apesar de certas afirmações aparentemente anti-individualistas de Santo Tomás (nas quais, compara o Estado com um organismo do qual os indivíduos fazem parte), sua teoria não é, de modo algum, compatível com concepções totalitárias; pelo contrário, como vimos, ele exige que a lei natural se adapte a preceitos de justiça e moralidade que são independentes da vontade do Estado (segundo ele, os que sancionam com persistência leis contrárias a esses preceitos são tiranos, e podem ser depostos de forma legítima).

Essa impressionante concepção metafísica e ética foi, ao longo do tempo, tão aclamada quanto questionada. Algumas das observações críticas mais gerais feitas a esse sistema são as seguintes.

Uma objeção frequente é que o sistema tomista não mostra como se pode conciliar a ideia de que a vontade do homem está sempre orientada para o bem com a postulação do livre-arbítrio para escolher entre o bem e o mal.

 H. Sidgwick dá conta dessa objeção com estas palavras (em *Outlines of the History of Ethics*, pp. 146-7): "Mas até que ponto o homem é capaz de alcançar uma perfeição, seja natural ou cristã? Essa é a parte do sistema de Santo Tomás em que a coesão dos diferentes elementos que o compõem parece mais frágil. Ele é muito pouco consciente de que, ao tratar essa questão, seu cristianismo aristotelizado combina duas dificuldades diferentes: primeira, a velha dificuldade pagã de reconciliar a proposição de que a vontade ou propósito é um desejo racional, que está sempre orientado para o bem aparente, com a liberdade de escolha entre o bem e o mal, que a visão legalista da moralidade parece exigir; e, em segundo lugar, a dificuldade cristã de harmonizar essa segunda noção com a absoluta dependência da graça divina que estipula a consciência religiosa. Santo Tomás, como muitos de seus predecessores, evita a última dificuldade supondo que há uma 'cooperação' entre o livre-arbítrio e a graça, mas não resolve plenamente a primeira dificuldade..."

Outra crítica dirigida comumente ao sistema tomista é que quando fala da lei natural, que tanto rege as coisas inanimadas e os animais como contém preceitos referentes à conduta humana, Santo Tomás parece confundir (como era habitual em sua época) dois sentidos diferentes da palavra "lei"; o sentido de "lei descritiva" (como a lei da gravidade ou as leis de Newton), que simplesmente dá conta de uma regularidade da natureza e pode ser verdadeira ou falsa; e o sentido de "lei prescritiva" (como a lei de monopólios), que não descreve nenhum fato, destinando-se, sim, a influenciar a conduta dos homens. A lei natural seria, segundo os que formulam essa crítica, uma mistura espúria desses dois tipos excludentes de leis.

Essa objeção está estreitamente vinculada a outra crítica muito geral, que questiona a legitimidade de passar de supostas afirmações sobre a "natureza humana" (que são, ao que parece, afirmações que correspondem ao plano do "ser") para estipulações sobre a conduta que os homens devem adotar (que pertencem ao plano lógico do "dever ser"). O professor D. J. O'Connor (cuja clara e objetiva exposição da concepção tomista, em *Aquinas and Natural Law*, consideramos, especialmente em parte da explanação precedente) critica os diferentes pressupostos dessa tentativa de basear a moralidade na natureza humana. Em primeiro lugar, refuta a doutrina das essências, que determina a concepção tomista da natureza humana, dizendo que embora seja verdade que as coisas têm propriedades naturais independentes da linguagem humana, são os homens que selecionam algumas dessas propriedades para fazer classificações com fins pragmáticos. Em segundo lugar, O'Connor questiona que sejam feitas suposições sobre a natureza humana e os fins do homem sem realizar observações empíricas acerca de como as pessoas se comportam de fato, quais são realmente suas diversas tendências, necessidades e fins. Em terceiro lugar, esse autor critica que se pressuponha *a priori* que os seres humanos tenham uma unidade de estrutura, capacidade e comportamento, e não se reconheça a enorme diversidade de fins, planos de vida etc. que os homens buscam; Santo Tomás, segundo esse autor, ao postular um fim último do homem de índole sobrenatural adota uma proposição irrefutável e, portanto, coloca-se fora da argumentação filosófica. Por fim, O'Connor contesta a tese de que a partir de certas supostas inclinações naturais do homem, possam ser inferidas conclusões sobre como ele deve agir: por que o homem deve buscar a satisfação de suas inclinações? (Santo Tomás responde que aquelas coisas que são objeto de inclinação são apreendidas pela razão como boas; mas O'Connor pergunta por que o que é bom no sentido de ser buscado ou desejado também é no sentido de ser correto?)

Também foi criticado o intuicionismo de Santo Tomás (com os argumentos que, como vimos, em geral, são dirigidos contra toda concepção intuicionista) e sua tese de que os primeiros princípios do direito natural são autoevidentes. O'Connor destaca que há três fatores que tornam inútil a autoevidência como critério da verdade: *Primeiro*, muitas vezes, algumas proposições falsas parecem autoevidentes. *Segundo*, a autoevidência de uma proposição sempre existe para alguém, e o fato de uma proposição ser autoevidente para um e não para outro depende de fatores alheios a seu caráter lógico (como, por exemplo, fatores psicológicos). *Terceiro*, para determinar se uma proposição que parece autoevidente é verdadeira não há outro remédio do que apelar para outros critérios diferentes da autoevidência, por isso essa se torna supérflua.

Do mesmo modo, o sistema de Santo Tomás foi contestado por ser obscuro em relação a quais são os primeiros preceitos de direito natural, quais são os preceitos secundários e, sobretudo, como estes derivam dos primeiros. Afirmou-se reiteradamente que o primeiro princípio do raciocínio prático (que o bem deve ser feito e o mal, evitado) parece ser autoevidente apenas porque é analítico ou tautológico: declarar que algo é bom parece pressupor logicamente que esse algo deve ser feito ou escolhido, e declarar que é mau, que deve ser omitido ou rejeitado; se esse princípio for vazio (como é, por exemplo, o princípio que diz "deve ser feito tudo o que está moralmente prescrito"), então, não se poderia inferir dele, de modo válido, nenhum preceito secundário.

Essas objeções provocaram, e continuarão provocando, diversas réplicas como parte de um debate que resultou frutífero e será ainda mais à medida que se aprofundar e ampliar o diálogo entre tomistas e partidários de outras correntes filosóficas; o persistente interesse em discutir as teses de Santo Tomás, inclusive por seus mais tenazes oponentes, é boa prova da perspicácia e fecundidade de seu pensamento.

2) O utilitarismo e a felicidade geral

É difícil abranger a influência que, desde seu surgimento no final do século XVIII e princípios do XIX, a concepção utilitarista exerceu no pensamento ocidental, sobretudo nos países de língua inglesa e mais especialmente nos Estados Unidos. Com certos altos e baixos no decorrer do tempo e até há bem poucos anos, em que começou a se desenvolver nos meios intelectuais uma intensa reação contra essa concepção, pressupunha-se comumente, nesses âmbitos, que o apelo a considerações utilitaristas constituía a única alternativa válida para justificar instituições e cursos de ação, e que a negativa a fazer isso era mostra de obscurantismo, confusão conceitual ou indiferença para com os interesses de outros. A difusão prática dessa filosofia foi extremamente favorecida pelo desenvolvimento de certas concepções econômicas que consideram o utilitarismo como pressuposto moral. Por outro lado, no que nos interessa de forma mais direta, o utilitarismo influenciou de incontáveis maneiras o direito; uma delas, como veremos mais tarde, o fez por meio dos enfoques econômicos recém-mencionados, que foram aplicados ao direito, sobretudo nos Estados Unidos, originando o que se convencionou chamar nos últimos anos "a análise econômica do direito".

Ao contrário do tomismo, o utilitarismo não é uma teoria que tenha sido elaborada por um grande mestre e articulada, explicada e aplicada a novas circunstâncias por gerações de respeitáveis discípulos. Embora o utilitarismo tenha seus grandes fundadores, principalmente Jeremy Bentham (*Introduction to the Principles of Morals and Legislation*, 1789) e John Stuart Mill (*Utilitarianism*, 1863), que discordam entre si em certos pontos centrais, os filósofos que os seguiram em defesa dessa concepção moral manifestaram tantas divergências com o pensamento desses fundadores e estão tão em desacordo entre si em relação a questões básicas, que se torna difícil demais fornecer uma caracterização geral do utilitarismo que seja compatível com todas essas variações (inevitavelmente ficam de fora dessa caracterização algumas concepções que seus defensores gostam de denominar "utilitaristas").

Existe acordo, sim, em que o utilitarismo, em todas as modalidades dignas desse nome, é uma doutrina *consequencialista*. Isso quer dizer que, segundo essa concepção, as ações não têm valor moral em si mesmas, mas em relação à bondade ou à maldade de suas consequências. A bondade ou maldade dos efeitos dos atos é, por sua vez, determinada pela medida em que eles incidem na materialização de certos estados de coisas considerados *intrinsecamente* bons ou maus. É preciso, então, distinguir entre esses estados de coisas que são bons (ou maus) em si mesmos e os estados de coisas que só são assim *instrumentalmente*, ou seja, como meios para materializar o que é bom (ou mau) de forma intrínseca.

Em contrapartida, não existe acordo acerca do rótulo "utilitarista" se restringir ou não a certas concepções sobre quais são os estados de coisas intrinsecamente bons ou maus.

Para quem rejeita quase toda limitação em matéria de concepções sobre o bem intrínseco que podem ser denominadas "utilitaristas", como J. J. J. Smart (em *Utilitarianism, For and Against*), há um utilitarismo *egoísta* e um utilitarismo *universalista*, e um utilitarismo *hedonista* e outro *idealista*. A primeira classificação, ou seja, entre utilitarismo egoísta e universalista, considera se as consequências que podem tornar uma ação boa ou má são as que afetam apenas o próprio agente, por um lado, ou toda humanidade ou todos os seres sensíveis, por outro lado. A classificação entre utilitarismo hedonista e idealista depende de se é levado em conta como bem intrínseco só o prazer, entendido em um sentido amplo – como defenderam Bentham e, de forma competente, Mill –, ou também outros estados de coisas, como o conhecimento ou a existência de coisas belas, como supunha G. E. Moore.

Para outros autores, como A. Quinton (em *Utilitarian Ethics*), a forma *standard* do utilitarismo é não somente consequencialista, como também *universalista* e *hedonista*. Essa foi, sem dúvida, a postura dos fundadores e da grande maioria dos filósofos que hoje defendem posturas que chamam "utilitaristas". Contudo, tanto o universalismo quanto o hedonismo da concepção utilitarista merecem alguns esclarecimentos.

Quanto ao universalismo, deve-se esclarecer que, embora esse traço exclua por definição toda tese *ética* egoísta, não é incompatível com uma tese *psicológica* egoísta. Uma coisa é dizer que os homens *devem* buscar excludentemente seu próprio prazer ou interesse e outra muito diferente é afirmar que os homens buscam de *fato* de forma excludente, ou pelo menos prioritária, seu próprio prazer ou interesse. Os utilitaristas, nesse sentido restrito, não são egoístas em matéria ética, embora alguns deles, sobretudo os fundadores, tenham adotado uma concepção psicológica egoísta. No caso de Bentham e Mill, o egoísmo que eles acreditaram observar na psicologia humana serviu-lhes como fundamento naturalista do princípio ético hedonista.

> A natureza – dizia Bentham, em uma famosa passagem – colocou a humanidade sob o governo de dois senhores soberanos, o *prazer* e a *dor*. São eles sozinhos que indicam o que devemos fazer, assim como também determinam o que faremos. A seus tronos estão ligados, por um lado, os *standards* do correto e do incorreto, e, por outro, a cadeia de causas e efeitos." À medida que essa coincidência parcial entre o que ocorre e o que deve ocorrer é usada como argumento a favor desse último, contestou-se – como a toda concepção naturalista – que não é possível derivar o dever ser do ser, o valor a partir de supostos fatos sobre a natureza humana. Porém, à medida que a coincidência é apenas parcial – já que por natureza os homens buscam seu *próprio* prazer, enquanto o que devem fazer é buscar o prazer ou felicidade *geral* –, questionou-se se a verdade da tese fáctica é compatível com a praticabilidade da tese ética (para defender a praticabilidade de seu princípio universalista, apesar do egoísmo psicológico que eles postulam, autores como Bentham tiveram que supor que, em última instância, há uma *harmonia* natural básica

entre os interesses de todos). No caso de Mill, esses dois problemas, que surgem por basear um princípio ético universalista em uma hipótese psicológica egoísta, evidenciaram-se, ao que parece, ainda mais em sua lamentavelmente célebre "prova" do princípio de utilidade: em síntese, essa prova do princípio de que é desejável a felicidade ou o prazer de todos é que todos os homens desejam seu próprio prazer ou felicidade. Embora nos últimos tempos tenha havido sérias tentativas de reabilitar Mill da acusação de que quis dizer tamanha tolice, ainda há muitos filósofos que concordam com essa acusação, afirmando que a prova de Mill baseia-se em duas falácias óbvias: primeira, a confusão entre o desejado de fato e o desejável ou digno de ser desejado, que leva Mill a passar do plano do ser para o do dever ser (a analogia com o fato de que tudo o que é "visto" é "visível" não é válida, porque "visível" não significa "digno de ser visto", mas "suscetível de ser visto"); segunda, a chamada "falácia de composição", que leva Mill a passar da afirmação de que todos desejam a felicidade de cada um (no sentido de que cada um deseja sua própria felicidade) para a afirmação de que para cada homem é desejável a felicidade de todos os homens (como diz Quinton, para ilustrar esse tipo de falácia: do fato de que os sonhos de cada um sejam fascinantes para cada um não se infere que os sonhos de todos são fascinantes para todos).

Quanto ao hedonismo da versão *standard* da teoria utilitarista, é preciso esclarecer que, embora isso signifique identificar o bem intrínseco com a felicidade ou com o prazeroso, de jeito nenhum se conclui, como alguns críticos mal-intencionados defenderam, que o utilitarismo exalte sobretudo os prazeres "baixos" ou sensuais em detrimento de prazeres espirituais.

Inclusive no uso habitual da palavra "prazer", há uma ampla aplicação que nos permite falar literalmente dos prazeres derivados da música, da busca da verdade ou das experiências místicas. Bentham era estritamente neutro em relação aos prazeres que podem constituir o bem intrínseco, embora determinasse certas "dimensões" para comparar e dar prioridade a certos prazeres ou dores sobre outros: intensidade, duração, certeza de que ocorram, proximidade no tempo, fecundidade para produzir sensações do mesmo tipo, pureza quanto a não estar acompanhadas por sensações do tipo oposto e a extensão das pessoas afetadas. (Bentham poderia dizer, por exemplo, que um prazer espiritual pode ser menos intenso, mas em geral é mais duradouro, fecundo e puro que um prazer sensual.) Mill, em compensação, discriminava de cara entre diferentes tipos de prazer, os quais chamava "prazeres elevados" e "prazeres baixos", segundo sua *qualidade*; Mill afirmava que os prazeres espirituais são mais valiosos, têm mais qualidade que os prazeres corporais. Há concordância entre os filósofos em que essa discriminação apriorística dos prazeres segundo sua qualidade é *inconsistente* com a postura utilitarista, visto que implica um critério de avaliação independente do princípio que estipula maximizar a felicidade geral.

Os autores utilitaristas modernos preferem, em geral, interpretar a felicidade não como uma soma de prazeres, mas como a satisfação ou a não frustração dos desejos ou interesses de qualquer natureza que cada pessoa pode ter (os economistas que pressupõem o enfoque moral utilitarista costumam admitir que a satisfação de desejos ou interesses é medida pela disposição de pagar pelos bens e serviços que fornecem essa satisfação). Se o bem intrínseco se identifica com o prazer ou com a satisfação de desejos ou interesses, de qualquer modo preserva-se um traço que parece ser distintivo do utilitarismo, que é a associação entre o que é bom e as atitudes, inclinações ou preferências dos indivíduos; por outro lado, as posturas idealistas, como a de Moore, que admitem que há estados de coisas que podem ser bons, independentemente dos sentimentos ou preferências das pessoas, parecem se distanciar demais do núcleo central do pensamento utilitarista.

Moore elaborou um "experimento mental" a favor de seu idealismo: suponhamos, dizia, que existam dois mundos, um encantadoramente belo e outro espantosamente feio, aos quais nenhum homem pudesse ter acesso e, por consequência, sentir-se contente com o primeiro e repugnado com o segundo; há alguma dúvida – perguntava – de que é, de qualquer modo, bom que exista o primeiro mundo e ruim que exista o segundo?

Esses esclarecimentos em relação ao universalismo e ao hedonismo das versões correntes do utilitarismo permitem agora caracterizar essa teoria ética normativa como a teoria que defende um único princípio último para avaliar moralmente as ações humanas, o chamado "princípio da maior felicidade", que estabelece que *a correção moral de um ato é determinada pela contribuição de suas consequências à felicidade (entendida como soma de prazeres, ou satisfação de desejos ou interesses etc.) de todos os que são afetados por essas consequências.*

Mas até os que são adeptos desse princípio *consequencialista*, *universalista* e *hedonista* discordam quanto a sua interpretação e alcances, o que ocasionou diferentes divisões ou espécies do utilitarismo.

Uma primeira divisão importante é a que ocorre entre o chamado "utilitarismo *dos atos*" e o "utilitarismo *de regras*". A versão tradicional do utilitarismo, e a que ainda hoje autores como Smart defendem, é que o princípio de utilidade é aplicável de forma direta a cada ato individual, de modo que em cada caso, para estabelecer se uma ação é moralmente correta, deve ser determinado se todos os seus efeitos aumentam mais do que diminuem o bem-estar geral. Em contrapartida, o utilitarismo de regras (que, segundo alguns, já estava previsto por Mill) afirma que os atos individuais não são julgados como moralmente corretos ou incorretos por aplicação direta do princípio de utilidade, mas de acordo com certas regras morais (que, conforme alguns, são positivas e, segundo outros, são ideais), como as que proíbem matar, violar as promessas etc.; e são tais regras, e não os atos concretos, que são avaliadas e confrontadas com o princípio de utilidade.

David Lyons (em *Forms and Limits of Utilitarianism*) defende que uma forma importante do utilitarismo de regras é estritamente equivalente ao utilitarismo de atos, já que cada circunstância relevante que afeta a correção ou incorreção de um ato individual deve ser introduzida como classificação da suposta regra geral, que, segundo a outra versão, o proibiria ou prescreveria. Por sua vez, R. M. Hare (em *Freedom and Reason*) afirmou que se o utilitarismo de atos for combinado, como deve fazer toda teoria moral, com o princípio de universalização, o resultado é o utilitarismo de regras.

Os defensores do utilitarismo de atos afirmam que seguir uma regra quando é demonstrado que fazer isso tem, no caso individual, mais desvantagens que vantagens (computando todos os efeitos da ação, incluindo o enfraquecimento da regra) supõe uma adoração irracional das regras. Para esses utilitaristas, as regras são apenas *guias práticos* que permitem economizar tempo no cálculo dos efeitos dos atos, mas que devem ser deixados de lado sempre que se demonstra que um ato individual que viola a regra tem mais consequências benéficas do que o ato alternativo que a cumpre. Por outro lado, os utilitaristas de regras defendem que sua postura é a única que permite salvar o utilitarismo de certas consequências contraintuitivas (assim, um utilitarista de atos teria que aceitar que, em certos casos, é moralmente admissível condenar um inocente – por exemplo, se isso puder salvar a vida de muitas pessoas e não tiver consequências tão negativas a ponto de compensar esse benefício; em contrapartida, isso não seria aceitável segundo o utilitarismo de regras, visto que dificilmente é concebível que seja benéfico estabelecer uma regra permitindo a punição de inocentes).

Outra divisão do utilitarismo ocorre entre o utilitarismo *positivo* e o utilitarismo *negativo*. O primeiro prescreve promover a felicidade ou o bem-estar; o segundo (sugerido sobretudo por K. Popper) prescreve minimizar o sofrimento ou a miséria. Foi discutido se esses dois tipos de utilitarismo são conceitualmente distinguíveis (há ações que podem ser descritas tanto como promotoras da felicidade quanto como minimizadoras da miséria), e, no caso de serem, se o utilitarismo negativo tem alguma plausibilidade. Alguns autores afirmaram, contra essa concepção negativa, que a forma mais perfeita de eliminar toda miséria seria exterminando sem dor toda a humanidade!

Outra divisão do utilitarismo é a que se apresenta entre o "utilitarismo *clássico*" e o "utilitarismo *da média*". A primeira postura defende que o bem intrínseco é a felicidade geral entendida como soma *total* de prazeres e satisfações; a segunda postura defende que a felicidade geral deve ser determinada dividindo a felicidade total pelo número de pessoas, de modo que obtenha uma utilidade *média*. Se imaginarmos duas sociedades, uma com um milhão de pessoas contentes e outra com dois milhões de pessoas também contentes, o utilitarista clássico vai preferir a segunda sociedade, enquanto para o utilitarista da média, ambas as sociedades terão igual valor. Essas diferenças são relevantes sobretudo para a avaliação de políticas populacionais.

É indubitável que a concepção moral utilitarista, pelo menos em algumas de suas versões mais sofisticadas, tem aspectos sumamente atrativos, sobretudo em um contexto como o das sociedades modernas, que se distingue por sua secularização, sua exaltação da ciência e da tecnologia, seu pluralismo e relativo igualitarismo.

Em primeiro lugar, embora seja verdade que as tentativas de justificar o princípio utilitarista (como qualquer princípio ético) com base em fatos referentes à natureza humana estejam bastante desacreditadas, parece, no entanto, que o princípio utilitarista é muito mais "realista" que outros candidatos a princípios morais últimos, enquanto, ao que parece, é mais próximo que eles do que é psicologicamente possível exigir dos homens. Claro que não é a mesma coisa cada homem buscar sua própria felicidade ou todos os homens buscarem a felicidade de todos, mas talvez na prática não haja tantas diferenças, uma vez que as pessoas confiam que se alguém contribuir para a felicidade dos demais, os demais contribuirão para a felicidade desse alguém (talvez alguém poderia se deixar seduzir pela analogia um tanto equivocada da passagem da situação em que cada um paga sua própria assistência médica para a situação em que existe um seguro no qual todos pagam a assistência médica de todos).

Em segundo lugar, o utilitarismo parece refletir com perfeição o que costuma ser considerado como o *ponto de vista moral*, que seria o ponto de vista de um hipotético observador benevolente, sensível ao prazer e à dor, aos interesses e aos desejos de todos os que possam ser afetados por uma ação ou medida, sendo estritamente imparcial na consideração desses interesses. Como vimos, isso é o que permitiu a Hare defender que há considerações formais de metaética que favorecem a teoria utilitarista.

Em terceiro lugar, e vinculado com o ponto anterior, o utilitarismo se torna atrativo por seu aspecto igualitarista, já que, nessa concepção, cada homem – ou ainda cada ser sensível – conta como um, e todo prazer, desejo ou interesse recebe peso igual, em igualdade de condições quanto a sua intensidade etc., independentemente de quem seja seu titular.

Em quarto lugar, o utilitarismo parece a doutrina moral mais adequada para avaliar instituições, medidas e cursos de ação em uma sociedade pluralista, visto que não parte de fins postulados como válidos independentemente do reconhecimento das pessoas, mas sim dos sentimentos ou interesses reais de cada indivíduo, quaisquer que sejam esses sentimentos ou interesses. O utilitarismo não prejulga *a priori* o projeto de vida de cada indivíduo, estimando as ações por sua capacidade para satisfazer e não frustrar esses projetos de vida propostos pelos indivíduos.

Por fim, o utilitarismo parece combinar um mínimo de postulações cientificamente indemonstráveis com um máximo de aproveitamento dos recursos oferecidos pela ciência e pela tecnologia. Mesmo que se admita que o princípio de utilidade não é demonstrável de maneira racional, essa é a única postulação que um utilitarista deve aceitar, supostamente de forma dogmática, em contraste com a infinidade de princípios e regras últimas que os partidários de outras concepções morais devem pressupor. E uma vez que o princípio de utilidade é aceito, que panorama animador se apresenta ao utilitarista! Tudo é questão de calcular (e produzir) consequências com o auxílio das diferentes ciências, e todo juízo ético (salvo os que estipulam o bem intrínseco) é verificável de modo empírico.

Apesar dessas vantagens reais ou supostas, o utilitarismo parece estar afetado por dificuldades extremamente sérias. Aqui mencionaremos apenas alguns dos inconvenientes que os críticos do utilitarismo destacaram.

Em primeiro lugar, se a correção ou incorreção moral de um ato depende de o conjunto de todas as suas consequências favorecer ou prejudicar a felicidade geral, parece que nunca poderemos saber se um ato é moralmente correto ou incorreto, visto que as consequências de um ato se estendem ao infinito, em múltiplas ramificações.

Em segundo lugar, há autores, como D. H. Hodgson (em *Consequences of Utilitarism*), que arguiram – provocando sérias réplicas do grupo utilitarista – que o utilitarismo (pelo menos o utilitarismo de atos) seria autofrustrante em uma sociedade em que todos fossem utilitaristas, ou seja, sua adoção teria efeitos antiutilitaristas. Para ilustrar sua acusação, Hodgson considera diferentes exemplos referentes à obrigação de cumprir as promessas, de dizer a verdade, aplicar penas etc.

> Consideremos o caso da pena: O utilitarismo justifica a imposição de medidas punitivas que implicam sofrimento a seus destinatários, com base em que esse sofrimento é compensado pelas vantagens sociais resultantes do cometimento de menos delitos, graças ao fato de a aplicação de uma pena desestimular o próprio delinquente e outros a cometer delitos. Porém, em uma sociedade em que todos fossem utilitaristas, os delinquentes potenciais não acreditariam, de modo racional, que seriam condenados se não acreditassem que essa pena teria as melhores consequências. Mas para que a pena tenha melhores consequências que a falta de pena, ela tem que desestimular os delinquentes potenciais, e para tanto

eles têm que acreditar que serão condenados se cometerem um delito. Porém, para que os delinquentes potenciais acreditem, racionalmente, que serão condenados, eles têm que acreditar que essa pena terá as melhores consequências... e assim até o infinito. Portanto, em uma sociedade utilitarista, os juízes nunca teriam razões para aplicar penas, e os delinquentes não seriam desestimulados a cometer delitos, apesar de, por hipótese, a pena poder ser justificada com base em considerações utilitárias.

Em terceiro lugar, foi indicado que o utilitarismo deve enfrentar a dificuldade insuperável de comparar interesses e desejos de diferentes pessoas e de diferentes naturezas, para poder fazer o cálculo que permite avaliar as consequências das ações.

Em quarto lugar, uma crítica mais profunda e habitual é que o utilitarismo, em alguns casos, tem consequências radicalmente contraintuitivas, o que – dizem os críticos – não é de admirar, já que os utilitaristas deixam de lado toda uma série de considerações morais – que tem a ver com a justiça, a integridade etc. –, para se ocupar apenas de considerações referentes à maximização do bem-estar geral, que, na melhor das hipóteses, correspondem a um só aspecto da moralidade. Assim, afirmou-se de modo recorrente que a doutrina utilitarista leva a admitir que, em alguns casos (ou seja, quando o balanço de todas as consequências é favorável), pode ser moralmente correto matar, mutilar ou torturar uma pessoa para salvar a vida de várias outras; condenar um inocente para interromper uma onda de criminalidade; ou não cumprir com uma promessa feita a um moribundo para realizar um ato alternativo mais benéfico, e assim por diante. Há alguns utilitaristas que defendem que se essas conclusões contrariarem nossas habituais convicções morais, pior para elas. Outros afirmam que esses são inconvenientes do utilitarismo de atos, mas não do de regras; porém é preciso observar se ambos os tipos de utilitarismos são distinguíveis, e, se forem, se o utilitarismo de regras é uma postura plausível.

Por último, há outra crítica destinada a um plano ainda mais profundo do pensamento utilitarista e que evidencia uma dificuldade que talvez esteja subjacente nos inconvenientes recém-mencionados. Basicamente, essa crítica é que o utilitarismo não considera a independência e a separabilidade das pessoas, fundindo os desejos e interesses de todos em um sistema *global*, de modo que não importa de quem são os interesses satisfeitos ou frustrados, contanto que mais interesses – ou interesses mais intensos – sejam satisfeitos do que sejam frustrados. Como diz John Rawls (em *Uma teoria da justiça*), para o utilitarismo não importa, a não ser de modo indireto, como são *distribuídas* as satisfações, contanto que se maximize a soma total de satisfações. Por sua vez, Robert Nozick (em *Anarchy, State and Utopia*) defende que o utilitarismo, ao não considerar certos direitos individuais que funcionam como restrições "laterais" à maximização do bem-estar geral, admite o sacrifício de certas pessoas em prol do maior bem-estar de outras, infringindo o princípio kantiano de que os indivíduos não devem ser usados apenas como meios em benefício de outros, mas como fins em si mesmos.

Essa desatenção por parte do utilitarismo ao problema da distribuição permite questionar a adoção do ponto de vista do observador benevolente e imparcial e o aparente igualitarismo do utilitarismo. Quanto ao primeiro aspecto, poderia se afirmar que o ponto de vista moral não pode se assemelhar ao ponto de vista de um observador benevolente e imparcial que considerasse os interesses de todos como se fossem os próprios, visto que, embora seja admissível que as pessoas sacrifiquem alguns de seus interesses para satisfazer outros interesses de maior hierarquia, não é admissível esse mesmo rumo de ação quando os interesses frustrados e satisfeitos são de *diferentes* pessoas. Em relação ao segundo ponto, defendeu-se que o igualitarismo da doutrina utilitarista não é genuíno, já que, como disse Ronald Dworkin certa vez, o utilitarismo pode permitir, em determinadas circunstâncias, o sacrifício das minorias, precisamente porque são minorias (B. Williams, em *Utilitarianism*, apresenta um exemplo de uma pequena minoria em uma sociedade que, dados certos preconceitos, provoca na maioria sentimentos intensamente desagradáveis, e defende que considerações utilitaristas poderiam levar à conclusão de que é moralmente correto afastar essa minoria de alguma maneira).

A compreensão das dificuldades do utilitarismo, principalmente da assinalada por último, gerou um crescente interesse em desenvolver enfoques de natureza deontológica, sobretudo de inspiração kantiana.

Antes de passar para a análise de alguns desses enfoques, convém dizer alguma coisa sobre uma projeção do utilitarismo no campo jurídico, relativamente recente, o chamado "enfoque econômico do direito". Esse enfoque surgiu nos Estados Unidos graças aos trabalhos precursores de Guido Calabresi, sobre a responsabilidade por perdas e danos, e de Ronald Coase, sobre o custo social, porém quem apresentou a versão mais abrangente e articulada foi Richard Posner (em *Economic Analysis of Law*, 1972). Segundo esse autor, tal enfoque consiste na aplicação das teorias e métodos da economia às distintas áreas do sistema jurídico, perdas e danos, contratos, propriedade, responsabilidade penal, procedimentos etc. A ideia é que muitas das doutrinas, instituições e soluções de um sistema jurídico podem ser compreendidas e explicadas como tentativas para obter uma adjudicação eficiente de recursos. A obtenção de *eficiência* através do direito é o *leitmotiv* do enfoque econômico do direito, entendendo por "eficiência" a exploração dos recursos econômicos de tal modo que o "valor" – ou seja, segundo Posner, a satisfação humana, medida pela disposição agregativa dos consumidores de pagar por bens e serviços – seja maximizado. De acordo com esse autor, o enfoque econômico tem uma dimensão *normativa*, enquanto serve para julgar soluções jurídicas e como modelo de reforma, e outra dimensão *descritiva*, que permite explicar as instituições jurídicas vigentes. Posner procura mostrar, ao longo de seu extenso livro, como em todas as áreas do direito – até em setores aparentemente tão distantes das preocupações econômicas, como o direito penal – as soluções propostas por legisladores, juízes e juristas tendem a obter eficiência econômica, embora seus autores não sejam conscientes disso ou encubram isso sob um véu da retórica. Esse autor defende que, embora o apelo à "justiça" para certa solução possa ter outro sentido – por exemplo, um sentido distributivo, que ele reconhece que fica fora do enfoque econômico –, em muitos contextos quando se diz que uma certa solução é injusta é porque representa um desperdício de recursos. Entre muitos outros exemplos referentes a diferentes ramos jurídicos, Posner expõe o caso do direito de propriedade, mostrando como as características atribuídas a ele – exclusividade, universalidade, transferibilidade – correspondem a critérios de eficiência (isso também acontece, segundo Posner, com certos regulamentos sobre o divórcio, a proteção dos filhos, o requisito de intenção para a responsabilidade penal, a organização federal etc.). Um dos achados mais destacados desse enfoque é o chamado "teorema de Coase", que, segundo se supõe, demonstra que, nos casos de conflito no exercício do direito de propriedade (como o de um trem que lança faíscas que impedem os agricultores adjacentes de cultivar seus sítios), é *indiferente* a quem é dado o direito de usar de sua propriedade sem interferências, visto que seja qual for a adjudicação desse direito, as partes interessadas adotarão o curso de ação (por meio de acordos e transações) que maximiza a eficiência. Como é de imaginar, esse tipo de enfoque tornou-se passível de objeções da mesma natureza que as destinadas ao utilitarismo em geral, sobretudo porque ignora os problemas da distribuição, que constituem o núcleo do conceito de justiça.

b) Teorias deontológicas

1) Kant e o reino dos fins

A complexa e fascinante teoria ética desenvolvida por Immanuel Kant (sobretudo em seu *Fundamentação da metafísica dos costumes*, 1785, e no *Crítica da razão prática*, 1790) é uma teoria deontológica ou formalista, ou seja, uma teoria segundo a qual a correção moral de um ato não é dada pelo fato de suas consequências maximizarem certo bem intrínseco, dependendo, sim, de que, por sua natureza inerente, constitua o cumprimento de um *dever*. O conceito de dever é, então, para essa teoria, prioritário ao de bondade (ao contrário do utilitarismo, segundo o qual o dever consiste em maximizar o bem). Para entender tanto o conceito kantiano de obrigação moral quanto o de bondade moral, é necessário se referir à concepção de Kant sobre a moralidade.

Kant divide todo o conhecimento em lógica, física e ética, compreendendo, respectivamente, as regras puramente formais de todo raciocínio em geral, os princípios do uso teórico da razão e os princípios do uso prático da razão. As verdades da lógica adquirem validade universal e incondicional à custa de sua completa vacuidade (os enunciados da lógica referem-se, na realidade, a tudo ou a nada). As verdades da física são substantivas e não puramente formais, mas isso é conseguido a preço de seu campo de aplicação ficar limitado ao âmbito da possibilidade da experiência sensorial (embora, dentro desse marco, seja possível um conhecimento *a priori*). Pode parecer que as verdades da ética, se forem substantivas como as da física, deveriam estar também condicionadas por certos dados empíricos – que seriam, nesse caso, os desejos e inclinações reais dos homens –, mas se fosse assim (como parece que, em certa época, Kant estave disposto a conceber a ética em trabalhos não publicados), mais que princípios morais, teríamos um sistema de princípios prudenciais sobre como satisfazer melhor os desejos dos homens. Segundo R. P. Wolff (em *Autonomy of Reason*), os princípios fundamentais da moral deviam ter para Kant o alcance incondicionalmente universal dos princípios da lógica (ou seja, não estarem condicionados por contingências empíricas, como os desejos e inclinações dos homens), porém, ao mesmo tempo, deviam possuir o conteúdo substantivo e não trivial dos princípios da física.

Para mostrar que os princípios morais possuem essas características, Kant se propõe a apresentá-los como princípios universalmente válidos para todos os seres racionais, independentemente de seus apetites, desejos e inclinações contingentes. Embora como seres "fenomênicos" estejamos sujeitos às leis empíricas da natureza e sob o influxo de desejos que obedecem a certas causas, como seres puramente racionais (ou seja, como seres "numenais", não sujeitos às contingências do mundo físico), somos livres e capazes de nos guiarmos pelas leis universais da razão prática.

As leis ou princípios morais são, segundo Kant, *autônomos*, ou seja, são leis que alguém dá a si mesmo com abstração das determinações de certa autoridade humana ou divina ou de nossos próprios desejos ou impulsos. São também *categóricos*, porque, ao contrário dos imperativos hipotéticos do raciocínio prudencial (o que no Capítulo II, seguindo Von Wright, chamamos "regras técnicas"), o que eles ordenam não está condicionado a que tenhamos certos fins ou desejos. As leis morais são, ainda, *universais*, visto que, se os princípios que queremos como puros seres racionais com abstração de nossas inclinações e desejos contingentes são o que nos diferenciam uns dos outros, conclui-se, então, que cada ser racional quererá a mesma lei que qualquer outro ser racional quereria, e, portanto, essa lei moral obriga a todos os seres racionais por igual.

Esse último requisito dos princípios morais, sua universalidade, é essencial na filosofia moral de Kant. Ele está contido no que é, segundo Kant, o princípio fundamental de toda moralidade, a regra das regras, seu famoso "imperativo categórico": *aja apenas segundo uma máxima tal que você possa querer ao mesmo tempo que se torne lei universal*. A aspiração de Kant era que desse princípio puramente formal do raciocínio prático pudessem derivar princípios morais substantivos (satisfazendo assim a busca de um conhecimento moral que fosse incondicional, como o da lógica, e com conteúdo significativo, como o da física). Kant defende que o imperativo categórico serve para selecionar as verdadeiras máximas morais. Por exemplo, diz Kant, suponhamos que estou inclinado a quebrar uma promessa. A máxima segundo a qual tento agir poderia ser formulada dizendo: "quando for conveniente para mim, prometerei alguma coisa e não cumprirei com o prometido". Eu posso querer de *forma consistente* que essa máxima se transforme em lei universal? A resposta é simplesmente negativa, visto que se todo o mundo agisse segundo essa máxima, a instituição das promessas desapareceria, e, por consequência, eu não poderia prometer; por isso querer que essa máxima seja universalizada é contraditório: implica querer ao mesmo tempo que a prática de prometer subsista e não subsista. Portanto, essa máxima não pode ser um verdadeiro princípio moral, e a conduta que está em conformidade com ela é moralmente incorreta.

No entanto, Kant questiona se esse imperativo categórico, do qual derivam as leis morais, é um princípio necessário para todos os seres racionais. Ele declara que para responder a essa pergunta geral deve ser encontrado algum fim absoluto de todos os seres racionais (ao contrário de fins relativos, subordinados a desejos, que só fundamentam imperativos hipotéticos); se for encontrada alguma coisa que tenha valor absoluto, que seja um fim em si mesma, então ali estará o fundamento do imperativo categórico. Kant afirma que o homem, e em geral todo ser racional, existe como fim em si mesmo, não só como meio para certos usos, e, por consequência, todo homem, em suas ações, deve tratar a si mesmo e aos demais como fins e não só como meios. Sendo a humanidade um fim em si mesma, ela é um fim para todos, e, por conseguinte, pode servir de fundamento de uma prática universal. Isso permite a Kant formular o seguinte princípio, que às vezes parece se apresentar como outra formulação do imperativo categórico e, às vezes, como um princípio independente: *aja de tal modo que você use a humanidade, tanto em sua própria pessoa quanto nos demais, sempre como fim em si mesmo e nunca apenas como um meio*. Kant tenta mostrar, com os mesmos exemplos anteriores, como esse princípio mostra certos comportamentos como moralmente incorretos; por exemplo, no caso da promessa que alguém se propõe não cumprir, é óbvio que estaríamos usando a pessoa a quem prometemos alguma coisa como um meio para nossos próprios fins. O reconhecimento desse princípio entre os homens origina a existência entre eles de um *"reino dos fins"*, no qual os homens estão ligados mutuamente, segundo certas leis morais comuns, como fins e meios: ou seja, nesse reino ninguém é meio para outro sem ser considerado por esse outro, ao mesmo tempo, um fim em si mesmo.

Como posso fazer de outros seres racionais meus fins? Kant responde que meu dever não é buscar o aperfeiçoamento moral *deles* (ao contrário do meu), porque isso só *eles mesmos* podem fazer, mas ajudá-los a conseguir seus fins subjetivos, ou seja, a alcançar sua *felicidade*. Os fins subjetivos de seres que são fins em si mesmos também devem ser meus fins. Em contrapartida, a busca de minha própria felicidade não é objeto de um dever moral meu, mas de uma inclinação natural.

Isso tem ligação com o conceito kantiano da bondade moral, que, como foi dito, está subordinado ao de obrigação moral. Segundo Kant, a felicidade não é boa sem qualificações, porque depende em grande parte de circunstâncias externas; um homem pode merecer a felicidade e não alcançá-la e, ao contrário, não merecê-la e obtê-la. A única felicidade boa é a felicidade *merecida*, a que premia a virtude, porém, isso quer dizer que somente a felicidade, sem qualificações, não é boa. A única coisa boa sem restrições é a *boa vontade*. As consequências de determinado ato não são relevantes, porque elas estão em grande parte fora de nosso controle. Mesmo que as circunstâncias nos impedissem de obter o efeito valioso buscado no mundo exterior, restaria a boa vontade como "uma joia brilhante em si mesma, como algo que em si mesmo possui seu pleno valor". Alguém age com boa vontade quando age não por inclinação, mas *por respeito ou consciência do dever*. Não basta fazer de modo objetivo o que é nosso dever para agir com boa vontade, é preciso agir em prol do cumprimento do dever. O valor do caráter moral de alguém consiste em fazer o bem não por inclinação, mas por dever.

Embora Kant defendesse que o dever deve ser feito em prol do dever e não da felicidade, considerava que seria intolerável que a virtude não fosse recompensada pela felicidade – não buscaríamos, então, de maneira racional a virtude –; porém, como é um fato evidente que *neste mundo* a virtude nem sempre é coroada pela felicidade, a moralidade pressupõe necessariamente a existência de Deus e a imortalidade da alma. Por outro lado, a existência de leis morais categóricas pressupõe a liberdade do homem, visto que essas leis se destinam a homens capazes de obedecê-las e, portanto, liberados da determinação das próprias ações por suas inclinações; um imperativo que guia uma ação causada por certa inclinação é sempre hipotético. O homem descobre sua liberdade na consciência de que deve fazer certas coisas porque são devidas e não porque as deseja.

Em matéria de filosofia política, Kant aderiu à grande tradição contratualista de pensadores como Hobbes, Locke e Rousseau, concebendo a origem do Estado como fundamentada em um *contrato original* pelo qual o povo se despoja da liberdade de que gozava no estado de natureza para voltar a recuperá-la em seguida sob uma ordem jurídica. Assim como Rousseau, Kant deixa bem claro que não se trata de afirmar que o contrato social realmente aconteceu como fato histórico; deve-se supor que, para ele, tal contrato é uma hipótese da razão prática.

Segundo Kant, o direito, ao contrário da moral, regula apenas ações exteriores, e o princípio universal do direito é que toda ação que não interfira na liberdade dos demais de acordo com leis universais é justa. Kant propôs uma série de "princípios metafísicos da ciência do direito", que versam de forma bastante detalhada sobre tópicos tais como propriedade, casamento, responsabilidade penal etc.

A filosofia moral nunca mais foi a mesma depois da obra de Kant. Como diz A. MacIntyre (em *História da ética*), talvez para a maioria dos filósofos posteriores, inclusive os antikantianos, a ética é definida em termos kantianos. Isso é bastante fácil de explicar se considerarmos que foi Kant quem explicitou certas características formais dos juízos e princípios morais – sua universalidade, autonomia e caráter categórico –, que são em geral – embora não de modo unânime – reconhecidas como restrições do discurso ético que permitem desqualificar muitas supostas posturas morais. Se observarmos algumas controvérsias éticas, não é difícil perceber como às vezes elas são provocadas pelo fato de algum dos antagonistas formular juízos que não está disposto, sinceramente, a universalizar de forma consistente, ou apelar, em última instância, para argumentos de autoridade, ou instituir seus desejos ou interesses como árbitros do moralmente correto. Por outro lado, Kant foi quem formulou de forma concisa, extraordinariamente bela e com uma enorme força de convicção uma das ideias fundamentais da filosofia moral e política liberal: a de que os homens não podem ser usados apenas como meios em benefício de outros (embora esses outros sejam a maioria da população, de uma raça, seita ou de uma classe favorecida pelo destino).

Porém, ao mesmo tempo, os pontos fracos da filosofia moral kantiana também são evidentes. Em primeiro lugar, embora o requisito da universalidade imponha certa restrição aos juízos admissíveis como juízos morais, essa restrição – mesmo com todo o enriquecimento de que foi objeto por autores posteriores – é "branda" demais para excluir por si só a possibilidade de distintas pessoas formularem juízos morais opostos e de algumas pessoas formularem juízos morais instáveis. Muitas vezes é possível manipular a descrição da ação para evitar qualquer inconsistência nas consequências do princípio universal, e algumas vezes, como reconhece Hare, podemos encontrar fanáticos que estão dispostos a manter um princípio universal inclusive à custa de aceitar as consequências mais desagradáveis para eles próprios. Em segundo lugar, não obstante o extraordinário mérito de ter explicitado o princípio de que a humanidade, onde quer que se manifeste, deve ser considerada um fim em si mesma, Kant não oferece uma clara fundamentação desse princípio, é bastante confuso sobre qual é sua suposta vinculação com seu "imperativo categórico" (ou seja, a exigência de universalização dos princípios morais), e a formulação que faz dele é, com todo seu atrativo, muito imprecisa (muitas controvérsias modernas de filosofia moral e política sobre temas tais como o aborto, o serviço militar obrigatório, a justificação da pena ou dos interesses estatais podem ser expressas em termos de as ações ou medidas questionadas implicarem ou não usar os homens apenas como meios). Em terceiro lugar, também foi questionada a ideia kantiana de que só é boa em si mesma a boa vontade, e que um ato só é bom quando se realiza apenas por consciência do dever; foi dito, entre outras coisas, que é paradoxal defender que quando alguém desenvolve uma inclinação para agir com espontaneidade, de forma moralmente correta, tem menos mérito moral do que quando sua consciência do dever tem que lutar contra inclinações que pressionam para que aja em sentido contrário. Em quarto lugar, muitos filósofos se perguntaram se tem sentido um sistema moral absolutamente abstraído dos propósitos, desejos e inclinações dos homens, se não é exatamente objeto da moral estabelecer padrões para minimizar a interferência mútua na satisfação de tais propósitos ou desejos (esses filósofos destacaram que Kant reconhece, de forma inconsistente, de diversas maneiras a relevância da felicidade para a moral). Por fim, contestou-se que defender que o dever imposto por certos princípios morais (como os que ordenam cumprir com as promessas, dizer a verdade, punir os malfeitores etc.) deve ser cumprido, *sejam quais forem as consequências*, constitui uma atitude formalista e fetichista perante as regras, que não tem justificativa racional. Se alguém, seguindo Kant, afirmasse perante um caso concreto que não há nenhuma consequência, por mais catastrófica que seja, cujo impedimento possa justificar moralmente dizer uma mentira ou absolver um delinquente, o consideraríamos mais como um fanático do que como uma pessoa que desenvolveu uma consciência moral madura (no entanto, como vimos, uma excessiva preocupação pelas consequências dos atos pode nos levar aos paradoxos e dificuldades do utilitarismo).

2) Rawls e a posição originária

Nenhuma outra obra de filosofia moral e política publicada nos últimos anos despertou um interesse comparável ao que provocou o livro de John Rawls, *Uma teoria da justiça*, lançado em 1971.

Em menos de dez anos, a obra desse professor de Harvard gerou centenas de artigos, comentários e notícias, vários livros dedicados inteiramente a sua análise, constitui-se em um dos temas prediletos de teses de doutorado em quase todas as universidades ocidentais, serviu de estímulo para as inquietações intelectuais de filósofos, juristas, economistas, cientistas políticos, sociólogos etc.; conseguiu inclusive ser divulgada para o público em geral, como mostram alguns comentários de jornais em países de língua inglesa. Esse entusiasmo, inclusive por parte dos mais severos críticos da obra de Rawls, é explicado, em parte, por certas qualidades intrínsecas que ela possui (um enfoque extremamente original, uma grande habilidade no tratamento de certas dificuldades, o emprego de ferramentas analíticas sofisticadas, a atenção minuciosa a uma série de problemas e a amplidão dos alcances da teoria), e, em parte por uma série de fatores relacionados ao contexto no qual a teoria surgiu (a crise de certos pressupostos valorativos da sociedade norte-americana perante o Vietnã e Watergate, uma crescente desconfiança para com o utilitarismo e suas sequelas no plano econômico, certo desencanto e impaciência em relação à tendência dos filósofos morais, até aquele momento, de se ocuparem de questões de metaética em detrimento dos prementes problemas da ética normativa).

A teoria de Rawls é, como ele mesmo gosta de frisar, uma teoria de inspiração kantiana. Isso se evidencia em vários aspectos. Em primeiro lugar, como destaca R. P. Wolff (em *Understanding Rawls*), Rawls procurou seguir o exemplo de Kant, superando-o onde este tinha fracassado, em sua tentativa de derivar princípios morais substantivos de princípios formais ou quase formais do raciocínio prático. Em segundo lugar, a teoria moral elaborada por Rawls é uma teoria deontológica, no sentido de a correção moral de um ato não derivar de sua contribuição para maximizar certo bem intrínseco. Em terceiro lugar, Rawls busca elaborar e levar a suas últimas consequências a ideia kantiana de seres numenais, ou seja, seres puramente racionais abstraídos de suas circunstâncias contingentes de natureza empírica, que *escolhem* livremente princípios morais, independentemente de seus interesses ou desejos. Em quarto lugar, como veremos a seguir, Rawls torna-se adepto da tradição contratualista, que havia tido Kant como notável representante.

Os alvos de ataque de Rawls são o utilitarismo e o intuicionismo. Esse último é a teoria segundo a qual há vários princípios últimos e irredutíveis de moralidade e de justiça, que, quando estão em conflito, devem ser contrabalançados em cada caso, conforme nossas intuições particulares, de modo que se determine qual deles prevalece na situação específica. Rawls rejeita o tipo de soluções a que o utilitarismo conduz, e nesse sentido tende para o enfoque deontológico que o intuicionismo defende, seguindo Kant; porém, ao mesmo tempo, vê como uma grave falha o fato de o intuicionismo, ao contrário do utilitarismo, não contar com um método construtivo para resolver questões éticas particulares, recorrendo à intuição, o que é o resultado da falta de regras para hierarquizar os diferentes princípios morais. Para superar essas falhas do utilitarismo e do intuicionismo, Rawls recorre à tradição contratualista, sobretudo na variante de Rousseau e Kant.

É claro que não se trata de formular a tese, sem dúvida falsa, de que em alguma época histórica os homens firmaram de fato um contrato social. Trata-se, em contrapartida, de estabelecer se haveria certas condições nas quais os homens dariam, hipoteticamente, seu consentimento para determinadas formas sociais de organização, de modo que possa justificá-las com base nesse consentimento universal hipotético.

No caso de Rawls, o objeto do contrato não é, como era em Rousseau e Kant, o estabelecimento do Estado, mas a estipulação de certos *princípios de justiça* que servirão para avaliar as instituições fundamentais, ou a "estrutura básica", de uma sociedade. Por princípios de justiça, Rawls entende aqueles princípios que estabelecem critérios para atribuir direitos e deveres às instituições básicas da sociedade e definem a distribuição apropriada dos benefícios e encargos da cooperação social. Rawls esclarece que só vai se ocupar dos princípios de justiça que devem vigorar em uma sociedade "bem organizada", ou seja, uma sociedade destinada a melhorar o bem de seus membros e onde todos aceitam, sabendo que os demais aceitam, os mesmos princípios de justiça, e suas instituições básicas se adaptam a tais princípios.

Rawls adota uma certa concepção sobre a justiça, que denomina "justiça como equidade" (*justice as fairness*); segundo essa postura, os princípios de justiça são os princípios escolhidos por pessoas livres e puramente racionais, que só se preocupam com seu próprio interesse, se estiverem em uma posição de igualdade. Sendo as condições dessa escolha *fair* (equitativas ou imparciais), quaisquer que forem os princípios escolhidos, serão *os* princípios de justiça.

Para facilitar a visualização das condições relevantes para a escolha dos princípios de justiça, Rawls imagina uma situação fictícia a que denomina *"posição originária"*. A posição originária é uma reunião imaginária de seres puramente racionais e autointeressados, que sejam livres para decidir e iguais, que estejam sob um "véu de ignorância" que lhes impeça conhecer os fatos particulares a respeito de si mesmos – seus talentos, posição social, raça, fins últimos, preferências etc. – e de sua sociedade, mas não sobre as leis gerais de natureza social, e que devem deliberar e decidir por unanimidade (com base em puras considerações racionais de autointeresse) quais são os princípios que vão vigorar para julgar as instituições básicas de sua sociedade.

Como se vê com facilidade essa construção da posição originária constitui uma elaboração do conceito de *autonomia* kantiano, ou seja, a ideia de que os princípios morais são os que seres racionais, livres e iguais, oferecem a si próprios, sem considerar as determinações de alguma autoridade ou as de seus desejos e inclinações. Procura refletir também a ideia, que já mencionamos, do chamado "ponto de vista moral", isto é, a ideia de que há um ponto de vista próprio do discurso moral, que consiste em formular certos princípios gerais e se ater a eles – não fazendo exceções a nosso favor –, em universalizar tais princípios e em considerar os interesses de todos igualmente. Em especial, a ideia de Rawls do *"véu de ignorância"* – ou seja, a suposição de desconhecimento sobre os próprios talentos, origem social, interesses, preferências etc. – tende, por um lado, a refletir o requisito kantiano de que a escolha dos princípios morais não deve estar subordinada aos nossos desejos e inclinações contingentes, e, por outro lado, tenta garantir a imparcialidade que é própria do ponto de vista moral. É claro que a suposição de que são ignorados os dados particulares de cada um não é estritamente necessária na teoria de Rawls (como também não é toda a construção da posição originária, que é só uma forma de apresentar com clareza as condições do raciocínio moral); bastaria estipular que não devem ser considerados na escolha dos princípios de justiça.

Porém, a ideia da posição originária tem outro atrativo para Rawls. Dadas as condições de estrita racionalidade e de autointeresse dos participantes da posição originária, Rawls supõe que a escolha de seus princípios de justiça pode ser demonstrada como a *conclusão de um teorema na teoria formal das decisões*. Sendo assim, isso daria aos princípios de justiça uma plausibilidade independente do fato de suas consequências estarem de acordo com nossas intuições, embora a aceitabilidade final de uma postura moral dependa de que ela inclua o alcance de um *"equilíbrio reflexivo"* entre princípios gerais e intuições particulares, o que é obtido rejeitando aqueles princípios que não estão de acordo com nossas intuições particulares mais firmes, e deixando de lado aquelas intuições que não possam ser justificadas com base em princípios plausíveis.

Há alguns outros traços importantes que definem, segundo Rawls, a posição originária. Uma postulação é que os participantes se encontram no que Rawls chama "circunstâncias de justiça", ou seja, as circunstâncias que fazem com que tenha sentido ocupar-se da justiça (não deve haver nem extrema escassez de bens, nem uma grande abundância, mas escassez moderada; os homens devem ser aproximadamente iguais em poderes físicos e mentais e vulneráveis a agressões de outros etc.). Outra postulação é que os participantes da posição originária não sejam puramente invejosos, mas apenas autointeressados (ou seja, não se importem se os outros estão bem ou mal). Com a finalidade de garantir a imparcialidade em relação às futuras gerações, Rawls também postula que esses indivíduos imaginários tampouco sabem a que geração pertencem e que decidem não só por si, como por "linhas genealógicas" (pelo menos por três gerações). Embora os participantes da posição originária desconheçam o que é o bom para eles (não sabem nada sobre seus projetos de vida); sabem que há certos *bens primários*, ou seja, certos bens que os homens racionais querem, seja qual for seu projeto de vida; esses bens são: direitos e liberdades, oportunidades e poderes, rendas e riqueza. Rawls também estipula que os participantes da posição originária comprometam-se a se ater aos princípios que ali escolherem, quando voltarem à vida cotidiana e levantarem o véu de ignorância, e que esses princípios devem cumprir certas condições formais: devem ser gerais (não usar nomes próprios), universais (aplicáveis a todas as pessoas morais), públicos (conhecidos por todos), completos (capazes de estabelecer uma ordem entre qualquer conjunto de pretensões) e finais (os princípios escolhidos são a última corte de apelação em qualquer controvérsia).

 Tendo sido estipuladas essas condições da posição originária, Rawls a faz funcionar como se fosse um "jogo de transações" (*bargaining game*), no qual cada participante, na sua vez, vai propondo (considerando apenas seu autointeresse) um certo princípio para ser submetido ao voto dos demais. Rawls afirma que se fossem submetidos à consideração dos participantes diferentes princípios de justiça – a partir de uma lista limitada que inclui vários princípios egoístas, utilitaristas, intuicionistas etc. –, os participantes, necessariamente, acabariam escolhendo por unanimidade os dois seguintes princípios de justiça:

Primeiro princípio: *Cada pessoa deve ter um direito igual ao sistema total mais extenso de liberdades básicas (de consciência, de palavra, contra prisões arbitrárias, de voto etc.) que seja compatível com um sistema semelhante de liberdades para todos.*

Segundo princípio: *As desigualdades sociais e econômicas devem ser dispostas de tal modo que satisfaçam essas duas condições: a) elas devem ser para o maior benefício dos que se encontram na posição social menos vantajosa (o chamado "princípio da diferença"), e b) elas devem ser conferidas a funções e posições abertas a todos sob condições de uma equitativa igualdade de oportunidades.*

Rawls defende também uma regra de *prioridade* entre esses dois princípios, segundo a qual, quando se ultrapassa certo nível mínimo de desenvolvimento econômico (o que origina uma concepção "especial" de justiça), o primeiro princípio tem absoluta prioridade "lexicográfica" sobre o segundo, o que quer dizer que deve ser satisfeito completamente antes de passar a satisfazer o segundo. Uma liberdade menos extensa não pode ser justificada pela obtenção de benefícios econômicos e sociais, mas apenas em prol do fortalecimento do sistema total de liberdades (em contrapartida, quando não se passou o limiar mínimo de desenvolvimento econômico, vigora a teoria de justiça "geral", segundo a qual todos os bens – liberdades, oportunidades, riquezas etc. – estão no mesmo nível e podem ser intercambiados uns com os outros). Quando fala de "liberdades", Rawls considera não só as liberdades estabelecidas nas normas jurídicas, como também a possibilidade de seu exercício efetivo – o que ele chama o *"valor da liberdade"*.

Rawls desenvolve uma complexa e dispersa argumentação tentando demonstrar por que os participantes da posição originária escolheriam, de modo racional e por razões de autointeresse, seus dois princípios e a regra de prioridade com preferência sobre outros princípios, principalmente sobre diferentes variedades de utilitarismo. Seu principal argumento é baseado na suposição de que as partes recorreriam em sua escolha a uma regra de racionalidade para decidir em condições de incerteza: o chamado princípio "*maximin*" (abreviação do latim *maximum minimorum*).

Essa regra estipula que em situações de incerteza – como a que ocorre na posição originária graças ao véu de ignorância – é racional escolher aquele curso de ação cuja pior alternativa seja a menos ruim comparada com as piores alternativas dos outros cursos de ação. Segundo Rawls, seres racionais e autointeressados recorreriam ao *maximin* porque é o princípio de prudência adequado quando se desconhecem as probabilidades das diferentes alternativas, e quando o que se pode perder, abaixo de um certo mínimo, é muito mais valorizado do que o que se pode ganhar acima disso. Na opinião de Rawls, o *maximin* leva decididamente a preferir seus dois princípios e a regra de prioridade a outros princípios, em especial os de natureza utilitarista, porque a prioridade da liberdade e o princípio da diferença (que as desigualdades sociais e econômicas só são aceitáveis se beneficiarem os menos favorecidos) asseguram um mínimo que é muito superior ao mínimo das outras alternativas. A pior situação sob um princípio utilitarista pode ser catastrófica, pois esse tipo de princípios admite o sacrifício de algumas pessoas, se isso for necessário e eficaz para obter um benefício *maior* para o conjunto da sociedade (por isso Rawls diz que o utilitarismo não considera seriamente a distinção entre pessoas). A prioridade da liberdade garante que ninguém possa ser privado de seus direitos básicos, em prol de um suposto benefício coletivo, se essa privação não for aceitável para ele e não for compensada com a ampliação de outras liberdades as quais ele possa usufruir. O princípio da diferença faz que a pior posição social e econômica não possa ser muito ruim, pois as únicas desigualdades admissíveis, segundo ele, são aquelas necessárias para incentivar uma maior produção, que resulte em que os menos favorecidos estejam melhor do que em uma situação de estrita igualdade (a postulação de que os participantes da posição originária não são invejosos, mas apenas autointeressados, permite que eles escolham esse princípio, já que não lhes interessa que outros estejam melhor que eles se, graças a isso, eles estão melhor do que em uma situação de igualdade).

Rawls também imagina uma sequência de quatro etapas na decisão de questões de justiça por parte de seres racionais. A primeira etapa é a que já vimos, consiste na escolha de princípios de justiça sob um véu de ignorância completa. A segunda etapa consiste na estipulação de normas constitucionais para fazer valer o princípio de igual liberdade; aqui, a escolha pressupõe o conhecimento de alguns fatos gerais da sociedade (Rawls discute e defende uma série de padrões constitucionais que se aproximam de forma considerável dos da constituição norte-americana). Na terceira etapa, na qual se conhecem todos os fatos gerais, são estabelecidas regras legislativas para tornar efetivo o segundo princípio. A quarta etapa é a da aplicação das regras a casos particulares por parte de juízes e administradores, requerendo-se o conhecimento pleno de todos os fatos gerais e particulares. Cada etapa pressupõe, então, um gradual levantamento do véu de ignorância.

Rawls desenvolve também uma teoria do que é bom. Em geral uma coisa é boa quando tem as propriedades que é racional desejar em um objeto dessa espécie. O bem de uma pessoa é dado pela satisfação com êxito de seus projetos de vida racionais. Uma boa pessoa é alguém que tem, em grau mais alto que a média, os traços de caráter moral que é racional que os indivíduos na posição originária desejam nos outros. Um bom ato é o que não é obrigatório nem proibido, conforme as normas que derivam dos princípios de justiça, e é destinado a melhorar o bem de outra pessoa (seu projeto de vida racional). O que é correto tem absoluta prioridade sobre o que é bom.

Do mesmo modo, Rawls explicita uma concepção da personalidade moral segundo a qual as pessoas morais caracterizam-se pela capacidade para escolher e realizar projetos de vida racionais e para desenvolver um sentimento de justiça. A obra de Rawls inclui ainda discussões sobre uma enorme variedade de outros tópicos, entre eles questões de psicologia moral. Uma de suas preocupações é mostrar que uma sociedade regida por seus princípios de justiça seria uma sociedade estável, produzindo-se um efeito de realimentação que tende a reforçar a adesão a tais princípios (para isso é fundamental o fato de esses princípios fortalecerem a autoestima de cada um).

Assim como há muito poucos filósofos que tenham escrito sobre a obra de Rawls, desconsiderando-a como a contribuição mais importante para a filosofia moral e política nas últimas décadas, também há muito poucos filósofos que tenham se ocupado dela sem submetê-la a críticas muito severas. Por exemplo, R. M. Hare contestou o fato de em toda a extensão de sua construção Rawls se apoiar em nossas intuições. Foi questionado o valor justificatório de um contrato *hipotético* feito por seres que não tem nada a ver com os seres reais de carne e osso. Foi sugerido que os princípios que podem surgir de uma situação como a posição originária não são princípios de justiça, mas de prudência racional. Foi declarado que a descrição da posição originária não é moralmente neutra, mas que, como defende R. Dworkin, ela já pressupõe uma concepção de filosofia política mais profunda (o princípio liberal de igual preocupação e respeito para com todos) ou, como afirmam outros, é determinada por uma série de preconceitos de natureza diferente. Hart refutou, entre outras coisas, os argumentos de Rawls a favor da prioridade da liberdade e questionou a possibilidade de comparar liberdades entre si. Vários autores criticaram a pressuposição de Rawls de que os participantes da posição originária teriam uma atitude tão conservadora a ponto de adotar o *maximin* e não outras regras de decisão racional. Também foi afirmado que é pouco provável que o *maximin* conduza de modo indefectível aos dois princípios de Rawls e não a outros princípios. Robert Nozick, que em seu livro *Anarchy, State and Utopia* elaborou uma teoria alternativa de filosofia política, embora também de inspiração kantiana, contestou em Rawls, entre outras coisas, o fato de se concentrar apenas no problema de *distribuição*, esquecendo-se da questão da *produção* de bens (como se as coisas caíssem do céu como maná) e desconhecendo, por conseguinte, que as coisas já vêm ao mundo como propriedade de alguém, graças a certos títulos históricos que não podem ser ignorados sem violar os direitos fundamentais das pessoas. Nozick também criticou Rawls por ser incoerente com sua defesa do princípio kantiano de que os homens não podem ser usados apenas como meios em benefício de outros, ao pressupor que os talentos naturais dos indivíduos, ao não serem merecidos, são uma espécie de patrimônio comum da sociedade, que não deve beneficiar só a seu titular, mas a todos.

Todavia, ainda é muito cedo para avaliar quais partes da construção teórica de Rawls podem resistir a essa saraivada de críticas e quais partes foram demolidas definitivamente; os argumentos em um sentido e em outro ainda fluem sem cessar e espera-se que o próprio Rawls intervenha na controvérsia. Enquanto isso, sua obra já produziu um efeito muito benéfico: reavivou de forma notável o interesse pela discussão teórica dos problemas normativos (e não meramente conceituais) da filosofia moral, política e jurídica.

4. A valoração moral de algumas instituições e soluções jurídicas em particular

Agora já temos diante de nós algumas das principais respostas às duas perguntas gerais que nos propusemos. À pergunta *"como se pode justificar um juízo de que uma certa lei ou medida é justa?"*, alguns replicam que observando certos fatos naturais sobre nossas atitudes ou do mundo exterior; outros respondem que consultando nossas intuições sobre uma realidade não empírica; outros afirmam que, tendo sido satisfeitas certas restrições lógicas, tal justificação objetiva é impossível, visto que esses juízos têm um significado central e distintivo que não é cognoscitivo; e outros, ainda, respondem que a justificação de tais juízos exige considerar certos fatos que aparecem como relevantes quando se adota o ponto de vista moral e se leva em conta qual é o objeto da moral. À pergunta *"quando uma lei ou medida é justa?"*, um tomista retrucaria que é quando ela é consistente com os princípios que refletem a verdadeira natureza humana; um utilitarista responderia que é quando suas consequências contribuem para promover a maior felicidade do maior número de pessoas; um kantiano defenderia que uma lei ou medida é justa quando é coerente com os princípios fundamentais da razão prática; e um partidário de Rawls replicaria que uma lei ou medida é justa quando condiz com os princípios que os homens escolheriam se estivessem na posição originária.

Com esse espírito, sem dúvida bastante perturbador, é conveniente encarar de forma breve alguns problemas específicos propostos sobre a justificação moral de certas instituições, regulamentos e medidas jurídicas. Só serão tratados, a título de exemplo, alguns poucos temas entre uma infinidade de questões jurídicas que geram perplexidade em matéria de justificação moral. Por outro lado, o tratamento desses temas será esquemático, oferecendo-se apenas um esboço de alguns problemas e soluções que sirva de estímulo para um aprofundamento ulterior.

a) A fundamentação liberal dos direitos individuais básicos

Os "direitos individuais" são os direitos morais que os homens têm não por certa relação especial com outros homens, nem por ocupar determinado cargo ou função, nem por certas particularidades físicas ou intelectuais, nem pelas circunstâncias em que um indivíduo pode se encontrar, mas sim pelo fato de serem homens. Sendo a propriedade de ser um indivíduo humano a circunstância antecedente que serve de condição suficiente desses direitos, todos os homens têm um título igual a eles (exceto se se defendesse, como alguns partidários da escravidão ou do aborto pensaram, que a humanidade é uma propriedade que pode se apresentar em diferentes graus).

O fato de os direitos individuais serem direitos morais não exclui, é claro, que seu reconhecimento efetivo gere direitos jurídicos paralelos tanto no âmbito do direito internacional (assim como ocorre na Declaração Universal das Nações Unidas) quanto em alguns direitos nacionais (como acontece com o capítulo de declarações, direito e garantias da Constituição Nacional argentina). Porém, a existência dos direitos individuais, enquanto direitos morais, não está condicionada a seu reconhecimento através de certas normas jurídicas, já que eles incluem precisamente pretensões de que sejam estabelecidas normas jurídicas prescrevendo meios de proteção dos direitos em questão (por exemplo, outorgando-lhes hierarquia constitucional e estabelecendo o controle da constitucionalidade de leis que pudessem restringi-los, estipulando sanções para os servidores que os violarem, prescrevendo deveres ativos para implementá-los etc.).

O alcance dos direitos fundamentais do homem é tema de controvérsia. No entanto, há um relativo acordo em que eles incluem a liberdade de consciência e expressão, o direito de associação, o de não ser discriminado por razões de raça, origem, religião e sexo, o de escolher trabalho e local de residência, o de ser respeitado em sua vida e integridade física, o de não receber sanção sem um "devido processo legal", o de ter acesso à propriedade de certos bens econômicos e de conservar essa propriedade, o de receber educação, e o de ter uma participação efetiva na sanção das normas jurídicas que possam afetar seus interesses.

Os limites e a hierarquia desses direitos dependem de sua fundamentação em certa concepção de filosofia moral e política.

Os direitos do homem estão associados à filosofia liberal, embora não seja fácil determinar a derivação de direitos específicos a partir de certos princípios fundamentais do liberalismo.

É possível sugerir, no entanto, que por trás do reconhecimento dos direitos individuais estão subjacentes os seguintes princípios básicos da concepção liberal do homem e da sociedade.

Um desses princípios é o que pode ser denominado *"princípio da inviolabilidade da pessoa humana"*. Esse princípio proíbe a imposição de encargos e sacrifícios não compensáveis a certos indivíduos (sem contar com seu efetivo consentimento) com base em que isso redunda em benefício – inclusive em um grau comparativo maior ao prejuízo causado àqueles indivíduos – da maioria da população (ou do Estado, de uma raça superior, uma certa classe social etc.). O princípio que acaba de ser enunciado pressupõe um enfoque "individualista", no sentido de que as unidades básicas cujo bem-estar deve ser considerado para justificar instituições e medidas jurídicas são cada um dos indivíduos que integram a sociedade, não alguma entidade supraindividual cujo florescimento e prosperidade fossem tidos como algo bom em si mesmo. Esse princípio se opõe ao enfoque "globalizador", que, conforme vimos, caracteriza o utilitarismo, e, por outro lado, reflete de modo admirável a célebre máxima de Kant, que já analisamos, de que os homens são fins em si mesmos e não podem ser utilizados apenas como meios em benefício de outros. Segundo Rawls e Nozick, o que o utilitarismo desconhece e Kant enfatiza é a separabilidade e independência dos seres humanos, o que faz que os desejos e interesses de diferentes pessoas não possam ser tratados como se fossem os de uma mesma pessoa (no último caso, mas não no primeiro, é apropriado sacrificar certos interesses em prol de outros interesses mais importantes).

Do princípio da inviolabilidade da pessoa humana inferem-se certos direitos, que, como diz R. Dworkin, impõem um limite ou limiar na busca do bem-estar coletivo. Para cumprir essa função de "travas" contra medidas que sacrificam algumas pessoas com a justificativa de que isso redunda em maior benefício de outras, esses direitos devem ser reconhecidos por normas jurídicas de uma hierarquia maior que as estabelecidas com a finalidade de satisfazer certos objetivos coletivos, por exemplo, devem estar protegidos por normas de caráter constitucional e tratados internacionais. Embora os procedimentos democráticos de eleição e controle dos órgãos estatais tornem menos factível a violação desse princípio, não garantem de modo algum que uma maioria não possa sacrificar, em prol de seus próprios interesses, certos indivíduos ou grupos minoritários, por isso o funcionamento de uma democracia deve ser limitado pelo reconhecimento de direitos individuais que não estão submetidos ao voto majoritário.

Esses direitos incluem o respeito à vida e à integridade física, o de não receber sanção sem um devido processo legal, a proteção de certos títulos sobre recursos econômicos etc. (alguns desses direitos aparecem consagrados nos arts. 18 e 17 da Constituição Nacional argentina). Porém, o alcance desses direitos é determinado pela combinação entre o princípio da inviolabilidade da pessoa humana e os princípios que veremos a seguir, que contribuem para definir quando uma pessoa é usada como um meio em benefício de outros.

Um segundo princípio da filosofia liberal pode ser denominado o *"princípio da autonomia da pessoa humana"*. Esse princípio prescreve que o Estado deve permanecer neutro em relação aos projetos de vida individuais e ideais de excelência humana, limitando-se a elaborar instituições e adotar medidas para facilitar a busca individual desses projetos de vida e a satisfação dos ideais de excelência que cada um defende, e para impedir a interferência mútua no decurso dessa busca. Essa concepção se opõe ao enfoque *perfeccionista*, segundo o qual é missão do Estado fazer que os indivíduos aceitem e realizem certos ideais de excelência humana homologados, e, por conseguinte, que o direito deve regular todos os aspectos importantes da vida humana. Daí a conhecida postura liberal – que, nesse caso, está refletida de modo adequado no utilitarismo – de que o direito só deve se ocupar em reprimir ações que prejudiquem terceiros. John Stuart Mill dizia a respeito disso:

> "... Assim que qualquer aspecto da conduta de uma pessoa afetar de forma prejudicial os interesses de outros, a sociedade terá jurisdição sobre ela, e a questão de quando o bem-estar geral será ou não promovido, interferindo nessa conduta, fica aberta a discussão. Porém, não há condição para considerar nenhuma questão desse tipo quando a conduta da pessoa não afeta os interesses de ninguém, além dos dela mesma, ou não os afetaria se eles não quisessem (sendo todas as pessoas afetadas de idade adulta e entendimento normal). Nesses casos, deve haver perfeita liberdade, jurídica e social, para realizar a ação e ater-se às consequências." (em *On Liberty*)

A justificação dessa postura liberal tem muitas variantes distintas. Alguns a defendem com base em certas ideias sobre a legitimidade do Estado e a origem da soberania política. Outros, como Mill, justificam essa concepção antiperfeccionista alegando o valor da livre experimentação em matéria de projetos pessoais de vida e a ineficácia de impor de modo coativo ideais de excelência humana, que se deve deixar liberados para a persuasão e o debate crítico. Outros autores ainda, como Rawls, recorrem a certa concepção da pessoa moral que não está ligada à satisfação de certos fins, mas à liberdade para escolhê-los e, como vimos, a uma teoria ética sobre o que é bom, que depende da satisfação de qualquer projeto racional de vida proposto pelas pessoas (dentro do âmbito dos princípios de justiça).

Do princípio da autonomia da pessoa humana deduz-se diretamente o direito de realizar qualquer conduta que não prejudique os interesses de terceiros (que está consagrado no art. 19 da Constituição Nacional argentina) e, indiretamente, os direitos que são instrumentais para a escolha e a execução de projetos pessoais de vida: de consciência e de expressão, de associação, de trabalho, de movimento e escolha de domicílio, de acesso à educação, de disposição e controle individual sobre os bens econômicos necessários para escolher e desenvolver tais projetos de vida (vários desses direitos estão consagrados nos arts. 14, 14 *bis* e 17 da Constituição da Argentina). A participação democrática no governo tende a evitar que se favoreçam certos modelos de excelência humana (já que as divergências quanto a eles, em geral, provocam a formação de maiorias com base em um mínimo denominador comum), mas não é raro, como mostram experiências históricas, que uma ampla maioria imponha um modelo de perfeição humana, por isso os direitos mencionados também devem, nesse ponto, servir de marco para as decisões majoritárias sem estarem submetidos a essas.

Esse princípio da autonomia da pessoa serve para definir o alcance do princípio anterior da inviolabilidade da pessoa. Alguém é usado somente como um meio em benefício de outros quando se adota certa medida que afeta gravemente seu projeto pessoal de vida apenas para permitir a outras pessoas a realização de seus próprios projetos de vida.

Um terceiro princípio que parece estar pressuposto na defesa de certos direitos humanos feita pelo liberalismo é o que podemos chamar o *"princípio da dignidade da pessoa humana"*. Esse princípio pode receber diferentes formulações; de acordo com uma delas, o princípio expressa que as pessoas devem ser julgadas e tratadas, para certos fins, com base exclusiva em suas *ações voluntárias* e não segundo outras propriedades e circunstâncias, como sua raça, sexo, particularidades físicas e processos fisiológicos, ou a classe social a que pertencem, a certas crenças que professem (considerando que essas não são adquiridas e abandonadas de modo voluntário) etc. Esse princípio se opõe ao *determinismo* se e enquanto esse for concebido como uma concepção *normativa* (e não só como uma hipótese descritiva – que pode ser plausível – que defende que toda ação humana, como todo fato, tem uma causa), segundo a qual devemos tratar as ações voluntárias dos homens do mesmo modo que tratamos sua cor de pele, suas doenças e as circunstâncias de seu nascimento. Se o princípio da dignidade da pessoa fosse abandonado completa e consistentemente em favor dessa concepção normativa que está associada ao determinismo, a vida humana se alteraria de modo irreconhecível: desapareceriam os contratos e o casamento voluntário, transformar-se-iam todas as relações interpessoais, desmoronariam os pressupostos da representação democrática (ver uma análise disso em nosso livro *Los límites de la responsabilidad penal*).

Do princípio de que devemos julgar e tratar as pessoas de acordo com suas ações voluntárias e não segundo outras propriedades – no intuito de outorgar certos benefícios e encargos cujo alcance exato exigiria uma cuidadosa elaboração que não pode ser empreendida aqui – infere-se a proscrição de toda perseguição e discriminação por motivos de raça, sexo, origem nacional e social etc. Esse princípio está na base da participação democrática no governo. Esse princípio também permite, como veremos em seguida, um tipo de justificação da pena da qual se infere que não pode haver penas senão por ações voluntárias previstas em leis anteriores. (Esses direitos estão reconhecidos, entre outros, nos arts. 15, 16, 18, 19 e 23 da Constituição Nacional argentina). Outra implicação do princípio de dignidade da pessoa é o de determinar os alcances dos outros princípios liberais que foram considerados: não se usa uma pessoa como mero meio em benefício de outros, nem se interfere de modo ilegítimo em seus projetos de vida quando uma restrição, encargo ou obrigação que lhe é imposta tem como base seu *consentimento*. Como diria Kant, tratamos as pessoas como fins em si mesmas quando as tratamos de acordo com seus próprios fins.

É claro que esses princípios que acabamos de enunciar são consideravelmente imprecisos; pode-se discutir se estão respaldados por todos os pensadores, geralmente, considerados liberais e, sobretudo, sua justificação não sendo óbvia, podem-se propor argumentos de peso a favor de outras concepções de filosofia social. No entanto, além de seu atrativo intrínseco, esses princípios, uma vez combinados e articulados, têm o valor de permitir compreender os fundamentos e implicações da parte programática da Constituição Nacional argentina; eles explicitam a concepção do homem e da sociedade que está por trás dos direitos individuais que ela reconhece.

b) *O direito como instrumento para tornar efetiva a moralidade*

Um dos problemas que, desde tempos imemoráveis, são propostos de modo recorrente, tanto perante medidas legislativas quanto judiciais e administrativas, pode ser condensado na seguinte pergunta: *a mera imoralidade de um ato constitui uma razão suficiente para justificar que o direito interfira em sua realização, através de sanções e de outras medidas?*
Na seção anterior vimos um parágrafo de J. S. Mill, do qual parece se inferir uma resposta negativa: o direito só pode interferir em atos que prejudicam terceiros. Essa postura de Mill não carecia, sem dúvida, de antecedentes; já estava expressa nos arts. 4º e 5º da Declaração dos Direitos do Homem e do Cidadão de 1789, e, muitos séculos antes, tinha sido antecipada por, nada menos que, Santo Tomás, com estas palavras:

> "... E assim a lei humana não proíbe todos os vícios, do que se abstém um homem virtuoso; só são proibidos os mais graves, dos quais é mais provável a maior parte dos homens se abster, sobretudo aquelas coisas que são para o prejuízo dos demais, sem cuja proibição a sociedade não poderia ser conservada, como os homicídios, furtos e outros vícios semelhantes." (em *Suma teológica*, I-II, c. 96, art. 2º)

Porém, apesar desses ilustres antecedentes, as ideias que Mill expressou em *On Liberty* foram e são discutidas por muitos pensadores, que pretendem dar uma resposta afirmativa à pergunta que enunciamos no início. Um deles foi o contemporâneo de Mill, o famoso juiz vitoriano James F. Stephen, que em seu livro *Liberty, Equality and Fraternity* (1873) atacou duramente as ideias daquele. Stephen defendia que os usos adequados da compulsão contra o indivíduo não podem ser determinados considerando apenas se os atos submetidos a ela são prejudiciais a terceiros; afirmava que se o objetivo da coação é bom e dela resultam mais vantagens que desvantagens é incompreensível que, de acordo com os princípios utilitaristas defendidos por Mill, a coação possa ser ruim; alegava que a prevenção das formas mais grosseiras do procedimento vicioso é tão legítima quanto a prevenção do dano a terceiros.

Quase cem anos após essa controvérsia, o debate foi retomado na Grã-Bretanha – estendendo-se com rapidez a muitos outros países – por causa do relatório da Comissão Wolfenden, de 1957, que propôs ao Parlamento certas reformas no direito penal inglês tendentes a efetivar um âmbito de liberdade pessoal na forma concebida por Mill.

O juiz Lord Patrick Devlin em uma conferência perante a British Academy (e depois em seu livro *The Enforcement of Morals*) refutou de forma severa o relatório Wolfenden, defendendo que ele assume pressupostos filosóficos discutíveis sobre a função do direito penal. Tais pressupostos, afirmava Lord Devlin, são incompatíveis com muitos aspectos do direito da Inglaterra que não são explicados em função da proteção a terceiros: o fato de o consentimento da vítima não ser, em geral, uma defesa, a repressão aos delitos de eutanásia, duelo, aborto, bigamia, incesto etc. Porém, Lord Devlin reconhecia que isso não era um argumento suficiente, visto que poderia apoiar apenas a conclusão de que o direito inglês devia ser reformado ainda mais, além do proposto no relatório Wolfenden. Seu principal argumento positivo era que a moralidade de uma sociedade constitui um aspecto essencial de sua estrutura e determina sua identidade como tal; por conseguinte, a sociedade está autorizada a se autodefender, evitando sua destruição ou modificação profunda, mediante a interferência em atos que solapem os padrões morais básicos. Devlin também afirmava que não é possível estabelecer com antecedência limites teóricos ao poder do Estado para legislar em temas de moralidade; o bem-estar de uma sociedade depende tanto de uma moralidade estável quanto de um bom governo, e, assim como a sociedade está autorizada a reprimir atos de traição e sublevação que põem em risco o governo, também está autorizada a reprimir atos "de dentro" que ameaçam desintegrá-la.

A tese de Lord Devlin provocou uma infinidade de réplicas em diferentes países; mas seu principal oponente foi o professor de Oxford, H. L. A. Hart, através de suas palestras na BBC de Londres, intituladas *Inmorality and Treason* (e depois em seu livro *Law, Liberty and Morality*).

Hart ataca primeiro o abuso dos exemplos aos quais Lord Devlin recorre para demonstrar que o direito inglês se identifica com a sua concepção; afirma que muitos desses exemplos não consistem na repressão de meros atos imorais, mas em leis *paternalistas* (que defendem os interesses das pessoas contra sua própria vontade, e que Mill também não admitia, mas que, segundo Hart, não são tão refutáveis como a repressão da mera imoralidade) ou em leis que protegem a *decência* pública (Hart afirma que nem todo ato imoral é indecente e, ao contrário, nem todo ato indecente é imoral: um exemplo desse último aspecto são as relações sexuais entre cônjuges realizadas em público).

Depois de comentar esses exemplos de Devlin, Hart se propõe discutir tanto a tese extrema de Stephen de que a preservação da moralidade social é algo bom *em si mesmo* quanto a tese mais moderada de Lord Devlin de que tal preservação da moral positiva é *instrumentalmente* valiosa como meio para defender a sociedade. Contra a primeira tese Hart argumenta, em síntese: *a)* que não fica claro qual pode ser o valor de obter conformidade com a moral por meio da compulsão e não pelo convencimento, o que parece mais típico de tabus do que de uma moral racional; *b)* que em geral essa tese está ligada à ideia de que a punição da imoralidade serve como uma denúncia pública dela, mas para as denúncias bastam, em geral, as palavras, sendo desnecessário o sofrimento implícito na pena; *c)* que essa tese assume que há um consenso moral na população, o que não é claro que ocorra nas sociedades pluralistas modernas; *d)* que a moral vigente em uma sociedade possa ser extremamente aberrante, por isso não se entende como pode ser sempre valioso, em si mesmo, preservá-la.

Contra a tese mais moderada de Lord Devlin, Hart afirma fundamentalmente: *a)* que embora "sociedade" possa ser definida de tal modo que ela deva ter uma moral, não há por que identificar a sociedade com *certa* moral: a moralidade da sociedade pode mudar sem que esta se destrua; *b)* que Lord Devlin não apresenta nenhuma prova empírica de que as modificações nos hábitos morais das pessoas tenham levado à desintegração de alguma sociedade; *c)* que esse tipo de posturas encobre uma confusão entre democracia e "populismo moral", ou seja, a doutrina de que a maioria deve determinar não quem deve governar, mas como os demais devem viver.

Como essa controvérsia pode ser avaliada? Observe-se, em primeiro lugar, que a polêmica versa sobre se o direito deve tornar efetiva a *moralidade vigente* em uma sociedade, qualquer que seja seu conteúdo. Colocadas as coisas nesses termos, a postura de Hart se apresenta como razoável, visto que essa moral vigente pode ser, como ele disse, extraordinariamente aberrante (pensemos na moral nazista ou em certos costumes de tribos africanas que prescrevem graves mutilações), e não é muito plausível defender que, inclusive nesses casos, o direito *deve* (do ponto de vista de uma moral crítica) tentar tornar efetiva essa moral positiva.

Porém, as coisas parecem ser muito diferentes se alterarmos um pouco os termos da discussão e nos perguntarmos não se o direito deve tornar efetiva a moral positiva de uma sociedade, mas se deve reconhecer e prescrever conformidade com os padrões de uma moral *crítica ou ideal* que se supõe válida. Nesse caso a resposta parece que não pode ser senão afirmativa, já que, aparentemente, é analítico ou tautológico que para o direito estar justificado, de acordo com certa moral crítica, ele deve tornar efetivos os princípios dessa moral crítica. Se for assim, tudo é questão de quais atos são considerados imorais: se alguém considera que só os atos prejudiciais a terceiros são imorais, como defende o utilitarismo, então estará de acordo com Mill; se, por outro lado, alguém considera, por exemplo, que a prostituição é imoral, então terá que aceitar que há a mesma razão para o direito punir tanto as prostitutas quanto os homicidas. Isso parece ter sido observado com clareza pelo líder religioso iraniano, o aiatolá Khomeini, ao responder assim às objeções dos ocidentais contra os duros castigos aplicados por seu regime a adúlteras, prostitutas, homossexuais e a série de limitações impostas à população por razões de moralidade:

> "No Islã queremos implementar uma política de purificação da sociedade, e para alcançar esse objetivo devemos castigar quem dissemina o mal por nossa juventude. Os senhores não fazem a mesma coisa? Quando um ladrão é um ladrão, os senhores não o jogam na cadeia? Em muitos países, os senhores inclusive não executam os assassinos? Os senhores não usam esse sistema porque se eles permanecessem vivos e livres contaminariam os outros e expandiriam sua mancha de maldade?" (resposta na reportagem de Oriana Fallaci, em *The Guardian Weekly*, nov. 1979)

Mas o pressuposto dessa postura está equivocado. Como Khomeini deveria ter aprendido de Santo Tomás, não é incoerente distinguir entre diferentes atos imorais e supor que a moral não exige que todo ato contrário a ela seja juridicamente reprimido. O que é analítico ou tautológico é que para o direito estar justificado, segundo certa moral crítica, ele não deve *violar* os princípios dessa moral crítica; isso não é a mesma coisa que defender a proposição sintética de que para o direito estar justificado, segundo certa moral crítica, ele deve *reprimir as violações* dos princípios dessa moral crítica.

Ou seja, a postura de que o direito só pode interferir em alguns atos imorais é logicamente coerente. Além disso, para ser plausível, ela deve estar acompanhada de certa distinção entre diferentes tipos de atos imorais, com o intuito de fornecer um critério sobre quais deles podem sofrer interferência em termos jurídicos. Uma possível distinção está ligada à diferença entre duas esferas ou dimensões da moralidade: o conjunto de regras que prescrevem o comportamento para com terceiros (o que pode ser chamado a "moral pública") e os ideais de excelência humana ou modelos de virtude pessoal (a "moral privada"). A ideia de que o direito só pode interferir em ações que prejudicam terceiros fundamenta-se no ponto de vista de que o direito só deve tornar efetiva a moral pública e não a privada (ver uma explanação desse ponto em *Los límites de la responsabilidad penal*). Porém, a justificação dessa ideia depende da aceitação do princípio liberal da autonomia da pessoa, que vimos na seção anterior.

c) A justificação da pena

Como já destacamos antes, no Capítulo IV, as sanções penais distinguem-se de outras sanções e medidas coativas aplicadas pelo Estado (como quarentenas, confiscos etc.) por implicar a finalidade (não necessariamente última) de colocar seus destinatários em uma situação desagradável, de infligir-lhes sofrimento. Se esse sofrimento desaparecesse (por exemplo, se as desvantagens impostas fossem compensadas de modo adequado), a pena não só perderia sua razão de ser, como deixaria de ser chamada assim (seria, por exemplo, uma medida de segurança ou de reabilitação). É esse sofrimento implícito na pena o que levou filósofos e juristas a buscar para ela uma justificação moral suficientemente convincente. Sendo a pena, e a coação em geral, um elemento essencial do direito – como vimos no Capítulo III –, a justificação moral da pena é uma condição necessária da justificação moral do direito.

Em muito poucos casos, em comparação a esse tema, se enfrentam de forma tão radical – e se tornam tão evidentes suas respectivas falhas e virtudes – duas das grandes concepções morais que, como vimos, dominaram o pensamento ocidental moderno: as tradições utilitarista e kantiana.

Para a concepção moral utilitarista, a questão é muito clara: a pena não é justificada moralmente pelo fato de que quem a recebe tenha feito algo ruim no *passado* (isso já não pode ser evitado), mas para promover a felicidade geral, fazendo que, mediante as distintas funções da pena (desencorajar outros e o próprio condenado a voltar a delinquir, impossibilitá-lo fisicamente de fazer isso, reeducá-lo etc.), no *futuro,* sejam cometidos menos delitos, o que constitui um benefício social que pode compensar o sofrimento implícito na pena. Ou seja, para o utilitarismo, uma pena é justificada se e somente se: *a)* ela é um meio *eficaz* para evitar a ocorrência de certos males sociais; *b)* ela é um meio *necessário*, no sentido de que não há outra forma menos prejudicial para evitar esses males; e *c)* o prejuízo que ela acarreta a seu destinatário (e, por ser esse um membro da sociedade, à sociedade em conjunto) é *menor* que os prejuízos que a sociedade sofreria se a pena não fosse aplicada. Nesse sentido Bentham dizia:

> "... *A finalidade do direito é aumentar a felicidade.* O objeto geral que todas as leis têm, ou devem ter, em comum é incrementar a felicidade geral da comunidade; e, portanto, em primeiro lugar, excluir, tão completamente quanto for possível, qualquer coisa que tenda a deteriorar essa felicidade: em outras palavras, excluir o que é pernicioso... *Mas a pena é um mal.* Mas toda pena é perniciosa. Com base no princípio de utilidade, se ela deve ser de todo admitida, só deve ser na medida em que promete evitar um mal maior." (em *An Introduction to the Principles of Morals and Legislation*)

Para Kant, que defendia, em contrapartida, uma justificação da pena baseada na *retribuição*, não poderia haver uma postura mais insólita do que a que acabamos de enunciar. Esse autor defendia que:

"A *pena jurídica*... não pode nunca ser aplicada como um simples meio de procurar outro bem, nem mesmo em benefício do condenado ou da sociedade; deve sempre ser contra o condenado *pela única razão de ter praticado delito*; porque jamais um homem pode ser tomado por instrumento dos desígnios de outros, nem ser contado no número das coisas como objeto de direito real; sua personalidade natural inata o garante contra tal ultraje, mesmo que possa ser condenado a perder a personalidade civil. O malfeitor deve ser julgado *digno de castigo*, antes de se ter pensado em tirar de sua pena alguma utilidade para ele ou para seus concidadãos. A lei penal é um imperativo categórico; e infeliz daquele que se arrasta pelos caminhos do eudemonismo, para encontrar algo que, pela vantagem que pode tirar, livra o condenado, no todo ou em parte, das penas que merece...; porque quando a justiça é desconhecida, os homens não têm razão de ser na terra... E mais: se a sociedade civil se dissolvesse pelo consentimento de todos os seus membros... o último assassino detido em uma prisão deveria ser morto antes dessa dissolução, com o propósito de que cada um sofresse a pena de seu crime, e que o crime de homicídio não recaísse sobre o povo que deixasse de impor esse castigo; pelo que, então, poderia ser considerado como cúmplice dessa violação pública da justiça."
(em *Princípios metafísicos da doutrina do direito*)

Como se vê, para o retribucionismo, do qual a concepção kantiana é apenas uma versão, a pena não se justifica como meio para minimizar os males sociais futuros, mas como resposta a um mal passado, quaisquer que sejam as consequências que essa pena possa ter. Essa justificação exige que: *a)* o destinatário da pena seja responsável pelo mal que a pena retribui, e *b)* o mal implícito na pena seja proporcional ao mal que ela retribui (daí a lei de talião) e ao grau de responsabilidade do agente.

Assim, como dissemos, em poucos casos como nesse se tornam tão explícitas as respectivas falhas e vantagens das concepções morais consequencialista e formalista.

O retribucionismo, por um lado, parece satisfazer quase todas as nossas convicções intuitivas de justiça: exclui a possibilidade de condenar um inocente, exige que só sejam condenadas as ações voluntárias, prescreve penas mais severas para os fatos mais graves, determina que um ato intencional seja punido de forma mais severa que um negligente (já que a recriminação pelo fato é maior) etc. Contudo, por outro lado, o retribucionismo requer de nós uma intuição ética básica compartilhada por muito poucos: que a soma de dois males dá como resultado um bem. O que senão o ressentimento e o desejo de vingança – alguém pode se perguntar – explica essa preferência por um estado do mundo em que os males se multiplicam, sem atender à possibilidade de algum efeito benéfico para alguém? Não é por acaso a demonstração mais clara do fetichismo perante as regras próprias do formalismo moral toda essa ideia de que os criminosos devem ser condenados, sejam quais forem as consequências? ("embora o povo pereça", como dizia Kant)

Em contrapartida, o utilitarismo aparece como o enfoque racional e humano da questão. Induz-nos a não nos deixar levar pelo espírito de vingança e pelo ressentimento diante da impotência para desfazer o mal que aconteceu, agravando desse modo os infortúnios humanos, e a olhar, em vez disso, para o futuro, buscando apenas a minimização do sofrimento. No entanto, uma aplicação consequente da concepção utilitarista da pena poderia ter consequências que contrariam gravemente nosso senso de justiça. Uma delas é que não está, de jeito nenhum, garantida nessa concepção a exigência de atitudes subjetivas – intenção ou negligência – para a responsabilidade penal; em muitos casos, poderia ser mais eficaz e econômico como forma de prevenção que certos delitos fossem de responsabilidade objetiva. Mas talvez a mais grave dessas consequências contraintuitivas seja a possibilidade, muitas vezes assinalada, de justificar o castigo de um inocente quando isso for necessário para evitar um mal maior (um famoso exemplo hipotético de McCloskey, para ilustrar essa possibilidade, é o de um povoado no sul dos Estados Unidos, onde ocorreu o estupro de uma moça branca por um negro, que não se consegue achar, e, perante a ameaça real dos brancos de linchar um bom número de negros se não for encontrado o estuprador, um xerife utilitarista cria provas contra um negro qualquer, que, desse modo, é considerado culpado por todos, para que seja condenado e se evitem os linchamentos).

No entanto, se as coisas forem bem observadas, perceber-se-á que o problema do utilitarismo não reside nas questões que acabam de ser apontadas, porque um utilitarista pode dizer que, para ele, a pena é como uma quarentena ou o confinamento de um doente mental, e ninguém se escandaliza pelo fato de essas medidas serem aplicadas, para benefício do conjunto da sociedade, a pessoas que não sejam culpáveis. O problema do utilitarismo consiste, na realidade, exatamente no que Kant descobriu; o problema não está só na possibilidade de condenar inocentes, mas também no castigo dos culpáveis. Porque como, segundo o utilitarismo, essa culpabilidade é *irrelevante* (exceto por razões de eficácia) para justificar a pena, os que cometeram delitos poderiam legitimamente protestar: "Por que *nós* temos de ser sacrificados em prol do maior benefício do resto da sociedade, ou seja, em suma, de outros homens? Não nos digam que é por termos cometido delitos, porque isso, segundo vocês, é tão moralmente irrelevante quanto nossa cor de pele. Vocês estão nos usando apenas como meios em benefício de outros." Ou seja, o utilitarismo enfrenta aqui o mesmo problema de *distribuição* que vimos como a mais séria falha dessa teoria.

Como sair desse dilema, cujas alternativas são constituídas, de um lado, por uma concepção com consequências aceitáveis, mas com fundamentos não muito atrativos do ponto de vista racional, e, de outro, por uma teoria que parece nos fornecer o enfoque racional e humano do qual sentíamos falta, mas que tem implicações que nos arrepiam? Em outra parte (nos *Límites de la responsabilidad penal*), defendemos uma possível saída para esse dilema, da qual agora só podemos dar o esboço mais esquemático:

É possível combinar os aspectos positivos do utilitarismo e do retribucionismo em uma justificação coerente da pena. Se não se quer abraçar o obscuro mito de conceber como boa a soma de dois males, deve-se exigir como condição necessária da legitimidade de toda pena que ela seja, de modo demonstrável, o meio mais eficaz para evitar prejuízos sociais maiores que os que ela implica. Porém, uma coisa é justificar uma pena e outra distinta é justificar sua aplicação a alguém em particular, e para dar esse último passo devemos complementar o princípio utilitarista da proteção social com um princípio de *distribuição*. Há um princípio de distribuição de benefícios e encargos, aceito em outros âmbitos da vida social, que aqui é relevante; esse é um princípio fundamentado no *consentimento* dos indivíduos afetados. A imposição a um indivíduo de um encargo ou sacrifício socialmente útil é justificada se for consentida por ele (lembremos o que foi dito na seção *a* sobre como se infere do princípio de dignidade da pessoa que quando os homens são tratados conforme seu consentimento não são tratados apenas como meios em benefício de outros). É razoável dizer que uma pessoa consente no que *sabe* que são consequências *necessárias* de sua conduta voluntária (quem assina de modo voluntário um documento, ou sobe em um ônibus, sabendo que isso gera necessariamente certas obrigações de sua parte, consente em contrair tais obrigações). Se alguém realiza de forma livre e consciente um ato, sabendo que este tem como consequência *normativa* necessária (as consequências fácticas são irrelevantes, como no caso do contrato) a perda da imunidade contra a pena de que os cidadãos em geral gozam, ele consente em perder tal imunidade, ou seja, em contrair responsabilidade penal. Esse consentimento (que é o mesmo exigido no âmbito contratual) é o que nos permite justificar a imposição a alguém de uma pena que, além disso, satisfaz a condição de ser um meio necessário e eficaz de proteger a sociedade contra males maiores que os envolvidos na própria pena. Como essa teoria consensual da pena requer conhecimento de que a responsabilidade penal é uma consequência necessária de uma ação voluntária, dela se infere a ilegitimidade de condenar um inocente, a exclusão de leis retroativas e a exigência de conhecimento dos fatos e do direito.

d) O papel dos juízes em uma sociedade democrática

Como vimos no Capítulo V, os juízes têm, de modo indefectível, um âmbito considerável de *discrição* para cumprir com sua responsabilidade de resolver casos sem o controle de normas jurídicas gerais. Parte dessa discrição é uma discrição "de direito", ou seja, outorgada pelas regras do sistema (por exemplo, quando o juiz está autorizado a escolher, claro que não de forma arbitrária, uma pena, entre um máximo e um mínimo fixados pela lei). Porém, boa parte da discrição judicial é uma discrição "de fato", que tem sua origem no caráter vago ou ambíguo da linguagem legal, ou nas lacunas e inconsistências do sistema jurídico.

Uma das questões mais instigantes da filosofia do direito é a pergunta sobre como os juízes devem exercer a discrição – de fato ou de direito – de que gozam para resolver casos que não estão solucionados de modo inequívoco pelo sistema jurídico. Apesar da extraordinária importância dessa indagação, ela nem sempre é formulada com total clareza no âmbito do direito continental europeu, graças à existência de uma dogmática jurídica que, como vimos no Capítulo VI, pretende oferecer aos juízes soluções que, segundo se supõe, são as únicas válidas, por estarem contidas de forma implícita no sistema jurídico (evidenciando-se uma vez que se emprega o esquema conceitual apropriado ou se recorre ao "método de interpretação" adequado). No âmbito anglo-saxão, onde se é muito mais cético sobre a existência de uma "ciência do direito" capaz de apresentar a solução juridicamente correta para cada caso, tem-se uma consciência muito maior dos problemas propostos pela discrição judicial. Isso ocorre, sobretudo, nos Estados Unidos, cujos tribunais, e principalmente a Suprema Corte Federal, têm um papel ativo demais na orientação da sociedade norte-americana;

papel que tem pouco a ver com a mera aplicação de normas gerais, determinadas pelos outros poderes, a casos particulares (um exemplo destacado desse papel da Suprema Corte desse país é constituído pela decisão do caso "Brown *vs.* Board of Education", de 1954 – no qual se declarou inconstitucional toda forma de discriminação racial nas escolas –, o que, como diz Archibald Cox, causou uma verdadeira revolução social nos Estados Unidos, sobretudo pela extensão ulterior dessa decisão a outras áreas e pela prescrição da Corte de que os outros poderes deviam adotar, coisa que fizeram, "ações afirmativas" para compensar os efeitos da discriminação racial anterior).

A discrição judicial propõe dificuldades particulares em uma sociedade democrática. Uma dessas dificuldades é dada pelo fato de que os juízes não costumam ser funcionários eleitos pelo povo com base em certo programa ideológico, sendo em geral nomeados de forma vitalícia e por procedimentos alheios ao controle direto dos cidadãos. Desse modo, é questionável que os juízes adotem decisões baseadas em princípios, pontos de vista valorativos, concepções ideológicas etc., não legitimados pelos poderes do Estado que gozam de representatividade democrática; no entanto, o que mais podem fazer se têm que, necessariamente, resolver casos que não estão solucionados por normas originadas nesses outros poderes do Estado? Outra dificuldade ocorre quando os juízes decidem um caso com base em uma regra ou princípio que não fazia parte do sistema jurídico, e é como se aplicassem *retroativamente* uma lei, surpreendendo as partes com a adjudicação de direitos, deveres, sanções etc., que não podiam prever antes do julgamento; mas, de novo, o que mais podem fazer os juízes se – como diz o Código Civil argentino no artigo 15 – "*não podem deixar de julgar sob pretexto de silêncio, obscuridade ou insuficiência das leis*"?

Ronald Dworkin (em *Levando os direitos a sério*) desenvolveu uma interessante teoria sobre como os juízes devem exercer sua discrição em uma sociedade democrática, de modo que supere as dificuldades que acabamos de mencionar.

Uma das restrições a que devem se submeter os juízes no exercício de sua discrição é dada pelo que Dworkin chama a "doutrina da responsabilidade política" e que estipula que os juízes, como os demais funcionários públicos, devem adotar apenas aquelas decisões que podem justificar com base em uma teoria geral, que também permita justificar as outras decisões que se propõem adotar. É óbvio que essa exigência, além de responder a aspirações elementares de coerência, facilita a previsibilidade das decisões judiciais.

Porém, a principal restrição no exercício da discrição judicial sugerida por Dworkin é dada pela distinção que propõe entre *princípios que estabelecem direitos*, por um lado, e *políticas ("policies") que fixam objetivos sociais coletivos*, por outro. Os direitos estipulados pelos princípios (como o direito à educação) se distinguem dos objetivos coletivos definidos por certas políticas (tais como aumentar o produto nacional bruto ou fortalecer a segurança nacional) por duas características: *Primeiro*, os direitos são distributivos e individualizados (fornecendo recursos ou oportunidades a *cada um* dos indivíduos integrante da classe que goza do direito em questão), enquanto os objetivos coletivos são agregativos e não individualizados (admitindo a possibilidade de fazer diferentes adjudicações de encargos e benefícios entre os indivíduos, conforme a eficiência para satisfazer o objetivo em questão). *Segundo*, os direitos (inclusive quando não são absolutos e podem ceder a outros direitos ou a um objetivo social especialmente importante) constituem um limite ou limiar contra medidas fundamentadas em objetivos coletivos: se um suposto direito cedesse a qualquer objetivo social legítimo, não seria um verdadeiro direito.

Uma vez feita essa distinção, Dworkin defende que os juízes devem se ater – e que, na realidade, fazem isso de fato – a julgar de acordo com *princípios*, deixando as considerações referentes a *políticas* aos outros poderes do Estado. Isso permite, segundo ele, superar as mencionadas dificuldades da discrição judicial. Em primeiro lugar, a ideia de que as decisões de natureza ideológica devem ficar nas mãos dos órgãos democraticamente eleitos se aplica à formulação de políticas, e não à determinação de princípios, já que ela se baseia no fato de que os conflitos entre os interesses e pretensões dos diferentes grupos (que incidem na fixação de objetivos coletivos, mas não na declaração de direitos) devem ser dirimidos através dos canais de expressão e representação política. Em segundo lugar, a condenação de regular retroativamente os casos submetidos aos tribunais não pode ser aplicada a direitos que preexistem às decisões judiciais (que Dworkin, dada sua concepção antipositivista, classifica de "jurídicos", mas que, com uma definição positivista de direito, seria preciso conceber como direitos morais).

Por fim, Dworkin propõe mais uma restrição ao exercício da discrição judicial: os princípios que os juízes devem considerar em suas decisões devem fazer parte de uma teoria que não só permita justificar as outras decisões que os juízes se proponham tomar, como também justifique todas as normas institucionalmente reconhecidas, ou seja, de origem legislativa ou jurisprudencial; isso é o que Dworkin chama o requisito de *consistência articulada*.

Essa concepção de Dworkin foi objeto de severas objeções por parte de diferentes autores. Observou-se que a distinção entre princípios e políticas é muito menos clara do que Dworkin parece supor; que é totalmente ilusório pensar que, de fato, os juízes não levam em conta em suas decisões considerações sobre políticas (lembremos que o "enfoque econômico do direito" defende que todas as decisões são dessa natureza, ou seja, têm em vista a maximização da eficiência); e que é ilógico pretender que os juízes se limitem a decidir com base em princípios. Nós objetamos (em *Los límites de la responsabilidad penal*) a restrição da consistência articulada, que prende os juízes a normas que podem ser injustas, em casos não regidos por essas normas (já que esses casos devem ser resolvidos segundo princípios dos quais se deduzam também essas normas, e é muito difícil que os princípios sejam justos se deles devem ser inferidas normas injustas).

No entanto, a distinção entre princípios e políticas parece esconder uma diferença genuína, que deveria ser reconstruída e aproveitada. Que há essa diferença isso se evidencia nos diversos efeitos do fato de um benefício ser concedido como um direito ou em função de um objetivo social coletivo. Suponhamos, por exemplo (contra a verdade), que a educação seja matéria não de um direito, mas de um objetivo coletivo (ou seja, que se pensasse que a sociedade em conjunto ficaria melhor, quanto a seu produto bruto, sua segurança externa, seu prestígio internacional etc., se alguns de seus membros alcançassem certo grau de educação); nesse caso, o Estado poderia selecionar os que receberiam educação, segundo critérios de eficiência, por exemplo, e poderia denegar a alguns pretendentes o acesso à educação quando considerasse que o objetivo já estivesse alcançado; nada disso pode ser feito quando a educação, como ocorre na realidade, é objeto de um direito.

Se essa distinção pudesse ser definida com mais precisão, talvez pudesse ser incorporada a uma teoria sobre a administração de justiça que não fosse vulnerável às objeções que merece a concepção de Dworkin. Talvez o que se deveria exigir não é que os juízes se abstenham de toda consideração acerca de políticas sobre objetivos coletivos e que os princípios a que recorrem permitam justificar todas as normas do sistema, e, sim, que as políticas, mas não os princípios, que os juízes devem considerar em suas decisões devem ser necessariamente inferidas das finalidades que buscam os outros poderes do Estado ao estabelecer as normas do sistema. Os juízes não podem ignorar os objetivos sociais coletivos, mas devem se ater aos que estão legitimados pelos órgãos que gozam de representatividade democrática. Em contrapartida, não podem renunciar, com base em argumentos de autoridade, a sua responsabilidade moral de decidir em virtude de princípios que consideram válidos. Essa é a única forma de cumprir com seu papel de intermediários entre a coação e a justiça.

PERGUNTAS E EXERCÍCIOS – VII

1. – Distinga quais destas afirmações são de natureza metaética, quais são de ética normativa e quais de ética descritiva.
   a) "Entre os esquimós não é moralmente censurável deixar os idosos morrerem."
   b) "Os juízos de valor não são cientificamente demonstráveis."
   c) "A pena de morte carece de toda legitimidade moral."
   d) "Uma ação é moralmente boa quando contribui para a felicidade geral."
   e) "O crime da costureira provocou uma grande indignação moral na vizinhança."
   f) "Você não deve abandonar um amigo em dificuldades."
2. – Que diferença há entre determinar o que quer dizer que algo é bom ou justo e determinar o que é bom ou justo?
3. – Comente esta afirmação:
   "Quando eu digo que um vinho é bom não quero dizer nada além de que o vinho me agrada; se alguém vem e me diz que o vinho é ruim, não há nada sobre o vinho em que eu possa me basear para demonstrar-lhe que está errado. A mesma coisa acontece, receio, quando digo que a democracia ou a caridade são boas; estou me referindo às minhas preferências, e não há nada na democracia ou na caridade que eu possa apresentar a quem tenha preferências opostas para demonstrar-lhe que está enganado."
4. – Por que derivar juízos valorativos de juízos fácticos não constitui necessariamente uma falácia lógica como pensava

Moore? Por acaso não é impossível derivar uma *prescrição* de uma *descrição*?

5. – É possível aplicar o "método da pergunta aberta", sugerido por Moore, à própria concepção de Moore sobre o significado dos juízos de valor?

6. – Analise este parágrafo de David Ross (*Fundamentos de ética*, trad. D. Rivero e A. Pirk, Buenos Aires, 1972, p. 149):

"Contudo, pode ser proposta a pergunta: 'Uma vez que tenham sido alcançados os princípios gerais, são reconhecidos como corretos os atos particulares por dedução dos princípios gerais ou por reflexão direta sobre os atos como atos particulares que têm certo caráter?' Sem perceber diretamente que o ato particular é correto, deciframos sua correção a partir do princípio geral? Ou percebemos de forma direta sua correção? Tanto uma coisa quanto outra poderiam configurar uma possível explicação do que acontece. Mas quando reflito sobre minha própria atitude em relação aos atos particulares, parece-me descobrir que não é por dedução, mas por intuição direta que eles são corretos ou incorretos. Jamais me pareceu estar na situação de não perceber diretamente a correção de um ato particular de bondade, por exemplo, e de ter que decifrá-lo a partir de um princípio geral: 'Todos os atos de bondade são corretos e, portanto, esse deve ser, embora eu não possa perceber diretamente sua correção'."

7. – Enumere algumas das coisas que você pensa que conhece por intuição; tente distinguir se algumas delas são de natureza ética. Como você diferencia essa intuição do estado psicológico de acreditar em algo que, em geral, é baseado em certas observações empíricas? Que grau de confiança você tem nessa intuição, medido pelo tipo de riscos que estaria disposto a assumir com base nela? (Se você tivesse uma intuição suficientemente forte de que um revólver está descarregado, se atreveria a apertar o gatilho apontando contra sua cabeça, sem verificar de modo empírico se de fato não está carregado?) Quando você tem uma intuição de que algo é verdade, como faz para convencer os outros disso?

8. – Comente este parágrafo de Alfred J. Ayer (*Lenguaje, verdad y lógica*, trad. R. Resta, Buenos Aires 1958, p. 130):

"Ao admitir que os conceitos éticos normativos são irredutíveis a conceitos empíricos, parece que deixamos o caminho livre para a concepção 'absolutista' da ética, ou seja, a concepção de que os enunciados de valor não são controlados pela observação, como as proposições ordinárias são, mas apenas por uma misteriosa 'intuição intelectual'. Um traço dessa teoria, que raras vezes reconhecem aqueles que a defendem, é que torna inverificáveis os enunciados de valor. É notório, de fato, que o que parece intuitivamente certo para uma pessoa pode parecer duvidoso, ou mesmo falso, para outra. Portanto, a menos que seja possível fornecer algum critério mediante o qual se possa decidir entre intuições contrárias, um simples apelo à intuição não tem valor como prova de validade de uma proposição. Porém, no caso dos juízos morais, não é possível oferecer um critério assim. Alguns moralistas procuram resolver a questão dizendo que eles 'sabem' que seus próprios juízos morais são corretos. Mas tal asserção propicia um interesse meramente psicológico, e não tende nem um pouco a provar a validade de um juízo moral. De fato, os moralistas que defendem concepções diferentes podem 'saber' tão bem quanto os anteriores que seus pontos de vista éticos são corretos. E enquanto se tratar de uma certeza subjetiva, não haverá nada que nos permita escolher entre eles..."

9. – Por que gera dificuldades dizer que algo é moralmente incorreto se e somente se for proibido por Deus? Por acaso, não é a mesma coisa que dizer que algo é juridicamente incorreto se e somente se for proibido pelo legislador?

10. – Qual das seguintes teses caracteriza o emotivismo ético (tal como defende Stevenson)?
    a) Quando falamos sobre questões morais nos emocionamos.
    b) Os juízos morais têm um significado que consiste em descrever nossas emoções e as dos demais.
    c) Os juízos morais têm um significado que consiste em expressar nossas emoções e provocá-las nos demais.
    d) "Moralmente bom" quer dizer "capaz de provocar emoções favoráveis".

11. – Formule uma definição persuasiva de "direito".

12. – Comente este parágrafo de Stephen Toulmin (*The Place of Reason in Ethics*, Cambridge, 1970, p. 60):
"Às vezes, quando formulamos juízos éticos, não estamos apenas dando corda a nossas emoções. Quando dizemos que isso ou aquilo é bom, ou que eu devo fazer tal e tal coisa, às vezes dizemos isso por boas razões, e, às vezes, por más. O enfoque imperativo não nos ajuda nem um pouco a distinguir um caso do outro – de fato, ao dizer que falar de razões nesse contexto é um contrassenso desqualifica totalmente nossa pergunta. No entanto, a doutrina não só é falsa, como também inócua, porque ela ingere seu próprio veneno. Se, como devemos fazer, nos negamos, ainda, a tratar os juízos éticos como expressões de emoções, seu defensor não pode apresentar razões posteriores a favor de seu ponto de vista. Em virtude de sua própria concepção, tudo o que ele pode fazer é expressar sua desaprovação por nosso procedimento e forçar-nos a abandoná-lo: seria incoerente de sua parte propor 'razões' nessa altura. E se, em contrapartida, ele replica, 'muito bem; mas nenhuma outra coisa levará você a parte alguma', esse é um desafio que vale a pena aceitar e uma previsão que vale a pena adulterar."

13. – Como se distingue o emotivismo do subjetivismo naturalista? Ambas as concepções poderiam ser combinadas em uma teoria coerente?

14. – Quais são, segundo Hare, os traços que caracterizam os juízos morais? Como se distingue essa postura do emotivismo de, por exemplo, Stevenson?

15. – Formule um juízo moral particular qualquer e tente universalizá-lo, determinando, além disso, se você consentiria sinceramente nele no caso de estar no lugar de outra pessoa afetada. Você acha que esse teste serve para desqualificar alguns pretensos juízos morais? Você acha que a universalização com esse acréscimo da "reversibilidade" (colocar-se no lugar de outro) é suficiente para determinar quais juízos morais são válidos?

16. – Embora você precisasse conhecer mais a complexa argumentação de John R. Searle para demonstrar que é possível de-

rivar um juízo de "dever ser" de um conjunto formado exclusivamente por juízos de "ser" (em *How to Derive 'Ought' from 'Is'*), pode, no entanto, tentar analisar e discutir este raciocínio que, segundo Searle, demonstraria que essa derivação é possível:
"*1*) Jones empregou as palavras 'eu neste ato prometo a você, Smith, pagar-lhe cinco dólares'.
2) Jones prometeu pagar a Smith cinco dólares.
3) Jones assumiu a obrigação de pagar a Smith cinco dólares.
4) Jones está com uma obrigação de pagar a Smith cinco dólares.
5) Jones deve pagar a Smith cinco dólares."

17. – Se alguém defendesse a postura egoísta de que deve ser feito tudo o que beneficie a si próprio, assumiria o ponto de vista próprio da moral? Formularia um juízo moral?

18. – Como se diferenciam o direito e a moral quanto ao modo como um e outro podem contribuir para aliviar o que Warnock denomina a dificuldade básica da vida humana? Segundo essa concepção, o que aconteceria com a moral se os recursos não fossem escassos ou se os homens fossem invulneráveis a ataques de outros?

19. – Quais das teorias de metaética estudadas por você permitem a existência de desacordos éticos genuínos? Quais permitem dizer que os juízos morais são verdadeiros ou falsos?

20. – Exponha sucintamente aquelas que você considera as principais razões favoráveis e as contrárias ao descritivismo naturalista e não naturalista e ao não descritivismo.

21. – Analise as seguintes proposições:
a) "Enquanto em Atenas se considerava que a escravidão era moralmente justificada, hoje ela é concebida como um dos maiores crimes morais que os homens podem cometer contra os homens; essa é uma das tantas amostras de que os juízos morais são relativos e que a busca de verdades absolutas em matéria ética é tão inútil quanto a busca de verdades absolutas em matéria de moda."
b) "Quando eu apoio um juízo moral, sem dúvida estou comprometido a defender sua validade com toda a força de convicção que esteja a meu alcance. Porém, não devo es-

quecer nunca que esse juízo talvez seja verdadeiro somente para mim, e que outro pode ter uma opinião moral totalmente divergente, sendo tão legítima quanto a minha. Reconhecer isso não implica abandonar as próprias convicções, mas apenas adotar uma atitude de tolerância e respeito para com as ideias alheias; a intolerância supõe negar a natureza racional de nossos interlocutores, e é, por consequência, um sintoma de que a concepção ética que leva a ela envolve pressupostos errôneos."

c) "Quando alguém defende que algo é bom não está assumindo que esse algo tem alguma 'propriedade ética' especial além de sua localização espaçotemporal, sua duração, sua forma etc.; também não está pensando que esse algo tem uma relação especial com certas entidades fantasmagóricas, chamadas 'valores', que estão aí no mundo esperando para ser apreendidas por nós. Aquele que formula esse tipo de frases está expressando e se referindo a suas atitudes e sentimentos; não é de estranhar, então, que duas pessoas possam diferir em seus juízos morais, sem que haja um meio de dirimir essa discordância."

22. – Determine se as seguintes afirmações estão afetadas por alguma confusão conceitual ou lógica:

a) "Sua opinião de que todos têm direito a expressar livremente suas ideias não tem valor algum; você reprimiu e obstaculizou de modo consistente a liberdade dos demais de dizer o que pensam."

b) "O que João fez não é incorreto no contexto em que fez; como julgar moralmente ilícita uma ação de se apropriar de algo alheio, se o agente achou sinceramente, por engano, que tinha direito a fazer isso? Dadas suas convicções, João agiu segundo os ditames de sua consciência e, por conseguinte, sua conduta está moralmente justificada."

c) "Ou se é um ladrão ou não se é; ser ou não ser depende de ter roubado algo e não de quanto foi roubado; por conseguinte, do ponto de vista moral, tanto faz roubar um real ou um milhão."

d) "Sua opinião de que o adultério é imoral é completamente irracional; todos os argumentos que você dá para apoiá-la, embora pareçam válidos, não são mais que 'racionalizações' de um sentimento de repulsa pelo adultério, adquirido graças ao condicionamento do meio social pequeno-burguês no qual você foi criado."

e) "Você me fala das expurgações do regime soviético, da perseguição aos dissidentes, da invasão de Estados independentes, mas tudo isso são palavras vazias enquanto você deixar de mencionar as atrocidades cometidas por outros regimes e sob outros sistemas."

23. – Considerando as teorias de metaética que você estudou neste capítulo, volte a examinar a sentença fictícia exposta no Capítulo I, indicando a quais teorias correspondem as diferentes posturas. Faça a mesma coisa com a discussão apresentada no exercício 11 do Capítulo I.

24. – Analise as seguintes afirmações:

a) "Se existe algo que a história do conhecimento humano pode nos ensinar é a inutilidade das tentativas de encontrar, por meios racionais, uma norma de conduta justa que tenha validade absoluta, isto é, uma norma que exclua a possibilidade de considerar como justa a conduta oposta. Se há algo que podemos aprender é que a razão humana só pode conceber valores relativos, ou seja, o juízo com o qual julgamos algo como justo não pode pretender jamais excluir a possibilidade de um juízo de valor oposto. A justiça absoluta é um valor irracional. Do ponto de vista do conhecimento racional, existem apenas interesses humanos e, portanto, conflito de interesses. Para a solução desses conflitos, existem apenas duas soluções: ou satisfazer um à custa do outro ou estabelecer um compromisso entre ambos. Não é possível demonstrar que essa e não aquela é a solução justa..." (H. Kelsen, *Qué es la justicia*, trad. E. Garzón Valdés, Córdoba, 1965, pp. 75-6).

b) "Invocar a justiça é como dar um murro na mesa: uma expressão emocional que faz da própria exigência um postulado absoluto. Essa não é uma maneira adequada de obter compreensão mútua. É impossível ter uma discussão racional com quem apela para a 'justiça', porque nada diz que possa ser argumentado a favor ou contra. Suas palavras constituem persuasão, não argumento. A ideologia da justiça leva à intolerância e ao conflito, visto que, por um lado, incita à crença de que a própria demanda não é a mera expressão de um determinado interesse em conflito com interesses opostos, mas que possui uma validade superior ou de caráter absoluto; e, por outro lado, exclui todo argumento e discussão racionais visando um compromisso. A ideologia da justiça é uma atitude militante de tipo biológico-emocional, que é incitada pela própria pessoa para a defesa cega ou implacável de certos interesses" (Alf Ross, *Sobre el derecho y la justicia*, trad. G. R. Carrió, Buenos Aires, 1974, p. 267).

25. – Em que se diferencia a concepção moral de Santo Tomás da teoria dos princípios morais como mandados divinos?

26. – Que diferença há entre adotar uma concepção jusnaturalista do direito positivo e conceber a moral como um direito natural? São realmente posturas independentes?

27. – Explique de modo sucinto a ideia de Santo Tomás de que o bom depende da materialização do ser de cada coisa.

28. – Prepare um pequeno ensaio assumindo a defesa da concepção tomista contra algumas das críticas de O'Connor.

29. – Que diferenças há entre o tomismo e o utilitarismo em relação à concepção do bem intrínseco?

30. – Analise esta tese hipotética:
"Não há nada de particular que distinga o utilitarismo como uma teoria 'consequencialista'. Afinal todas as teorias morais são assim enquanto considerarem as consequências dos atos. Se uma teoria 'formalista' defende que há, por exemplo, uma proibição absoluta de matar, isso implica valorar certos atos pelo fato de terem como *consequência* a morte de um homem."

31. – Distinga com clareza entre o utilitarismo de atos e o de regras, mostrando, se for possível, como podem divergir perante um caso concreto.

32. – Por que o utilitarismo parece satisfazer o ideal de uma sociedade pluralista na qual as pessoas têm liberdade para escolher e desenvolver diferentes projetos de vida?

33. – Comente este parágrafo:
"Essa versão [o utilitarismo concebido em termos de satisfação de desejos] evidencia, sem dúvida, um dos traços característicos do utilitarismo, o fato de permitir substi-

tuições. Se tudo o que importa é, em última instância, a quantidade total de satisfação de desejos, a satisfação de um desejo pode ser substituída pela satisfação de outro. E, de maneira mais impressionante, a satisfação dos desejos de uma pessoa pode ser substituída pela satisfação dos desejos de outra. Isso é o que origina a acusação de que o utilitarismo não só permite como prescreve, em certas circunstâncias, que a felicidade de certas pessoas deva ser comprada à custa de um infortúnio, não merecido e não compensado, de outras" (J. L. Mackie, *Ethics. Inventing Right and Wrong*, Harmondsworth, 1977, p. 145).

34. – Para compensar as críticas relacionadas ao problema da distribuição, o utilitarismo recorreu ao princípio da "utilidade marginal decrescente", isto é, ao princípio de que quando se passa certo limite na quantidade de um certo bem que alguém possui, unidades adicionais desse bem proporcionam menos satisfação a essa pessoa do que a que proporcionaria a outra que não alcançou esse limite; isso implica que para maximizar a utilidade total é preciso expandir, até certo ponto, a distribuição de bens. Isso resolve o problema de distribuição de bens que o utilitarismo enfrenta?

35. – Qual é a relação entre a "análise econômica do direito" e o utilitarismo?

36. – Por que a teoria moral de Kant é uma concepção deontológica ou formalista?

37. – Procure pensar em alguns supostos princípios morais que não satisfaçam as exigências de Kant de autonomia, universalidade e categoricidade.

38. – Você pode indicar analogias e diferenças entre o imperativo categórico kantiano e a regra de ouro do Novo Testamento: "não faças a outro o que não queres que seja feito a ti"? Até que ponto ambos são atingidos pela objeção de Bernard Shaw, implícita em sua célebre reformulação da regra de ouro: "Não faças a outros o que quererias que eles fizessem a ti. Seus gostos podem ser diferentes?"

39. – Dê alguns exemplos que considere ilustrativos do uso dos homens como simples meios em benefício de outros, condenado por Kant.

40. – Comente este parágrafo de John Hospers (*Human Conduct*, Los Angeles, 1972, p. 267):
"... muitos leitores de Kant expressaram uma objeção a sua explicação da bondade humana: 'Quê?!', dizem eles, 'então não é atribuído nenhum mérito moral a um ato se o ato for feito por inclinação? Você quer dizer que se alguém está inclinado a fazer alguma coisa não merece crédito moral por fazer isso, mas se alguém não está inclinado a fazer isso e tem que lutar a cada passo contra suas inclinações, então, e só então, seu ato é moralmente bom?'... Essa é, sem dúvida, uma objeção percebida pelos filósofos da moral desde Aristóteles a Dewey. Eles afirmaram que quando somos levados a fazer alguma coisa pelo senso do dever, não alcançamos ainda nossa maturidade moral; nossa maturidade moral se evidencia melhor quando não estamos tentados a realizar o ato proibido, quando fazer o que é correto se transformou em uma parte tão grande de nossa natureza que já não temos sequer que *pensar* no dever – fazer nosso dever transformou-se em 'fazer o que vem naturalmente...' "

41. – Por que Rawls supõe que o que decidiriam seres que estivessem em uma situação tão extraordinariamente irreal quanto sua "posição originária" tem alguma coisa a ver com os princípios de justiça aplicáveis a *nós*?

42. – Diante de determinadas circunstâncias, até que ponto a escravidão poderia ser compatível, por um lado, com o princípio utilitarista e, por outro, com os dois princípios de justiça de Rawls?

43. – Por que Rawls recorre à pressuposição de um "véu de ignorância" na posição originária?

44. – Comente as seguintes objeções a Rawls, expressando sua opinião sobre até que ponto elas parecem justificadas:
a) David Lyons (em *Nature and Coherence Arguments*, em Daniels, N., ed., "Reading Rawls", 1975) afirma que o argumento de Rawls em favor dos dois princípios, que se baseia no fato de que eles seriam aceitos em um contrato social hipotético (pelos participantes da posição originária), pressupõe o valor da equidade (*fairness*) e da imparcialidade – já que a força da convicção do argumento contra-

tualista apoia-se em que as condições nas quais os princípios seriam escolhidos são equitativas e asseguram a imparcialidade. No entanto, acrescenta Lyons, Rawls não antecipa nenhuma justificação dos valores de imparcialidade ou equidade.

b) R. M. Hare (em *Rawls' Theory of Justice*, em Daniels, N., ed., "Reading Rawls", 1975) afirma que Rawls, apesar de seus protestos, cai em uma desacreditada e ultrapassada forma de intuicionismo, já que continuamente recorre a nossas intuições para apoiar suas propostas e diz de maneira expressa que vai modelar as condições da posição originária de modo que suas conclusões se adaptem a nossas intuições.

c) Benjamin R. Barber (em *Justifying Justice*, em Daniels, ed., "Reading Rawls", 1975) defende que não há nada na posição originária que sugira que o *maximin* é a regra racional para decidir em situações de incerteza; diz que a ideia de que isso é assim deriva da atribuição aos participantes de uma atitude de extrema aversão aos riscos, e que isso, por sua vez, pressupõe hipóteses psicológicas discutíveis (Barber acrescenta que o homem rawlsiano é uma criatura surpreendentemente lúgubre, temeroso de arriscar a ganhar porque se sente destinado a perder).

45. – Assinale de acordo com quais considerações os participantes na posição originária de Rawls devem escolher princípios de justiça:
a) Considerações de eficiência econômica.
b) Considerações de moralidade e justiça.
c) Considerações de racionalidade na busca do autointeresse.
d) Considerações relacionadas com o ideal de vida que cada um busca.

46. – As seguintes frases célebres de Friedrich Nietzsche (em *O anticristo*) sempre provocaram um sentimento de horror e rejeição nas pessoas que defendem ideias humanistas e liberais e são movidas por atitudes de compaixão e simpatia para com o próximo; inclusive, muito do que foi escrito em filosofia moral constitui uma tentativa explícita ou implícita de fornecer elementos para refutar de forma racional esse tipo de postura. Talvez você já esteja em condições de tentar

uma impugnação fundamentada (ou, eventualmente, uma defesa) dessa declaração de Nietzsche:
"O que é o bem? Tudo o que enaltece no homem o sentimento de poder, a vontade de poder, o próprio poder.
O que é o mal? Tudo o que provém da fraqueza.
O que é a felicidade? O sentimento do que aumenta o poder; o sentimento de ter superado uma resistência.
Não contentamento, mas maior poderio; não paz em geral, mas guerra; não virtude, mas habilidade (virtude no estilo do Renascimento, *virtù*, virtude desprovida de *moralina*).
Os fracos e fracassados devem perecer, essa é a primeira proposição de nosso amor aos homens. E é preciso ajudá-los a perecer.
O que é mais prejudicial do que qualquer vício? A ação compassiva para com todos os fracassados e os fracos: o cristianismo."
O fundamento dessas declarações de Nietzsche é, basicamente, que a natureza fez certos homens superiores, física e intelectualmente, aos demais e que eles não têm interesse em seus inferiores, aos quais dominam, exceto para usá-los em prol de seus próprios fins. O estado ideal é aquele em que se deixa que os organismos compitam ferozmente para sobreviver, devendo-se estimular aquelas virtudes – força, astúcia, inteligência, brutalidade – que fazem que sobrevivam os melhores, e não os traços negativos louvados pelo cristianismo e pelo liberalismo – humildade, simpatia humana, amor ao próximo, tolerância –, que são apenas escudos que protegem a maioria dos indivíduos medíocres para impedir que a natureza faça sua obra com o triunfo dos "super-homens".

47. – Uma vez um estudante perguntou: "para que servem os direitos do homem; não seria mais conveniente para todos se não nos preocupássemos com eles?". Talvez você possa responder à essa pergunta, em consideração ao estudante anônimo que a formulou.

48. – É sempre um bom argumento para limitar um direito fundamental dos homens o fato de essa limitação redundar em benefício do conjunto social?

49. – Para que o direito esteja moralmente justificado, por que não é logicamente necessário que ele torne efetivos todos os

princípios morais válidos mediante proibições, sanções e outras medidas?

50. – Comente esta tese hipotética:
"O fato de que a justificação moral do direito não requeira *logicamente* que este reprima todo ato imoral não exclui que tal repressão seja razoável e justa. Se um ato é reconhecidamente imoral, por que o direito não teria de desencorajar os homens de realizá-lo? Que outra razão há para reprimir atos que causam dano, senão que o ato de causar dano é imoral? Por conseguinte, se um ato é imoral, mesmo que não cause dano, ele deve ser reprimido."

51. – Como as diferentes teorias sobre a justificação da pena que você estudou julgariam os seguintes casos de pena?
   a) A pena de alguém que cometeu um ato danoso sem intenção nem negligência, como meio (que se supõe necessário e efetivo) para desestimular outros a cometer esse tipo de ato.
   b) Uma pena não prevista em uma lei prévia, para desestimular o acusado a cometer fatos danosos semelhantes no futuro.
   c) A pena por um ato ilícito que não implica nenhum prejuízo a ninguém.
   d) A pena por um ato antijurídico e culpável que é desnecessária para prevenir novos delitos (por exemplo, porque desapareceram as condições fácticas que tornavam atrativo cometer esse tipo de delito).
   e) A pena de morte por um homicídio doloso não justificado.

52. – Como pode afetar a hipotética verdade da tese descritiva determinista – de que toda ação humana é determinada por fatores causais alheios ao agente – cada uma das teorias justificatórias da pena que você estudou?

53. – Tente explicar e dar conteúdo à asserção corrente de que os juízes devem fazer justiça e não política.

54. – Você pode dar razões para determinar se a saúde da população é objeto de um direito ou de um objetivo social coletivo? Que diferença faz que seja uma coisa ou outra?

55. – Qual é a relação entre o modelo da "consistência articulada" proposto por Dworkin para as decisões judiciais e as funções das "teorias" dogmáticas que destacamos no Capítulo VI?

BIBLIOGRAFIA

*Obras consultadas e obras recomendadas
para ampliar os temas tratados*

Capítulo I

ALCHOURRÓN, C. E.; BULYGIN, E. *Introducción a la metodología de las ciencias jurídicas y sociales*. Buenos Aires: Astrea, 1974.
BOBBIO, Norberto. *El problema del positivismo jurídico*. Tradução de G. R. Carrió. Buenos Aires, 1965.
CARRIÓ, G. R. *Notas sobre derecho y lenguaje*. Buenos Aires, 1968.
CATHREIN, V. *Filosofía del derecho*. Madrid, 1950.
COHEN, F. *El método funcional en el derecho*. Tradução de G. R. Carrió. Buenos Aires, 1962.
DWORKIN, R. *Taking Rights Seriously*. Cambridge (Mass.), 1977.
FULLER, L. *La moral del derecho*. Tradução de F. Navarro. México, 1967.
GARCÍA MÁYNEZ, E. *Positivismo jurídico, realismo sociológico y iusnaturalismo*. México, 1977.
GARZÓN VALDÉS, E. F. *Derecho y "naturaleza de las cosas"*. Córdoba, 1970.
HART, H. L. A. *Derecho y moral, contribuciones a su análisis*. Tradução de G. R. Carrió. Buenos Aires, 1962.
____. *El concepto de derecho*. Tradução de G. R. Carrió. Buenos Aires, 1963.
HOLMES, O. W. *The Path of Law*. Nova York, 1920 (*La senda del derecho*. Buenos Aires, 1959).
KANTOROWICZ, H. *La definición de derecho*. Madrid, 1958.
KELSEN, H. *Teoría general del derecho y del Estado*. Tradução de E. García Máynez. México, 1950.
____. *Teoría pura del derecho*. Tradução da 1. ed. alemã de M. Nilve. Buenos Aires, 1960. Tradução da 2. ed. alemã de R. J. Vernengo. México, 1979.

KELSEN, H. *Théorie pure du droit*. Tradução da 2. ed. Alemã de Ch. Eisenmann. Paris, 1962.
NINO, C. S. Dworkin and Legal Positivism, *Mind*, vol. 89, n. 356, out. 1980, pp. 519-53.
OLIVECRONA, K. *El derecho como hecho*. Tradução de J. Cortés Funes. Buenos Aires, 1959.
POUND, R. *Las grandes tendencias del pensamiento jurídico*. Tradução de J. Puig Brutau. Barcelona, 1950.
RAZ, J. *Practical Reasons and Norms*. Londres, 1975.
ROSS, A. *Sobre el derecho y la justicia*. 3. ed. Tradução de G. R. Carrió. Buenos Aires, 1974.
VERNENGO, R. J. *Curso de teoría general del derecho*. Buenos Aires, 1972.
WELZEL, H. *Más allá del derecho natural y del positivismo jurídico*. Tradução de E. Garzón Valdés. Córdoba, 1962.

Capítulo II

ALCHOURRÓN, C. E. Logic of Norms and Logic of Normative Propositions, *Logique et Analyse*, n. 47, 1969.
ALCHOURRÓN, C. E.; BULYGIN, E. *Introducción a la metodología de las ciencias jurídicas y sociales*. Buenos Aires: Astrea, 1974.
AUSTIN, J. *The Province of Jurisprudence Determined*. Nova York, 1954.
CARRIÓ, G. R. *Notas sobre derecho y lenguaje*. Buenos Aires, 1968.
GOLDMAN, A. I. *A Theory of Human Action*. Princeton, 1976.
HART, H. L. A. *El concepto de derecho*. Tradução de G. R. Garrió. Buenos Aires, 1963.
KELSEN, H. *Teoría general del derecho y del Estado*. Tradução de E. García Máynez. México, 1950.
____. *Teoría pura del derecho*. Tradução da 1. ed. alemã de M. Nilve. Buenos Aires, 1960. Tradução da 2. ed. alemã de R. J. Vernengo. México, 1979.
____. *Théorie pure du droit*. Tradução da 2. ed. alemã de Ch. Eisenmann. Paris, 1962.
POWEL, B. *The Knowledge of Actions*. Nova York, 1967.
RAZ, J. *Practical Reasons and Norms*. Londres, 1975.
____. *The Concept of a Legal System*. Oxford, 1970.
ROSS, A. *Sobre el derecho y la justicia*. 3. ed. Tradução de G. R. Carrió. Buenos Aires, 1974.
VERNENGO, R. J. *Curso de teoría general del derecho*. Buenos Aires, 1972.

VILANOVA, J. *Elementos de filosofía del derecho*. Buenos Aires, 1977.
WELZEL, H. *El nuevo sistema de derecho penal*. Tradução de J. Cerezo Mir. Barcelona, 1964.
WRIGHT, G. H. von, *Norma y acción*. Tradução de P. García Ferrero. Madrid, 1970.

Capítulo III

ALCHOURRÓN, C. E.; BULYGIN, E. *Introducción a la metodología de las ciencias jurídicas y sociales*. Buenos Aires: Astrea, 1974.
AUSTIN, J. *The Province of Jurisprudence Determined*. Nova York, 1954.
BULYGIN, E. Sentencia judicial y creación de derecho, *LL*, t. 124, p. 1.307.
____. Sobre la regla de reconocimiento, *Derecho, filosofía y lenguaje, en homenaje al profesor Ambrosio L. Gioja*. Buenos Aires: Astrea, 1976.
CARRIÓ, G. R. *Notas sobre derecho y lenguaje*. Buenos Aires, 1968.
CUETO RÚA, J. C. *Las fuentes del derecho*. Buenos Aires, 1965.
DWORKIN, R. *Taking Rights Seriously*. Cambridge (Mass.), 1977.
FINNIS, J. Revolutions and Continuity of the Law. In: SIMPSON, A. W. B. (org.). *Oxford Essays in Jurisprudence*. Oxford, 1973.
HABA, E. P. *Relaciones jerárquicas entre derecho interno y derecho internacional*. Montevideo, 1970.
HARRIS, J. When does the Grundnorm Change?, *Cambridge Law Journal*, 29, 1971.
HART, H. L. A. *El concepto de derecho*. Tradução de G. R. Carrió. Buenos Aires, 1963.
____. Self-Referring Laws, *In Honour of Karl Olivecrona*.
KELSEN, H. *Teoría general del derecho y del Estado*. Tradução de E. García Máynez. México, 1950.
____. *Teoría pura del derecho*. Tradução da 1. ed. alemã de M. Nilve. Buenos Aires, 1960. Tradução da 2. ed. alemã de R. V. Vernengo. México, 1979.
____. *Théorie pure du droit*. Tradução da 2. ed. alemã de Ch. Eisenmann. Paris, 1962.
LEVY, E. H. *Introducción al razonamiento jurídico*. Tradução de G. R. Carrió. Buenos Aires, 1964.
NINO, G. S. El concepto de validez en Kelsen y el problema del conflicto de normas de diferente jerarquía, *Derecho, filosofía y lenguaje, en homenaje al profesor Ambrosio L. Gioja*. Buenos Aires, 1976.
____. Kelsen's Concept of Legal Validity, *Archiv für Rechts-und Sozialphilosophie*, vol. LXIV, n. 3, 1978.

RAZ, J. Kelsen's Theory of the Basic Norm. In: *The American Journal of Jurisprudence*, vol. 19, 1974.
_____. *Practical Reasons and Norms*. Londres, 1975.
_____. *The Concept of a Legal System*. Oxford, 1970.
ROSS, A. *El concepto de validez y otros ensayos*. Tradução de G. R. Carrió e O. Paschero. Buenos Aires, 1969.
_____. *Sobre el derecho y la justicia*. 3. ed. Tradução de G. R. Carrió. Buenos Aires, 1974.
SOLER, S. La llamada norma individual, *Fe en el derecho y otros ensayos*. Buenos Aires, 1956.
VERNENGO, R. J. *Curso de teoría general del derecho*. Buenos Aires, 1972.
WRIGHT, G. H. von. *Norma y acción*. Tradução de P. García Ferrero. Madrid, 1970.

Capítulo IV

ALCHOURRÓN, C. E.; BULYGIN, E. *Introducción a la metodología de las ciencias jurídicas y sociales*. Buenos Aires: Astrea, 1974.
AUSTIN, J. L. *Palabras y acciones*. Tradução de G. R. Carrió e E. Rabossi, 1971 (para uma análise profunda do uso operacional da linguagem).
BELING, E. Von. *Die Lehre vom Verbrechen*. Tübingen, 1906.
CARRARA, F. *Programma del corso di diritto criminale*, Lucca, 1959 (*Programa de derecho criminal*. Tradução de J. J. Ortega Torres. Bogotá, 1972).
CARRIÓ, G. R. *El concepto de deber jurídico*. Buenos Aires, 1966.
ESQUIVEI PÉREZ, J. La persona jurídica. In: *Conceptos dogmáticos y teoría del derecho*. México, 1979.
HACKER, P. M. S. Sanction Theories of Duty. In: SIMPSON, A. W. B. (org.). *Oxford Essays in Jurisprudence*. Oxford, 1973.
HART, H. L. A. *Derecho y moral*. Tradução de G. R. Carrió. Buenos Aires, 1962 (cap. "Definición y teoría en la ciencia jurídica").
_____. *El concepto de derecho*. Tradução de G. R. Carrió. Buenos Aires, 1963.
_____. *Punishment and Responsibility*. Oxford, 1968.
HOHFELD, W. N. *Conceptos jurídicos fundamentales*. Tradução de G. R. Carrió. Buenos Aires, 1968.
JHERING, Rudolf von. *El espíritu del derecho romano*. Madrid, 1947.
JIMÉNEZ DE ASÚA, L. *La ley y el delito*. México, 1963 (exposição sintética das diferentes propostas de definição de "delito").

KELSEN, H. *Teoría general del derecho y del Estado*. Tradução de E. García Máynez. México, 1950.
____. *Teoría pura del derecho*. Tradução da 1. ed. alemã de M. Nilve. Buenos Aires, 1960. Tradução da 2. ed. alemã de R. V. Vernengo. México, 1979.
____. *Théorie pure du droit*. Tradução da 2. ed. alemã de Ch. Eisenmann. Paris, 1962.
LLAMBÍAS, J. J. *Tratado de derecho civil. Parte general*. Buenos Aires, 1961 (caps. V e IX, análise dos conceitos de capacidade civil e pessoa jurídica).
MACCORMICK, D. N. Legal Obligation and the Imperative Fallacy. In: SIMPSON, A. W. B. (org.). *Oxford Essays in Jurisprudence*. Oxford, 1973.
MARSHALL, G. Rights, Options and Entitlements. In: SIMPSON, A. W. B. (org.). *Oxford Essays in Jurisprudence*. Oxford, 1973.
NINO, C. S. Efectos del ilícito civil. In: *Lecciones y ensayos*. Buenos Aires, n. 32.
____. La definición de "delito". In: *Notas de filosofía del derecho*, n. V.
____. *Los límites de la responsabilidad penal*. Buenos Aires: Astrea, 1980.
OLIVECRONA, K. *Lenguaje jurídico y realidad*. Buenos Aires, 1968.
PÉREZ CARRILLO, A. La responsabilidad jurídica. In: *Conceptos dogmáticos y teoría del derecho*. México, 1979.
RAZ, J. *The Concept of a Legal System*. Oxford, 1970.
ROSS, A. *Sobre el derecho y la justicia*. Tradução de G. R. Carrió. Buenos Aires, 1963.
____. *Tu-Tu*. Tradução de G. R. Carrió. Buenos Aires, 1961.
RYLE, Gilbert. *El concepto de lo mental*. Tradução de E. Rabossi. Buenos Aires, 1967.
SOLER, S. *Derecho penal argentino*. Buenos Aires, 1951 (t. II, exaustiva exposição sobre imputabilidade penal).
VERNENGO, R. J. Obligación y contrato. In: *Conceptos dogmáticos y teoría del derecho*. México, 1979.
WILLIAMS, G. The Concept of Legal Liberty. In: SUMMERS, R. S. (org.). *Essays in Legal Philosophy*. Oxford, 1970.
WRIGHT, G. H. Von. *Norma y acción*. Madrid, 1970.

Capítulo V

ALCHOURRÓN, C. E.; BULYGIN, E. *Introducción a la metodología de las ciencias jurídicas y sociales*. Buenos Aires: Astrea, 1974.

CARNAP, R. *La fundamentación lógica de la física*. Tradução de N. Miguens. Buenos Aires, 1969.
CARRIÓ, G. R. *Algunas palabras sobre las palabras de la ley*. Buenos Aires, 1970.
____. *Notas sobre derecho y lenguaje*. Buenos Aires, 1968.
____. *Recurso extraordinario por sentencia arbitraria*. Buenos Aires, 1967.
____. *Sobre los límites del lenguaje normativo*. Buenos Aires: Astrea, 1973.
COPI, I. *Introducción a la lógica*. Tradução de N. Miguens. Buenos Aires, 1962.
COSSIO, C. *El derecho en el derecho judicial*. Buenos Aires, 1957.
____. *La teoría egológica del derecho y el concepto jurídico de la libertad*. Buenos Aires, 1964.
CUETO RÚA, J. C. *El common law*. Buenos Aires, 1957.
DROR, Y. Derecho y cambio social. In: *The Sociology of Law*, Califórnia, 1968.
EVAN, W. M. El derecho como instrumento de cambio social. In: *Applied Sociology*. Nova York, 1965.
FRIEDMANN, W. *El derecho en una sociedad en transformación*. México, 1966.
FULLER, L. L. *La moral del derecho*. Tradução de F. Navarro. México, 1967.
HART, H. L. A. *El concepto de derecho*. Tradução de G. R. Carrió. Buenos Aires, 1963 (especialmente caps. I e VII).
HECK, Ph. *El problema de la creación de derecho*. Barcelona, 1961.
HOSPERS, J. *Introducción al análisis filosófico*. Tradução de N. Miguens. Buenos Aires, 1962.
JIMÉNEZ DE ASÚA, L. *Tipicidad e interpretación de la ley*. Buenos Aires, 1940.
KANTOROWICZ, H. *La definición de derecho*. Tradução de F. M. de la Vega. Madrid, 1964.
LEVY, E. *Introducción al razonamiento jurídico*. Buenos Aires, 1964.
QUINE, W. O. *From a Logical Point of View*. Nova York, 1963.
ROBINSON, R. *Definition*. Oxford, 1968.
ROSS, A. *Sobre el derecho y la justicia*. Tradução de G. R. Carrió. Buenos Aires, 1963.
SOLER, S. *La interpretación de la ley*. Barcelona, 1962.
____. *Las palabras de la ley*. México, 1969.
VERNENGO, R. J. *La interpretación literal de la ley*. Buenos Aires, 1973.
WITTGENSTEIN, L. *Philosophical Investigations*. Oxford, 1968.

BIBLIOGRAFIA   535

Os exemplos de problemas de interpretação no direito argentino foram retirados das seguintes obras:

BACIGALUPO, E. *Insolvencia y delito*. Buenos Aires, 1970.
BACQUÉ, J. A.; NINO, G. S. El tema de la interpretación de la ley en Alf Ross ejemplificado en dos fallos argentinos, *Lecciones y ensayos*, Buenos Aires, n. 30.
_____. Lesiones y retórica, *LL*, t. 126, p. 966.
BORDA, G. A. *Manual de derecho de familia*. Buenos Aires, 1972.
DASSEN, J. *Manual de derechos reales*. Buenos Aires, 1958.
FORNIELES, S. *Tratado de las sucesiones*. Buenos Aires, 1958.
GONZÁLEZ, J. V. *Manual de la Constitución Argentina*. Buenos Aires, 1959.
HALPERIN, L. *Sociedades de responsabilidad limitada*. Buenos Aires, 1972.
LLAMBÍAS, J. J. *Tratado de derecho civil. Parte general*. Buenos Aires, 1961.
NÚÑEZ, R. C. *Derecho penal argentino*. Buenos Aires, 1964.
RIVERA, J. C. Habilitación de edad del menor sin padres ni tutor, *ED*, t. 54, p. 287.
SOLER, S. *Derecho penal argentino*. Buenos Aires, 1951.
VALIENTE NOAILLES, C. *Manual de jurisprudencia de la Corte Suprema de Justicia de la Nación*. Buenos Aires, 1970.

Capítulo VI

ALCHOURRÓN, C. E.; BULYGIN, E. *Introducción a la metodología de las ciencias jurídicas y sociales*. Buenos Aires: Astrea, 1974.
CARRIÓ, G. R. Sobre las creencias de los juristas y la ciencia del derecho, *Lecciones y ensayos*, Buenos Aires, n. 6.
FARRELL, M. D. *La metodología del positivismo lógico. Su aplicación al derecho*. Buenos Aires: Astrea, 1976.
GONZÁLEZ VICÉN, F. Sobre los orígenes y supuestos del formalismo en el pensamiento jurídico contemporâneo, *Anuario de Filosofía del Derecho*, Madrid, 1961.
JHERING, R. Von. *El espíritu del derecho romano*. Edição resumida por F. Vela. Buenos Aires, 1947.
MACCORMICK, Neil. *Legal Reasoning and Legal Theory*. Oxford, 1978.
NINO, C. S. *Algunos modelos metodológicos de "ciencia" jurídica*. Valencia, 1980.
_____. *La dogmática jurídica*. México, 1974.
_____. *Los límites de la responsabilidad penal*. Buenos Aires: Astrea, 1980.

NOWACK, L. De la rationalité du législateur comme élément de la interprétation juridique, *Logique et analyse*, n. 12, 1964.
POUND, R. *Las grandes tendencias del pensamiento jurídico*. Tradução de J. Puig Brutau. Barcelona, 1964.
ROSS, A. *Sobre el derecho y la justicia*. Tradução de G. R. Carrió. Buenos Aires, 1963.
SOLER, S. *La interpretación de la ley*. Barcelona, 1962.
____. *Las palabras de la ley*. México, 1969.

Capítulo VII

ACTON, H. B. (org.). *The Philosophy of Punishment*. Londres, 1973 (coletânea de ensaios sobre a justificação da pena).
ARISTÓTELES. *Ethics (The Nichomachean Ethics)*. Harmondsworth, 1978.
ARIZONA LAW REVIEW, *Symposium on "Anarchy, State and Utopia"*, vol. 19, n. 1, 1978 (coletânea de artigos sobre a teoria de Nozick).
AYER, A. J. *Lenguaje, verdad y lógica*. Tradução de R. Resta. Buenos Aires, 1958.
BAIER, K. *The Moral Point of View*. Nova York, 1965.
BARRY, B. *A Liberal Theory of Justice*. Oxford, 1975.
BENN, S. I.; PETERS, R. S. *Social Principles and the Democratie State*. Londres, 1977.
BENTHAM, J. *An Introduction to the Principles of Morals and Legislation*. Nova York, 1948.
COX, A. *The Role of the Supreme Court in American Government*. Oxford, 1976.
DANIELS, N. (org.). *Reading Rawls*. Oxford, 1975 (ensaios críticos sobre a teoria de Rawls).
DEVLIN, P. *The Enforcement of Morals*. Londres, 1965.
DWORKIN, R. *Taking Rights Seriously*. Cambridge (Mass.), 1977.
EZORSKY, G. (org.). *Philosophical Perspectives of Punishment*. Nova York, 1972 (coletânea de ensaios sobre a justificação da pena).
FINNIS, J. The Restoration of Retribution, *Analysis*, vol. 32, n. 4, 1972.
FRANKENA, W. K. *Ethics*. New Jersey, 1973.
FRIED, Ch. *Right and Wrong*. Cambridge (Mass.), 1978.
FULLER, L. *La moral del derecho*. Tradução de F. Navarro. México, 1967.
GAUTHIER, D. P. *Morality and Rational Self-Interest*. New Jersey, 1970.
____. *Practical Reasoning*. Oxford, 1966.

GEORGIA LAW REVIEW, *Jurisprudence Symposium*, vol. 11, set. 1977 (vários ensaios críticos sobre a teoria de Dworkin).
GERT, B. *The Moral Rules*. Nova York, 1973.
GLOVER, J. *Causing Death and Saving Lives*. Harmondsworth, 1977.
____. *Responsibility*. Londres, 1970.
GRANERIS, G. *Contribución tomista a la filosofía del derecho*. Tradução de C. A. Lértora Mendoza. Buenos Aires, 1977.
HARE, R. M. *Essays on the Moral Concepts*. Londres, 1972.
____. *Freedom and Reason*. Oxford, 1963.
____. *The Languaje of Morals*. Oxford, 1972.
HARMAN, G. *The Nature of Morality*. Nova York, 1977.
HART, H. L. A. *El concepto de derecho*. Tradução de G. R. Carrió. Buenos Aires, 1963.
____. *Law, Liberty and Morality*. Oxford, 1963.
____. *Punishment and Responsibility*. Oxford, 1973.
HAYEK, F. A. *Law, Legislation and Liberty*. Londres, 1979, vols. 1, 2, 3.
HODGSON, D. H. *Consequences of Utilitarianism*. Oxford, 1967.
HOERSTER, N. *Problemas de ética normativa*. Tradução de E. Garzón Valdés. Buenos Aires, 1975.
HONDERICH, T. *Punishment. The Supposed Justifications*. Harmondsworth, 1977.
HOSPERS, J. *Human Conduct*. Los Angeles, 1972 (*La conducta humana*. Tradução de J. Cerón. Madrid, 1964).
____. *Introducción al análisis filosófico*. Tradução de N. Miguens. Buenos Aires, 1962.
HUDSON, W. D. *Ethical Intuitionism*. Londres, 1967.
____. *La filosofía moral contemporánea*. Tradução de J. Hierro Pescador. Madrid, 1974.
KANT, I. *Crítica de la razón práctica*. Tradução de J. Rovira Armengol. Buenos Aires, 1961.
____. *Fundamentación de la metafísica de las costumbres*. Tradução de M. García Morente. Madrid, 1977.
____. *Principios metafísicos de la doctrina del derecho*. Tradução de A. Córdoba. México, 1968.
KELSEN, H. *¿Qué es la justicia?*. Tradução de E. Garzón Valdés, Córdoba, 1962.
LYONS, D. *Forms and Limits of Utilitarianism*. Oxford, 1970.
MACINTYRE, A. *Historia de la ética*. Tradução de R. J. Walton. Buenos Aires, 1970.
MACKIE, J. L. *Ethics. Inventing Right and Wrong*. Harmondsworth, 1977.
MELDEN, A. I. *Rights and Persons*. Oxford, 1977.

MILL, J. S. *Three Essays* (org. por R. Wollheim). Oxford, 1975.
MITCHELL, B. *Law, Morality, and Religion in a Secular Society*. Oxford, 1970.
MONTEFIORE, A. *A Modern Introduction to Moral Philosophy*. Londres, 1967.
MOORE, G. E. *Ética*. Tradução de M. Cardenal Iracheta. Barcelona, s/d.
____. *Principia Ethica*. Cambridge, 1976.
NAGEL, T. *The Possibility of Altruism*. Oxford, 1975.
____. *Mortal Questions*. Cambridge, 1979.
NAKHNIKIAN, G. *El derecho y las teorías éticas contemporáneas*. Tradução de G. R. Carrió, Buenos Aires, 1963.
NIETZSCHE, F. *El Anticristo. Ensayo de una crítica al cristianismo*. Tradução de F. Milá. Buenos Aires, 1978.
NINO, C. S. ¿Da lo mismo omitir que actuar?, *LL*, 1979-C-801.
____. ¿Es la tenencia de drogas con fines de consumo personal una de las "acciones privadas de los hombres"?, *LL*, 1979-D-743.
____. La fundamentación de la legítima defensa, *Doctrina penal*, Buenos Aires, n. 6, 1979.
____. Las concepciones fundamentales del liberalismo, *Revista Latinoamericana de Filosofía*, vol. IV, n. 2, 1978.
____. *Los límites de la responsabilidad penal*. Buenos Aires: Astrea, 1980.
NOZICK, R. *Anarchy, State and Utopia*. Oxford, 1974.
O'CONNOR, D. J. *Aquinas and Natural Law*. Londres, 1967.
PECES-BARBA, G. *Derechos fundamentales. Teoría general*. Madrid, 1973.
PERRY, T. D. *Moral Reasoning and Truth. An Essay in Philosophy and Jurisprudence*. Oxford, 1976.
POSNER, R. *The Economic Analysis of Law*, Boston, 1977.
PUTNAM, H. *Meaning and the Moral Sciences*. Londres, 1978.
QUINTON, A. *Utilitarian Ethics*. Londres, 1973.
RABOSSI, E. A. Análisis filosófico y teorías éticas, *Ethos*, Buenos Aires, 1973.
____. Emotivismo ético, positivismo lógico e irracionalismo, *Dianoia*, 1971.
____. *La justificación moral del castigo*. Buenos Aires: Astrea, 1976.
____. Relativismo y ciencias sociales, *Dianoia*, Buenos Aires, 1976.
____. *Sobre la justificación moral de las acciones*. Buenos Aires, 1972.
RACHELS, J. (org.). *Moral Problems*. Nova York, 1975 (coletânea de ensaios sobre problemas de ética normativa).
RAWLS, J. *A Theory of Justice*. Oxford, 1971.
RICHARDS, D. A. J. *A Theory of Reasons for Action*. Oxford, 1971.

ROSS, A. *On Guilt, Responsibility and Punishment*. Londres, 1975.
____. *Sobre el derecho y la justicia*. 3. ed. Tradução de G. R. Carrió. Buenos Aires, 1974.
ROSS, D. *Fundamentos de ética*. Tradução de D. Rivero e A. Pink. Buenos Aires, 1972.
SALAZAR BONDY, A. *Para una filosofía de valor*. Santiago, 1971.
SANTO TOMÁS DE AQUINO. *Suma teológica*, edición que incluye el Tratado de la ley y el Tratado de la justicia, con la adición del Opúsculo sobre el gobierno de los príncipes. Organização e tradução de C. I. González. México, 1975.
SIDGWICK, H. *Outlines of the the History of Ethics*. Boston, 1968.
SMART, J. J. C.; Williams, B. *Utilitarianism. For & Against*. Cambridge, 1973.
STEVENSON, C. L. *Ethics and Language*. New Haven, 1975 (*Ética y lenguaje*. Tradução de E. Rabossi. Buenos Aires, 1971).
STRAWSON, P. F. *Freedom and Resentment*. Londres, 1974.
TOULMIN, S. *An Examination of the Place of Reason in Ethics*. Cambridge, 1970 (*El puesto de la razón en la ética*. Tradução de I. F. Ariza. Madrid, 1964).
WARNOCK, G. J. *The Object of Morality*. Londres, 1971.
WASSERSTROM, R. A. *The Judicial Decision*. Stanford, 1972.
WASSERSTROM, R. A. (org.). *Morality and the Law*. Belmont (Cal.), 1971 (vários ensaios sobre o tema do reconhecimento jurídico da moral).
WILLIAMS, B. *Morality*. Cambridge, 1976.
WOLFF, R. P. *Understanding Rawls*. New Jersey, 1977.
____. *The Autonomy of Reason: A Commentary on Kant's Groundwork of the Metaphysics of Morals*. Nova York, 1973.
WRIGHT, G. H. von. *The Varieties of Goodness*. Londres, 1972.

ÍNDICE SINÓPTICO

Os números remetem às páginas

Introdução. O contexto do direito

- Funções do direito, 2.
  – prevenir conflitos.
  – facilitar cooperação.
- Meios peculiares para satisfazer as funções do direito, 3.
  – a autoridade.
  – a coação.
- Pontos de vista perante o direito.
  – do cidadão, 5.
  – do juiz, 5, 6.
  – do legislador, 6.
  – do sociólogo, 6, 7.
  – do advogado, 8.
  – do jurista teórico, 9.
- Razões para cumprir o direito.
  – morais, 4.
  – prudenciais, 5.

CAPÍTULO PRIMEIRO A definição de direito

- Concepções sobre a relação entre linguagem e realidade.
  – essencialismo, 12.
  – convencionalismo, 12.
- Dificuldades do uso comum de "direito".
  – ambiguidade, 14.

- caráter vago, 15.
- carga afetiva, 16.
• Diferentes concepções jusnaturalistas.
- teológica, 32.
- racionalista, 33.
- historicista, 33.
- teoria da "natureza das coisas", 34.
• Diferentes sentidos de "positivismo".
- ceticismo ético, 35.
- positivismo ideológico, 36.
- formalismo jurídico, 41.
- positivismo metodológico ou conceitual, 42.
• Realismo jurídico.
- extremo, 50 ss.
- moderado, 56.
• Atitudes perante as normas, 50.
- formalismo.
- ceticismo.
• Críticas ao realismo, 53 ss.

CAPÍTULO II O conceito de norma jurídica

• Usos da linguagem.
- uso informativo, 73.
- uso expressivo, 74.
- uso interrogativo, 74.
- uso operativo, 74.
- uso prescritivo, 74.
• Tipos de normas segundo von Wright.
- regras definitórias, 78.
- regras técnicas, 78.
- prescrições, 79.
- normas ideais, 80.
- costumes, 80.
- normas morais, 80.
• Elementos das normas e sua classificação de acordo com eles, segundo Von Wright.
- caráter, 83.
  - proibitivas.
  - de obrigação.
  - permissivas.

- conteúdo, 83-88.
  - normas que regulam ações ou atividades.
  - normas que regulam omissões.
- condição de aplicação, 88.
  - categóricas.
  - hipotéticas.
- autoridade, 88.
  - teônomas e positivas.
  - autônomas e heterônomas.
- sujeito normativo, 89.
  - particulares.
  - gerais.
    - conjuntivamente.
    - disjuntivamente.
- ocasião, 89.
  - particulares.
  - gerais.
    - conjuntivamente.
    - disjuntivamete.
- promulgação, 90.
- sanção, 90.
• Classificação dos juízos segundo Kelsen, 91.
  - do "ser".
  - do "dever ser".
• Caracterização das normas jurídicas segundo Kelsen, 95.
  - por sua autoridade: são positivas.
  - por seu caráter: estabelecem que certa conduta "deve ser".
  - por seu conteúdo: referem-se a um ato coativo (sanção).
  - por seu sujeito normativo: destinam-se diretamente, sobretudo a juízes e outros servidores da justiça.
• Normas e técnicas de motivação, 93.
  - técnica de motivação direta.
    - normas morais.
  - técnica de motivação indireta (prêmios ou castigos).
    - normas religiosas (castigo ou prêmio por autoridade supraempírica).
    - normas jurídicas (castigo ou prêmio por autoridade humana).
• Tipos de normas jurídicas segundo Kelsen.
  - categóricas e hipotéticas, 95.
  - gerais e particulares, 96.
  - primárias e secundárias, 97.

- Normas jurídicas sem sanção, 99.
- Normas jurídicas e proposições normativas, 100.
- Críticas à concepção kelseniana das normas jurídicas, 103 ss.
- Variedades de regras jurídicas segundo Hart.
  - primárias, 105.
  - secundárias.
    - de reconhecimento, 106.
    - de adjudicação, 106.
    - de mudança, 106.
- A existência das normas jurídicas, 107 ss.
  (ver também 163 ss.).

CAPÍTULO III O sistema jurídico

- Traços distintivos dos sistemas jurídicos.
  - são sistemas normativos, 118.
  - regulam o exercício da coação, 119 ss.
  - são institucionalizados, 122 ss.
  - instituindo "órgão primários", 126 ss.
  - que são obrigados geralmente a aplicar certas normas, 128 ss.
- Critérios de pertinência e de individualização.
  - pertinência de normas derivadas ("cadeias de validade"), 132 ss.
  - pertinência de normas primitivas.
    - critério territorial, 138.
    - critério do legislador soberano, 139.
    - critério da norma fundamental, 140.
    - critério da regra de reconhecimento, 143.
    - critério dos órgãos primários, 148.
- Problemas do critério baseado no reconhecimento dos órgãos primários.
  - caracterização dos órgãos em questão (circularidade), 148.
  - individualização do conjunto relevante de órgãos primários, 150.
  - determinação de quando há reconhecimento, 153.
- Diferentes sentidos de "validade", 154.
  - 1. como existência de uma norma ou sistema.
  - 2. como justificabilidade moral de uma norma.
  - 3. como obrigatoriedade de obedecer uma norma estabelecida por outra.
  - 4. com referência ao fato de que a determinação da norma esteja autorizada por outra.

ÍNDICE SINÓPTICO   545

- 5. como pertinência de uma norma a um sistema.
- 6. como vigência ou eficácia.
• Conceitos normativo e descritivo de validade, 157.
• Conceito de validade em Kelsen.
  - interpretação como conceito descritivo, 158.
  - interpretação como conceito normativo, 159.
• Conceito descritivo de existência de normas e sistemas jurídicos, 163.
• Concepções sobre a relação entre o direito internacional e os direitos nacionais, 167 ss.
  - "monismo internacional".
  - "monismo nacional".
  - "pluralismo".
• Mudança regular da base de um sistema jurídico, 169 ss.
• Autorreferência normativa, 170.
• Fontes do direito.
  - deliberadas.
    - leis (sentido formal e material), 173.
    - sentenças judiciais, 174.
    - contratos, 175.
  - espontâneas.
    - costumes (não hábitos), 175.
    - jurisprudência, 176.
• Ordem hierárquica entre normas jurídicas, 178.
• Problema de validade de leis inconstitucionais, 181.

CAPÍTULO IV Os conceitos básicos do direito

• Teoria dos conceitos jurídicos básicos, 195.
• Sanção, traços distintivos.
  - implica coerção, 199.
  - supõe privação de bens, 200.
  - imposta por autoridade, 201.
  - é consequência de uma conduta, 202.
• Diferenças entre sanções civis e penais.
  - quem a pleiteia, 203.
  - beneficiário, 203.
  - finalidade, 204.
• *Mala in se* e *mala prohibita*, 205.
• Dificuldades das definições de ato antijurídico de Kelsen.
  - 1.ª definição, 206.

- não discrimina condições da sanção.
- 2ª definição, 207.
- não abrange os casos de responsabilidade indireta.
- não discrimina as várias condutas do sancionado.
- 3ª definição, 208.
- o conceito de "aparentado" é vago.
- subsiste a segunda dificuldade da definição anterior.
• Definição de "delito" na dogmática penal, 209.
- definição de Carrara, 210.
- definição do positivismo criminológico, 211.
- definição de Beling, 213.
• Elementos do delito segundo a definição de Beling.
- ação, 213.
- tipicidade, 213.
- antijuridicidade, 214.
- culpabilidade, 214.
- punibilidade, 214.
• Comparação entre definição dogmática de "delito" e a de Kelsen, 215.
• Responsabilidade, diferentes sentidos.
- como obrigações de um cargo, 218.
- como fator causal, 219.
- como capacidade e estado mental, 219.
- como punibilidade ou censurabilidade moral, 220.
• Responsabilidade, tipos.
- direta, 221.
- indireta, 221.
- coletiva, 222.
- subjetiva, 223.
- objetiva, 223.
• Dever jurídico, diferentes concepções.
- teoria psicológica, 224.
- teoria da probabilidade de sanção, 225.
- teoria da imputação de sanção, 226.
- crítica à, 227.
• Dever jurídico e "dever ser" na teoria de Kelsen, 228.
• Direito subjetivo, conceito, 229.
• Direitos subjetivos morais (chamados "direitos individuais"), 231.
• Direito subjetivo, diferentes sentidos segundo Kelsen.
- como "não proibido", 233.
- como autorização, 237.
- como correlato de obrigação ativa, 238.

- como correlato de obrigação passiva, 240.
- como ação processual, 241.
- como direito político, 243.
• Direito subjetivo, diferentes tipos, segundo Hohfeld, 245-7.
  - pretensão.
  - privilégio.
  - imunidade.
  - potestade.
• Conceito de direito de propriedade, 247 ss.
• Funções da expressão "propriedade" segundo Olivecrona.
  - função técnica, 251.
  - função de signo, 253.
  - função informativa, 253.
• Capacidade jurídica, conceito, 255.
• Tipos de incapacidades civis, 257.
  - de fato.
    - absoluta.
    - relativa.
  - de direito.
• Imputabilidade penal, 259.
• Competência, 261.
• Pessoas jurídicas coletivas, problemas que propõem, 264.
• Pessoa jurídica, concepções.
  - teorias "negativas", 267.
  - teorias "realistas", 267.
  - teoria "da ficção", 268.
  - teoria de Kelsen, 268.
  - enfoque da pessoa jurídica como construção lógica, 271.
• Responsabilidade das pessoas jurídicas, 272.

CAPÍTULO V A interpretação das normas jurídicas

• Caracterização da linguagem, 292.
• Essencialismo e convencionalismo, 293.
• Aspectos do significado das palavras, 297.
  - designação.
  - denotação.
• Tipos de propriedades segundo sua relevância para o significado de palavras.
  - definitórias, 299.

- concomitantes, 299.
  - universais.
  - contingentes.
- Classificação das definições.
  - por sua finalidade, 300.
    - informativa.
    - estipulativa.
  - por seu método.
  - por designação, 301.
  - por denotação, 301.
  - ostensiva, 302.
  - contextual, 302.
- Tipos de proposições.
  - analíticas, 303.
    - necessariamente verdadeiras.
    - necessariamente falsas.
  - sintéticas, 304.
    - contingentes.
    - necessárias?
- Tendências interpretativas dos textos legais (Ross).
  - subjetiva, 306.
  - objetiva, 306.
- Problemas de interpretação das normas jurídicas.
  - linguísticos.
    - ambiguidades.
      - semânticas, 307.
      - sintáticas, 309.
    - imprecisões.
      - por gradação, 312.
      - falta de clareza combinatória, 313.
      - designação aberta, 313.
      - falta de clareza potencial, 314.
    - carga afetiva, 317.
    - dúvidas quanto à força, 319.
    - dificuldades na promulgação, 320.
  - lógicas.
    - contradições, 322.
    - total-total.
    - total-parcial.
    - parcial-parcial.
      (ver também *contradições axiológicas*, 329)

ÍNDICE SINÓPTICO 549

- redundâncias, 330.
- lacunas normativas, 332.
  (ver também *lacunas axiológicas,* 340)
- inoperância das normas.
  - aplicação impossível.
    - condição impossível.
      - logicamente, 343.
      - empiricamente, 343.
      - normativamente, 343.
    - conteúdo impossível.
      - logicamente, 343.
      - empiricamente, 344.
      - normativamente, 344.
  - aplicação necessária.
    - conduta logicamente necessária, 344.
    - empiricamente necessária, 345.
    - normativamente necessária, 345.
- Passos do raciocínio baseado em precedentes judiciais (Levy).
  - 1º passo: determinar analogia com caso presente, 347.
  - 2º passo: detectar regra que subjaz aos precedentes, 348.
  - 3º passo: aplicar regra ao caso presente, 348.
- Fatores que determinam as decisões judiciais segundo Ross, 351.
  - crenças.
    - quanto ao direito aplicável.
    - quanto ao contexto do caso proposto.
  - atitudes.
    - consciência jurídica formal.
    - consciência jurídica material.
- Direito e mudanças sociais, 354.

CAPÍTULO VI A ciência do direito

- Modelos possíveis de ciência jurídica.
  - o modelo de Kelsen de uma ciência descritiva de normas, 372.
  - o modelo de Ross de uma ciência empírica, 372.
  - o modelo de Alchourrón e Bulygin de uma ciência sistematizadora, 373.
- Operações da ciência jurídica segundo Alchourrón e Bulygin, 373.
  - operação empírica.
    - determinação da base do sistema.

- operações lógicas.
- derivar as consequências lógicas da base.
- substituir a base original por uma mais econômica.
• Dificuldades da expressão "ciência", 375.
• A dogmática jurídica, 377 ss.
• Adesão dogmática ao direito legislado, 379.
• A dogmática e o racionalismo jurídico, 380, 396 ss.
• Postulados da jurisprudência de conceitos, 382.
   - 1. a legislação como exclusiva fonte de direito.
   - 2. concepção do direito como preciso, completo e coerente.
   - 3. o emprego do método da "construção" para inferir soluções do sistema.
   - 4. concepção da tarefa judicial como puramente cognoscitiva.
• Dogmática jurídica e pseudopositivismo, 383.
• A teoria de Kelsen como expressão dos pressupostos dogmáticos, 385.
• Propriedades do "legislador racional", 386-7.
   - é único.
   - é imperecível.
   - é consciente das normas que sanciona.
   - é onisciente em relação aos fatos.
   - é operante.
   - é justo.
   - é coerente.
   - é preciso.
   - é onicompreensivo.
• Regras interpretativas derivadas da ficção da racionalidade do legislador, 389.
• Alguns recursos dogmáticos para apresentar soluções originais como se derivassem do direito vigente.
   - atribuir a solução ao legislador sob o pressuposto de sua racionalidade, 386.
   - subsumir a solução em um princípio geral de maior alcance que as normas que justificam, 389-90.
   - inferir a solução de uma teoria geral que tem validade em uma área do direito, 393.
   - derivar a solução da "verdadeira natureza" de alguma instituição jurídica, 395.
• Algumas funções da teoria jurídica segundo o modelo proposto.
   - funções descritivas.
     - determinar as normas vigentes, 403.
     - atribuir significado a tais normas, 403.

– sistematizar a ordem jurídica, 404.
– mostrar as consequências das diferentes interpretações possíveis, 404.
– funções normativas.
– avaliar a justificabilidade das normas do sistema, 406.
– propor soluções axiologicamente satisfatórias e compatíveis com as normas do sistema, 406.

CAPÍTULO VII A valoração moral do direito

- Níveis do discurso ético, 416.
  – metaética.
  – ética normativa.
  – ética sociológica.
- Teorias sobre o significado dos juízos de valor.
  – teorias descritivistas, 418 ss.
    – naturalismo ético, 418 ss.
      – subjetivista.
      – objetivista.
    – não naturalismo ético, 422.
      – subjetivista (teoria do mandado divino).
      – objetivista (Moore).
  – teorias não descritivistas, 426 ss.
    – emotivismo ético (Stevenson), 427.
    – prescritivismo ético (Hare), 431.
  – outras posturas.
    – a teoria do "ponto de vista moral" (Baier, Frankena), 436.
    – a teoria do "objeto da moralidade" (Warnock), 439.
- Relativismo e ceticismo ético, 443.
- O papel da razão no discurso moral, 446-7.
  – determinar os fatos em que se baseiam os juízos morais.
  – determinar quais são as consequências dos princípios gerais que subjazem aos juízos morais.
  – mostrar possíveis inconsistências entre tais consequências.
  – evidenciar possíveis confusões conceituais.
- Algumas confusões conceituais no discurso moral, 447.
  – confusão entre justificação e explicação de uma conduta.
  – confusão entre justificação e desculpa.
  – justificação de uma conduta baseada em sua realização geral.
  – suposta irrelevância de diferenças quantitativas.

- confusão entre a validade de um juízo moral e a autoridade moral de quem o formula.
- confusão entre a validade de um juízo moral e a explicação de por que alguém o formula.
- confusão entre a validade de um juízo moral e a conveniência de que essa validade seja reconhecida.
• Algumas teorias de justiça e moralidade, 450 ss.
  - teorias teleológicas.
    - a concepção de Santo Tomás, 451 ss.
    - o utilitarismo, 460.
  - teorias deontológicas.
    - a teoria de Kant, 473.
    - a teoria de Rawls, 481.
• O fim último da pessoa humana, segundo Santo Tomás, 454.
• O conceito de lei em Santo Tomás, 454.
• Espécies de lei segundo Santo Tomás, 454.
  - lei eterna.
  - lei natural.
  - lei divina.
  - lei humana.
• O primeiro princípio do raciocínio prático segundo Santo Tomás, 455.
• Algumas objeções à concepção tomista.
  - dificuldade de conciliar inclinação humana para o bem com livre-arbítrio, 456.
  - confusão entre lei descritiva e prescritiva, 457.
  - passagem espúria de afirmações sobre a natureza humana para estipulações normativas, 457.
  - caráter duvidoso da intuição, 459.
  - obscuridade em relação aos preceitos de direito natural, 459.
• Traços distintivos da teoria moral utilitarista *standard*.
  - é consequencialista, 461.
  - é universalista (contraste com o chamado "utilitarismo egoísta"), 461.
  - é hedonista (contraste com o "utilitarismo idealista"), 461.
• Princípio utilitarista, 465.
• Variedades do utilitarismo *standard*.
  - de regras e de atos, 465.
  - positivo e negativo, 466.
  - clássico e da média, 467.
• Algumas aparentes vantagens do utilitarismo, 467-69.
  - adota um enfoque realista da psicologia humana.
  - reflete o "ponto de vista moral".

ÍNDICE SINÓPTICO 553

- apresenta-se como uma concepção igualitarista.
- não postula outros fins que os dos agentes.
- apoia-se em boa parte em verificações empíricas.
• Dificuldades do utilitarismo.
- dificuldade de formular juízos morais particulares, 469.
- é autofrustrante, 469.
- dificuldade para comparar e medir interesses, 470.
- consequências contraintuitivas, 470.
- problema de distribuição, 471.
• O enfoque econômico do direito, 472.
• Características dos princípios morais segundo Kant, 474.
- são autônomos.
- são categóricos.
- são universais.
• O imperativo categórico kantiano, 475.
• O princípio kantiano da humanidade como fim em si mesma, 476.
• Conceito de bondade moral (a boa vontade), 477.
• Concepção contratualista de Kant, 478.
• Dificuldades da teoria moral de Kant, 479-80.
- a universalização não é suficiente para obter acordo moral.
- o princípio da humanidade como fim em si mesma é impreciso.
- a concepção de bondade moral parece paradoxal.
- é questionável um sistema moral que prescinde dos propósitos reais dos homens.
- a desatenção total das consequências dos atos não parece razoável.
• Condições da posição originária de Rawls para a escolha dos princípios de justiça.
- igualdade e liberdade dos participantes, 483.
- "véu de ignorância", 483.
- motivação baseada no autointeresse que exclui a inveja, 485.
- "circunstâncias de justiça", 485.
- escolha por unanimidade de princípios que satisfazem certos traços formais (universalidade, generalidade, publicidade, completitude, finalidade), 485.
• Os dois princípios de justiça de Rawls, 486.
• A prioridade da liberdade, 486.
• A regra *maximin*, 487.
• As quatro etapas na decisão de questões de justiça, 488.
• Teoria de Rawls sobre a bondade moral, 488.
• Algumas objeções à teoria de Rawls, 489, 490.
- não é lícito seu frequente recurso a nossas intuições.

- o valor justificatório de um contrato social hipotético é duvidoso.
- pressupõe postulados valorativos não justificados.
- não é demonstrada a escolha dos dois princípios na posição originária.
- o princípio em relação à liberdade é confuso.
- não responde à questão da produção de bens.
- é inconsistente com o princípio kantiano da humanidade como fim em si mesma.
* Os direitos humanos como direitos morais, 491.
* Princípios liberais que fundamentam os direitos individuais básicos.
- o princípio da inviolabilidade da pessoa humana, 493.
- o princípio da autonomia da pessoa humana, 494.
- o princípio da dignidade da pessoa humana, 496.
* O reconhecimento jurídico da moral, 498.
* Postura de Mill, 498.
(ver também, 495)
* Réplica de Stephen, 499.
* Crítica de Devlin ao relatório Wolfenden, 499.
* Argumentos de Hart contra a postura extrema de Stephen e a mais moderada de Devlin, 500.
* Reconhecimento jurídico de uma moral positiva e da moral crítica, 501.
* Aparente incoerência da postura liberal, 501.
* Relação com o princípio de autonomia da pessoa, 503.
* Teorias sobre a justificação da pena.
- utilitarismo, 504.
- retribucionismo, 504, 505.
- teoria consensual, 508.
* Requisitos para justificar a pena segundo o utilitarismo, 504.
- a pena deve ser um meio eficaz para evitar males sociais.
- deve ser necessária para evitar tais males.
- o prejuízo que a pena envolve deve ser menor que os males que evita.
* Requisitos para justificar a pena segundo o retribucionismo, 505.
- o destinatário da pena deve ser responsável pelo mal que a pena retribui.
- o mal envolvido na pena deve ser proporcional ao mal causado pelo agente e a seu grau de responsabilidade.
* Requisitos para justificar a pena segundo a teoria consensual, 508.
- as condições de proteção social exigidas pelo utilitarismo.
- a pena deve estar prevista claramente em uma lei irretroativa.

- o ato que acarreta pena deve ser executado voluntariamente pelo destinatário daquela.
- o agente deve ter sabido que seu ato implica, como consequência normativa necessária, a assunção de responsabilidade penal.
• Discrição judicial, 509.
  - "de fato".
  - "de direito".
• Dificuldades da discrição judicial, 510.
  - é inadequado que órgãos que não têm origem democrática decidam questões de conteúdo ideológico.
  - o exercício da discrição judicial implica criar direito de forma retroativa.
• Diferenças entre direitos (estipulados em princípios) e objetivos coletivos (definidos em "políticas") segundo Dworkin, 511.
  - os direitos são distributivos e individualizados, enquanto os objetivos coletivos são agregativos e globais.
  - os direitos põem um limite à busca de objetivos coletivos.
• Requisito de "consistência articulada" (Dworkin), 512.
• Postura dos juízes perante princípios e políticas, 513.

ÍNDICE ALFABÉTICO DE AUTORES E TEMAS

Os números remetem às páginas

A
ação
   como elemento do delito, 213.
   conceito, 85.
   concepção da teoria penal, 86.
   "resultados" e "consequências" da, 85.
adesão dogmática ao direito, 379.
administração de justiça, 349.
Alchourrón, 84.
Alchourrón e Bulygin, 235-6, 322, 332, 334, 336, 339, 350, 368, 373, 374, 404, 405.
ambiguidade de "direito", 14.
ambiguidades
   semânticas, 307.
   sintáticas, 309.
análise etimológica, 296.
analogia, 347.
antijuridicidade como elemento do delito, 214.
Aristóteles, 451-4.
ato antijurídico, 204.
   1.ª definição de Kelsen, 206.
   2.ª definição de Kelsen, 207.
   3.ª definição de Kelsen, 208.

Austin, 35-6, 49, 91-2, 139, 142, 225.
autoevidência, 459.
autonomia dos princípios morais, 239, 483.
autoridade que aplica a sanção, 201.
autorreferência, 230 ss.
Ayer, 365, 427, 429.

B
Bacigalupo, 310.
Bacqué, 352.
Baier, 402, 435-9.
Barber, 525.
Beling, 213, 394.
bem comum, 456.
Bentham, 354, 460, 462-4, 504
Bibiloni, 321.
Black, 375, 377.
Bobbio, 384.
Borda, 339.
Borges, 294.
"Britos", sessão plenária, 327.
"Brown *vs*. Board of Education", 510.
Bulygin, 182, 395.

C

cadeias de validade, 133.
Calabresi, 472.
capacidade
  absoluta e relativa, 256.
  civil, 256.
  de fato e de direito, 256.
  jurídica, 255.
caráter dinâmico do direito, 123.
carga afetiva
  da linguagem, 317.
  do "direito", 16.
Carnap, 293, 394.
Carrara, 210.
Carrió, 42, 73, 174, 313, 366, 383, 395, 403.
Cathrein, 32.
Cermesoni, 339.
ceticismo
  ético, 27, 443.
  perante as normas, 50.
"ciência", dificuldades do termo, 374.
ciência do direito, 371.
Círculo de Viena, 35.
circunstâncias de justiça (Rawls), 366.
classificações, 297.
cláusula alternativa tácita, 181.
coação como elemento distintivo do direito, 3, 119.
Coase, 472-3.
Código Civil argentino
  art. 15, 337.
  art. 17, 177-8.
  art. 31, 256.
  art. 54, 257.
  art. 55, 346.
  art. 131, 338.
  art. 497, 285.
  art. 521, 321.
  art. 1113, 222.
  art. 1198, § 2º, 316.
  art. 1553, 198.
  art. 2161, 321.
  art. 2387, 328.
  arts. 2401 e 2409, 328.
  art. 2451, 345.
  art. 2506, 246.
  art. 2614, 311.
  art. 3284, 338.
  art. 4031, 346.
Código Civil francês de 1804, 381.
Código de Tejedor, 342.
Código Penal argentino
  art. 34, inc. 1º, 259, 316.
  art. 45, 329.
  art. 77, 118.
  art. 79, 214.
  art. 80, 331.
  art. 81, inc. 1º, 315.
  art. 85, 315.
  art. 86, inc. 2º, 331, 345.
  arts. 89, 90, 91, 326.
  art. 119, inc. 2º, 331.
  art. 119, inc. 3º, 317.
  art. 128, 318.
  arts. 138 e 139, inc. 2º, 329.
  art. 141, 316.
  arts. 156 e 277, 327.
  art. 163, inc. 1º, 309.
  art. 163, inc. 1º, 311.
  arts. 164 e 168, 341.
  art. 179, inc. 2º, 310.
  art. 184, inc. 2º, 315.
  art. 184, inc. 5º, 311.
  art. 186, inc. 3º, 311.
  art. 187, 327.
  art. 209, 329.
  art. 215, inc. 2º, 317.

coerção como elemento da
   sanção, 199.
Cohen, 55.
common law, 51, 346, 348, 378.
competência, 261.
conceito do bom, 477, 488.
conceitos jurídicos básicos, 195.
concepção
   convencionalista da
      linguagem, 12, 44.
   essencialista da linguagem,
      12, 44, 294.
confusões conceituais em
   discurso moral, 447.
confusões conceituais no, 447.
conhecimento do direito, 509.
consciência jurídica formal e
   material, 350.
consentimento,497, 508.
consequencialismo, 461.
consistência articulada, 512.
Constituição Nacional
   art. 2º, 308.
   arts. 14 a 18, 244.
   arts. 14, 14 *bis* e 17, 496.
   arts. 15, 16, 18, 19 e 23, 497.
   arts. 18 e 17, 494.
   art. 30, 169.
   art. 31, 180.
   arts. 69, 72, 337.
   arts. 86, inc. 5º, e 97, 263.
contradições
   axiológicas, 329.
   entre normas, 322.
   tipos, 324.
contrato social, 478, 482.
Copleston, 452, 456.
Cossio, 336, 361.
costumes, 80.
   internacionais, 167.
   jurídicos, 175, 177 ss.

criação
   deliberada de direito, 173.
   espontânea de direito, 175.
   judicial de direito, 174.
critérios de individualização e
   pertinência, 131 ss., 165.
   da norma fundamental, 140.
   da origem em certo
      legislador, 139.
   da regra de reconhecimento,
      143.
   do reconhecimento por
      órgãos primários, 148.
críticas ao realismo, 53 ss.
culpabilidade como elemento
   do delito, 214.

D

definição, 300.
   contextual, 302.
   de direito, 121.
   estipulativa, 300.
   informativa, 300.
   ostensiva, 302.
   persuasiva, 429.
   por denotação, 301.
   por designação, 301.
   positivista de "direito", 43, 49.
Del Vecchio, 336.
delito, 204.
   definição dogmática, 209 ss.,
      212.
derivação de normas, 113.
derrogação de normas, 134, 179.
designação e denotação das
   palavras, 297.
determinismo, 496.
dever jurídico, 224.
   concepção psicologista, 224.
   definição de Kelsen, 226.
   e "dever ser", 228.

"dever ser" e "ser", 26, 47.
Devlin, 499, 500.
Dietze, 34.
direito
   caráter dinâmico do, 123.
   como conjunto de decisões judiciais, 54.
   como instrumento de mudanças sociais, 7.
   como previsão de decisões judiciais, 54.
   conhecimento do, 508.
   criação deliberada, 173.
   criação espontânea, 175.
   criação judicial, 174.
   definição de, 121.
   e "homem mau", 9, 52.
   e moral, 413, 498 ss.
   enfoque econômico do, 472.
   essência do, 13.
   existência do, 154 ss., 163 ss.
   finalidade do, 2.
   fontes do, 172.
   força obrigatória do, 28, 38, 156, 406.
   institucionalização do, 122.
   internacional, 124, 166 ss.
   natural, 21, 452.
   onipresença do, 1.
   primitivo, 124.
   relações com direitos nacionais, 167 ss.
   relações, 17 ss., 30.
   sistematização do, 373, 404.
   validade do, 154 ss.
"direito"
   ambiguidades do, 14.
   caráter vago do, 15.
   carga afetiva, 16.
   definição positivista do, 38, 43.
direito de propriedade, 246 ss.
direito subjetivo
   como ação processual, 241.
   como correlato de obrigação ativa, 238.
   como correlato de obrigação passiva, 240.
   como direito político, 243.
   como equivalente a "não proibido", 233.
   como equivalente à autorização, 237.
   conceito, 230.
   concepção jusnaturalista, 230.
   diferentes sentidos, 233.
   sentido "técnico", 240.
   tipos segundo Hohfeld, 244.
direitos
   e objetivos coletivos, 511.
   humanos, 230, 491.
   individuais básicos, 491.
   subjetivos morais, 230.
diretivas, 75.
discrição judicial, 509.
discurso moral, 405.
distribuição, 471, 507.
dogma, conceito de, 379.
dogmática jurídica, 377.
Dror, 356.
Dworkin, 129, 146, 326, 471, 489, 493, 510 ss.

E

eficácia de normas jurídicas, condições para obtê-la, 356.
egoísmo, 461.
Ehrlich, 354.
elementos das prescrições, 81.
emotivismo ético, 427.
enfoque econômico do direito, 472.

equilíbrio reflexivo, 448.
escola
   da exegese, 382.
   do direito livre, 382.
essência do direito, 13.
essencialismo, 12.
"estruturas lógico-objetivas", 34.
ética
   descritiva, 416.
   normativa, 416
ético, 422.
Evan, 356.
execução forçosa de bens, 203.
existência do direito, 154 ss., 163 ss.

F

falhas lógicas dos sistemas jurídicos, 321.
falta de clareza, 312.
   do "direito", 14.
felicidade (em Kant), 447.
Ferri, 211.
filosofia
   analítica, 13.
   moral e teologia, 451.
finalidade do direito, 2.
Florian, 212.
fontes do direito, 172.
força
   das orações, 319.
   obrigatória do direito, 28, 38, 156, 406.
formalismo jurídico, 41.
Frank, 71.
Frankena, 371, 421, 436.
frástico e néustico, 434.
Friedmann, 354.
Fuller, 355.
funções, 384, 399.
funções do direito, 2.

G

Garófalo, 211.
golpe de Estado, 169.
González Vicén, 396.
González, J. V., 308.
Granéris, 452.

H

Hacker, 283.
Hägerströn, 247.
Hare, 427, 431-3, 447, 466, 468, 489, 518, 525.
Hart, H. L. A., 2, 36, 42, 49, 54, 102, 107, 122, 128, 143, 148, 224, 355, 489, 500, 501.
Hart, H., 8.
Hartmann, 423.
hedonismo, 461.
historicismo, 33.
Hitler, 19.
Hobbes, 2, 440.
Hodgson, 469.
Hohfeld, 244, 262.
Holmes, 52-4.
"homem mau" perante o direito, 9, 52.
Hospers, 446, 524.
Hudson, 427, 429, 430.
humanidade como fim, 476, 496.
Hume, 26.

I

Ihering, 197, 382.
iluminismo, 380.
imperativo categórico, 475.
impossibilidade aplicação de normas, 343.
   tipos, 343.
imprecisões, 312.

imputabilidade penal, 259.
inclinações naturais, 453.
indeterminações de ordem jurídica, 42.
inoperância de normas jurídicas, 342.
institucionalização do direito, 122
interpretação
  do direito jurisprudencial, 346.
  problemas, 305.
intuicionismo, 459.

J

Jiménez de Asúa, 391.
Jofré, 309.
judiciais, 176, 178 ss.
juízes, função dos, 509 ss.
juízos
  analíticos e sintéticos, 303.
  de valor, 416.
  do dever ser, 372.
  morais, relatividade dos, 23.
  necessários e contingentes, 304.
jurisprudência, 176, 346.
  de conceitos, 382.
  de interesses, 382.
jusnaturalismo, 17 ss., 380, 453.
  diferentes correntes, 32 ss.
  racionalista, 33.
  teológico, 32.
  teses principais, 32.
justiça
  como equidade (Rawls), 483.
  em Santo Tomás, 452.
justificação da pena, 503.

K

Kant, 473 ss., 481, 482, 493, 497, 504, 523.
Kantorowicz, 12, 293, 395.
Kelsen, 35-7, 40, 42-3, 46, 50, 54, 90, 92-6, 98, 99, 119, 132, 148, 158, 181, 197-8, 200-1, 204, 206-9, 216, 226-7, 235-6, 238-9, 242-3, 248, 260-1, 268, 334, 371-2, 384-5, 406, 521.
Khomeini, 502.

L

Laband, 398.
lacunas
  axiológicas ou valorativas, 339.
  do direito, 332.
  normativas, 234, 332.
Lafaille, 321, 339.
legislador racional, 51, 386.
  propriedades do, 386.
lei
  11.357, 346.
  13.252, 341.
  16.881, 338.
  17.711, 346.
  18.248, 339.
  18.880, art. 44, 332.
  19.134, 341.
lei
  conceito e tipos, 173.
  divina, 454.
  eterna, 454.
  humana, 454.
  natural, 454.
leis retroativas, 509.
Levy, 347.
lex posterior, 325.
lex specialis, 325.
lex superior, 325, 350.
liberalismo e direitos humanos, 492.

linguagem
  carga afetiva da, 317.
  concepção convencionalista, 13, 45.
  jurídica, 290.
  natural, 291.
  prescritiva, 73 ss.
  usos da, 73
Liszt, 394.
Llambías, 59, 286.
Llerena, 312, 321.
Llewellyn, 52, 54.
Lombroso, 211.
Lyons, 465, 524.

M

Machado, 312, 321.
MacIntyre, 478.
Mackie, 449, 523.
Maihofer, 34.
mala in se e *mala prohibita*, 205.
maximin (Rawls), 487.
maximum minimorum, 487.
McCloskey, 506.
metaética, 416-7, 420.
método da "pergunta aberta", 419.
Mill, 460-4, 495, 498.
modelos de ciência do direito, 371.
modelos de, 371.
monopólio da força estatal, 5, 120, 125, 152.
Moore, 420-2, 461, 464, 516.
moral crítica e moral positiva, 501.
Morello, 339.
motivação, técnicas de, 93.

mudança regular da base de um sistema jurídico, 169 ss.
mudanças sociais e direito, 354.

N

Nakhnikian, 418.
não naturalismo ético, 422.
Napoleão, 381.
naturalismo ético, 418.
natureza
  humana, 458.
  jurídica, 395.
"natureza das coisas", teoria da, 34.
néustico e frástico, 434.
Nietzsche, 525.
norma
  básica de Kelsen, 40, 141 ss., 161, 385.
  básica do direito internacional, 166.
  e mandado, 92.
  jurídica, 73 ss.
  pertinência a um sistema jurídico, 107, 131, ss., 157.
normas
  autônomas, 88.
  autoridade das, 88.
  de aplicação necessária, 344.
  caráter das, 83.
  categóricas, 88.
  condição de aplicação, 88.
  conjuntivamente gerais, 89.
  conteúdo das, 84.
  disjuntivamente gerais, 89.
  ceticismo perante as, 50.
  gerais, 89, 96.
  heterônomas, 88, 223.
  hipotéticas, 88.
  ideais, 80.

impossibilidade de aplicação, 289, 290.
jurídicas
  como juízos de "dever ser", 91.
  concepção de Kelsen, 90 ss.
  críticas à concepção de Kelsen, 101 ss.
  destinatários das, 96.
  estrutura das, 93.
  existência das, 107, 163 ss., 182.
  inoperância, 289.
  obrigação de aplicar, 128, 146.
  ordem hierárquica das, 178 ss.
  primárias, 97.
  secundárias, 97.
  tipos segundo Hart, 105.
  tipos segundo Kelsen, 95.
  morais, 80.
  ocasião das, 89.
  particulares, 89, 96.
  promulgação das, 90.
  sem sanções, 99.
  tipos segundo von Wright, 77.
  validade das, 93, 109, 122, 154 ss., 157 ss., 181.
Nowack, 388.
Nozick, 471, 490, 493.
nulidade como sanção, 104.
Nuremberg, veredicto fictício, 19 ss.

O

O'Connor, 458, 522.
obrigação de aplicar normas jurídicas, 128, 146.
Ockham, 107.
Olivecrona, 47, 248, 252.
omissão, 85-7.
onipresença do direito, 1.
operadores deônticos, 75.
orações
  e proposições, 302.
  força das, 319.
ordem
  jurídica, indeterminações da, 41.
  hierárquica entre normas, 178 ss.
  no sistema argentino, 180.
órgãos,
  tipos de, 126.
  primários, 126.

P

pacta sunt servanda, 166.
Paixão, 310.
palavras "vazias", 250.
pena, justificação da, 503.
permissões, 77.
Perry, 420.
personalidade moral, 252.
pertinência da norma a um sistema
  jurídico, 107, 132 ss., 157.
  normas derivadas, 132 ss.
  normas não derivadas, 137 ss.
pessoa jurídica
  como agente de atos antijurídicos, 273 ss.
  como construção lógica, 271.
  conceito, 264 ss.
  teoria da ficção, 268.
  teoria de Kelsen, 268.
  teorias "negativas", 267.
  teorias "realistas", 267.

pessoas
    coletivas, 265 ss.
    jurídicas, vontade das, 274.
plenária, 178.
ponto de vista
    do advogado, 8.
    do cidadão, 6.
    do juiz, 6.
    do jurista teórico, 9.
    do legislador, 7.
    do sociólogo, 7.
    externo perante o direito, 130.
    interno perante o direito, 130.
Popper, 433, 466.
posição originária (Rawls), 483.
positivismo
    como ceticismo ético, 35.
    criminológico, 211.
    ideológico, 36, 384.
    jurídico, 17 ss.
    metodológico ou conceitual, 42.
Posner, 472.
Pound, 401, 413.
precedentes, 346.
prescrições, 76, 79.
prescritivismo ético, 431.
princípio
    de autonomia da pessoa humana, 494.
    de clausura, 235, 334.
    de diferença (Rawls), 485, 487.
    de dignidade da pessoa humana, 496.
    de efetividade, 167.
    de inviolabilidade da pessoa humana, 493.
    nullum crimen, 21, 337.
    utilitarista da maior felicidade, 465.
princípios
    de justiça (Rawls), 485.
    e políticas, 511.
    gerais do direito, 392.
    morais
        autonomia dos, 474, 483.
        propriedades segundo Kant, 474.
Pritchard, 423.
privação dos bens, 97.
promulgação, dificuldades na, 320.
proposições jurídicas ou normativas, 83.
propriedade, direito de, 246 ss.
"propriedade", função técnica do termo, 251.
propriedades
    concomitantes, 299.
    definitórias, 299.
    disposicionais, 255.
    normativas, 100.
punibilidade como elemento do delito, 214.
Putnam, 449.

Q

Quine, 305.
Quinton, 461, 463.

R

raciocínio
    judicial, 350.
    moral, 433.
    prático, 38, 455.
racionalismo, 381, 397.
ratio decidendi, 177, 348.
Rawls, 439, 448, 471, 493, 495.
Raz, 102, 120, 127, 133, 145, 148, 159, 161.

razões
  morais para cumprir o direito, 4, 39.
  para agir, 42.
  prudenciais para cumprir o direito, 4, 39.
realismo
  críticas ao, 53 ss.
  jurídico, 50 ss.
  verbal, 293, 395.
Recasens Siches, 336.
reconhecimento jurídico da moral, 498 ss.
redundância normativa, 330.
regras
  de adjudicação, 106, 123.
  de mudança, 106, 123.
  de reconhecimento, 106, 123, 128 ss., 143.
  definitórias, 78.
  derivadas da pressuposição de racionalidade do legislador, 389.
  e princípios, 146.
  jurídicas
    primárias, 105.
    secundárias, 105.
  potestativas, 102.
  técnicas, 78.
relatividade dos juízos morais, 22.
relativismo ético, 443.
responsabilidade, 218.
  coletiva, 222.
  como capacidade, 219.
  como fator causal, 219.
  como obrigação de um cargo, 218.
  como punibilidade, 220.
  direta e indireta, 221.
  moral dos juízes, 6, 38.
  subjetiva e objetiva, 223.
  "resultado" e "consequências" da ação, 85.
retribucionismo, 504-5.
revolução, 169.
Romero del Prado, 286.
Roosevelt, 358.
Ross, A., 8, 35-7, 42-3, 46, 49, 56, 123, 148, 153, 248, 269, 272, 324, 330, 350, 371-4, 381, 383, 385, 413, 522.
Ross, D., 423, 516.
Russell, 429.
Ryle, 255-6.

S

Sachs, 8.
Salas, 339.
Salvat, 321.
sanção, 90.
  como consequência de uma conduta, 202.
  conceito de, 198.
sanções civis e penais, 203.
Santo Tomás, 32, 425, 451 ss., 498, 502.
  conceito de justiça, 452.
  conceito de lei, 454.
Savigny, 354.
Searle, 518.
Segovia, 321.
sentença judicial, 174.
"ser" e "dever ser", 26, 47.
sessão plenária "Britos", 327.
Shaw, B., 523.
Sidgwick, 423, 457.
significado das palavras, 297.
sindérese, 455.

sistema
  continental europeu, 378.
  jurídico, 117 ss.
    mudança da base, 169 ss.
sistemas
  de absoluta discrição, 127.
  dedutivos, 118.
  jurídicos
    falhas lógicas dos, 321.
    traços distintivos dos, 117 ss., 165.
  normativos, 118.
sistematização do direito, 373, 403.
Smart, 461.
Sócratres, 425.
Soler, 174, 308, 311, 366, 391, 409, 410
stare decisis, 349.
Stephen, 499.
Stevenson, 350, 427-30, 446, 517.
subjetivismo ético, 418.
sujeito normativo, 89.
Suprema Corte norte-americana 358.

T

Tarski, 118.
teoria
  consensual da pena, 507.
  da "natureza das coisas", 34.
  dimensões, 403.
  do "mandado divino", 424.
  do "objeto da moralidade", 439.
  do "ponto de vista moral", 436.
  dos conceitos jurídicos básicos, 195.
  finalista da ação, 87.
  geral do delito, 394.
  jurídica normativa, 402.
teoria dos, 195.
teorias
  dogmáticas, 392.
  funções, 393.
  éticas descritivistas, 418.
  éticas não descritivistas, 426.
  éticas naturalistas objetivistas, 420.
  éticas naturalistas subjetivistas, 419.
  morais teleológicas, 451.
termos teóricos, 108.
textura aberta, 314.
tipicidade como elemento do delito, 213.
tipos de normas segundo Von Wright, 77.
tipos de, 330.
Toulmin, 446.
trâmites judiciais, 358.

U

unidade do aparelho coativo, 152.
universalização
  dos juízos éticos, 405, 432, 439, 475, 479.
Ure, 353.
usos da linguagem, 73.
utilitarismo, 420, 460 ss.
  da média, 467.
  de regras e de atos, 465.
  justificação da pena, 503.
  negativo, 466.

V

validade, 385.
  conceitos normativo e descritivo, 157.

concepção de Kelsen, 158 ss.
das normas, 93, 109, 133, 154 ss., 157 ss., 177.
do direito, 154 ss.
diferentes sentidos, 154 ss.
e verdade, 136.
valoração moral do direito, 413.
Vélez Sársfield, 285.
véu de ignorância (Rawls), 483-4.
virtudes morais, 441.
vontade das pessoas jurídicas, 273.

W

Warnock, 431, 435, 439, 440-3, 446.
Welzel, 34, 87.
Williams, 444, 472.
Wittgenstein, 313, 361.
Wolfenden, relatório, 499.
Wolff, 474, 481.
Wright, Von, 77 ss., 95, 133, 238, 475.
tipos de normas segundo, 77.

Z

Zaffaroni, 412.